櫻井義秀編著

宗教とウェルビーイング

しあわせの宗教社会学

現代宗教文化
研究叢書
008

北海道大学出版会

はじめに

近年日本において心身の健康や社会保障を含みこむウェルビーイングの研究が盛んである。ウェルビーイングとは主観的幸福感と客観的に不足のない生活を併せた幸せな状態と本書では定義したい。人間にとって何が幸福であり、どのような人生が幸せであるかについては古今東西の哲学・思想において、善き生き方をなすこと、共同体の法や秩序を実現していること、世の動きから身を離し物事の本質を観ること、人間に内在する共感や倫理に従う生活をすることなどが論じられた（長谷川二〇一八）。宗教もまた教説や儀礼のバリエーションはあるにしても、苦しみから逃れ、安寧や不動の心の境地に至る道を示したと言える。

しかしながら、哲人や宗教的達人は別として、民衆が求めてきた幸福とは何よりも戦乱がないことと衣食住において不足がないことにつきる。宗教には現世で無理なら来世での幸福や、貧病争からの救いが求められていた。悩みの種は常に自分の外にあり、自分のことにかまける暇はなかったのである。生きのびられること、長寿それ自体が幸せ以外の何ものでもないと考えられてきた。ところが、衛生状態や栄養がよくなり、感染症対応の医療が発達してくると寿命が伸び、庶民においても体や世の事柄から自己の精神や内面性に関心をよせる余裕が生まれてくる。現代において健康の半分はメンタルヘルスであり、自己実現ができているかどうか、社会から承認されているかどうかといった事柄が個人の幸福感に大きなウェイトを占めるようになってきた。

とはいえ、現代日本においても自助努力だけで貧困や病苦の問題が解決されることはなく、人が幸せを感じられる最低限の生活水準を労働環境の整備や社会保障によって実現することは政治そのものである。その意味でウェルビーイングの客観的側面は重要である。

ウェルビーイングを心と体、個人と社会相互の関連から見る必要性は、物質的充足が精神的充足を安定的にもたらすわけではないという経験的知見から認識されてきた。経済学では、先進国における国民総生産の上昇に比して生活満足度が伸びないというイースタリンの逆説に触発されて社会厚生指標と幸福感の関連が研究されてきた(大竹・白石・筒井編著二〇一〇、橘木二〇一三・二〇一四、小塩二〇一四)。ブータンのＧＮＨやＯＥＣＤのBetter Life Index, Better Life Initiative, 内閣府経済社会総合研究所による幸福度指標の試案策定などに代表される、政府諸機関の幸福度指標もまたウェルビーイングの感性的認知的領域に着目した政策目標である。これらの国際比較指標やアジア地域の国際比較研究(猪口二〇一四)をふまえて、現代日本におけるウェルビーイングの現状と課題をまとめてみよう。

簡潔に述べれば、①日本人の主観的幸福感と主観的健康認知は、ＯＥＣＤ諸国において最も低い。日本と類似した傾向を示すのが韓国である。この幸福感の低さは、客観的に高水準にある社会厚生指標(一人あたりの国民総生産や低い失業率、高水準の医療や相対的に手厚い社会保障、治安の良さや民主的政治の安定度、高い教育水準と文化産業の成熟度合いなど)とまったくそぐわない。②その背景には、失われた二〇年と呼ばれる国内経済の停滞や人口減少社会への不安が大いに関連している。人々には日本社会の成長が停滞から衰退局面に入りつつあるという閉塞感があるだろう。高齢化・長寿化に伴う医療費と社会保障費の増大は日本の財政と家計を圧迫しており、中高年世代は明るい展望を見いだせないのが正直なところである。他方で、定常型経済の時代に物心がついた若者たちは思いのほか幸福感が高い。少子高齢化は当然のことながら若年人口の減少と中高年人口の増加という世代的な人口比の転換をもたらした。それが主観的幸福感や主観的健康認知の低さに関連している可能性は大いにある。しかし、それだけではない。③幸福感を支える人間関係がこの数十年の間に弱くなってきたのである。日本も二世代さかのぼれば、家族・地域・職場には相互監視と面倒見の良さが半ばする人間関係があり、低水準の社会厚生指標を補完してある程度の安心を人々に提供していた。現代においても、精神的な健康と前向きの人生観(希望の有無)、家族・友人との人間関係や、地域・職場の社会関係が幸福度に寄与していることが様々な調査結果から明らかにされている(橘木二〇一四、辻・佐藤二〇一四)。個人主義的人生観や自己責任原則が通底する現代社会では、孤立感や不安が増大する。幸福感が減少するのもやむをえない。そこで、〈労働＝自律〉によって自己定位できない人への配慮や支援をそれ自体価値あるものとして行うケアの人間関係を復活させ(広井二〇一三)、社会関係におけるソーシャル・キャピタルをいかに再活性化させられるかが、現代日本におけるウェルビーイング研究の課題となる。

では、具体的にどうすればよいのか。社会学では元来、幸福(happiness)を保障する福利(well-being)に関心があり、福祉制度や社会的支援の充実を図るための研究や実践に力点が置かれた。社会のどこかに満たされない人や可能性が奪われている人がいれば、まずもってその不幸を取り除かないことには幸せな社会にはならないと考えるのである。他方で、宗教学や宗教研究は幸福を表象する文化や宗教的境地としての絶対的な幸福に関心を寄せ、人々が日常生活や世俗の事柄だけで生活にメリハリをつけて人生を送ることに不満を持った。宗教的回心や信仰こそ宗教の深みと考えたのである。その結果、日常生活にそこはかとないしあわせを感じるような大方の人々の幸福感と宗教との関連があまり問われないままにきた。価値意識が幸福感に寄与することを自明としつつも、宗教が現代人の価値意識にどのような関わりを持っているのか、ケアや社会支援にどのような役割を果たすのかという公共的課題に関して宗教研究では適切な知見の提供が十分なされなかったのである。

このような状況において編者は稲場圭信と『叢書 宗教とソーシャル・キャピタル』全四巻(第一巻『アジアの宗教とソーシャル・キャピタル』第二巻『地域社会をつくる宗教』第三巻『ケアとしての宗教』第四巻『震災復興と宗

教』明石書店、二〇一二―一三年)を責任編集し、宗教者の主体的働きかけによって地域社会に信頼と互恵的社会関係が再活性化されている事例の研究を行ってきた。ソーシャル・キャピタル(信頼やネットワークから構成される社会関係資本)が豊かになれば、その地域の人々のウェルビーイングが高められるのである。

ところで、なぜ、ソーシャル・キャピタルやウェルビーイングの議論に宗教文化や宗教団体の活動を持ち出すのかと違和感を持つ人がいるかもしれない。コミュニティにおける自治体・NPO・専門機関・地域住民の協働だけで十分ではないかと。編者と本書の執筆者たちは、歴史上、宗教文化や宗教団体こそソーシャル・キャピタルを醸成し、ウェルビーイングに関わる価値意識を形成する重要なアクターであったし、今後もその役割は果たされていくと認識している。そのことを本書において理論的にも経験的知見からも丁寧に説明していくつもりである。もう一言添えるならば、医療費と社会保障、多発する災害復興で財政が硬直化し、さらなる負担が求められる度に痛税感が叫ばれ、将来世代のために先行投資できない日本社会において行政や政治の限界もまた明らかになっている(井手二〇一八)。その場合、地域に残る互助協働や日本の宗教団体の諸力を活用してケアの関係を生み出すことが求められるのではないだろうか。そのためには、宗教文化や宗教団体が、どの領域でどの程度人々のウェルビーイングに寄与しているかを明確に示しておく必要がある。

編者と執筆者たちが宗教とウェルビーイングの研究にたどりついた具体的経緯は、各章やあとがきに記してあるのでご参照いただければと思う。ここでは、本書の構成に関連させて研究の視点や方法について記しておきたい。

本書は三部構成になっており、第Ⅰ部で宗教とウェルビーイングの研究に関する理論的検討を行う。そのうえで第Ⅱ部では、宗教意識・行為と主観的幸福感の関連を総合的社会調査から明らかにし、第Ⅲ部では、事例研究の手法でウェルビーイングに寄与する宗教の実態を描き出す予定である。

第Ⅰ部「宗教とウェルビーイングの基礎理論」として三章の理論的研究を配置した。

第一章「しあわせとソーシャル・キャピタル」では編者の櫻井義秀が、①現在のウェルビーイング研究を概説した後、「幸せ」を宗教研究で問う意義を明らかにし、②宗教とソーシャル・キャピタルの関連を問う国内外の研究成果をふまえながら、日本においてもソーシャル・キャピタルを醸成する、もしくは伝統的な人間関係や社会関係を再活性化する仕掛けとしての宗教文化や宗教施設の検討を行っていく。

そのうえで、さらに編者の櫻井義秀が第二章「宗教とウェルビーイング」において、①社会的機会とクオリティオブライフの観点からウェルビーイング研究の類型論を構築したルート・ヴェーンホヴェンの所論を参照して、ウェルビーイングに寄与する宗教の理論的検討を行った。具体的には、「生活環境の整備」（社会的機会の提供）、「生活満足度」（社会的機会の享受）、「生きる力」（心身の健康やソーシャル・キャピタル）、「幸福感」（人生を味わい深いものとなしえた心境）の四つの領域における宗教意識や宗教活動を扱う。②宗教的価値観を内面化した幸福の特徴として、貧しくても幸せ、病んでも不幸にならない生き方がある。幸せの主観的評価と社会的基盤の客観的指標との乖離に着目したヴォルフガング・ツァップフの議論を手がかりに、双方の評価が共に高い「幸せな状態」、客観的指標が悪くても主観的評価が高い「適応した状態」、客観的指標がいいにもかかわらず主観的評価が低い「不協和の状態」、どちらも低い「剝奪状況」における宗教的認知や宗教行動の諸問題について理論的考察をなした。

第三章「人間になる――自律の夢から覚める」では、寺戸淳子が①「ラルシュ共同体運動」を提唱したジャン・ヴァニエの思想と運動参加者の経験を導きの糸として、ケアの関係性が動物的な身体性やそれに対する嫌悪感をも含みこみ、「弱さ」「依存」を自己や他者との関係構築に組み込まざるを得ないと論じる。そして、さらに

②マーサ・ヌスバウムとエヴァ・フェダー・キテイ、マーサ・A・ファインマンとミルトン・メイヤロフの議論を検討したうえで、人間を自律的存在として規定する近代主義的人間観の特異性、人間は本来関係性それ自体に価値を置き、ケアを通して生きることを学び、感じ取っていく存在であることを論じる。現代社会において人は生まれてからの約十数年、人生の最終段階に至る十数年は依存的存在となる。青年期・壮年期においてすら、さまざまな経緯で自律的ではないとみなされる存在となる危うきものである。弱さへの自覚とケアへの構えを説き、実践の場を提供してきたのが宗教文化であったが、その意義を改めて理論的に問い直している。

第Ⅱ部「宗教とウェルビーイングの計量社会学」は、アジアとヨーロッパ、および日本における総合的社会調査のデータ分析を通して宗教とウェルビーイングの関連を統計分析から検討する本書のハイライトである。これらの計量分析で扱うウェルビーイング指標は主観的幸福感であり、日常生活において感じられている感情と人生に対する評価からなる。

第四章「アジアにおける幸福と満足の文化——その理論的考察と方法論的検討」では、真鍋一史がアジア・バロメーター(Asia Barometer)という国際比較調査のデータを用いて、先行研究の整理・検討から導かれた次の仮説を検討する。①経済成長は幸福感を決定する。②幸福感は全般的で感情的要素が強く、満足感は生活の諸側面に対する認知的要素が強い。③幸福感・満足感の客観的指標と主観的指標は必ずしも強いものではない。④治安、環境、福祉、民主主義といった社会全体の幸福感をあげる指標と個人の幸福感や満足感は関連している。主観的幸福感と客観的社会経済的指標との関連は一般化できる部分とできない部分があり、できない部分に関してはそれぞれの国の社会経済的条件や文化的条件が関わっていることを確認している。

第五章「宗教的な人々はより幸せか?——ヨーロッパ社会調査からの知見」では、ウォルフガング・ヤゴチンスキーがヨーロッパ社会調査(第四回から第六回調査までのプールデータ)を用いて計十八の仮説を検討する。それらの仮説群は三つに分けられる。①健康と社会保障という個人的・社会的影響力と宗教性の影響力との関連を見るために、「不健康であっても非常に宗教的な人々が健康で非宗教的な人々よりも幸せかどうか」、「発展していない国々で暮らしている非常に宗教的な人々が、先進社会で暮らす非宗教的な人々よりも幸せかどうか」を確認する。②幸福感に影響を与えると考えられてきた諸変数（性別、健康状態、収入、年齢といった個人的属性。パートナーとの関係、社会的ネットワークの有無、民主主義の度合い。宗教性の有無）は幸福感にどのくらい強い関係があるかどうか。③社会の発展度合いに応じて宗教性の効果に差があるかどうか。本章は、種々の個人的・社会的条件を統制することで、宗教が人を幸せにできる程度に関して厳密な議論が可能になることを経験的に実証する計量社会学の醍醐味が味わえる章である。

第六章「日本の宗教とウェルビーイング」は、編者の櫻井義秀と清水香基が二〇一七年に実施された総合的社会調査を用いて、主観的幸福感に影響を与える一般的諸要因と宗教意識・宗教行動について検討する。この調査にあたり七割方の日本人が無宗教・無信仰を自認しながら初詣や墓参り、寺社の参詣や種々の祈願を行い祭礼に参加するという日本特有の事情を鑑み、アジアの諸国やヨーロッパ諸国のように上座仏教や大乗仏教、カトリックやプロテスタント、イスラームなどの制度宗教の影響力がかなり強い国の宗教指標（信じることや祈ること、所属すること）だけを尋ねるだけでは限界があると考えた。したがって、具体的に十七の項目で尋ねた宗教意識と十四の項目で尋ねた宗教行為を①慣習的宗教意識や実践、②制度宗教の意識や実践、③スピリチュアルな意識や実践に分節化して、主観的幸福感との関連を分析した。そのため、第四章・第五章の仮説検討型の分析ではなく、日本の宗教事情に即して個別的な問題探索型の統計的分析を数多く行うという体裁になっている。それでも、社会的状況（性別・年齢・世帯年収・学歴・婚姻）と個人的意識（健康状態、階層所属、他者信頼感、互酬性の感覚、孤独感）などを統制した上でも、伝統的・慣習的な宗教意識は幸福感にポジティブな寄与をなし、スピリチュアルな実践はネガティブな効果を持つことを明らかにしている。

第Ⅲ部「宗教と女性・高齢者・移民のウェルビーイング」は五本の事例研究から構成される。計量分析では主観的幸福感を日常生活の次元でとらえたが、事例研究では宗教的信念や儀礼、教団活動に媒介された宗教的幸福感を扱うことになる。

第七章「水子供養は何を癒すのか」では、猪瀬優理が、中絶・流産を経験した女性は水子供養儀礼を実践することで悲嘆が癒やされているのか、寺院や墓苑業者、霊能師に利用されているだけなのか、あるいはこの種の追悼儀礼はジェンダー・セクシャリティの領域において女性だけに対応を迫る権力性を帯びたものなのかといった議論を整理する。水子供養は伝統習俗ではなく、一九七一年に開山した埼玉県秩父郡地蔵寺他の寺院などで個人の病気や不幸を水子霊と結びつけて慰霊の地蔵供養を始め、これが日本全国に拡大していったものである。諸外国に水子供養はない。海外の研究者が、この日本独特の習俗に何を見いだし、日本社会や日本文化の特徴を語るのかが興味深い。

第八章「高齢女性の主観的ウェルビーイングと装い——人生の危機と自己の再帰的確認」では、片桐資津子が高齢者の介護施設研究で出会った高齢女性のライフヒストリーを分析しながら、こころの張りと装いの感覚を考察する。夫・子ども・孫の世話や親の介護を終えた高齢女性にとって、料理や手仕事、装いは社交の要にあり、自己表出のすべてである。装うことで自分らしさを表現してきた女性たちが、苦難に満ちた幼少期から壮年期にかけて霊能師や布教者と出会い、自己の幸福感形成にどのように宗教的資源を利用していったのかが語られる。装いは主観的幸福感に関わるが、人生の苦難において宗教的物語は人生の杖として歩みを助けるものとなる。

第九章「限界集落における祭礼の維持がコミュニティ持続に及ぼす影響——旧仁淀村別枝地区の単身帰郷者に着目して」では、祭礼によって地域のソーシャル・キャピタルが維持継承され、過疎・不便にもかかわらず人をその地に住まわせる大きな力となっていることを冬月律が叙述する。仁淀村が仁淀川町となった清流仁淀川は宮尾登美子の自伝小説の最終巻のタイトルである。芸妓紹介業者と女義太夫の子に生まれた著者が育った高知と満蒙開拓団として中国に渡って収容施設暮らしの後に引き揚げた夫のふるさとである四国の中山間地域の様子が、著者の自伝小説『櫂』『春燈』『朱夏』『仁淀川』によって生き生きと描かれている。冬月もまた旧仁淀村に残る人々の思いと、他出後単身故郷に戻って第二の人生を生きる元村民のふるさと意識、それを形にする秋葉まつりや神社の護持などを描出する。

第十章「現代農村の信仰継承――日本基督教団丹波新生教会のウェルビーイング」では、約百年前に開拓伝道された地にできた教会が地域の人口減少に伴う信徒の高齢化や減少によって会堂を維持しがたくなり、牧師と信徒によって地域間で協同の牧会がなされている現況（園部・須知・胡麻、亀岡地区）を川又俊則が叙述する。牧師が常駐できない会堂は信徒が護持し、時に信徒たちで交わりの時を持つ。日本のキリスト教会は信徒の献金だけで護持されるので、信徒数が二、三〇名程度では牧師および家族の生計が成り立たず、牧師が兼業しない限り、専従になることはできない。地方には信徒が十数名に満たない教会が少なくなく、信徒のウェルビーイングを支える教会のあり方が問われている。

第十一章「多文化化する韓国社会と移民の社会的包摂――キリスト教団体の社会支援」では、韓国に労働者、国際結婚定住者、あるいは脱北者として渡ってきた移民たちを受け入れている韓国の移民政策と、カトリック、プロテスタント諸教派による移民支援の実態について詳しい報告が李賢京からなされている。韓国は日本同様、種々の経緯で相当数の外国人を受け入れているにもかかわらず、民族と国民の一体性、歴史的共同性をかなり意識するために多文化主義よりも同化主義的な包摂を実施している。そこで、キリスト教が民族・歴史の壁にどのようにブレイクスルーし、普遍主義的なサポートを提供することで移民のウェルビーイングに貢献しているのかが分析される。

参考文献

井出英策、二〇一八、『幸福の増税論――財政は誰のために』岩波書店。

猪口孝、二〇一四、『データから読むアジアの幸福度』岩波書店。

大竹文雄・白石小百合・筒井義郎編著、二〇一〇、『日本の幸福度――格差・労働・家族』日本評論社。

小塩隆士、二〇一四、『「幸せ」の決まり方――主観的厚生の経済学』日本経済新聞出版社。

橘木俊詔、二〇一三、『「幸せ」の経済学』岩波書店。

橘木俊詔編著、二〇一四、『幸福』ミネルヴァ書房。

辻竜平・佐藤嘉倫編、二〇一四、『ソーシャル・キャピタルと格差社会――幸福の計量社会学』東京大学出版会。

長谷川宏、二〇一八、『幸福とは何か――ソクラテスからアラン、ラッセルまで』中央公論新社。

広井良典編著、二〇一三、『ケアとは何だろうか』ミネルヴァ書房。

目次

第Ⅱ部 宗教とウェルビーイングの計量社会学

第五章　宗教的な人々はより幸せか?
――ヨーロッパ社会調査からの知見

第Ⅰ部　宗教とウェルビーイングの基礎理論

第一章　しあわせとソーシャル・キャピタル

櫻井義秀

一　人口減少社会における個人化と絆

一―一　問題の所在

現代社会における「しあわせ」と宗教との関係を考えるために必要なことは、①現代社会の実態と趨勢を観察し、②次いで、現代人の「しあわせ」に対する意識構造の特徴を分析した上で、③現代宗教が「しあわせ」の創出に関わることが可能な領域を確定することである。もちろん、諸宗教の教派・宗派ごとに人間の「しあわせ」に関わる教説の特徴を描出することも比較宗教学として興味深い研究になると思われる。しかし、本章では日本の現代宗教が置かれた客観的な状況から現代の宗教的課題を探り、人々の求めに応じる宗教実践のあり方を考察しようと思う。

このような問題設定にしたのは、日本社会が気候変動の影響を強く受けた農業社会の段階を除き、歴史上初めて持続的な人口縮小期を迎えるからである。人口と経済の拡張期に成立した宗教は、現世利益を前面に押し出す近代の新宗教ならずとも、社会の発展や個人の豊かさが増すことを救済論の一部としている。末法や終末を説く教団であっても、教線の拡大や組織の成長を企図した宗教運動を展開しているところを見る限り、社会の持続的成長を自明としているのである。しかし、このような救済論や現状認識が通用しない時代が来ているのではないだろうか。

一―二　人口減少社会と格差社会化

現代日本を大きく変える要因として人口変動と産業構造の変動がある。国立社会保障・人口問題研究所の予測によれば、日本の総人口は二〇〇四年の一億二七八三万人を頂点に減少に転じ、二〇六〇年には八六七四万人となり、日本は六五歳以上の高齢者が全人口の約三九パーセントを占める超高齢化社会となる(国立社会保障・人口問題研究所 二〇一二)。先進国では例のない人口減少と高齢化であり、世界が固唾を飲んで日本の未来を見つめている。また、グローバリゼーションによって日本のもの作り産業が生産拠点を海外にシフトし、小売業は市場拡大に期待が持てる中進国に進出する。いわゆる産業の空洞化である。地方の自治体では人口の自然減に加えて稼働世代の都市部流出という社会減が加速化する。その結果、二〇五〇年には日本人口の約五七パーセントが三大都市圏に住み、地方は低密度の人口地帯になると予測される(国土審議会政策部会長期展望委員会 二〇一一)。地方では交通、商店、医療へのアクセスが悪化し、ますます住みにくく、人口減はスピードを増すだろう。現在は高齢者人口が五〇パーセントを超え、コミュニティの機能を維持できなくなるという限界集落が論じられた時代から、二〇四〇年の時点で約一八〇〇ある自治体の半数が消滅するかもしれないという時代に移行している(増田寛也+日本創成会議人口減少問題検討分科会 二〇一四:一八―三一)。残存する自治体も地方交付税交付金の大幅な減少によって、現在の行政的サービスの水準を維持することが難しくなる。

実のところ、地方では過疎化ということで既に数十年後の人口減少社会を経験している。しかも、過去四〇年間に約八二兆円を費やした過疎化対策をもってしてもこの流れが食い止められないことがわかっている(総務省過疎対策室 二〇一二)。東京など大都市部では理解できない生活・労働基盤の不可逆的な落ち込みをこの三〇年近く経験してきたのが、筆者を含む地方在住者である。

このような右肩下がりの将来像は誰しも認めたくないものだが、人口変動の予測は地球温暖化の予測よりはるかに精度が高く、しかも社会生活への影響は持続的でかつ甚大である。格差は都市と地方の地域格差のみならず、経済のグローバル化によって階層間の格差も拡大している。これで若年層と低所得層の家庭を築こうという意欲がくじかれ、経済の底上げを目指した国際競争に打ち勝つ働き方によってもワークライフバランスが阻害される。そして、人口減少の直接的な要因である少子化は若者たちの晩婚化・未婚化によってさらに進行する。この負のスパイラルを断ち切るためには、現代社会のあり方を反省的に見直す必要がある。都市の高所得者層であっても、日本の維持のために多くの負担を求められることになるだろう。勝者のいないサバイバル競争に距離を置くことができないものか、冷静に考え直したい。

では、まず、現代社会の趨勢を観察するための理論的な補助線として、ウルリッヒ・ベックの個人化論を参照しながら社会空間の変容を考察していこう。

一―三　個人化と絆の創出

ベックはリスク社会論を提唱した社会学者として広く知られているが、もう一つの理論的柱に個人化論があり、現代社会におけるリスク管理の個人化もしくは自己責任化の方向に警告を発している(Beck, 1986 = 1998, 2011)。彼の議論を要約的に紹介しよう。

産業化以前の社会では家族とコミュニティが社会生活の再生産単位であり、個人を危険から守る障壁の役割を果たしてきた。人は家族と地域共同体に所属し従う限り、野垂れ死ぬことはなかったのである。産業化社会でも労働組合や階級が個人の利害を代弁してくれた。二〇世紀は社会主義の壮大な実験場だった。共同体や機能集団、全体主義的国家への所属がリスクヘッジとなったのである。しかしながら、現代社会では個人が伝統的家族や地域共同体のくびきから解放され、誰と付き合いどのような集団に所属するかも嗜好性の問題となった。就学・仕事・結婚・子育てといったライフコース上のイベントやタイミングは個人の選択に任せられてもいる。肯定的に評価すれば、人権が尊重されリベラルな社会になってきたのだが、他方で個人化は孤立にもつながり、自分で決めなければいけない世の中に不安とストレスを感じる人々が増えてきたことも事実である。社会主義体制は崩壊し、現代の社会主義国家は国家独占資本主義とグローバル経済との混合経済の様相を呈している。

政府の役割に着目するならば、労働と福祉の両面において個人をサポートする一方で、財政的負担の問題から福祉の多元化を進め、個人の自己責任をより強調する方向に政策転換しつつある。ベックのリスク社会論の構図に従えば、富の生産と配分が政治的争点であった産業社会から科学技術や高度な産業により生み出される確率論的なリスクへの対処が政治的争点となる社会に変わったのである。一例を挙げれば、原発の安全性と放射線の被曝量(閾値)など、科学的不確実性の部分にリスク管理をめぐるポリティクスが発生する。政府はリスク管理の主体であることを立法や行政措置で示すが、最終的なリスクの引き受け手にはならない。原発立地は自治体の選択に任せられ、産業基盤を欠く僻地は電力会社と政府の補助金に依存せざるを得なかった。二〇一一年の東日本大震災によって引き起こされた福島原子力発電所の事故、炉心融解、放射能汚染に対して、避難区域の場所や期間について政府は最低限の指示をするものの区域外に居住する福島県民の不安や懸念に対する対応は自治体任せである。電力会社による避難者への補償は一部にとどまる。もう一つの典型例として、国際紛争に介入する政府決定によって在外邦人が直面するリスクにも自己責任で対処せざるをえないことが二〇〇二年のイラク人質事件以降明らかになった。この種の事件は宗教的過激派による人質の身代金交渉や殺害の事件において頻発し、国内からも自己責任論がネットメディアによって展開される事態となっている。現政権による集団的自衛権の議論においても、リスクの管理主体とリスクの引き受け手との乖離が見られる。

このような個人の析出と社会的リスクの個人化が人々の社会生活と意識構造にどのような変化をもたらしているのだろうか。逆の言い方をすれば、集団的つながりの喪失が私たちの幸福感の減少や社会的不安とどう関わっているのだろうか。

東日本大震災を境に日本社会は個人化の趨勢を自省し始めている。NHKが二〇一〇年に制作した報道番組の「無縁社会」は大きな反響をよび、家族や地域とのつながりから切れた若者・中高年の孤立状況を露わにした。人々がつながる困難さは、一九九八年から一三年連続年間三万人を超した自死者の数や、年間二万数千人に達する孤立死の件数、過去三〇年間増加傾向の未婚率に象徴される。ところが、震災後の一年間、東北の被災地では強いコミュニティの意識が見られ、七年経った今でもボランティアに駆けつけ、さまざまな支援活動に参加する人々がいることからも、「絆」は回復不能な程度に失われているわけではないことがわかる。

東アジアでも進展する個人化・リスク社会化の趨勢に対して各国がどのように既存の文化や社会制度を用いて対応していくのかを比較研究している韓相震によれば、韓国では家族と労働運動がまだ緩衝装置の役割を果たしているという（韓相震 二〇一一：一六三―一一八）。人口の約三割を超すキリスト教徒が集う教会を加えてもよいだろう。他方、日本における単独世帯数は一貫して増加し、二〇三五年には三七・二パーセントに達し（二〇一四年は約三三パーセントで韓国・台湾よりも一〇パーセント高い)、労働組合組織率は二〇一三年で一七・七パーセントと低下傾向が続いている(国立社会保障・人口問題研究所 二〇一三、厚生労働省 二〇一三)。日本では宗教制度や宗教団体が個人化によるリスクを減衰するのだろうか。現代人が求める絆の維持・創出にどう関わっているのだろうか。

本章は三節において宗教とソーシャル・キャピタルの関連を考察するが、その前に人々のつながりがしあわせとどのように関連しているのかを幸福論を含むしあわせ研究(Happiness studies)の知見から確認しておきたい。

二 しあわせ研究の知見

二—一 幸福論としあわせの研究

しあわせという語のニュアンスは正確には幸福と同じではないだろうし、仕合わせという表現に含まれる運や巡り合わせのよさという偶然性だけで語れるものでもない。不幸せや不幸という反対語にはしあわせや幸福ではない心境や状態と簡単に言い切れないものがあり、幸福と不幸のあり様については「幸福な家庭はどれも似たものだが、不幸な家庭はいずれもそれぞれに不幸なものである」といった文学的表現に考えさせられる(トルストイ 一九八九)。幸福について思いをめぐらせている限りその人は幸福ではないのだろうが、道徳的・宗教的価値としての幸福を追求し続けている人はそうではない人よりも幸せそうに見えることが多い。

このように哲学的・文学的思索をめぐらすことで、主題が手の中をするりと逃げていく青い鳥となっては困る。ここでは単純すぎるのを承知で「しあわせとは主観的に満ち足りた状態であり、人権が保障され客観的な生活基盤が整っている状態」と主観的幸福感と客観的生活環境の二面から定義をしておきたい。しあわせを happiness と well-being を含み混んだ構成的概念と措定する。前者を重視するのが心理学や精神医学／脳科学、後者を重視するのが法律学、社会学・社会福祉学、双方にまたがって考える社会心理学や行動経済学と言えるだろう。

もちろん、宗教研究においても教説や世界観・道徳観と対応したしあわせの概念を抽出してきたのだが、それは諸宗教の研究であって宗教学として一般理論化の志向性はうかがわれない[1]。理論化は教説化に近い危険な試みという考えがあったのかもしれないし、宗教が幸せを追求するのは自明すぎるということで議論の主題にならなかったのだろうか。

不思議な符合だが、筆者が専攻する社会学でも幸福が研究の主題にあがることはほとんどなかった。社会学の主題は近代化であり、近現代化の社会変容に伴う社会問題の描出と改善の提案、すなわち人々の不幸な状態をなくす手立てが考えられた。したがって、不幸ではない状態としての幸福 well-being に違和感はないが、幸福 happiness そのものを考えてはこなかったのである。近年の社会学における幸福研究も、不幸な人をなくすこと（幸福の加算から不幸の減算へ）を目指し、その施策の公共的な性格を論じることに力点がある（高坂健次 二〇〇四：一一—五一）。

このように諸学がしあわせを主題に据えるか据えないかについては、学問が成立した経緯や特徴、および現代の社会状況と合わせて考察されるべきものである。ところで、心理学と経済学では近年旺盛に幸福の研究が進められているので、まずはこの二つの研究領域を紹介することからしあわせについての学問的知見を考察していきたい。

心理学の研究は多岐にわたるが、主な知見としてうつ的ではない気質や適応能力の高さ、良好な結婚生活や友人関係が人生の満足度にプラスの影響を及ぼすというある意味常識的なものである（大石繁宏 二〇〇九）。ただし、国際比較に関しては要注意である。「私の人生は私の理想に近い」「私は自分の人生に満足している」「もう一度人生をやり直せるとしても、ほとんど何も変えないだろう」といった質問項目に対して、「そう思う」から「そう思わない」までの間でゼロから七点や一〇点の程度として答えさせて幸福度を比較している。How are you? と挨拶されて Good! と返すのが規範である文化と、ぼちぼちですと控え目に応えるのが規範である文化とでは、回答の差異が幸福度の差異を示すものなのか文化的差異を示すものなのか解釈が分かれるところである。その他、どのようにしたら幸福になれるのかという研究には満足感の認知・脳科学知見も含まれるが、学問的知見と自己啓発（セミナー）的な啓蒙の境界が判然としないのもこの領域の特徴である。ポップな所見を披瀝する認知科学者や脳科学者も少なくない。また、心理臨床やカウンセリングの領域では、人間心理や意識の多様性を示し、満足度＝しあわせの一義的対応を異化するような趣もある。人のこころもちはうつろいやすいし、こわれやすい繊細なものでもある。

経済学では、ジェレミー・ベンサム以来「最大多数の最大幸福」という豊かさ＝幸福観が前提とされた。しかし、経済成長を達成した先進諸国では精神的充足感がそれほど高まっていないこと、国際比較においても経済的豊かさと主観的満足度が相関していないことが明らかにされてきた[2]。内閣府「国民生活に関する世論調査」によれば、物の豊かさよりも心の豊かさを大事にしたいと答える人が増えてきたのは一九七八年からであり、近年は六四パーセントに達している。高度経済成長からバブル経済へと経済の黄金期であった時期にも、豊かさの中の精神的な貧しさを問う論客（暉峻淑子 一九八九）やオウム真理教という反物質文明のポーズを取って若者を巻き込む教団が現れ、経済成長一辺倒の社会のあり方に警鐘を鳴らしていた。

しかし、近年の経済発展と幸福度との関連を問う研究には別の問題意識があるように思われる。そこには経済成長が望めない社会で国民の生活満足度を高めるにはどのような施策が優先されるべきかという財政の有効活用に関わる政治家や官僚の問題意識、および経済学者の関心という方向性が一つ。もう一つは、ブータン国の幸福度指数(Gross National Happiness)などを紹介しながら日本社会のあり方を問い直す研究だが、両者の方向性に乖離がみられる(3)。GNH指数は幸福な人の割合と幸福ではない人でも充足している領域を加えた総合的な満足度指数であり、ブータンの文化や生活に合わせて指標を利用しているために高い満足度(〇から一の間で〇・七)を示す(太田聰一 二〇一四：四五―五七)。タイでも二〇〇七年にグリーン幸福度指数の開発を進めており、社会・経済・環境に焦点を当てた社会進歩・幸福の指標化は国や国際機関の間でブームといってよい。それならば、日本でも日本に合わせた指標を策定し、国民の満足度や要求に応える政策を行おうということで、二〇一〇年に成長戦略に幸福度指標を作成することが閣議決定された。次項では政府の各種資料に基づきながら、幸福度の調査と課題に関してまとめておこう。

二―二　日本における幸福度の特徴

内閣府経済社会総合研究所が作成した「幸福度に関する研究会報告―幸福度指標試案」(内閣府経済社会総合研究所 二〇一一)に基づいた二〇一二年の社会調査から、主観的幸福度(とても幸せ――幸せではないという回答を〇から一〇の尺度で計る)に関する興味深い知見のみ記しておこう(4)。

①現在の幸福感は、留置調査平均(六・六)、インターネット調査平均(六・一)であり、内閣府の国民選好度調査による生活満足度(二〇〇五年時点、〇―五のスケールで平均三・〇七)にも符合する。生活満足度と一人あた

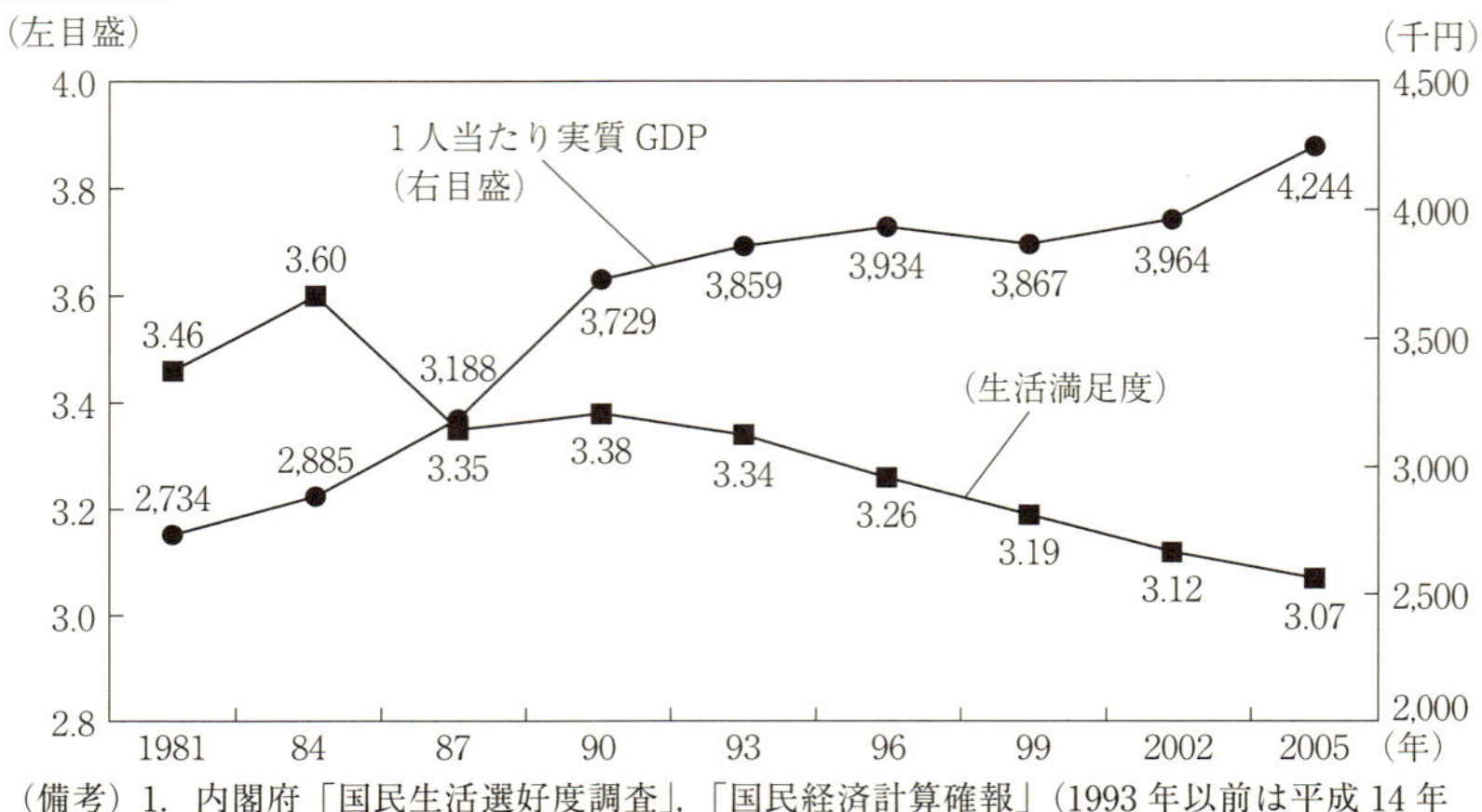

生活満足度
（左目盛）
（千円）
1人当たり実質 GDP
（右目盛）
（生活満足度）
4.0
3.8
3.6
3.4
3.2
3.0
2.8
4,500
4,000
3,500
3,000
2,500
2,000
3.46
3.60
3.35
3.38
3.34
3.26
3.19
3.12
3.07
2,734
2,885
3,188
3,729
3,859
3,934
3,867
3,964
4,244
1981
84
87
90
93
96
99
2002
2005
（年）

（備考）1. 内閣府「国民生活選好度調査」，「国民経済計算確報」（1993 年以前は平成 14 年確報，1996 年以後は平成 18 年確報），総務省「人口推計」により作成。

図 1-1　生活満足度と一人あたり実質 GDP の推移
（出典）『平成 20 年度版国民生活白書』「第 1 章第 3 節第 1-3-1 図」を転載

りＧＤＰの推移を図１―１で参照すれば、経済学と政府の問題意識の一端が理解できよう。

②年齢別の幸福感は、留置群が一〇代(七・三)から二〇代(六・七)で下降し、三〇代(六・九)で上昇、以下四〇代、五〇代(六・五)と一貫して下降し、六〇代、七〇代(六・六)で少しだけ上昇する。インターネット群では、一〇代(六・一)で低く、二〇代(五・七)でさらに下がり、五〇代(六・二)、六〇代(六・六)までゆるやかに上昇する。ネット利用者の幸福感は若年世代で有意に低いことに注意したい。また、留置調査の結果に見られるように若年層の幸福感が高いわりに中高年の幸福感が低いことが日本の特徴である。退職後の人生設計(医療・年金)への不安であれば若者こそ高くなければならないが、日本では中高年が現状をリアルに認識している。日本では学卒者の一括正社員採用など若者が恵まれており、ヨーロッパ諸国の若者が数年のインターンを経てようやく正社員になれる状況との差も大きいだろう。

③就業状態別に見ると、主観的幸福感の高い順に専業主

婦（六・八）、金融保険業（六・三）、公務員（六・二）、学生（六・〇）、失業者（四・六）となる。専業主婦の幸福感の高さは夫の年収に支えられた世帯収入の高さと余裕のある暮らしを示す。

④配偶者の有無については、四〇代以降主観的幸福感の高い順に、有配偶者、死別者、未婚者、離別者となる。ただし、有配偶者の幸福感は三〇代より一貫して低下する。結婚に対する満足感の低下なのか、子供の教育や親の介護などの負担に関わる問題が発生するためだろうか。

⑤男女別で見ると、留置（男性六・三、女性六・九）インターネット（男性五・八、女性六・四）ともに平均値から見る限り女性が高い幸福感を示している。世界では女性の方が幸福感が低い地域があり、アフリカ、南アジア地域など女性の早婚、子供数の多さと関連が強い。

⑥幸福度を判断する事項であるが、上位三つは家計、健康、家族関係であり、国民生活選好度調査（二〇一一年）とほぼ一致する。

⑦協調的幸福感（悩み、人並み感、安定など）は主観的幸福感より低く（平均五・八）、特に二〇代で深く落ち込み、それから緩やかに上昇して六〇代で二〇代とほぼ同じになる。これは競争社会で働く世代のストレスを反映している。

⑧過去数週間の感情的バランス（肯定的経験から否定的経験を引いた値）では、二〇代が最も低く、三〇代から五〇代まで横ばいであり、それ以降一貫して上昇する。物事に動じなくなるのか、感受性が衰えるのか、いずれにしても落ち着きを得るにこしたことはない。

⑨行政・司法・メディア、社会一般や他人への信頼度の高い人ほど幸福感が高い。幸福度が高いからこそ世の中や他者を信頼する余裕がある、あるいは高い人が既得権益保持者という可能性も当然にある。

⑩心理的ストレスの低い人、健康な人は幸福感が高い。幸福感と最も強い関連を示すのがストレスと健康である。

四〇代のストレスは最も強い。希死念慮の強い人は幸福感が低い。

⑪家族、近隣の人、友人との接触頻度、支援してくれる人がいる人ほど幸福感は高い。人間関係による心理的サポート力は強い。介護の負担感の少ない人の方が幸福感は高い。現在の七〇代、八〇代では兄弟姉妹の数が多かったので、老親介護の負担がある人とない人が見られたが、六〇代以降、子供数が二人や一人の世代では大半の人々がこの問題に直面する。

⑫所得の高い人、学歴の高い人は幸福感が高い。しかし、学歴の効果はそれほど大きくはない。実際、良好な健康状態や人間関係に比べれば、いい学歴や世間体のよい仕事の効果はたいしたことがないのである。

これらの知見をどう考えたらよいだろうか。既知の事柄が大半と思われるが、問題はこうした知見に基づいて幸福感の高い社会作りをどう施策として進めていくかである。主観的幸福感の高い有配偶者や正規職者を簡単に増やせるような社会状況でないことは既に述べた。国民が政府に期待する事項を二〇一一年の国民生活選好度調査から見ると、年金・医療の充実、雇用と住環境の整備、安全な食と災害対策と続き、多くの財政支出を要する事柄が多い。しかし、他方で幸福感を高める要素に、精神的なゆとりや友人・地域の人間関係、仕事・余暇の充実や趣味・社会貢献が挙げられ、これらは必ずしも行政への要望となっているわけではない。

国民の幸福感を構造として整理すれば、生活基盤の確保(well-being)は主観的幸福感(happiness)の必要条件であるが、十分条件ではない。十分条件の一つに人々が自らの力で自主的に豊かにする人間・社会関係がある。そして、もう一つ付け加えるべき要素は価値意識だろうと思う。残念なことに幸福感の調査研究では、家族・労働・地域や社会関係といった世俗的要素との関連のみが探求され、宗教研究者が関心を抱くところの価値意識との関連を問うための質問項目がそもそも除外されている。幸福感と価値意識の関連を現代社会で問うことが本研究の課題にかなっているようにも思われるが、価値の多元化・多様化という状況があるために、どのような価値意識が幸福感に結びつくのかという問題設定はなかなか難しい。それよりは、幸福感を支える肯定的な人生観や希望の有無だけで検討するのがさしあたり堅実ではないかと思われる。

二―三　希望を維持・創出する人間関係

希望学を研究する玄田有史によれば、「希望とは何事かを実現しようと願い、具体的に行動すること」と定義され、現時点で主観的満足度が高くなくとも将来的な変化や変革への期待がある限り、現段階の自分を受け入れられるものになるという（玄田有史 二〇一四：一六七―一八八）。もちろん、一定の社会層に勉学の意欲や生活・仕事をレベルアップする上昇志向が欠けているという知見はあるが（苅谷剛彦 二〇〇一、山田昌弘 二〇〇四）、悲観論よりは問題の解決・改善志向の研究が望ましいことは言うまでもない。

玄田が二〇一〇年と一一年に実施した調査によると、幸福度の規定要因と希望の多寡の規定要因には興味深い共通点と相違点がある。学歴・健康・婚姻関係は共通であるが、年齢の効果として若い人には希望（夢をいだける）が、高齢者には幸福（なしえた充実感）がもたらされる。収入は幸福度をプラスする効果が見られたが、希望には明確な関連は見られなかった。以下、希望を持つことに促進的な人間関係、価値意識的条件を列挙すると次のようになる。

①友人・知人に頼りにされる人の方が希望を持つ。
②小学生から大学生の学生時に親以外の目上の人から評価されたことがある人の方が、そうではない人よりも希望を持つ。
③信仰・宗教を持っていない／行っていない人は、そうではない人よりも希望を持たない。

④人間の本性は善であると思う人の方が、そうではない人よりも希望を持つ。
⑤毎日朝食を食べる人の方が、そうではない人よりも希望を持つ。
⑥過去三年間にこころに傷を受けるような出来事を経験した人の方が、そうではない人よりも希望を持つ。

①から④までは人間関係・信頼に関わる条件であり、特に③は価値意識と関係する。信仰の有無が希望の有無に直結するというよりも、持っていない場合に希望を持てないケースが多いという側面のみが統計的に確認された。④は他者や社会への信頼であり、次節のソーシャル・キャピタルの議論に関わる。⑤は栄養学的な知見であるが、家族や生活スタイルの安定度も示している。⑥は玄田が希望を論じる際に特に強調している点であり、「過去の挫折の意味を自分の言葉で語れる人ほど、未来の希望を語ることができる」。挫折の経験によって希望を自己の現実可能な範囲に調整する柔軟性を獲得し、実現可能な目標に向けて努力できるようになったのかもしれない（玄田有史 二〇一〇：一一二―一一三、玄田有史編著 二〇〇六）。いつまでも高すぎる目標を抱くと、自己評価が低くなり、社会の不公正などに鋭敏になるかもしれない。日本の将来について希望を持って語るためには、希望を維持・創出するための人間関係や社会への信頼が必要である。

現在、互恵的な人間関係の規範や社会や他者への信頼、人々のネットワーキングと定義されるソーシャル・キャピタル（社会関係資本）が社会科学者や行政から注目され、ソーシャル・キャピタルを生み出す文化的基盤としての宗教の社会的機能が研究されている。

三　ソーシャル・キャピタルと宗教

三―一　ソーシャル・キャピタルへの着目

ソーシャル・キャピタルという言葉の初出は一九一六年に学校教育の改善にコミュニティの役割を説いたL・J・ハニファンであるといわれる。その後、ソーシャル・キャピタルに社会科学的な理論上の重要な位置づけを与えたのは、ピエール・ブルデューやジェームズ・コールマンであるが、ソーシャル・キャピタルと市民社会の関係を強調したのがロバート・パットナムである[5]。パットナムの議論は、日常生活や地域コミュニティから民主的な政治過程が立ち上がるというもので、対面的地域社会・小集団の価値を再評価せよという。ソーシャル・キャピタル論は、ルソーの市民社会論やトックビルが一九世紀のアメリカに発見した市民社会論とも思想的系譜を同じくするものである。つまり、ソーシャル・キャピタル論は、大衆消費社会において政治の観客（福祉の要求者）となった市民に再び社会参加を促すことで社会の活力を得ようという時代状況に即応した議論である。

このことを日本について考えてみても当てはまることが多い。日本では増え続ける社会保障関連支出による財政危機（二〇一八年度の税収五九兆円に対して歳出は九七・七兆円、社会保障関係費が三二・九兆円、累積債務残高は一三二六兆円でGDP比二・三二）を改善し、社会保障制度を維持するために増税が不可欠である。そうでなければ、年金を減額し、医療費の高齢者負担率を上げるしかない。にもかかわらず、行政や公共事業に無駄遣いがある、国民に痛みを強いる政策は許せないという政治家やマスメディアの指摘もあって、増税に多くの国民が納得していない。政治に対する社会的信頼の減退は深刻である。

現在、①市民参加型政治（オンブズマン、裁判員制度、政策提言型NPO）、②経済振興（地元・地域の活性化、職場の自律・労働者の連帯、地産地消や地域ブランド）、③社会問題への取り組み（環境対策、男女共同参画、教育・福祉・医療システム再構築）の領域でソーシャル・キャピタルの活性化が試行されている（Putnam, 1994＝2001, Putnam, 2000＝2006）。行政と民間の垣根を取り払い、社会の様々なアクターを含めた市民の自発的参加を促す社会作りは、「新しい公共（New Public）」ということで二〇〇九年から内閣府が政策課題に据えている。

ポスト福祉国家以降、市場の調整に過大な期待を寄せた新自由主義が行き詰まり、福祉やサービスの与え手と受け手、あるいは政策の立案遂行者と批判者といった二項対立的な役割意識で社会的課題は解決しないという認識が生まれてきたのである。現代の社会理論・社会政策論で問われているのは、誰がどのような実践によってソーシャル・キャピタルを醸成・維持できるのかという議論である。

従来は、福祉的サービスのアクターとして市民運動やNPOしか取り上げられてこなかった。宗教文化や宗教団体の役割を挙げるのは、宗教家・信者、宗教研究者か教団関係者しかおらず、学会や行政、市民集会でも特異な事例とみなされてきたというのが実情だろう。大方の学者や法曹では政教分離の原則を重視し、宗教家もまた戦前を想起して「宗教の社会貢献」や「公益」の言葉に敏感になり、一般市民は宗教団体の社会参加や政治過程への参入に眉をひそめてきた。宗教法人も学校法人や社会福祉法人、公益財団を設立して、布教・教化を担う教団から離れて社会事業を行ってきた。宗教と社会活動主体の分離を継続したままで、宗教は社会参加を目指すべきという意見は根強いものがあるが（井上 二〇一四：二六―三二）、未分化な宗教主体が行う災害復興支援やコミュニティ・サービスが一定の社会的ニーズに応えている事実がある（白波瀬 二〇〇七：二五―四九、同 二〇一二：四一―五八）。

以下では、宗教がソーシャル・キャピタル醸成に肯定的に関わる事例を見ていこう。

三―二　宗教とソーシャル・キャピタル

宗教文化、宗教的関係、宗教組織が互恵性の倫理、関係を醸成、習慣化させるというのは、歴史的にも現代社会においても観察されることだと思われる。宗教文化で言えば、どの宗教にも利他主義的要素が認められ、日本では「おかげさま」「お互いさま」という共同体的倫理に表現される互酬性の規範があるだろう(稲場 二〇一一)。確かに、震災支援に行く人々から頻繁に聞かれた表現であり、宗教的な使命感を表明されるよりはよほど受け入れやすい言葉である。ただし、文化としての互酬性がどの程度個別の宗教文化に浸透し、またそれが社会活動につながるのかに関して大規模な社会調査では十分に明らかにされていない。

総合的な社会調査データを利用して明らかになったことは、①日本では宗教組織・制度への信頼は、社会組織一五項目中最低で、政治家や政治組織への信頼感の半分に達しないこと(吉村 二〇一一：一〇六)、②無宗教の人より宗教を有する人の方がボランタリーな団体に所属する割合が高く、特に寺院の檀家であると地域社会の団体に加入する割合が高いといった事柄である。

日本の場合、氏子・檀家という指標は宗教意識というより地域社会における定住の古さや世帯の安定度も示しているが、定住期間や年収等を統制しても関連が見られるので、これは寺院と地域社会の結びつきや活動への参加が人々のソーシャル・キャピタルを高めている可能性はある。ただし、仏教信仰と社会参加の直接的関連はない(寺澤 二〇一三：一二九―一四〇)。

次に、宗教団体の活動が社会の諸活動を活性化しているか否か、あるいは社会貢献的であるかどうかである。

この設問に関わる事例研究は、対象教団と社会活動が直接観察可能であることから事例研究としてやりやすいし、近年このテーマに関心を持つ若手・中堅の研究者が増えて研究の数も多い(6)。もちろん、教団の活動領域が社会福祉から市民運動や平和運動に及ぶ場合も多いので教団の政治的立場が問われるし、中長期的な社会的影響・効果を見据えた評価は簡単ではない。それでも教団の社会活動からアプローチがなされるのは、一つに教団人(教学・経学の専門家と実践家)と研究者が交流することで研究の広がりと奥行きが双方に出るというコラボレーションの効果と、研究者のアクションリサーチを通して宗教研究における実践者・研究者・市民の新しい関係性が構築できるという方法論的斬新性があるからである。これはある意味で宗教研究が応用的研究に踏み込み、宗教学という学的独自性からの逸脱と見られなくもないが、チャレンジであることに相違ない(稲場 二〇一二：二九—五二)。

さて、宗教がソーシャル・キャピタルを醸成可能かどうかは、宗教制度の特徴や政教関係によるところが大きい。ロバート・ベラーの市民宗教論やホセ・カサノヴァの公共宗教論は、その国固有のキリスト教文化や教会制度、宗教運動が社会問題の調整にどのように関わるのかを分析したものである(Bellah 1970＝1973, Casanova 1994＝1997)。この観点に立てば、アメリカのキリスト教文化やタイの上座仏教圏では、宗教的理念や制度が社会問題に公的なメッセージを発するのみならず解決の仕組みをも保持していることが着目される。また、世俗的権力機構から宗教制度・団体に社会貢献が求められる時代や地域があることも想起されてよい。宗教とソーシャル・キャピタルの関係を考察する比較宗教・比較社会学的な検討も進められているが、ここでは割愛する(Smidt 2003, 櫻井義秀編 二〇一三)。

三―三　日本の宗教とソーシャル・キャピタル

筆者は稲場圭信と共同責任編集で明石書店から『叢書 宗教とソーシャル・キャピタル（全四巻）』を刊行した。(7)刊行の目的は二つあった。一つは国際的な研究動向では「宗教とソーシャル・キャピタル」「宗教と公共空間」「宗教と社会事業」という研究領域が市民権を得ているので、日本でも研究の水準を確定しておきたかった。もう一つは、東日本大震災以降、現代宗教に何ができるのかという問題意識を宗教者と共有しながらアクションリサーチや比較宗教学的研究によって現代宗教の可能性を探りたいということである。

日本の宗教文化や宗教団体は多彩な社会活動を行っているし、ソーシャル・キャピタルを醸成しているとみてよい事例も集積できた。叢書で扱った事例を宗教別・事例・ソーシャル・キャピタルとなっている点ごとに一覧にしたものが表1-1である。

世界の諸地域と比較すると日本固有の問題も明らかになる。宗教的多様性と個別宗教ごとのソーシャル・キャピタルとして機能する範囲の限定性や条件である。日本は、アメリカのキリスト教やタイの上座仏教、イスラームのような地域におけるオールマイティの宗教文化圏とは決定的に異なる。この点を正確におさえておかないと「宗教に新しい社会作りを期待したい」か「宗教にできることは何もない」といった双方向の極論に陥る。

本章第一節「人口減少社会における個人化と絆」の個人化する現代社会で述べたように、伝統的な共同性に根ざした互酬性規範が機能する社会圏は縮小しつつあり、寺院仏教の檀家圏や地域神社の氏子圏がソーシャル・キャピタルとなる地域は都市圏・中間地域・過疎地域のごく一部に留まる。地域の宗教施設が普段の時や災禍の時に結節点としての役割を果たすかどうかは、過疎化や都市化の度合いとは別に、宗教者がどのような活動を常

表1-1 『叢書 宗教とソーシャル・キャピタル』の事例一覧

第1巻 『アジアの宗教とソーシャル・キャピタル』		
宗教	個別事例	ソーシャル・キャピタル
日本仏教	総合調査	檀家／仏教意識と住民組織参加・地域活動の有無
キリスト教	賀川豊彦	キリスト教的精神と社会事業
キリスト教	従軍チャプレン・自衛隊	キリスト教の平和主義と軍人の宗教的人権の相克
チベット仏教	仏学院の地震被災者救援活動	チベット仏教による漢人とチベット人の融和
ロシア正教	ロシア政府と正教会の復興	共産主義政権崩壊後の政治的正統性
タイ上座仏教	ヨーロッパのタイ寺院	タイ移民のためのエスニック・チャーチ的機能
華人の宗教	中国と東南アジアの善堂	善堂の地域福祉的機能と華人社会
イスラーム	サウジアラビアの宗教福祉	包括的宗教による宗教・福祉政策
ヒンドゥー教	インドのヒンドゥー教	福祉的発想の限界とヒンドゥー教改革運動
タイ上座仏教	開発僧	地域開発の資源となる寺院・僧侶の信頼
キリスト教	韓国キリスト教	福祉的社会事業の実態
キリスト教	ソロモン諸島のアングリカン教会	宗教者による地域政治への協調的介入

第2巻 『地域社会をつくる宗教』		
宗教	個別事例	ソーシャル・キャピタル
神社神道	祭礼と講組織	コミュニティの結節点としての神社
日本仏教	葬祭の日常と寺のイノベーション	檀家の寺からネットワーキングする寺
コリアン寺院	生駒朝鮮寺、祭儀とネットワーク	トランスナショナリティを支えるエスニック宗教
神社神道	NPO 法人ちんじゅの森	伝統芸能の復興、森作り
日本仏教	北海道の過疎地域と寺院	寺院・住職の地域福祉的機能
地域宗教	支縁のまちネットワーク	諸宗教による貧困社会、震災後社会への支援活動
キリスト教	キリスト教系 NPO のホームレス支援	FBO による共同性の創出と自立支援
宗教意識	ボランティア活動と宗教意識	利他主義的態度と支援活動の相関
日本仏教	NPO 法人エンディングセンターと桜葬	集合墓を基点とする新しい関係性(墓友)の創出
日本仏教・神社神道	宗教施設のインターネット活用	Web 活用による情報発信と交流、相談業務
地域宗教	Soul in 釜ケ崎	野宿者問題を考える宗教者連絡会の活動
日本仏教	ひとさじの会による困窮者支援	支援と祈りによる共同性の創出

第３巻『ケアとしての宗教』

宗教	個別事例	ソーシャル・キャピタル
日本宗教	教誨師の現状と課題	受刑者の復帰支援と塀の中を外へつなぐ
キリスト教	病院チャプレン	終末期医療とスピリチュアルケア
日本仏教	自死対策と遺族のケア	かかりつけ寺院の提案と念慮者・遺族・社会をつなぐ
医療	在宅緩和ケア	お迎えの死生観
新宗教	天理教の里親活動	おたすけとファミリーホーム事業
神社神道	鎮守の森の保育園	宗教的情操・保護者間の絆・境内での遊び
神社神道	終末期の傾聴	感性によるつなぎ・共在
神社神道	神道福祉	共同性の文化的資源とゆとり
専門職	終末期医療	医療・福祉・宗教の協働可能性

第４巻『震災復興と宗教』

宗教	個別事例	ソーシャル・キャピタル
日本仏教	宗派ごとの復興支援事業	被災者支援と宗派・地域間の協働
神社神道	被災地神社の避難所	神社を核に救援・復興の地域活動を展開
キリスト教	教派ごとの復興支援	キリスト教会による救援・支援活動
新宗教	諸教ごとの復興支援	国内外の諸教による救援・支援活動
地域宗教	伝統宗教による地域ネットワーク化	講とSNSによるネットワーキング
宗教間連携	宗教者災害支援連絡会　実践宗教学寄付講座	宗教者と研究者の連携
諸宗教	宗教者の救援・支援活動	被災地のアクション・リサーチ
宗教系大学	宗門と大学による被災地支援	教員と学生と地域の連携
諸宗教	阪神淡路大震災における宗教の活動	宗教による心のケアの可能性
台湾仏教	台湾における震災復興と仏教慈済基金会	宗教団体が担う災害復興モデル
芸能と聖地	雄勝法印神楽や虎舞	民俗芸能の復興が被災者の心の支えに

日頃行っているかに関係する。新宗教やキリスト教の各教会は一定範囲内での信者同士の結束が強い反面、地域社会との橋渡し型ソーシャル・キャピタルを醸成しているとまでは言えない教団・教派が多い。特定の信仰を持たず特定の教団にも所属しない人が七割を占め、残りの三割の人々が属する宗教が非常に多様である日本では、個別宗教が形成するソーシャル・キャピタルの社会圏や波及力が弱いのである。

実際、叢書で見てきた事例は、宗派・教派の典型例であるよりも個別的事例であることの方が多く、伝統的なソーシャル・キャピタルを鋳直した新しい開放型のソーシャル・キャピタルとも言える。神社の境内や社務所を子育て支援に開いたり、葬祭の儀礼を地縁・宗派縁を超えた関係作りに使ったり、終末期のスピリチュアルケアを非信者への祈りや癒やしに活用したりと、施設維持の通例や教団の慣行にとらわれない方法を個人的に編み出した宗教者が少なくない。各宗教の伝統的な教説・儀礼の強みを生かし既存の宗教施設活用を行いながらも、社会的ニーズに応じて伝統の枠をはみ出して社会的排除を受ける人々と関わり、個人化した社会に弥縫的であっても新しい信頼可能な社会圏を作ろうとしているように思われる。

日本の宗教文化や宗教団体が地域社会や市民社会にソーシャル・キャピタルを醸成するための課題を列挙すれば次のようになろうか。

① 伝統宗教の文化的環境的資源を現代的に活用するイノベーションを行う。
② 事業遂行者のリーダーシップや教団内外の人材活用というマネジメントを実施する。
③ 宗派・教派、宗教者の枠にとどまらずに地域社会のさまざまなアクターとの連携を行う。

これらの課題は、地域興しや市街地活性化とも重なるものである。先例にとらわれないことや開放的であることが成功事例の肝のようで、これは伝統を守る宗教にとって高いハードルかもしれない。

山岸俊男は日本とアメリカの信頼性の比較社会心理学的な研究を行った上で、日本は安心を求める国から信頼を高める国へ転換しなければならないと主張した（山岸 一九九九）。これはどこの国であっても宗教的文化的に多元化し、社会階層や地域間で格差も拡大して、不確実性と社会的リスクが高まれば、それを低減するために他者と社会への信頼性を高めなければならないのである。それは情報の開示・共有だけで自動的に達成されるものではなく、コミュニティレベルにおける関係性の構築という意識的な人間の営みが加わらなければならない。

四 幸福の最大化よりも不幸を最小限に

四―一 おわりに

本章では、人口減少社会日本の社会問題を描出した上で個人化傾向に抗する社会的絆の再編がどのようにして可能か、この問題解決に宗教文化や宗教団体が関わる余地はあるのかを論考の課題として提示した。次いで、この課題を考える理論的補助線として近年の幸福研究の知見から幸福感の増大に寄与する個人的・社会的要因を検討し、自己を承認してくれる人間関係や社会関係の存在が幸福感を増すことを各種社会調査の知見から明らかにした。少子高齢化や格差社会化をくいとどめることはできなくとも、社会的リスクを低減させ問題解決に向けて希望を持って一歩踏み出すために、他者や社会への信頼、自分が承認され信頼される経験が必要であることがわかった。この知見は、近年、社会的信頼、互酬性の規範、ネットワーキングする力として注目されてきたソーシャル・キャピタル論と共鳴し合うものである。そして、筆者が進めてきた「ソーシャル・キャピタルと宗教」

の関係を比較宗教、比較文化、比較社会論的に検討する研究の知見を紹介するとともに、日本宗教の多様性と非宗教人口が大勢をしめ、政教分離に厳格な社会であることの特徴から、日本の個別宗教がソーシャル・キャピタルとして機能する範囲と可能性を論じた。

伝統的な宗教文化や宗教団体の活動がそのままソーシャル・キャピタルになる例は少なく、むしろ過疎化や少子高齢化によって寺院仏教や神社神道、新宗教やキリスト教の教会も土台を脅かされている。教団や宗教施設の維持、宗教者の生活基盤確保だけを目的とした営みは宗教的なソーシャル・キャピタルを結合型に閉じてしまい、他の宗教や宗教と関わらない市民へ開いた橋渡し型のものとはならない。では、どうしたらよいのだろうか。

四―二　宗教多元社会におけるしあわせ

今日のように文化的に多元化し、多層化した社会において他者との信頼や社会への信頼を回復し、諸個人をつないでいくためには、みなに共通する価値観や生活の基盤を求めていくことを公共性としていくしかない。これが本章で議論してきたしあわせ(well-being)であり、主観的な幸福感(happiness)や、宗教および道徳的基準から導かれる究極的なしあわせ(覚醒 awaking もしくは救済 salvation)ではない。

歴史的に宗教は悟りや救済を教説の中心に据えてきた。その伝統は今後も維持されるべきであるが、現代社会の諸問題に向き合う宗教のあり方としては、絶対的なしあわせではなく、絶対的なふしあわせ、すなわち貧困や暴力、自己実現を妨げる文化的・社会的制約や差別をなくすことに力を注ぐべきだろう。個人のふしあわせを個人的不幸として災因論で説き明かし、個人の努力を教勢拡大に結びつけるような霊感占いや教団宗教のあり方は、現代人のしあわせに資するものではないと思うが、けして少なくはないのである。

とはいえ、筆者は宗教とソーシャル・キャピタルの調査研究を通じて、現代宗教が醸成するソーシャル・キャピタルの可能性としあわせの基盤作りの営みを日本の各処に確認してきた。現代宗教の可能性を指摘したものと考えている。

付記　本章は次の論文を加筆修正の後、再掲しているものである。
櫻井義秀、二〇一四、「人口減少社会日本における希望ときずな——しあわせとソーシャル・キャピタル」『宗教研究』八八(二)七七—一〇四頁。

注

(1)　小口偉一・堀　一郎監修『宗教学事典』(東京堂出版、一九七三)、星野英紀、池上良正、氣多雅子、島薗進、鶴岡賀雄編『宗教学事典』(丸善、二〇一〇)に幸福の事項はなく、井上順孝編『現代宗教事典』(弘文堂、二〇〇四)には幸福の科学、Eliade, 1993, *The Encyclopedia of Religion*, Macmillan Publishing Company には、Happy-Healthy-Holy (3HO) の教団名があるのみである。

(2)　経済学ではイースタリンの逆説(一定の年収を超えると幸福度の限界効用が逓減する)以来、単純に経済成長と生活満足度が比例しないことに対して関心が集まった。ブルーノ・S・フライ、アロイス・スタッツァー、佐和隆光監訳、沢崎冬日訳、二〇〇五、『幸福の政治経済学』ダイヤモンド社。

(3)　経済学では、橘木俊詔、二〇一三、『幸せの経済学』岩波書店。橘木俊詔編、二〇一四、『幸福』ミネルヴァ書房。大竹文夫・白石小百合・筒井義郎編、二〇一〇、『日本の幸福度——格差・労働・家族』日本評論社。永田良一、二〇一一、『幸福の国ブータンに学ぶ　幸せを育む生き方』同文館出版など、ブームに乗った感があるが、ブータンの幸福論に関する邦語出版物はこの数年で一八点を数える。

(4)　内閣府経済社会総合研究所が作成した「幸福度に関する研究会報告——幸福度指標試案」では、主観的幸福度(主観的幸福感・理想の幸福感・将来の幸福感・人並み感・感情経験・世帯内幸福度格差)をベースに、経済社会状況(基本的ニーズ・住環境・子育て教育の支援・労働環境・制度への信頼）、心身の健康（各種健康指標）、関係性（ライフスタイル・個人家族のつながり・地域社会とのつながり・自然とのつながり）といった一一〇の指標に環境への持続可能性指標一六を加えて計一三二の指標から測定し、施策に役立てるというものである。現在、調査の結果（同研究所幸福度研究ユニット 二〇一二年四月二七日、九月二八日版）がWEBで公開されている。調査は二種類（層下三段無作為抽出法による留置面接調査（対象者一万四四〇人）と属性別抽出単位割り当て法によるインターネット調査（同一万人）であり、後者はインターネット利用者の限定がある。同研究所の前期報告を参照(http://www.esri.go.jp/)。

（5） 経済的資本以外の社会文化的資本を論じたものに次のような知られた研究がある。Bourdieu, Pierre, 1979, *La Distinction, Critique sociale du jugement*, Les Editions de Minuit, Paris. 石井洋二郎訳『ディスタンクシオン――社会的判断力批判（一・二）』藤原書店、一九九〇。Coleman, James, 1988, "Social Capital in the Creation of Human Capital". American Journal of Sociology 94 Supplements: pp.95-120. The University of Chicago Press. ジェームズ・S・コールマン、金光淳訳、二〇〇六「第六章　人的資本の形成における社会関係資本」野沢慎司監訳『リーディングス　ネットワーク論――家族・コミュニティ・社会関係資本』勁草書房。

（6） 「宗教と社会」学会のプロジェクト研究であった「宗教と社会貢献」研究プロジェクト（二〇一一年より「宗教と社会貢献」研究会）が発足し、稲場圭信・櫻井義秀編、二〇〇九、『社会貢献する宗教』世界思想社を刊行し、二〇一一年四月から査読制のオンライン無料ジャーナル『宗教と社会貢献』 http://ir.library.osaka-u.ac.jp/web/RSC/index.html（年二回刊行で現在八巻二号まで刊行済み）を刊行している。

（7） 叢書の各巻タイトルは次の通りである。櫻井義秀・濱田陽、二〇一二、『アジアの宗教とソーシャル・キャピタル』明石書店、以下同じ。大谷栄一・藤本頼生編、二〇一二『地域社会を作る宗教』。葛西賢太・板井正斉編、二〇一三、『ケアとしての宗教』。稲場圭信・黒崎浩行編、二〇一三、『震災復興と宗教』。

参考文献

稲場圭信、二〇一一、『利他主義と宗教』弘文堂。

稲場圭信、二〇一二、「東日本大震災における宗教者と宗教研究者」『宗教研究』三七二、二九—五二頁。

井上順孝、二〇一四、「その活動は社会貢献か布教か：思い惑う宗教団体」『中央公論』一二九（一）、二六―三一頁。

大石繁宏、二〇〇九、『幸せを科学する』新曜社。

太田聰一、二〇一四、「幸福度指数を考える」橘木俊詔編『幸福』ミネルヴァ書房、四五―五七頁。

苅谷剛彦、二〇〇一、『階層化日本と教育危機――不平等再生産から意欲格差社会』有信堂。

玄田有史編著、二〇〇六、『希望学』中央公論新社。

玄田有史、二〇一〇、『希望のつくり方』岩波書店、一一二―一一三頁。

玄田有史、二〇一四、「希望について――幸福および他国との比較」橘木俊詔編『幸福』ミネルヴァ書房、一六七―一八八頁。

高坂健次、二〇〇四、「頻ニ無辜ヲ殺傷シ――幸福と不幸の社会学序説」『先端社会研究』一―一、一―五一頁。

厚生労働省、二〇一三、「平成二五年労働組合基礎調査の概況」。

国土審議会政策部会長期展望委員会、「国土の長期展望中間とりまとめ」二〇一一年二月二一日。

国民生活選好度調査、二〇一一。(http://warp.da.ndl.go.jp/info:ndljp/pid/10361265/www5.cao.go.jp/seikatsu/senkoudo/senkoudo.html)

国立社会保障・人口問題研究所、プレスリリース、二〇一二年一月三〇日。

国立社会保障・人口問題研究所、二〇一三、「日本の世帯数の将来推計(全国推計)」。

櫻井義秀編、二〇一三、『タイ上座仏教と社会的包摂――ソーシャル・キャピタルとしての宗教』明石書店。

白波瀬達也、二〇〇七、「釜ヶ崎におけるホームレス伝道の社会学的考察――もうひとつの野宿者支援」『宗教と社会』一三、二五―四九頁。同、二〇一二「沖縄におけるキリスト教系ＮＰＯによるホームレス支援：Faith-Related Organization の四象限モデルを用いた考察」『宗教と社会貢献』二―二、四一―五八頁。

総務省過疎対策室、二〇一一、『平成二二年度版　過疎対策の現況について』。

寺澤重法、二〇一三、「現代日本における宗教と社会活動――ＪＧＳＳ累積データ二〇〇〇〜二〇〇二の分析から」『日本版総合的社会調査共同研究拠点研究論文集』一三、一二九―一四〇頁。

暉峻淑子、一九八九、『豊かさとは何か』岩波書店。

トルストイ、一九八九、『アンナ・カレーニナ　上　改版』中村融訳、岩波書店。

内閣府経済社会総合研究所、二〇一一、「幸福度に関する研究会報告――幸福度指標試案」。(https://www5.cao.go.jp/keizai2/

koufukudo/koufukudo.html)
韓相震、二〇一一、「東アジアにおける第二の近代の社会変容とリスク予防ガバナンス」ウルリッヒ・ベック、鈴木宗徳、伊藤美登里編、二〇一一、『リスク化する日本――ウルリッヒ・ベックとの対話』岩波書店、一六三―一一八頁。
増田寛也＋日本創成会議人口減少問題検討分科会、二〇一四、「ストップ人口急減社会」『中央公論』六月号、一八―三一頁。
山岸俊男、一九九九、『安心社会から信頼社会へ――日本型システムの行方』中央公論新社。
山田昌弘、二〇〇四、『希望格差社会』筑摩書房。
吉村季利子、二〇一一、「ソーシャル・キャピタルと宗教」山内直人・田中敬文・奥山尚子編『ソーシャル・キャピタルの実証分析』NPO 情報センター、一〇六頁。
Beck, Ulrich, 1986, *Risikogesellschaft. Auf dem Weg in eine andere Moderne.* Suhrkamp, Frankfurt a.M. 東廉、伊藤美登里訳、一九九八、『危険社会――新しい近代への道』法政大学出版局。
Beck, Ulrich and Elisabeth Beck-Gernsheim, 2011, *Individualization: Institutionalized Individualism and its Social and Political Consequences.* London: Sage.
Bellah, Robert N., 1970, *Beyond Belief: Essays on Religion in a Post-traditional World*, Harper & Row. 河合秀和訳、一九七三、『社会変革と宗教倫理』未来社。
Casanova, José, 1994, *Public Religions in the Modern World*, The University of Chicago Press, 津城寛文訳、一九九七、『近代世界の公共宗教』玉川大学出版部。
Putnam, Robert,1994, *Making Democracy Work: Civic Traditions in Modern Italy*, Princeton University Press. 河田潤一訳、二〇〇一、『哲学する民主主義――伝統と改革の市民的構造』ＮＴＴ出版。
Putnam, Robert, 2000, *Bowing Alone: The Collapse and Revival of American Community*, Simon & Schuster Paperbacks, NY. 柴内康文訳、二〇〇六、『孤独なボウリング――米国コミュニティの崩壊と再生』柏書房。
Smidt, Corwin, 2003, *Religion as Social Capital: Producing the Common Good*, Baylor University Press, TX.

第二章　宗教とウェルビーイング

櫻井義秀

一　はじめに

一―一　宗教と幸せ

実のところ宗教研究者は、宗教と幸せの関連を正面から問うことを避けている。関連があると言いきってしまうと研究者仲間や市民から宗教者・教団寄りと判断されかねないし、常識的に人が幸せになろうとして信仰生活を送っているのだろうと一応の推測を述べるにしても、宗教が実際に人を幸せにしているかどうかを判断するのは容易ならぬ業となる。極端な例ではあるが、宗教的教えでは全財産をなげうって、時には自身の命すら捨てて宗教に帰依する信者が模範的な信仰者として語られることも多い。本人が幸せと考えるなら貧困にまみれようと殉教しようと幸せなのだと言ってよいのだろうか。自分がそうするかは別にして、是とする宗教者や研究者もいると思う。こうして研究者は「幸せ」とは何かという人間学的・宗教的課題を突きつけられ、宗教的深みにはまることで常識的な幸せの探求を断念しがちなのである。

私は「幸せ」を概念的に分節化し類型化することがある程度可能だと考えている。近年のウェルビーイング研究の成果を生かした概念の精緻化であっても、さしあたり出発点になりうる。より問題なのが「宗教的深み」である。宗教を世俗的理解や感覚を超えた意識や体験の彼方ととらえてしまうと、日常感じる「居心地のよさ」や「ああ幸せだ」などといった一時の感情的表出と関わらない宗教のあり方こそ「真理性 authenticity」とされる。宗教者や宗教研究者はこの真理性に弱いのだが、私は宗教体験が人の認識や感覚を変えていくこと自体が宗教的深みそのものではないかと考えている。入信前のしあわせ感がまったく別のしあわせ感に変わってしまうことも含めた「幸せ」のあり方をどう捉えるのかというのが、宗教と幸せの関連を考える大きな論点だろうと思う。

また、体験主義的な宗教理解から社会的存在としての宗教を見ていくことで、必要以上の深みにはまることもないのではないかと思われる。宗教の創唱者は常識を超えても、その後に続く後継者や一般信者が当該社会の「常識」を無視したり踏みにじったりするようでは、その宗教は長続きしない。歴史的宗教は当時の常識を根本的に問い直す一方で、ごく普通の人々が安寧に心地よく暮らしたいというささやかな願望に革新的教説をすりあわせてきたのである。その意味でどのような宗教であれ人の幸福を追求するというのであれば、人々のごくごくささやかな「願い」、すなわち「しあわせ」に配慮せざるをえないのではないかと思う。

一―二　本章の射程

本章では、近年の宗教研究とウェルビーイング研究のレビューを通して「宗教」と「幸せ」の関連を問う適切な問題設定を行うことを目的とする。この研究の難しさは、まずもって「幸せ」と「宗教」の概念定義が難しいということにある。しかも、幸せのどの側面と宗教のどの側面との関連を考察の対象としているのか十分に自覚されていない研究が少なくない。そして、宗教は人を幸せにするかという高度に抽象的で哲学的な命題が議論されてきたために、魅力的なテーマの割には研究が進展してこなかった。

したがって、本研究ではまず、宗教を宗教意識、宗教行為、宗教集団と制度の次元に分節化する社会学的方法論を示す。次いで、ウェルビーイングの多面的性質を論じたルート・ヴェーンホヴェンの研究を参照して、生活の機会と結果、生活の内的質と外的質の二軸から構成される四つの領域、すなわち生活の環境、生活の効用、生きる力、幸福感と宗教との関わりを検討する。そして、最後にヴォルフガング・ツァップフの考察を参考にして、「幸せ」の客観的指標と主観的評価が乖離する不協和と適応、および剥奪の状態においてこそ、宗教が「幸せ」を再構築する独特の機序があることを示そうと考えている。

二　宗教とは何か

二―一　宗教の社会学的認識

宗教社会学では宗教現象を社会学的認識の枠に位置づけ、ミクロ領域では入信・回心・脱会といった社会過程に伴う宗教意識の形成や社会化による宗教文化の内面化、メゾ領域では宗教運動や宗教組織のあり方、マクロ領域では政教関係や公共空間における宗教の役割などを研究の対象にすえる。実証的研究の立場からはなおさらのこと、儀礼や宗教活動といった直接的に観察可能な宗教行為や、調査票やインタビューで確認可能な宗教意識や活動の頻度、熱心さや獲得された人間関係、人生観や世界観を宗教の多様な側面を示す指標として考える。神観念や聖俗の境界の現れ方を考察する現象学的な宗教理解や、自我の構造や変性意識にまで踏み込む心理学的・精神医学的な宗教体験の解釈には禁欲的である。

ここまでは宗教社会学のテキスト的説明である。実際には、世界各地の人々は慣れ親しんだ宗教の形態に応じた宗教理解や宗教行動を行い、研究者もまた宗教の中心的課題を設定する際に当該社会の宗教のあり方に大いに影響を受けている。

二―二　宗教概念の文化的偏向

「宗教」とは近代的なキリスト教文化圏に由来する概念であり、信仰と所属教団をセットで論じるタイプの宗教類型は基本的にプロテスタント教会をモデルとしている。しかし、ヨーロッパにおいても、教区型のカトリックや正教では信仰以上に祭礼・儀式・慣習の側面が重視されているし、イスラームやユダヤ教では世俗法や慣習法、および共同体との関係こそ宗教の本質的要素と考えられ、仏教やヒンドゥー教、民俗宗教では生活文化が宗教そのものとも言える。したがって、アメリカで数多く実施されている信仰の有無や教団所属の有無から「宗教」への関わりを尺度化するプロテスタント型宗教モデルを他宗教にそのまま適用することには限界がある。

また、信仰や信心といった個人的心理であっても、道徳や倫理の側面、来世観や世界観の側面、神霊的・スピリチュアルな側面があり、どの側面を「宗教」の不可欠の要素とするかは宗教の型や研究者の視点による。実際に、一神教の神への信仰と、神社に詣でる日本人の神様への信心を同じ信じる行為とは言いがたい。教団所属といっても役職者、中核的信者と周辺的信者、日本仏教においては檀家と信徒、神道においては氏子と崇敬者との区別に注意がいる。このような個別宗教の脈絡を無視して包括的な宗教概念だけで分析を進めると、国際比較においてはどうにも説明のつかない差異に悩まされることになる。

以上、簡単であるが、本章でレビューを行うのに必要な限りでの宗教概念についての説明を終えたので、ウェルビーイング概念の分節化・類型論に稿を進めよう。

三　幸せをどうとらえるか

三―一　幸せの主観性と客観的条件

心理学は幸福感の表出形態や心理的連関、および幸福感の尺度構成に細心の注意を払うが（島井　二〇一五）、社会学や経済学は幸福感を支える条件に関心が向く傾向にある（小塩　二〇一四）。それは、生き生きと活動する、愛する人とともに過ごす、といった幸せを生きる遂行的行為を可能ならしめる客観的条件を先に考えるからだろうし、経済的ゆとりや生きがいを感じられる仕事、健康や家族といった諸条件の所有には根本的な不平等があることを問題化したいためだろうと考えられる（高坂　二〇〇四：一三―二三）。

本章でも、幸福感を支える社会的条件を含めての幸せ＝ウェルビーイングを考察の対象にする。ただし、諸条件を所有することが十全の幸福感を保証しない。仏教が説くように人間の欲に限りはなく、渇愛ゆえに苦が生じる（愛別離苦）。この点は後段でもう少し深めることにして、ここでは幸福感を支える諸条件を幸せの概念に組み入れる必要性のみ確認しておきたい。そうすると、ルート・ヴェーンホヴェンによるウェルビーイングの類型論は筆者の議論にかなうものである。

三―二　幸せになるための機会と結果

ヴェーンホヴェンはウェルビーイングをよき生活を実現せしめる機会(chances)と実現されたよき生活(outcomes)に分ける。豊かな食糧や医療、衛生的環境といった社会条件があるからといって皆が健康を維持できるわけではなく、節制や運動を心がける人とそうでない人はいるし、本人の努力と関係なく病を得る人とそうではない人がいる。機会を生かして結果を得るには意欲・能力・運がいる。ここで彼はウェルビーイングの外的・環境的クオリティと内的・個人内在的なクオリティの区分も提案する。そして二つの軸をクロスさせて表2-1のような生活の質にかかる類型を構築する(Veenhoven 2000: 1-39)。

生活の質に関わるウェルビーイングの要素として、幸福感と生活満足度を除く二つの要素は客観的条件・指標であり、幸福感に大きく関わっていると考えられる。順に説明すれば、治安・住環境、教育・医療・仕事へのアクセス可能性は「生活しやすい環境」であるし、そこで獲得された住居・職業・資産・社会関係に対する満足度が「生活満足度」である。確かに、現在の生活に満足していることが幸福感にはつながるが、どの程度満足すれば幸せなのかという基準の設定が困難だろうという。いわゆるイースタリンの逆説もここにあるのだろうし、経済的豊かさよりも心の豊かさという志向性もまた、生活の質にかかる高次の自己実現欲求と深く結びついていることを示唆している。

「生きる力」は身体的・精神的健康と人生上の発達課題の達成度といったものから構成される。この発達課題

表2-1　生活の質の4類型

	外的質　outer quality	内的質　inner quality
生活の機会　life chance	生活しやすい環境 Livability of environment	生きる力 Life-ability of persons
生活の結果　life results	生活満足度　Utility of life	幸福感　Appreciation of life

には学力や職業上のスキル、社会的ネットワークの形成も含まれる。こうした能力に恵まれた人は幸福感を得るための本人に内在的な条件を備えていると言える。

「幸福感」(Appreciation of life) は文字通りよき生活や生命の質が保たれていることへの感謝であり、必ずしも感覚的な生活満足度 (hedonism) だけで計ることができない。病や障がいを得たり、逆境にあったりしてもそのことに意味を見いだす生き方があり、個人の生きがい (eudemonism) は生活満足度だけで得られるものではない (Cooper 2014)。

ところで、ヴェーンホヴェンはこうした分類と指標の説明をした後、慎重な留意事項を述べている。客観的指標として観察可能な外的・内的生活の質と指標は、当該社会の望ましい生活のあり方という評価を含んでいる。したがって、指標の示す数値が高ければ高いほど、どの項目も評価が高いほどウェルビーイングのレベルが高いとみなされがちだが、指標そのものがどの程度主観的な幸福感に結びついているのかどうか、項目間の関係含めて十分にわかっていないことが多いという。

ごく身近な例で言えば、日本の若者は車の性能やブランド、あるいは車の所有そのものにこだわりがない。それとは逆に団塊の世代前後では車に対する執着が強い。これは車が豊かさやスティタスとなった高度経済成長時代の刷り込み効果の結果である。また、国連等で使用される人間開発指数による途上国におけるウェルビーイングの測定には慎重さが求められ、異なる文化圏や経済状態に一律の物差しをあてはめることで相対的剥奪感ゆえの不足の状態が認識され、それまでの幸せが失われるということもありうる。さらに言えば、不足の時代で育った世代は晩年で満ち足りた感覚を持ちやすいのに対して、満ち足りた時代だけを経験してきた世代では、少しの不足でも不平を言い立てる人生になりやすいのではないか。客観的に恵まれているかどうかよりも、その人の長期的な人生観こそが満足感と大きく関わっている。つまるところ当人たちが人生を振り返ってどのくらい幸福感を味わってきたかがウェルビーイングの重要な指標ではないかという(Veenhoven 2007: 214-239)。

このような指摘は諸宗教が説く幸せから考えれば、ごくあたりまえとも言えるものである。すなわち、際限のない欲望の追求こそ人が不幸になる元であり、魂の安らぎや迷いのない状態に至るためには喜捨、禁欲が勧められ、出家や隠遁という断念を通して得る境地の豊かさが強調される。この境地に至らずとも、過ぎたるは及ばざるがごとしという譬えもある。人間の内面性を磨くことで生活の客観的条件の不足を大いに補え、信仰に篤く真面目に努力さえすればいずれ現世で御利益を得られるという通俗道徳の教えもまた、ウェルビーイングの特徴を表しているかもしれない。

いずれにしても、ヴェーンホヴェンの類型は、宗教がウェルビーイングの実現に寄与してきた諸側面を意味ある区分にしているという点で検討に値すると思われる。それでは、この四つの領域において宗教が人々のウェルビーイングを促進するかどうかを近年の研究から見ていこう。

四　社会・環境の改善

四―一　宗教団体とソーシャルワーク

　歴史的に宗教は人間社会を住みよいところへ変えていくことに対して熱心に取り組んできた。多くの国々では社会福祉が制度化される以前、家族・親族やコミュニティにおける互助共同と宗教団体による慈善活動こそが、さまざまな社会的リスクを回避し、偶然に生じる不幸な状態を回復する手段だった。現在でもキリスト教会のチャリティやイスラーム社会のワクフ、仏教寺院による地域活動は、途上国においては主要な福祉資源を提供し、先進国においても福祉制度を補完するものとなっている。日本仏教だけでも行基や空海による作道・治水に始まり、明治以降の救貧・矯正・施療・教育などの事業がある。

　一九八〇年代における福祉国家の危機を経て福祉多元主義の時代を迎える現在、欧米では宗教系ＮＧＯやＮＰＯ（Faith Based Organization＝ＦＢＯ、Faith Related Organization＝ＦＲＯとも表記）が経費節減のために行政から地域福祉を委託され、教派や宗派に関係なく一般市民を対象とした社会支援を行っている。こうした宗教団体による社会支援や社会事業は、日本では社会福祉の後景に退いた感があるが、学校・医療・社会福祉の法人活動として持続されている（稲場・櫻井 二〇〇九）。

　これらの宗教制度や宗教団体による社会事業の研究は、マクロ的次元における宗教のあり方と幸福感を実現するための社会的条件整備との関連を問うた研究と言えよう。もっとも、宗教による社会事業をメゾ・ミクロ的次元で子細に観察してみると、宗教運動や組織形成にも寄与する心理的機序があることに気づく。

宗教団体がさまざまな社会支援活動やボランティアの育成に力を注ぐのは、不幸な状態に陥った人々を救いたいという理念の実現でもあるが、他者を支援することで宗教者のみならず信者たちの幸福感が増すことに気づいているからである。篤い信仰は、他者と共有すること(mission)と利他的行為(altruism)によって強化され、持続される。結果的に、このような信者が増えれば教団としての教勢拡大にも寄与する。歴史宗教はこのような知恵に自覚的であるが、新宗教の中には教勢拡大を主目的として信者の動員を図るべく、使命感や御利益で信者に対する活動参加への動機付けをなすところが少なくない。こういうやり方では信仰はほどなく冷め、信者に教団への否定的な感情を残すだけになる。教勢拡大に目を見張るような教団では、退会者も相当数出ていることに注目したい。教団が信者たちに提供した幸せ感は、現役信者から退会信者分を差し引くと、案外、低成長の教団と変わりないのかもしれない。

四―二　宗教と公共圏

ところで、宗教は福祉的支援だけに活動領域を限定してはいない。宗教は世俗の人々が見落としがちな幸せになるための重要な社会問題の提起や政治的活動をなしているというマクロ的次元における宗教の役割を問う研究がある。もちろん、宗教の政治参加の是非や参加の結果に関して評価は分かれようが、現代の公共圏において宗教は侮りがたい勢力として力を増しつつある事態には注意が必要である。

ライシテ(非聖化)の厳格な政教分離を実施しているフランスを除き、国教制をとるイギリス(英国国教会)、フィンランド(フィンランド・ルッター派教会、フィンランド正教)、デンマーク(デンマーク国教会)、ギリシャ

（ギリシャ正教）、公認宗教制をとるドイツ（ドイツ福音主義教会とカトリック）、国教制が廃止された後も事実上カトリックが勢力を維持しているイタリアやスペインなど、特定宗教を国民の文化的基底として庇護や優遇している国家では、宗教者や教会組織が一家言を有する。アメリカには共和制と清教徒による建国神話が市民宗教として超越的な象徴に使われるという議論や福音派と総称される保守的プロテスタントの政治的影響力が顕著である。こうした国々ではキリスト教会や関係する政党や民間団体が政治に参画し、公共的課題に対して大きな発言力を保持している。

宗教と公共性もしくは宗教の社会参加をめぐる議論が、一九八〇年代以降世俗化論に代わる宗教論として欧米で論議され（カサノヴァ　一九九七＝一九九四）、日本でもこの数年間関連書籍の出版が相次いでいる（磯前・島薗　二〇一四）。欧米では移民とイスラーム人口の増加によって宗教多元化状況が余儀なくされ、公共空間において多文化主義と従来のキリスト教を基底とする市民社会的価値の葛藤が生じている。日本では東アジア情勢の緊迫化に呼応するように、神社本庁と保守的な宗教団体が政治参与を企図した日本会議が、国旗・国歌法の制定や教育基本法の改正に影響力を行使し、憲法改正を活動目標に掲げている。他方で東日本大震災・福島原発爆発以後は諸宗教が被災者支援、全日本仏教会や新宗教連盟が原発反対運動を行うなど、公共空間に宗教団体は積極的に関わってきている。

また、欧米や日本以外の地域に視点を広げてみても、社会の改革・改善をめざす政治的アクターとして宗教勢力は無視しえない。世俗国家であっても世俗化社会を意味しないので、西南アジアのイスラーム、南アジアのヒンドゥー教、東南アジアの上座仏教、チベット仏教、中南米のカトリック、アフリカのイスラームは政権の正統性や政策にも影響力を持っている。こうして考えると宗教文化は、社会のあり方を規定しているのみならず、後に述べる個人の価値意識や内的志向性を方向付けていることがわかる。

ここから宗教が個人の幸福感にいかに影響を及ぼすのかを考える前に、宗教が提供する満足感について簡単にふれておきたい。

五　生活満足度

マックス・ウェーバーが祭祀階層と呼んだ集団はどの歴史宗教にも見られ、特権を有したり（教皇領や寺社の荘園、および現代であれば歴史的文化財の所有・活用）、信者を含む市民から財政的支援を制度的に受けたりする（公認教会のための教会税や日本における氏子費・檀家の護持会費）。新宗教では教祖や教主ファミリー、幹部・専従職員が信者の会費や献金で生活を維持している。こうした階層はそれなりの気苦労が絶えないにしても特権的生活に満足しているはずである。

しかしながら、宗教者が心を砕かねばならないことは、この種の満足感を平等に信者に分け与えることができないという事実への配慮である。欠乏や社会問題の改善を企図する社会活動は、心ある宗教者が感じる居心地の悪さに由来していると言えなくもない。多くの宗教者や宗教団体では、この問題にふれることを好まず、宗教が独自に提供しうる満足感は、宗教的救済財とでも言うべき精神的価値と信仰共同体であることを強調する。特権階層と指導者層が信者と同じ精神的価値を共有し、共同体での交わりを行うのであれば、その通りとも言えようが、世に宗教者のスキャンダルが絶えないのは居心地の悪さがないためだろうと思われる。

とはいえ、信者にとっての満足感は物質的な給付の欠如を補って余りあるものなのかもしれない。精神的価値は社会的環境への認知と大いに関わり、信仰共同体は重要な社会関係資本を提供する。客観的な生活の諸条件における充足から得られる生活満足度が得られなくとも、幸福感を得る道があることに気づけたのは大きい。

ところで、宗教と生活満足度にかかる先駆的かつ徹底した考察とイデオロギーがマルクス主義的宗教観と無神論であった。現実認識を歪め、慰めにしかならない阿片とでもいうべき宗教は、旧社会主義政権の下で抑圧され、宗教施設や資産は接収され、宗教者は還俗や強制労働を強いられた。しかしながら、共産主義は宗教の役割を軽視していた。慣習や身体的実践に根ざした人々の宗教的感情や実践は共産党幹部であってもぬぐいがたく、東欧ではカトリックや正教が政権の正統性を脅かす存在であったし、ソビエト崩壊後ロシアは正教と和解し、中国でも改革開放後の宗教復興がめざましい。

世の中に不平等や不条理があり続ける限り、人は希望を持つために社会や人生を再解釈する認知的枠組みを求めるし、宗教は生活満足度とは質的に異なる幸せ感を提供してきたのである。宗教が提供する幸せになるための能力についてもう少し考察を進めよう。

六　生きる力

六―一　健康・メンタルヘルスと宗教

近代的な教育制度が確立する以前、庶民の子弟は寺子屋や教会学校、マドラサで学び、支配階層も宗教的な修養や修行を経験することで心身を鍛錬していた。現代でも宗教観や瞑想法（マインドフルネスなど）はネガティブな感情のコーピングとして注目されている。

宗教が心身の健康維持や学び働く能力をどのように陶冶し、客観的状況の有利・不利にかかわらず、獲得された個人に内在する生きる力によって幸福をつかめるようになるのかに関して実に多くの研究がなされている。その嚆矢となる論文が二五年前に発表された。宗教的信念の強い持ち主は幸福感を持ち、否定的な事件に由来するトラウマの心理的落ち込みが少ない。その傾向は、高齢者と低学歴の人々に顕著であり、幸福感は主流派・非主流派プロテスタント、モルモン教やエホバの証人で変わらないが、生活満足度はモルモン教やエホバの証人で高いというものだった(Ellison 1991)。

アメリカでは大量観察データを元に、こうした宗教意識や宗教行動と健康や幸福感の関係を調べ、メゾレベルの社会的相互作用から自我・自己肯定感の構築を理論化する多くの研究がなされている。以下では、宗教研究の専門誌であるが、二〇〇一年から二〇一五年までのＳＳＳＲ(Society for the Scientific Study of Religion)の機関誌に掲載された論文の動向を見ておきたい(表2-2)。

三〇本の論文の内容を要約すると次のようになる。

①方法論的には、掲載論文の大半がサーベィ型調査データ(総合調査、地域調査、高齢者調査、学校調査、教会調査)の二次分析であり、重回帰分析や共分散構造分析などの統計的分析から知見を導出している。事例研究はない。

②総合調査において幸福感に大きく影響を与える世俗的項目として、性別、年齢、健康／不健康、既婚／未婚・離死別、収入(階層)、有職／無職が考えられるが、宗教的項目(教会参加、宗教的信念、宗教集団内人間関係は健康・収入ほど大きな効果を持たないものの統計的に有意な効果が認められる。

③中高年の調査では特に宗教的意識・実践による幸福感への影響が認められ、アメリカでは黒人と低階層におい

表 2-2　JSSR における宗教と Life-ability の関連を扱った論文動向

番号	刊行年	サンプル数	分析方法	ウェルビーイングに関連する主な分析項目	知見
1	2001	パネル総合 2836	加重回帰分析	①教会参加，②信仰の重要性，③スピリチュアリティ	①効果なし　②まったく感じない人と強く感じる人にうつ傾向が強い　③ディストレスに効果。
2	2001	教会　2818	確証的因子分析	①宗教的コーピング　②信仰の重要性	①は役職者＞長老＞一般教会員の順でディストレスに効果　②も効果あり。
3	2002	地域　989	重回帰分析	①信仰，②祈り，③教会出席	①②③は共にウェルビーイングと関連。
4	2002	総合　337	パス解析	①教職者の支援，②祈り，③ファンダメンタルな信仰	①②はメンタルヘルスに効果あり　③は宗教的コーピングにならない。
5	2003	高齢者　1500	重回帰分析	①他者を許すこと，②神による許しの体験，③罪意識と後悔	①は②の体験者よりウェルビーイングが高く，③は①の体験よりもディストレスが強い。
6	2004	黒人総合　659	共分散構造分析	①怒り，失望，不安，②自己統御感や他者からの支援	熱心な黒人信者は熱心でないものや非信者よりも①が少なく，②は宗教的コミットに関連。
7	2004	高齢者　1500	重回帰分析	①祈り，②願いが叶う時期，③自尊心	高齢者では①に即効性を求める者は黒人に多く，②で神に任せる人は③が高かった。
8	2005	地域　117	因子分析・階層的重回帰分析	①喪失経験，②被差別経験，③宗教的コーピング	①は②よりディストレスが高く，内省を促す。②は怒り・忌避行動を取らせ，③は効果がない。
9	2005	学校　251	階層的重回帰分析	①メンタルヘルス，②宗教的信念・成熟度	コミュニティの調査では，②がディストレスを低減し，心理的適応を促している。
10	2005	地域　1803	重回帰分析	①宗教性，②コーピング	ディストレスのレベルは①が強い人よりもほどほどの人に強く，②は女性のみに確認。
11	2005	ユダヤ教学生 668	パス解析	①宗教性，②人生の意義づけ，③社会支援，④死の恐れ	①はウェルビーイングを高め，ディストレスを軽減するが，③④と関連なく，②とのみ関連。
12	2006	地域 1142	重回帰分析	①何事も神の思し召し，②エスニシティ，③階層	①の信念は白人より黒人・低階層に強く，ディストレスを軽減するが，白人低階層では高める。
13	2006	中年総合　3032	重回帰分析	①被差別体験，②エスニシティ，③教会出席	①は③によって黒人の場合に否定的感情の生起を緩和する。
14	2007	教会　336	正準相関分析	①否定的経験，②コーピング，③宗教活動への参加	③を統制しても，①を②が緩和する効果が見られる。
15	2007	家族総合 13007	重回帰分析	①両親の信仰相違，②子の逸脱行動，③子の自尊心	①では信者・非信者の組合せが異なる宗派の場合よりも②が多いが，③に影響はない。

16	2008	学校　2100	多重比較検定	①教会による支援（社会・地域・精神），②性別	都市低階層青年では，女性が①によってディストレスを緩和する。
17	2008	黒人総合パネル 645	重回帰分析	①被差別体験，②教会出席，③宗教指導，④社会支援	①を緩和する効果は②③にあり，④は効果がない。
18	2008	地域　1393	重回帰分析	①宗教性，②健康，③コーピング，④自尊心	低学歴であるほど①が高いと②も高い。④は①と②も高め，達成感の効果が③を相殺する。
19	2009	台湾総合　1881	重回帰分析	①宗教性，②達成感	①ではカルマ観念と一神教的信念は達成感を下げ，瞑想のような宗教実践は高める効果がある。
20	2009	パネル高齢者 342	重回帰分析	①神との絆，②教会内関係による感情的支援，③自尊心	①は③を高めるが，②は③と関連がなく，逆に教会外の人間関係の効果が強い。
21	2010	慢性病患者 207	階層的重回帰分析	①宗教的信念，②宗教的活動，③宗教中心の態度 salience	①②よりも③が患者の苦痛を緩和している。
22	2010	総合パネル 1992	階層的重回帰分析	①神との絆，②教会人間関係，③礼拝出席，④幸福感	①は②より④を高め，③が④を増進する方が④が③を高める効果より大きい。
23	2011	高齢者総合 663	重回帰分析	①礼拝出席，②教会人間関係，③所属意識，④自己統御感	①が②と③を高め，その結果④が強められると健康が増す。
24	2011	世界価値観調査 50547	多変量階層的線形回帰・非線形回帰分析	①宗教性，②宗教活動，③宗教ネットワーク，④自殺容認度	①②③は④を低め，特にイスラームでは顕著である。統合機能・道徳的共同体の特徴が強い宗教ほど④に抑止的になる。
25	2011	中年総合パネル 3257	共分散構造分析	①宗教への関わり，②幸福感，③健康認知，④慢性病	人生の前半に①があると②が高まり，③も高めるが，④とは関係しない。
26	2012	学校　640	共分散構造分析	①宗教的価値，②自尊心，③希望	高校２年次の①は３年次の②を高めないが③を高めた。③が①を高めることはなかった。
27	2013	中国農村女性 882	階層的重回帰分析	①宗教性，②宗教活動，③抑鬱傾向，④夫婦間葛藤	仏教・道教・先祖祭祀・気功などの①と③には逆U字型の関係があり，②は④によるディストレスを悪化させる。
28	2014	パネル総合 833	階層的重回帰分析	①教会出席，②ボランティア活動，③教会内友人，④信仰心	①の多い者は②に参加して③を獲得し，④を深めることでディストレスの経験が少なくなる。
29	2015	総合　1648	ロジスティック回帰分析	①宗教団体への参加，②生きがいの保持	①により②が高められ，特に，福音派・プロテスタント教会主流派・カトリックにおいてのみこの傾向が見られる。
30	2015	パネル労働 5446	固定効果回帰分析	①教会出席，②生活満足度	ドイツ労働者調査では，失業後３年間において①の高い人ほど②が高く，失業状態への適応がなされていた。

て影響の度合いが強い。
④喪失体験（離死別、病気、失業等）者にとって宗教的項目はコーピングの資源になる。
⑤教会出席率が高く、活動に熱心であれば、宗教的信念や信者同士の関係が強化され、自尊心の高まりやコーピングが見られ、幸福感が高まるという経路が見られる。

これらの知見から宗教は健康や幸福感を促進するという結論が一般論として出てきているのだが、欧米の研究はキリスト教会型宗教をモデルにしていることに注意が必要である。しかも、熱心な信仰、牧師――信徒の指導関係、温かな教会内人間関係によってストレスに対応するコーピングがなされ、メンタルヘルスの良好な維持が幸福感につながるという経路がモデル化されている。モルモン教やエホバの証人のような新宗教もまた同じような組織宗教の形態であるためにほぼ同じ結論になる。

ところが、東アジアの調査データではまったく異なる結論が導かれている。中国農村女性では仏教・道教・先祖祭祀・気功などの実践では、まったくやらない人と徹底してやる人に抑鬱傾向が低く、中途半端な実践者に高いという傾向が見られ、しかも、夫婦間葛藤のようなディストレスは宗教的実践によって悪化の傾向が見られた（Wei and Liu 2013）。へたにやらない方が心理的安定を得られる宗教があるということである。また、台湾で実施された総合調査ではカルマ信仰と一神教的信念が人々の達成感を押し下げ、瞑想のような宗教実践が達成感を増進するとされる（Liu 2009）。おそらく運命論につながる宗教意識は本人の努力を促さず、諦念を生み出すだろう。マインドフルネスをはじめ、瞑想は、認知的にも感情的にも囚われた観念や情念からの解放を促進するので、こころが軽くなることは十分あり得る。また、アジアであってもキリスト教や仏教、イスラームのような歴史宗教であれば、救済の教義と実践、宗教組織があるために、人に希望を与え、支え合う人間関係を作るのではないかと思われる。

この種の異質な知見は民間信仰が強い日本でも見られる。二〇〇七年に京都市民三百人余りに郵送調査されたストレス尺度による抑鬱傾向と宗教実践との関連をみる調査によれば、①仏壇を所持し、墓参りを頻繁に行う人は、仏壇を持たず墓参りもしない人よりもストレス度合いが低い。②神棚を所持する人は、所持しない人よりもストレス度合いが高い。③「先祖は敬われるべきだ」「神仏は実在する」という人の方がストレス度は高い。④「ほどほどに宗教的だ」、「宗教に熱心だ」、「無神論だ」「儀式だけやる」「宗教に関心ない」の順にストレス度が低いという知見が得られた(Roemer 2010)。日本の場合、神仏を拝む行為や先祖祭祀は慣習的実践であり、中国や台湾の民間信仰に近い。

その点で韓国はキリスト教人口が総人口の約三分の一を占めるために、アメリカのような宗教によるメンタルヘルス維持の研究が現実味を持つ。自殺容認度(自殺に対して許容的であるがゆえに自殺率が高いと考えると、自殺率は韓国が二〇一三年に約二九人、日本が約一八人なので韓国の方が容認度は高い)と宗教的信仰の関連を総合調査で見ると、①容認度が高い順に無宗教者、仏教徒、カトリック信者、プロテスタント信者となるが、②ストレス認知度が自殺容認度を最も高めており、宗教団体への所属先は自殺容認度とほとんど関連がなく、礼拝への出席率と信仰的熱心さが容認度を下げていることがわかる(Jung, Daniel V.A. Olson 2014)。日曜礼拝他早朝や夕方の祈祷会、教会内活動が活発なプロテスタントの方が、日曜礼拝のみのカトリックや週単位の儀式がない仏教よりも人を孤独にしない。もちろん、韓国の人々が抱えるストレスの背景にはグローバル経済における国家的生き残りをかけた激しい競争があり、新自由主義経済政策が生み出す不安定就労、若者たちの閉塞感の自殺への影響力は、キリスト教による癒やしを上回っているのからかもしれない。

六―二　ソーシャル・キャピタルと宗教

個人的宗教性や宗教活動と幸福感の関係を問う研究が計量研究であるのに対して、宗教が個人の課題対処能力にかかるソーシャル・キャピタルの充足に寄与するか否かをみる研究には事例研究が多い。移民の国アメリカでは、プロテスタントが教派ごとに民族・階層の区分とも交錯しながら発展し、コミュニティの核となっている。同時に、新しい移民や一時滞在者は、教会で情報や人間関係を獲得することができる。韓国系移民には、コリアンチャーチがあり、新規移民達の生活支援や教会員への各種サービスを提供している。

コーウィン・シュミットによれば、宗教参加（礼拝出席率）の高さは教会活動へのコミットメントを示しており、そこでボランティアの経験を経ることによって市民活動への参加が高まっている（Smidt 2003）。そして、教会関連団体（para-church）が主要なボランティア団体となっているために教会参加と宗派の別が、教育、年齢、性、人種、信頼よりも市民活動への参加を説明するとされる。黒人教会やヒスパニックが多い教会では、信者が教会活動により社会的スキルを習得し、就業や生活に教会の社会関係資本を役立てている。アメリカとカナダにおいて、教会への所属とボランティア経験との関連を比較すると、アメリカでは黒人教会＞伝統型教会＞福音派教会＞カトリックの順、カナダでは福音派教会＞伝統型教会＞カトリック＞黒人教会の順で関連が強いとされる。黒人教会の特徴は他の研究でも確認されており、公民権運動の伝統によるものと考えられる（Smith, Fabricatore, and Peyrot, 1999）。

総合的社会調査ＪＧＳＳデータの分析からも、無宗教の人より宗教を有する人の方がボランタリーな団体に所属する割合が高く、特に寺院の檀家であると地域社会の団体に加入する割合が高いという知見が出されている

（寺澤 二〇一三）。地域での居住年数を統制しても効果は消えないとのことなので、家柄や経済力とは異なる宗教性に関連する要因が檀家であることに含まれているのかもしれない。

実のところ、エスニック・チャーチに限らず、仏教寺院であれイスラームのモスクであれ、宗教制度や施設がコミュニティの核となり、社会的排除を受ける困窮者や子ども、障がい者や高齢者に社会的支援を行っている事例は枚挙に暇がない。社会福祉が充実して個人の生活を国家が保障するようになれば、宗教の福祉的機能やプレゼンスは後景化せざるをえないが、多くの国では依然として宗教団体による社会活動（教育、医療、福祉）や社会支援（災害支援や継続的な貧困対応）の力が強い。もちろん、アジアの宗教文化や宗教制度が人々にソーシャル・キャピタルを提供している伝統と現状がある（櫻井・濱田 二〇一二）。そして、既に述べたように福祉国家モデルに限界が見えた現代では、福祉多元主義の担い手としてFBOやFROが注目されているのである。社会のセーフティーネットへのアクセス可能性という意味で宗教的なソーシャル・キャピタルの意義は高まっている。

七　幸福感

七―一　宗教性の構造と幸福感

幸福をつかむ能力とソーシャル・キャピタルを得ることができれば、本当に人は幸せになるのだろうか。直接的な関連をどの程度データで確認できるのだろうか。

既にＳＳＲの学会誌において宗教が育む生きる力（健康やコーピングの能力）および幸福感の研究動向にふれたので、ここでは宗教と幸福感の関連を直接的に考察する日本の研究動向に限定して見ておきたい。結論から述べると、日本ではアメリカの研究で見られた幸福感に対する宗教意識や組織の安定した効果が見られない。以下では複数の調査事例を紹介する。

国際比較可能な総合調査ISSP 1998（Religion II）を用いて日米における幸福感に対する信仰の有無の効果が調べられた。アメリカでは婚姻、社会階層意識、宗教の有無（信仰の有る無しと教会出席共に）、学歴の順で効果があり、日本は社会階層意識、婚姻、性別の順で効果があり、信仰の有無は効果がないとされる（金児 二〇〇四）。こうした差異が出る理由として考えられることは、①日本の場合に総合調査でサンプルとなる信仰者や宗教活動の実践者が実数として極めてわずかであり、安定した回答を得にくいこと、②キリスト教会をベースとした宗教意識や宗教組織参加度を測定する質問紙や尺度が日本における宗教文化の意識・実践の構造を把握できていない可能性があること、が考えられる。あるいは、日本では宗教組織・制度に対する一般市民の信頼が高くなく、それゆえに宗教に多くを期待することが信仰心のある人でも高くない可能性も考えられる。実際、社会組織に対する信頼度を測定すると宗教家・宗教団体は最低であり、政治家や政治組織への信頼感の半分に達しない（吉村 二〇一二）。

しかしながら、日米で七〇〇人ずつ、信仰者、非信仰だが宗教に関心のある者、信仰も関心もない者の比率を同じにした割り当て調査において宗教意識と主観的幸福感との関連を検討した論文では、正反対の結論が出ている。知見を整理すると、①信仰者の方が非信仰者より幸福である。②人格神への信仰、教団宗教的規範、現世利益（貧病争）、感情の制御という四つの概念群は幸福感と正の有意な相関を持ち、超越への働き掛け、大生命と魂の実在を感じる二つの概念群は、幸福感と有意な相関がなかった。③日米ともに、神を人格として崇める素朴な信仰観は日常的な幸福感を増やし、神を原理と捉えるエリート的な哲学観はむしろ幸福感を減らすとされる(渡辺・黒崎・弓山 二〇一一)。この調査では信仰者の比率を増やしたことと、宗教意識の幅を確保したことで関連が出たものと考えられる。

なお、ISSP 2008のデータからは、世界のほとんどの国で宗教と幸福感には関連が認められるものの、日本では優位な関連はないが、宗教を信じて不幸になっている人はいないという見解も出されている(川端 二〇一六)。

七―二 宗教と幸福感における尺度化の工夫

日本では神社仏閣に詣で、墓参りをし、冠婚葬祭や年中行事で宗教儀礼を体験している慣習的宗教実践者であっても、宗教を信じていないと答え、氏子・檀家であっても宗教団体に所属していないと答える人が少なくない。一神教的な強い信仰や排他的な教団所属の意識はないものの、ソフトに信じたり行事に参加したりする感覚をどのように捉えたらよいのか。

横井・川端は、「格差と社会意識についての全国調査(面接)」において「宗教的な心はたいせつ」と回答した人が投票行動、ボランティアなどの利他行動、ハイカルチャー行動により活発であったことを確認した後、「『宗教的な心』変数は、様々な意識や行動にプラスに影響するという点で欧米の宗教性と同じ働きをしていることから、概念の測定に共通性が存在するという「手続上の等価性」があり、操作的に同じ宗教性を測っていると考えることができる」としている(横井・川端 二〇一三:九〇)。

また、インド・トルコ・日本・アメリカ・イタリア・タイ・台湾・ロシアにおいてインターネット調査を行い、八カ国に共通した四つの因子構造を、一八三項目の質問文から取り出した調査がある。①神観念、②救済観、③

苦悩観、④精神の安定がそれである（川端 二〇一六）。宗教意識を多様な観点から測定する尺度を工夫すれば、ウェルビーイングとの関連が日本でも確認できるのではないかというのが、現在の研究成果と言えるだろう。

日本人の宗教意識をこれほど分節化するのであれば、日本人の幸福感も念を入れて検討してしかるべきだろう。真鍋は幸福の概念は多義的構成であり、訳語も各国ごとに特徴があり、生活満足度と幸福感は必ずしも一致していないと認めた上で、世界価値観調査データから幸福感は生活満足度と家庭の満足度とに関連していることを示している（真鍋 一九九七）。さらに、アジア・バロメーター調査データに基づけば、①経済水準と個人所得が高ければ幸福感も高いという命題からすると東アジアは外れ値になる。②加齢に伴い生活満足度は下がる。③生活の質は幸福感とは直結しない。④治安・環境・福祉・民主主義といった社会的要因が満足・幸福感とつながっている。⑤アジア各国ごとの幸福感の特徴がある、という諸点を確認した上で、生活満足度とは限定された領域での満足であり、幸福は人生全体での満足との関連で考察すべきであるとする（真鍋 二〇〇六）。

日本の総合調査（日本版総合的社会調査、二〇一〇年世界価値観調査、二〇一一年生活の質に関する調査）において幸福感と満足度の重なりと相違点を検討した論文において、生活満足度は短期的な生活への評価に、幸福感は長期的な生活の評価に表れやすいという知見も出ている（小林、ホメリヒ、見田 二〇一五：九六）。現在の幸せを訊ねれば満足感に近い認知や感覚が回答に表れ、人生を振り返って幸せを訊ねれば幸福感に近い回答が得られるということである。回顧的な記憶や感情は物語性を帯びる。個人の物語に加えて集合的な物語が記憶や感情を大きく書き換えることもある。本章の最後に、信仰において再構築される幸福感の問題を考えてみたい。

八　幸福感と客観的条件の乖離

八―一　幸せと客観的指標

宗教は本来人間の主観的な幸福感を増そうとしてきたのだろうか。前項で述べた幸福感を増す宗教の働きについては総合調査によって幸福感との関連が指摘されている。しかしながら、歴史宗教では短期的・感覚的満足(hedonism)を断念することで永続的・観想的幸福(eudemonism)を得られるとしている。そうであれば、宗教と幸福感や生活満足度との関連がなくとも教説上は何の問題もない。解脱や永遠の命は人間的・世俗的満足を超越したところにあるからである。ここで宗教的幸福の概念的特徴を生活満足度との乖離という観点からさらに深めていきたい。

幸福を主観的側面と客観的側面に分けることは誰でも考えつくが、主観的評価と客観的指標との乖離に着目したヴォルフガング・ツァップフの類型論(表2-3)は宗教の役割を考える上で今でも極めて示唆的である(Zapf 1984: 25)。なぜなら、宗教的幸福は両者の乖離した状態でこそ、新たな認知的枠組みとして提示され、その状態にある人々に希望を与えるからである。

「金持ちが神の国に入るよりも、らくだが針の穴を通る方がまだ易しい」(マルコによる福音書第一〇章二五節)。歴史宗教の創始者や修行者のような宗教的達人を除けば、恵まれた生活を送り、それに満足している人が熱心な宗教者になることは稀である。宗教が積極的な役割を果たすのは次の三つのケースである。

表 2-3　幸せにおける主観性と客観性

	生活者の主観的評価　良好	不良
生活の客観的指標　良好	幸せ　WELL-BEING	不協和　DISSONANZ
不良	適応　ADAPTATION	剥奪　DEPRIVATION

①生活が良好であるにもかかわらず満足できない場合(不協和)、いかに恵まれているかに気づくことが肝心である。「不知足の者は、富めりと雖も而も貧し。知足の人は、貧しと雖も而も富めり」(『正法眼蔵』八大人覚)。不協和状態を解消して幸せを感じられるようにするのは、道徳・修養や宗教の役割でもある。

②宗教は生活上様々な支障があったとしてもそれに不平を言わないで済む世界観を提供し、諦念や現状をそれなりに楽しむ心境に至らせる。適応した状態こそ幸せである。前世における功徳の多寡によって現世の幸せの多寡が決まるのであれば、不満を言わず現世で来世のために功徳を積むべきであり、全ては神の思し召しと考えても悪くない。

③生活で恵まれず満足もできない場合(剥奪)で、かつ②のような諦念を持って適応することができない場合は、蜂起するしかない。民衆は、失うものがない状態であれば世直しを企図する千年王国運動に加わる。

こうしてみると生活の客観的指標や主観的評価がどうであれ、幸せをめざして個人の認知的枠組みや社会体制の再構築を目指して運動する宗教の事例は多い。幸せを生み出す宗教のダイナミズムは、科学主義的な社会理論を信奉するものにとって、虚偽意識や転倒した価値意識に映るだろうし、世俗主義的権力にとっては脅威となる。だからこそ、マルクス主義では、不幸な生活者に適応を強いる社会秩序を正当化する宗教の機能を「阿片」として批判し、共産主義国家はおしなべて苛烈な宗教弾圧や宗教統制に力を注いだのである。

八―二　カルト・宗教的過激主義における信仰と幸福

体制や社会秩序への挑戦は蜂起や千年王国運動だけではない。傍目には幸せの客観的条件を有していて、さらに足るを知れと言われても本人が不全感を解消できない場合がある。伝統宗教が説く幸せより高次の幸せがあるのだという教説や勧誘に触れることで、特異な幸福観に影響され、自己と他者の「ありきたりの幸せ」を全否定する人々がいる。

オウム真理教が起こしたサリン事件を始め一般市民や反対者に対する二七名の殺害に関与し、松本智津夫以下死刑となった一三名と無期懲役服役中の五名は、逮捕されるまで宗教的熱情の中にあった。一万一四〇〇人いた信者（出家者は約一七〇〇名）のうち、事件前に宗教的至福を体験しながら活動していた者が少なくないし、現在も約一六五〇人の信者が後継団体のアレフ、ひかりの輪に属して活動している。統一教会（現在は世界平和統一家庭連合）において、数千人の日本人信者は地上天国の実現と自らの永遠の幸福を目指して、一九八七年から二〇一七年まで全国の弁護士会と消費者センターに約一一九二億円の被害金額が報告された霊感商法を実施し、約七千人を超す日本人女性信者が韓国で外国人花嫁として一生を送っている（櫻井・中西 二〇一〇）。ＩＳ（Islamic State）に勧誘された西欧・中東諸国の若者は、正義と自らの幸福のために異教徒の殺害と奴隷化、自爆テロを継続している。

特定の宗教団体は当事者の幸福感や満足度はどうあれ、他者や社会のウェルビーイングに一切配慮しない独善的な理想世界を目指したのである。私自身は二〇年来こうした宗教と社会が公共的空間において葛藤する局面で事例研究を行ってきた（櫻井 二〇一四）。その経験から言えば、宗教が人々の幸福感や社会の公共性に寄与すると研究で主張するならば、個別的な宗教の教説・組織・活動の特性を吟味し、教団の構想する幸福観が世俗社会の幸福観とどの程度合致するのかというメゾレベルでの教団研究も同時に推進すべきである。

九　おわりに

本章では、ルート・ヴェーンホヴェンのウェルビーイング概念の類型論を主に参照しながら、宗教制度や宗教団体が社会環境・生活環境の改善、生活満足度、生きる力（心身の健康とソーシャル・キャピタルの涵養）、幸福感に対してどのように影響を及ぼしうるのかを歴史的な宗教の事例や近年の研究成果を用いて説明してきた。

確かに、キリスト教の教会に属し、日曜礼拝を始め教会行事に積極的に参加し、豊かな感情的紐帯と知り合った人々とのソーシャル・キャピタルを生かして生活を送れれば、メンタルヘルスを良好に保ち、喪失体験やネガティブな感情に対してもコーピングが可能になろう。このため、西欧のウェルビーイング研究では宗教の効果を総合調査でも個別教会の研究でも確認できたのである。それに対してアジア社会で広く見られることだが、邪霊祓徐に特化した民間信仰や、開運・現世利益・慰霊に関わる祖先崇拝や守護霊祭祀に関わることで、必ずしも個人のメンタルヘルスやソーシャル・キャピタルが良好に保たれるわけではない。だから日本を含めアジアにおける宗教多元主義的な宗教意識はウェルビーイングとストレートな関連を示さないのだろう。しかし、日本でもキリスト教信者や新宗教信者に限定して調査を行えば、教会型宗教として救済観の共有と教化、共同体的一体感を持つだけにウェルビーイングとの関連はより明確になるかもしれない。

ただし、凝集性の高い教会型宗教は容易にカルト化の危険性もはらんでおり、宗教集団におけるウェルビーイングは宗教組織における自治や民主的組織運営に支えられることが望ましい。もっとも、宗教組織は常にカリスマ的指導者と癒やしや救いを求める信奉者集団から構成されるために、宗教的価値が市民社会的価値に優先されることもしばしば起こる。

ともあれ、宗教概念のみならずウェルビーイングの内容についても多角的な捉え方が必要であり、国際比較研究や個別宗教の事例研究の蓄積によって宗教とウェルビーイングの研究が進展していくことだけは確かである。

付記　本章は次の論文を加筆修正の後、再掲しているものである。
櫻井義秀、二〇一七、「特集　主観的ウェル・ビーイングへの社会学的アプローチ——人は宗教で幸せになれるのか」『理論と方法』三二(一)八〇—九五頁。

参考文献

磯前順一・島薗進編、二〇一四、『宗教と公共空間』東京大学出版会。

稲場圭信・櫻井義秀、二〇〇九、『社会貢献する宗教』世界思想社。

小塩隆士、二〇一四、『「幸せ」の決まり方——主観的厚生の経済学』日本経済新聞出版社。

カサノヴァ、ホセ、一九九七、『近代世界の公共宗教』津城寛文訳、玉川大学出版部。José Casanova, 1994, *Public Religions in the Modern World*, University of Chicago Press.

金児恵、二〇〇四、「日本人の宗教的態度とその精神的健康への影響——ＩＳＳＰ調査の日米データの二次分析から」『死生学研究』三：三四八—三六七頁。

川端亮、二〇一六、「宗教的信念における共通の因子——八カ国調査の結果から」『大阪大学大学院人間科学研究科紀要』四二：一八九—二〇八頁。

高坂健次、二〇〇四、「頻ニ無辜ヲ殺傷シ——幸福と不幸の社会学序説」『先端社会研究』創刊号、関西学院大学出版会。

小林盾、カローラ・ホメリヒ、見田朱子、二〇一五、「なぜ幸福と満足は一致しないのか——社会意識への合理的選択アプロー

チ」『成蹊大学文学部紀要』五〇：八七―九九頁。
櫻井義秀・中西尋子、二〇一〇、『統一教会――日本宣教の戦略と韓日祝福』北海道大学出版会。
櫻井義秀・濱田陽、二〇一二、『アジアの宗教とソーシャル・キャピタル』明石書店。
櫻井義秀、二〇一四、『カルト問題と公共性――裁判・メディア・宗教研究はどう論じたか』北海道大学出版会。
島井哲志、二〇一五、『幸せの構造――持続する幸福感と幸せな社会づくり』有斐閣。
寺澤重法、二〇一三、「現代日本における宗教と社会活動――ＪＧＳＳ累積データ二〇〇〇〜二〇〇二の分析から」『日本版総合的社会調査共同研究拠点研究論文集』一三：一一九―一四〇頁。
真鍋一史、一九九七、「Well-being の構造の国際比較――世界価値観調査データによる検証」『関西学院大学社会学部紀要』七八：一八七―二〇三頁。
真鍋一史、二〇〇六、「アジアにおける幸福と満足――アジア・バロメーター調査のデータ解析」『関西学院大学社会学部紀要』一〇〇：五五―六九頁。
横井桃子・川端亮、二〇一三、「宗教性の測定――国際比較研究を目指して」『宗教と社会』一九：七九―九五頁。
吉村季利子、二〇一一、「ソーシャル・キャピタルと宗教」山内直人・田中敬文・奥山尚子編『ソーシャル・キャピタルの実証分析』ＮＰＯ情報センター、一〇四―一一六頁。
渡辺光一・黒崎浩行・弓山達也、二〇一一、「日米の宗教概念の構造とその幸福度への効果――両国の共通性が示唆する普遍宗教性」『宗教と社会』一七：四七―六六頁。
Cooper. Cary. L. 2014. 'Introduction to well-being: A complete reference guide,' Cooper Cary L. and H. Landry, Susan eds., *Wellbeing: A Complete Reference Guide, Volume I, Wellbeing in Children and Families*, Wiley-Blackwell.
Ellison, G. Christopher. 1991. 'Religious Involvement and Subjective Well-Being,' Journal of Health and Social Behavior 32(1): 80–99.
Jung, Jong Hyun, Daniel V.A. Olson. 2014. 'Religion, Stress, and Suicide Acceptability in South Korea,' Social Forces: 92-3: 1039–59.
Roemer, Michael K., 2010. 'Religion and Psychological Distress in Japan,' Social Forces 89-2: 559–583.
Ruut Veenhoven. 2000. 'The Four Qualities of Life: Ordering Concepts and Measures of the Good Life,' Journal of Happiness Studies 1: 1-39.
Ruut Veenhoven. 2007. 'Subjective Measures of Well-being,' McGillivray (Ed.) 'Human Well-being,' *Concept and Measurement*,

Palgrave /McMillan, 2007, Houndmills, New Hampshire, USA, Chapter 9, pp. 214–239.

Smidt, Corwin, 2003, *Religion as Social Capital: Producing the Common Good*, Baylor University Press, TX.

Smith H. Lovell, Fabricatore Anthony N., and Peyrot Mark,1999, 'Religion, Well-Being, and Civic Participation Among African American Men: A National Comparison,' Journal of African American Men 4(2): 51–65.

Zapf, Wolfgang, 1984, 'Individuelle Wohlfahrt: Lebensbedingungen und Wahrgenommene Lebensqualität', in W. Glatzer and W. Zapf (eds.), *Lebensqualität in der Bundesrepublik. Objective Lebensbedingungen und subjektives Wohlbefinden*, Campus Verlag, Frankfurt am Main, pp. 13–26.

SSSR論文(表の文献番号　本文で引用している文献も含めている)

1 Schnittker, Jason, 2001, 'When is Faith Enough?: The Effects of Religious Involvement on Depression,' JSSR40–3: 393–411.

2 Pargament, Kenneth I.2001, et all, 'Religious Coping Among the Religious: The Relationships Between Religious Coping and Well-Being in a National Sample of Presbyterian Clergy, Elders, and Members,' JSSR40–3: 497–513.

3 Leslie J. Francis, Peter Kaldor, 2002 'The Relationship between Psychological Well-Being and Christian Faith and Practice in an Australian Population Sample,' JSSR41: 1179–184.

4 Jennifer Nooney and Eric Woodrum, 2002 'Religious Coping and Chruch-Based Social Support as Predictors of Mental Health Outcomes: Testing a Conceptual Model,' JSSR41–2: 359–368.

5 Neal Krause and Christopher G. Ellison, 2003, 'Forgiveness by God, Forgiveness of Others, and Psychological Well-being in Late Life,' JSSR42–1: 77–93.

6 Sung Joon Jang and Byron R. Johnson, 2004, 'Explaining Religious Effects on Distress among African Americans,' JSSR43–2: 239–260.

7 Neal Krause, 2004, 'Assessing the Relationships among Prayer Expectancies, Race, and Self-Esteem in Late Life,' JSSR43–3: 395–408.

8 Kenneth.I. Paragament, Gina M. Magyar, Ethan Benore, and Annette Mahoney, 2005, 'Sacrilege: a Study of Sacred Loss and Desecration and Their Implications for Health and Well-Being in a Community Sample,' JSSR44–1: 59–78.

9　John M. Salsman and Charles R. Carlson, 2005, ‘Religious Orientation, Mature Faith, and Psychological Distress: Elements of Positive and Negative Associations,’ JSSR44-2: 201-209.

10　A. Henry Eliassen, John Taylor, and Donald A. Lloyd, 2005, ‘Subjective Religiousity and Depression in the Transition to Adulthood,’ JSSR44-2: 187-199.

11　Noa Vilchinsky and Shlomo Kravets, 2005, ‘How Are Religious Belief and Behavior Good for You? An Investigation of Mediators Relating Relation to Mental Health in a Samples of Israeli Jewish Students,’ JSSR44-4: 459-471.

12　Scotte Schieman, Tetyana Pudrovska, Leonard I. Pearlin, and Christopher G. Ellison, 2006, ‘The Sense of Divine Control and Psychological Distress: Variations Across Race and Socioeconomic Status,’ JSSR45-4: 529-549.

13　Alex Bierman, 2006, ‘Does Religion Buffer the Effects of Discrimination on Mental Health? Differing Effects by Race,’ JSSR45-4: 551-565.

14　Jeffrey P. Bjorck and John W. Thurman, 2007, ‘Negative Life Events, Patterns of Positive and Negative Religious Coping, and Psychological Functioning,’ JSSR46-2: 159-167.

15　Richard J. Petts and Chris Knoester, 2007, ‘Parents’ Religious Heterogamy and Children’s Well-Being,’ JSSR46-3: 373-389.

16　Russell A. Carleton, Patricia Esparza, Peter J Thaxter, and Kathryne E. Grant, 2008, ‘Stress, Religious Coping Resources, and Depressive Symptoms in an Urban Adolescent Sample,’ JSSR47-1: 113-121.

17　Christopher G. Ellison, Marc A. Musick, and Andea K. Henderson, 2008 ‘Balm in Gilead: Racism, Religious Involvement, and Psychological Distress Among African-American Adults,’ JSSR47-2: 291-309.

18　Scott Schieman, 2008, ‘The Education-Contingent Association Between Religiosity and Health: The Differential Effects of Self-Esteem and the Sense of Mastery,’ JSSR47-4: 710-724.

19　Eric Y. Liu, 2009, ‘Beyond the West: Religiosity and the Sense of Mastery in Modern Taiwan,’ JSSR48-4: 774-788.

20　Neal Krause, 2009, ‘Church-Based Social Relationships and Change in Self-Esteem Over Time,’ JSSR48-4: 756-773.

21　Jessie Dezutter, Koen Luyckx, Linda A. Robertson, and Dirk Hutsebaut, 2010, ‘Life Satisfaction in Chronic Patients: The Stress-Buffering Role of the Centrality of Religion,’ JSSR49-3: 507-519.

22　Ellen Childs, 2010, ‘Religious Attendance and Happiness: Examining Gaps in the Current Literature-A Research Note,’

JSSR49-3: 550-560.

23 Neal Krause and Elena Bastida,2011, 'Church-Based Social Relationships, Belonging, and Health Among Older Mexican American,' JSSR50-2: 397-409.

24 Steven Stack and Augustine J. Kposawa, 2011, 'Religion and Suicide Acceptability: A Cross-National Analysis,' JSSR50-2: 289-306.

25 Joonmo Son and John Wilson, 2011, 'Religiosity, Psychological Resources, and Physical Health,' JSSR50-3: 588-603.

26 Joseph Ciarrochi and Patrick C.L. Heaven,2012, 'Religious Values and the Development of Trait Hope and Self-Esteem in Adolescents,' JSSR51-4: 676-688.

27 Dedong Wei and Eric Y. Liu, 2013, 'Religious Involvement and Depression: Evidence for Curvilinear and Stress-Moderating Effects Among Young Women in Rural China,' JSSR52-2: 349-365.

28 Neal Krause, Deborah Bruce, R. David Hayward, and Bynthia Woolever, 2014, 'Gratitude to God, Self-Rated Health, and Depressive Symptoms,' JSSR53-2: 341-355.

29 Jong Hyun Jung, 2015, 'Sense of Divine Involvement and Sense of Meaning in Life: Religious Tradition as a Contingency,' JSSR54-1: 119-133.

30 Clemens M. Lechner and Thomas Leopold, 2015, 'Religious Attendance Buffers the Impact of Unemployment on Life Satisfaction: Longitudinal Evidence from Germany,' JSSR54-1: 166-174.

第三章 「人間になる」――自律の夢から覚める

寺戸淳子

ウェルビーイング、すなわち、人が人とともに豊かに生きることができる社会をどのように構想できるのか、それを支える社会関係や価値観はなにか、また「宗教的」な営為はそのためにどのような役割を果たすことができるのか。本章ではこれらを考えるための具体的事例として、知的な障害がある人(英語圏での呼び方に従い、以後「メンバー」と表記する)と彼らの日常生活を支える人(以後「アシスタント」と表記する)が共同生活を送る〈ラルシュ〉共同体運動をとりあげ、その活動と創設者ジャン・ヴァニエの思想に関係づけながら、ケア論を整理する。以下ではまず、ラルシュ共同体運動の歴史と活動を紹介し、つぎにケアを巡る最近の議論を概観する。具体的には、「ケア」を論拠にロールズ的社会契約論(相互有利性論)を批判する論者としてマーサ・ヌスバウムとエヴァ・フェダー・キテイをとりあげ、それらが、ラルシュが作り出そうとしている場の意義を説明する社会理論となることを示す。またケア論としてミルトン・メイヤロフの著作を参照しながら、ヴァニエの人間(共同体)観を整理し、ウェルビーイングのひとつのヴィジョンを提示することを試みる。

一 〈ラルシュ〉共同体運動

一―一 ラルシュ共同体運動の沿革と現在

ジャン・ヴァニエ（一九二八―）は、外交官でのちにカナダ一九代総督となる父の任地であったヨーロッパで子ども時代を過ごし、第二次世界大戦が勃発するとイギリスの士官学校に入学、戦後はカナダ海軍に所属したが、神と平和に仕える道を司祭職に求めて除隊し、様々な共同体運動に参加したのちフランスで神学と哲学を修め、ラルシュの活動を始める前はトロント大学で哲学講師を務めていた。彼のこの経歴は、後述する社会契約論が想定している「自律した個人」をまさに体現しているといえる。一九六四年にフランスで、長く精神的指導を仰いできた司祭の紹介で障害者施設の現状を知り、そこで暮らす人たちに家庭を提供したいという思いに突き動かされて、二人の知的な障害がある男性とパリ北東のトローリー・ブルイユ村の一軒家で暮らしはじめたとき、ヴァニエはそれらをすべて手放したのである。当初、活動を支えたのはカナダの家族・友人・学生たちだったが、一九六〇年代は世界的に共同体運動が盛り上がった時期であり、すぐに多くの若者がアシスタントとして共同生活に加わった。そのなかから選ばれたスタッフが、新たな共同体の創設要請に応えて各地へ派遣され、ラルシュ共同体はまたたくまに世界中に活動の場を広げていったのである。一九六九年にカナダのトロント郊外、一九七〇年にインドのベンガルールに共同体が創設され、以後一九七〇年代にアメリカ、ベルギー、イギリス、コートジボワール、ハイチ、ホンジュラス、オーストラリア、ブルキナファソ、アイルランドに次々に共同体が誕生した。

写真 3-1　日本のラルシュ共同体，静岡の〈かなの家〉ホームでの夕食後の片付けの様子

二〇一八年には五大陸の三八カ国に一五四の共同体（二一の新たな共同体の計画）を数え、パリの〈国際ラルシュ〉が中心となって束ねる国際ネットワークを形成している。[1] 日本には現在、静岡に〈かなの家〉という共同体があり、他に計画中のグループがいくつかあって、国際ラルシュと〈かなの家〉の支援のもとに共同体になる準備を進めている。[2] 詳しい統計は発表されていないが、国際ラルシュのホームページによれば、スタッフ、メンバー、アシスタントをあわせて全世界で一万人がラルシュに参加しているという。当初は障害の軽い人たちだけを受け入れていたが、その後、重度の身体障害がある人たちも暮らせる設備を備えたホームも、数は少ないが作られるようになった。ヴァニエはカトリック信仰に基づいて共同生活をはじめたが、現在は宗教宗派を問わない「祈りの共同体」という理念を掲げている。

ひとつの共同体は数軒のホームからなり、一軒に四―五人のメンバーとほぼ同数のアシスタントが暮らす。大きな共同体はデイ・サービスや作業所を備え、自宅から通ってくるメンバーやアシスタントもいる。運営は常勤スタッフが行い、ホームに暮らすアシスタントの多くは国内外からの短期ボランティア（おもに、EU諸国に設けられた若者対象の「市民貢献活動支援制度」や「ワーキングホリデー制度」などの利用者で、一―二年滞在する)である。そこでの生活は、担当するメンバーによって必要な介助に違いはあるが、起床、身支度、朝食、お弁当作り、メンバーを日中の活動に送り出したのち、掃除、洗濯、買い物などの家事を行い、昼食後は休み時間。メンバーが帰宅すると、夕食当番以外は家事をしたりメンバーと話したりして過ごす。夕食は共同体で最も大切な時間とされ、必ず全員一緒に食卓を囲み、曜日によって決まったゲスト(他のホームのメンバーや外部の支援者など。後述する学生も、そのようなゲストとしてホームに通っていた)を迎える。食後は就寝の身支度までサロンでくつろぎ、日誌を記して終わる。週に一度は各ホームで祈りと交流の夕べがあり、週末は外出やイベントが企画される。まさにケアの現場だが、そこには「素人(特に若者)が生活者として暮らす」という大きな特徴がある。かつてラルシュで暮らすことは、生涯独身のまま知的な障害がある人たちと「家庭」を作るという召命のような意味をもっていたが、現在は毎年ボランティアが入れ替わり、創設当初とは大きく様変わりをしている。それは現在、社会福祉法人として最低賃金や労働時間の規定を守ることと、家庭的共同生活(二四時間体制、無償の関係)という創設理念の間の、葛藤という形で現れている。

一―二　ホームでの体験

アシスタント経験の例として、ネット上で公開されている学位取得論文を参照する。(3) この論文を参照する理由は、筆者が四年間にわたって五カ所のラルシュ共同体で行った調査経験に基づいて、そこに描かれた経験が典型例のひとつと考えられること、また、後述するヌスバウムの「嫌悪感」を巡る議論が論文の中で参照されていることの二点にある。

著者である学生は、大学で工学の学位を得て後は就職するだけというときに、一年間、今までの生活とは全く異なる「シンプルな人間関係」を生きたい、他の生き方を経験し他の文化を発見したいという欲求を感じて、国際市民貢献活動に参加する決意をし、その場としてアイルランドのラルシュ共同体を選んだ。彼女は子どもの頃から近所のラルシュ共同体と交流を持ち、ヴァニエの話を聞く機会も何度もあり、その理想に共鳴していたので、この選択はごく自然なものだったという。そもそも、学生時代に週一回ラルシュのホームで夕食を共にし、そこでの人間関係と温かいもてなしを素晴らしいと思い、もっと多くの時間を過ごせないのを残念に思っていた。そこは親切で、自分が受け取ったのと同じくらい与えることができる場所に思えたのである。このとき偶然、〈インテルコルディア〉（さまざまな市民貢献活動に参加する若者を、活動期間中、一人のメンターが定期的に連絡を取り合いながらサポートし、成果レポートの提出を義務づけている組織で、二〇〇〇年にジャン・ヴァニエらによって創設された）を知って申請し、採用されて論文を書き上げた。

このような経緯から、彼女は良いアシスタントになろうと張り切ってホームにやって来た。だが到着直後から、その「不衛生」な生活環境（特に食事にかかわる全般）に耐えられず、「思い通りにならない現実」にいらだちを募らせて、周囲から孤立していった。なにより、互いに親しく交わる場としてラルシュで最も大切にされている食事時間が嫌悪感の最大の原因となっていたため、やがてラルシュでの生活すべてに全く共感できなくなり、他者を劣った「もの」としてカテゴライズして人間関係から排除するにいたった。当時を振り返って、彼女はこのストレスの根本原因が「嫌悪感を口にするのは間違っている」という抑圧にあったと分析している。数ヶ月の葛藤の末に自分の嫌悪感を正直に告白するに至ったが、それは自分に対する幻想を捨て、自分が「望んでいるよりずっと弱い」と受け入れることだったと述べる。そして、彼女のこの行動をきっかけに他のアシスタントも自分たちの嫌悪感を語りはじめたことにより、ホームでの日々のさまざまな問題が大きく改善されただけでなく、他者に対して抱いていた嫌悪感が愛情へと変化していったという。彼女はこれを「周りの世界との和解」と表現し、コミュニケーションが「交流と分かち合いのスペースを開くことによって、他者の理解が可能になる」と論文を結んでいる(Lallemand 2015: 42-68, 73-74)。

ラルシュでの生活が、コミュニケーションによって社会問題を解決する能力を備えた「市民」を教育する場として機能した例とみなすことができるような論文だが、一方で「嫌悪感」について、途中で言及されながらその後展開されない主題がある。嫌悪感の原因についての説明で、後述するヌスバウムが参照している心理学者ロジンの分析に依拠しながら、それらは人間の「動物としての弱さ」、すなわち身体の「必要性(食料、排泄)」「傷つきやすさ(病気、障害、欠損、死性)」「時に伴う劣化(成長、消化吸収、排泄、衰弱、死)」によると指摘するものの(Lallemand 2015: 31)、「自分の弱さ」については精神的な次元の話に留まり、他者によって想起させられた自身の動物性や生命としての脆弱さという主題は考察されずに終わっている。だが、それこそがケアの現場でケア提供者が直面する、もっとも心揺さぶられる経験ではないかと推察される。事実この学生は、メンバーの「世話」だけでなく、食品管理や人間関係、さらには自分の心身への「配慮」(不衛生な環境への恐怖や精神衛生)も含めた、日々の「ケア」を通して、子どもの頃から知っていた「素晴らしいラルシュ」とは異なるラルシュを発見していったのである。

このように、若者がプロ(を目指す見習い)としてではなく一個人として、さまざまな来歴の縁もゆかりもない他者と暮らしながらケアの経験を積んで帰って行くことを、次世代の市民を育てる制度として支える動きがある一方で、知的な障害がある人たちを「社会のお荷物」とみなし、社会の福利厚生(ウェルビーイング)に対する脅威とする意見も存在する。そのような意見に対し、ケア希求者と共に生きることを積極的に評価する社会理論として、つぎにヌスバウムとキテイを取り上げる。

二　社会契約論批判――人間の尊厳

二―一　相互有利性論と「無知のヴェール」における人間観

マーサ・ヌスバウムは著書『正義のフロンティア』で、障碍者が「平等な市民」として社会に包摂されていない状況を正すためには、「市民」観念の見直しと、「相互有利性」を論拠としない社会的協働論、すなわち「社会的基本善としてのケアの重要性」を正しく評価する新たな社会理論が必要であると書く（ヌスバウム 二〇一二：六）。そこで批判の対象となるのが、伝統的社会契約論の現代における到達点とみなされるジョン・ロールズの正義論である。

ジョン・ロックを原点とする社会契約論は、社会と法の起源について、「自由かつ平等かつ合理的な別個独立の人々が、自分たちの固有権の保全のため、相互有利性の原則の下に協働することを目的として、自ら定めた法に服することを選択する」と説明してきた。ヌスバウムはこのような伝統的社会契約論の問題点として、次の五つをあげる。①「契約によって社会設計を担う集団」（契約を結ぶ能力）と「契約内容の適用対象者である市民集団」（尊厳に基づいて扱われる市民であるための条件）の同一視、②市民の能力の「だいたいの平等性」の想定、③「合理性」を市民的属性の一つとして重視、④社会的協働・契約の目的を、「所得と富」の獲得を福利の指標とする経済的観点で理解された「相互有利性」と前提、⑤女性や障碍者など「身体的・知的な能力において不平等な人々」を十全な市民とみなさない（ヌスバウム 二〇一二：六四 f）。

ジョン・ロールズの正義論は、この「私欲の平等」から説き起こされる社会契約論に道徳的な不偏性を付与する目的で、原初状態における「無知のヴェール」という条件を設定している。それは、人間の普遍的本性として設定できるとは思えない「利他性」の想定を回避し、あくまでも「利己的な自己」に基づいて公正な判断の可能性を導き出すもので、「『誰も自分の立場を知らない』という状況を設定することによって、自己の利益を図れない個人は自分がどのような立場でも「不利にならない＝公正な」社会を構想しようと努めることになる」という、「自己利益の不可知性から生まれる公的配慮のモデル」として意図されている（ヌスバウム 二〇一二：六九、七六）。この「自己への配慮」に基づく不偏性は、自己への配慮の匿名化・普遍化といえる。それは、「他者への配慮」を必要としない状態で「自律的個人」のみに基づいて構想可能な「公正な社会」であり、そこには「関係」という要素が除かれているという特徴がある。これは、社会契約論が、なぜ個人は他者と関係をもとうとするのかを説明するものであることを考えれば、当然かもしれない。また、ロールズがこのような公的配慮のモデルを構想することで自らの社会契約論の正統性を担保しようとしたということは、人間は利己的であるという人間観を「正当な前提」として承認することが議論の正統性の条件になっていることを意味している。

これと対比的にヌスバウムが想定するのが、「他者との関係性に充足感を覚える社会的・政治的な存在者」という、「人間」の「アリストテレス的構想」である。アリストテレスは、人間にとっての善は社会的かつ政治的なものであり、人間は関係性のネットワークの外側で繁栄・開花することはないとしているという（ヌスバウム 二〇一二：一〇一）。彼女はその人間観の継承者として、人間が正義にかなった仕方で行為する理由は「社交性」にあるとしたグロティウスを取り上げ、彼の「社交性に基礎づけられた基本的権原」の観念と、彼が「人間の尊厳」をその権原が守られることとして論じている点に注目する（ヌスバウム 二〇一二：四五―四七）。また、ロールズの社会契約論も依拠しているカントの道徳論をこの系譜に位置づけ、カントは人間が「目的として扱われる

（尊重される）」（「全体的な社会的福利」という大義に従属させられない、すなわち他者の「手段」にならない）ことを本質的な善とみなしているとして、障碍者の尊厳の立脚点はここにしか求められないと述べる（ヌスバウム 二〇一二：一七一）。これは、相互有利性（自己利益のために他者の利益を尊重する、すなわち自己の目的達成の手段として他者を尊重する）という論拠とは異なっている。なおヌスバウムは近著で最新の霊長類学の成果を参照しながら、「利他性」は動物本性であると語っている（Nussbaum 2015: 113）。

社会的協働の動機を自己利益のみに求める社会契約論に対する批判は、経済学でも起きている。代表的論者とされるアマルティア・センは、経済的行動の動機として倫理的判断を想定できるとしたうえで（セン 二〇一六：一一六）、厚生経済学は厚生（生活の質）を測る基準として国民総生産（社会の富の総量、すなわち持っている「効用」で測られる「豊かな生」）を用いてきたが、重要なのはその「効用」が使える（機能する）かどうかであり、厚生の評価基準を、行為主体の「可能力（潜在能力）」（それが使えるか否か。これが行為者の「自由」の指標となる）へと変更すべきだと主張する（ヌスバウム、セン 二〇〇六：一四、セン 二〇一六：九五）。また、「効用関数の最大化」のような総量化は、個々の善を「相互にトレードオフ（代替）可能」なものとして扱うのに対し、可能力リストの項目の一つ一つは「尊厳ある人生の中心的要求事項」であり、リストにある事項すべてが適切なレベルで保障されない社会は正義にかなった社会とはいえない（ある一つが満たされるためには他が犠牲になってもよい、とはならない）とされる（ヌスバウム 二〇一二：八九、一七九）。彼女はこの「可能力アプローチ」を、グロティウスの「権原」の観念を復活させるものとして評価する。そして、人間の諸々の規範的可能力（人々がなしえるもの）のリストを、「人間の尊厳」という直感的観念に依拠して、「すべての市民の尊厳を守る基準となる一群の基本的な権原」というかたちで明確な政治目標として特定し、その実現のために公共政策をたてることを提言する（ヌスバウム 二〇一二：八三―九六）。なお、センは可能力リストの内容はオープンであるべきだとしてそれを特定しないが、ヌスバウムは出発点として一〇項目を設定し、それらを変更可能としている。

この「人間の尊厳」に基づく公正な社会の構想は、社会契約論と次の二点で袂を分かつとされる。①人間は「生産的である」ことによって他者からの尊重を勝ち取らなくてもよい、②人間は、人間のニーズそれ自体の尊厳の中に、支援に対する権利要求を有する（ヌスバウム 二〇一二：一八五）。ここで「人間のニーズの尊厳」と対比される「勝ち取られる尊厳」に関係するのが、次の「自律性」を巡る考察である。なお、ヌスバウムはこの構想を、「生き物に対する素直な驚嘆と……多種多様な生き物が繁栄・開花する世界の希求」の点で契約主義よりも優れているとし（ヌスバウム 二〇一二：三九七）、「人間の尊厳」を生命の尊厳として「動物」に拡大することを提案しているが、そこには「どれだけ人間に似ているか」（意志と感情の有無）という評価基準が働いている。

二―二 「自律性」神話と嫌悪感

ヌスバウムは、社会契約論を支える「自由かつ平等かつ合理的な別個独立」という「市民」観に深く根を下ろす感情として「嫌悪感・恥辱」に注目し、その克服が「人間のニーズの尊厳」の承認に不可欠だとして、「人間は自らの生命過程・動物性・虚弱性を思い出させるもの（排泄物、腐敗など）を嫌悪する」という心理学者ポール・ロジンの研究に依拠しながら議論を展開する（Rozin 1987: 23-41. ヌスバウム 二〇一〇：一一一―一一四で紹介）。それによれば、嫌悪感は「自分自身がやがて死や衰退を迎える動物であることを想起させるもの［アニマル・リマインダー］」を摂取し、それによって汚染されることに対する拒否反応」とされる。そこには、触れると汚れるという「汚辱の呪術的な概念と、純粋性・不死性・非動物性への到達できるはずもない憧れが含まれている」（ヌスバウム 二〇一〇：一六―一八）。この「自分ではない何者かになりたいという願望」は、人を「自らの世界の重要な局面をすべてコントロールすること（全能感）への幼児的な要求」に基づく「恥辱」（敗北感）と、「完全性の専制」（ヌスバウム 二〇一〇：三八六）へと駆り立てる。それは人間を「自分の死と動物性とに対し問題ある仕方で」関わらせるだけでなく、他者への攻撃に向かわせることで、さらに深刻な問題を引き起こす（ヌスバウム 二〇一〇：四〇五ｆ）。すなわち、社会の支配的集団は、自らの動物性と死すべき運命について感じる恐怖と嫌悪感を、社会的に弱い立場にある人々や集団といった自らの外部に投影し、彼らを攻撃目標にして危害を与え、「スティグマ（「社会的嫌悪・排除の対象である」という「しるし」の意）を付与された劣位のグループを作り出すことによって、一見、コントロール能力が獲得されたかのような外見が整えられる」（「自律性」の獲得）ことに満足を求めてきたというのである（ヌスバウム 二〇一〇：四二四）。ヌスバウムは、そのような全能性・完全性への希求、すなわち、自己欺瞞に満ちた自律性神話を放棄した社会、人間の虚弱性の承認に基づいた社会こそ、個人を等しく尊重するリベラルな社会であると述べる（ヌスバウム 二〇一〇：二一）。彼女は、「ケアへのニーズを含む身体的なニーズ（動物性）は……わたしたちの社交性の特徴……尊厳のひとつの側面」であるとして、依存状態にある個人の「支援に対する権利要求」の正当性を述べる（ヌスバウム 二〇一二：一八三―一八五）。そして、人間を「政治的動物」とみなして動物的身体と時間上の軌跡に位置づける「アリストテレス的な人間の構想」にも、このような観点は認められるとする（ヌスバウム 二〇一二：一〇三）。

ジャン・ヴァニエも、ラルシュは「弱さが現れる場」であり、それゆえ暴力を経験する場であるとして、特にアシスタントに対して繰り返し注意を喚起している。他者の「弱さ」は自分の弱さを思い出させ、不安にし、恐れさせ、怒りを覚えさせるので、私たちは弱い他者を排除しようとするが、それは自分の限界や障害を受け入れることの困難に由来する（バニエ 二〇〇五ａ：一三八）。しかし自分の弱さを認めたとき、その弱さが今度は他者との間に共通のスペースを開く。先述の学生の論文は、まさにこの「嫌悪感・恥辱」が経験され乗り越えられ、互いの尊重へと転換するプロセスを語っていたといえる。ラルシュはヌスバウムの提言に応えるような場を形作っているのである。

二―三 「依存関係」の場としての家庭

ヌスバウムの「人間の動物性を排除しない社会」の構想は、エヴァ・フェダー・キテイにおいては「依存関係を守る社会」という姿をとる。キテイは、人間は非対称な依存関係の中で無力な赤ん坊として人生を始めるという現実を考慮の対象外として構築される社会契約論に、無理があるのは明らかであるとし、依存を包摂する新しい自由と平等の理論を練り上げる必要と、そのために「自律」という虚構にメスを入れる必要を説く(キテイ 二〇一〇：一一―一三)。ここで重要なのは、ヌスバウムが「配慮されること」(人間のニーズの尊厳)を基本財に含めるという立場なのに対し、キテイは、女性たちは「他者をケアできることが、基本的な社会財であると強く主張してきた」と述べていることである(キテイ 二〇一〇：二三七)。彼女は、「権利に基づく平等」(誰もが等しく尊重される)に代えて、「つながりにもとづく平等」を提言する(キテイ 二〇一〇：七九)。これは、成員全員の「対称性に基づく平等」だけを尊重することに代えて、人々の「関係」のどれもが等しく尊重されることを意味する。それは、人々が安心して「配慮される」だけでなく、安心して「配慮できる」社会でもある。そのような、「依存関係」を可能にするために社会が果たすべき「ケア提供責任(ケア提供者に対するケアも含めた)」を実現するシステムとして、彼女は「ドゥーラ」(現代ギリシア語の「助ける人」に由来する言葉で、「助産師・産婆」と訳されるが、キテイは、分娩後の母親も援助する、妊娠・出産・育児全般に対するケア提供者の意味で用いている)の慣習に想を得た「公的ドゥーリア」を提案する。社会がケア提供者の福祉に注意を払うことで、「ケア提供者の労働と彼女たちが向ける関心とが搾取されることなく、ケア提供者が依存者への責任を果たすことが可能となる」（キテイ 二〇一〇：二四四ｆ）。彼女の議論は、「可能力」としての「ケア（できること）」を守る必要を主張するものと考えられる。

ケア（依存関係）についてはもうひとつ、その主たる従事者が女性であり、ケアの場が「私的領域としての家庭」とされてきたという問題がある。社会契約論者は「家族」を「契約」と対置し、家庭を契約社会の埒外に置いてきたのである。ここには、動物性を忌避する「市民社会」と「時間」との関係が表れている。ケア関係は時間による諸条件の変化を前提とするのに対し、社会契約論は恒常化された状況を想定し、通時性の場をその外側に「家庭」として設定していると考えられる。このような時間による変化を差し引いた構想は、人間の自律性幻想（上述の「自分ではない何者かになりたいという願望」）に根ざすものと考えられるが、この、人間が時間的存在であることを考慮の対象外とする、社会の初期設定における「無時間性」は、「個人（時間存在）の尊厳」を守ることに関して大きな問題を抱えており、その設定のもとに構想される平等と自律性は、「個人の尊厳」を守ることよりも「社会（規範）の正しさ」を守ることに資しているように見える。

この「家庭」という場に関して、「自律した個人による社会契約」という自律性神話がアメリカ建国神話の中核にあることを問題視し、その反省的検討を通して福祉・公共政策のあるべき姿を構想するマーサ・ファインマンは、社会契約は自律した個人と国家の関係しか想定していないが「ケアあってこその自律」なのだから（ファインマン 二〇〇九：二二五）、これからの社会政策は、「婚姻家族（性的で再生産的な関係）」という「家族の形」ではなく、「ケアを担う家族（ケアと依存を中心にすえた関係）」という「家族の機能」（ケア機能の単位としての家族）を中心的課題とすべきだと述べる（ファインマン 二〇〇九：六一、一〇三）。そのうえで、「社会契約では、家族と職場という二つの制度が社会的財を個人に配分する役割を担って」おり、職場（市場という私的合意の領域)も家族も同じように法的構造に依存しているのだから、家族も市場と同じ法の下に公正さを保障されるべきだとする(ファインマン 二〇〇九:二二二―二二八)。ヌスバウムは、このような「家族によるケア(のジェンダー抑圧性)を社会・政治的制度の一部ととらえる潮流」が実際の行政に影響を与え、この問題に対処する公共政策として一九九〇年代に北欧やドイツで出てきた事例を取り上げている(ヌスバウム 二〇一二:二二五―二二九)。彼女はまたドイツを例に、公教育が男・女両性の人生の一部としてのケアの仕事の重要性を強調し、「このような仕事をすることについて男性が感じる不本意さの打破に努め」ているのは、きわめて望ましいことだと述べている(ヌスバウム 二〇一二:二四五―二四六)。ラルシュはフランスの二〇一〇年五月一〇日法によって「市民貢献活動(service civique)」の参加団体になっており、この点でもヌスバウムの掲げるヴィジョンに沿った活動となっている。

経済学にも、ケアを正当に評価しようとする次のような見解がある(福士 二〇一三)。いままで厚生経済学は「完全雇用社会」を目指してきたが、持続可能な社会モデルへの転換後は「完全従事社会」をめざすべきだとするもので、「仕事」を「雇用」の上位概念とし、社会における仕事の適切な配分を提言する。そこで上位の「仕事」とされるのが「ケア」であり、男性も女性も対等な役割を担う「総ケア提供者モデル」が提示されるが、これは、仕事(ケア提供の時間)が公平に割り振られるというワークシェア論といえるだろう。それは「避けられない依存」への対応(サービス提供)をめぐる状況改善の話であり、キテイが提案する「ケア関係の尊重」の問題とは異なる。

三　ラルシュ共同体運動の意義

三―一　公共財としての関係財

ヌスバウムとキテイの議論では、守られるのが「個人の尊厳」なのか「関係」なのかが異なっている。そこには人間の尊厳ある暮らしの構想に関して、「自己」を基準にするものと「関係」を基準にするものという違いが認められるが、ウェルビーイングの政策立案を支える経済学の領域でも、「関係」に注目する論者が現れている。そこで提示されているのが、人々の出会いが生み出す関係や感情を一種の財（効用・価値）と見なす「関係財」の概念である。提唱者のひとりであるベネデット・グイは、「人間関係」は人々の幸福・満足度に対して大きな影響をもつにもかかわらず、市場で取引され価格がつく商品になり得ないため経済学ではほとんど顧みられてこなかったが、人間関係は、生産・消費などの経済活動における選択の動機づけと市場の動因になっており、経済市場を活性化する効果があると指摘する。

このように、経済学における「関係財」への注目には、経済的行動の動機論としての側面がある一方で、そこには経済学と「社会参加」論をつなげる面もある。所得の増加が幸福の増加に結びつかないという「イースタリン・パラドックス」を、「人間関係そのものが幸福をもたらす」という考えに基づいて説明する「関係財減少仮説」（友野 二〇一三：三七f）もそのひとつである。それによれば、所得の増加に伴い通常の財・サービスの消費は増える反面、関係財の消費は減少する（労働時間が増えるのと反比例して、社交にかけられる時間が減るなど）

ため、消費の増加による満足が相殺されて幸福は増加しないという。関係財は相互交渉の「過程」において生産されると同時に消費されるもので、「結果」ではなく「プロセス自体」がもたらす効用であるため、「結果」に効用を認める経済学の評価対象や政策目標にはなりにくかったが、ウェルビーイング増進のためにはイースタリン・パラドックスに対処する必要があり、「関係財の生産が促進されるような、空間と時間の提供という間接的政策が有効」とされる（友野 二〇一三：四六）。

グイもまた、技術革新が生産も消費も「お一人様化」を可能にした結果、関係財が弱体化したと指摘する。彼は関係財を、市場が提供可能な私有財ではないもの（個人消費が不可能）として、公共財の概念を用いて説明する。公共財は、①非‐競争性（ある人による消費が他者の消費と競合しない）、②非‐排他性（ある人に供給された場合、他者をその消費から排除することが困難）によって特徴づけられる。このため個人の利益を優先させると、公共財は供給不足になる。関係財をこれと比較すると、①に関して当てはまり、②に関しても、内輪の（排他的）クラブなどは社会全体における非‐排他性には当てはまらないが、「一般的信頼」が人間関係のなかで育まれることを考えれば、その醸成の場としての社会的意義はあるとする。他方で、現代社会では「関係」も商品として市場で供給されている（デートサービスなど）ことに言及し、このような「関係」の市場化に対する違和感の存在を指摘しながらも、じつのところ、かつては「市場取引」全般に対して違和感があったものが、慣れによってなくなって今に至っているのだと述べている（Gui 2005: 7–10）。

この市場取引以前の感覚を論じていると考えられるのが、マルセル・モースの贈与論である。彼は、過去において、取引による財の交換が個人間で行われることはなく、「交換し契約を交わす義務を相互に負うのは、個人ではなく集団で……富の流通は……永続的な契約（祝祭的集会）の一部に過ぎない」と述べ、交換の社会関係としての側面を論じる。（モース 二〇〇九：一七）。モースはこのアルカイックな社会における義務的給付・反対給付の体系を「全体的給付体系」と名付け、特に北米の先住民にみられるポトラッチ（「食物を与える」「消費する」を意味）という形態に注目する。彼はそれを、氏族全体が首長を媒介として全員のために契約を締結する競争と敵対の原理と説明し、首長はポトラッチをする（消費し、他人と共有し、他人を凌ぐ）ことで、氏族のメンバーに対し権威を保つことができると述べる（モース 二〇〇九：一四―一九、一〇三）。マリノフスキも、彼が調査したトロブリアンド島での「クラ交換」という習俗について、同様のことを語っている。「重要な点は、彼らにとって、所有するとは与えることだという点である……ある物を所有する男は、人とそれを共有し、分配し、そして、その管理者であり分与者であることを期待される……気まえのよさは善の本質である……けちは最大の悪であり、住民たちがはっきりした道徳的反応を示す唯一のものでもある」（マリノフスキ 二〇一〇：一四四ｆ）。これは、権威を「所有」に基づかせず、手放す（気前の善さ）ことで「関係財を生む者」が権威を帯びることを意味しているが、この関係の輪の中では、手放すためにはまず受け取らなければならないことを考えれば、「多くを受け取った者」（多くの相手と契約し信頼関係を結んでいる者）こそが、豊かな関係財を生むことによって権威を帯びるのだといえる。先の経済学の用語でいえば、そこでは結果としての効用（富の最終所有者になること）によってではなく、「授受の輪」に参加することで「関係者になる」こと、すなわち関係財（プロセス自体がもたらす効用）によって人と社会が評価されているのである。モースは論考の結論部でイスラムの喜捨に触れ、「喜捨の概念を、協働の概念、労働の概念、他者のために行われる給付の概念に」置き換えることが経済の辿るべき道筋だとし、そこに人間社会が守ってきた「歓待の法」と「ソクラテス的な意味での「政治」」を見いだしている（モース 二〇〇九：二八二―二九二）。

この、プロセス自体が効用と見なされる「関係財」の概念と「利他性」の概念を比較すると、「利他性」は「行為する自律的個人」が「利己という基本的条件」を「超えている」という、社会契約論の「利己的人間」（「自己利益」を超えることによってしか「他者」と関われない人間)イメージに基づいて構想された概念ととらえられる。これは、「経済主体的社会契約の主体」の世界に「他者との関係」という要素を入れることを可能にするストーリーの一つなのかもしれないが、この観点から理解した場合には、「利他的」とされる行為もまた、行為主体が欲した「自己利益を超える」という目的追求の行為、すなわち「哲学的エゴイズム」(Martin Hollis 1998)と捉えられうる(Gui 2005: 15)。

このような「"与えよう"とする"利己的"利他」ともいえる問題は、ヴァニエのアシスタントへの忠告に顕著に見られる。彼は、アシスタントが力と安全を背景に、支援対象者から利益を得ようとする危険(支援を必要とする他者を、自らの「与えたい」という目的達成の手段とする)の存在を指摘し、障害がある人たちを「使う」のは簡単だと述べている(Vanier 1994: 134, 169)。「惜しみない者の病……彼らは他者のためにたくさんのことをする、与えて与えて、でも受け取ることを知らない。他者に出会い共に生きる喜びを受け取るためには、それをやめることを学ばなければならない」(Vanier 2017: 60)。ここで戒められているのは、他者の貧しさ・弱さを「手段化」する危険、ラルシュが支援・善行という目的のための場になる危険である。

これと対比されるのが、盲目で聾唖、歩くこともできなかった青年エリックを一年間アシスタントとして介助したときの、ヴァニエ自身の体験である。物心ついた時から施設で生きてきたエリックは、世界から見捨てられた寄る辺なさから心を閉ざし、ラルシュにやって来た当初は怯えた叫びを上げるばかりで、アシスタントたちも為す術がなかった。だが尊敬と繊細な心配りをもって触れられる経験の積み重ねによって、エリックはその苦しみから解放されていったとヴァニエは振り返る。「彼は愛されることを必要としていましたが、その必要があまりにも大きく、誰もそれに応えることができませんでした……少しずつ周りの人を信頼するようになるにつれて、エリックは自分が愛されていることが分かってきたのです」(バニエ 二〇〇五b:一七)。そこで語られているのは、アシスタントがエリックの叫びを「受け取る」ことができるようになったこと、そしてエリックも他者の愛を受け取れるようになったことだといえる。ヴァニエにとってもその経験が、身体性を回復し、自分自身の傷つきやすさ・防衛システムと攻撃性を受け入れ、自由になるためにとても重要だったという（Vanier 2017: 95）。彼はそれを、何でもない毎日を喜びをもってただ生きることに根を下ろす、ラルシュの「契り」について理解を深めた年だったと振り返る（Vanier 1994: 269）。

ヴァニエも、ヌスバウムと同じくアリストテレスに依拠して「人間性とは合理性ではなく、関係する力」であると述べているが（Vanier 2000: 248）、ヌスバウムとの違いは、その関係を創発するのが「弱さ」とされる点にある。弱い人たちのニーズが他者に呼びかけ、呼ばれた人も自らが抱える弱さに目覚める。弱さを出し、受け取ることで、関係が生まれていく。彼は、フランスの地質学者グザヴィエ・ルピションの著『人類の祖先』から、「人類が弱い人たちに心を開き、苦しみや死という現実に心を開くのに応じて次第に人間になってきたことを示している」という言葉を引き、「青年時代に私は知的・理性的能力は発達していましたが、障害のある人たちとの暮らしでは、ヒトと関わり合う能力が求められ」、人間であることの意味や受け入れることの喜びを教えてくれたのは弱い人、社会から排除された人たちだった（バニエ 二〇〇五ａ：一三三、三一–一一）、「エリックは私の先生だった」（Vanier 2017: 92）と述べる。そして、「他者の傷を受け入れるために、自分の傷を受け入れること、お互いを受け入れあっていくために……限界を持ったあるがままの貧しい自分を受け入れること……服喪、放棄を伴う選択」の道を歩み続ける必要があるといい（バニエ 二〇〇一：一一六ｆ）、九〇歳を迎えようとするいま、「究極の弱さのうちに〔弱い人たちが教えてくれた〕この幸せを生きる希望を抱いている」と書く（Vanier 2017: 22）。

ヴァニエは、そのような「弱さを仲立ちとする関わり」の特徴として、次の二点をあげている。第一に、それは個々人「自分が世話をしている人によって、自身が変えられることを受け入れる」ことである。第二に、それは個々人のあいだの親密な関係ではない（Vanier 2017: 60, 94）。「つながる」のは世界とであり、それを可能にするのが「帰属（belonging）の場」としての共同体だとされる。このお互いを受け入れ合っていく関係は、上述のクラ交換のような「授受の輪」をイメージさせるが、そこで手放され受け取られるのが「弱さ」である点が大きく異なっている。その場への「帰属」について論じる前に、この弱さを受け取っていく関係の例として、『新約聖書』の「ルカによる福音書」に描かれた「良きサマリア人のたとえ話」（一〇章二五―三七節）を参照する。[4] ある時、ユダヤ教の律法学者から「わたしの隣人とはだれですか」と尋ねられたイエスは、次のたとえ話をした。ある男が旅の途中で追いはぎに襲われ、うち捨てられていた。誰も助けようとしなかったなかで、通りかかったサマリア人は男を見ると駆け寄り、宿へ連れて行って介抱し、翌日宿の主人に金を渡して「この人を介抱してください、費用がもっとかかったら、帰りがけに払います」と言って出立した。追いはぎに襲われた人の隣人になったのは誰だと思うかとイエスに問われた律法学者は、「助けた人です」と答えた。

ここでの隣人は「ケア対象者」と同義といえるが、ここではケア関係が、倒れていた男と、当時ユダヤ社会で嫌われていたサマリア人の、二者関係として閉じるのではなく、行きずりの人々が寝食を共にする宿という場の主人が巻き込まれるところ、彼が突然、無関係な他者の弱さを託され、被り、そして引き受けたところに意味があると思われる。男もサマリア人も宿の主人も、「与えた」のではなく「困難（強盗、ケア対象者）を被った、受け取った」ことでつながっていく、受け取る連鎖がそこにあるのである。この「ケアできる」（受け取る）ことを、次にあげるメイヤロフは人間の成熟とみなしている。

三―二　「帰属」の契り

ミルトン・メイヤロフはその著『ケアの本質』のなかで、ケアを「他者の必要に専心的に応答する」こととし、応答性（responsiveness）とは「いつでもこたえることができる状態」（強調は原文）だと述べる（メイヤロフ 一九八七：二六、一三〇）。と同時に、「ある人が成長するのを援助することは……その人が……誰かをケアできるように援助すること」（メイヤロフ 一九八七：二九）だとして、応答的人間になることを成熟と見なしている。だがそのケア論は、個人の発達段階の話にとどまるものではない。その核心は、「場の中にいる（In-Place）」というタイトルの節で、次のように述べる。「場は、それが個人の所有物であるかのごとくに、私が所有しているものではない。むしろ私は、他の人にかかわっている、そのあり方ゆえに"場の中にいる"といえる」。その場は実体化されるべきものでも固定した状態でもなく、その安定は力動的なもので、自分たちで発見し作り出していくものである（メイヤロフ 一九八七：一一六f）。この記述もまた先のクラ交換を彷彿とさせるが、そこで人は「必要とされている、という事実からくる帰属感（belonging）」を感じながら「依存性を感謝をもって認識」し、「この世界の中で安んじている状態（being at home）」、人生を競争（race）の場である市場（market place）と考える立場から自由な状態でいられるという（メイヤロフ 一九八七：一四三、一七八、一五六、一七〇）。しかしそれは簡単で安全なことではなく、「相手を信頼し、胸襟を開く（letting them "come home"）（招き入れる）」のは、危険な要素をはらむ未知への跳躍であるともいわれる（メイヤロフ 一九八七：五一）。「よきサマリア人のたとえ話」の登場人物たちの立場と行動を想起させる記述である。

人間になることこそ人生の課題であると説くヴァニエの著書『人間になる』でも、そのメッセージのキーワードは「帰属」である（バニエ 二〇〇五ａ：二―一一）。「帰属の場」としてのラルシュ共同体の出発点となった経験を、彼は次のように語っている。二人の障害がある男性と住み始めたとき、「はじめて「家が見つかった！」

写真 3-2　2018 年 11 月に開かれた「かなの家まつり」
（近所の人たちも集まるお祭り）

……自分の場所を見つけたと感じた」（強調は原文。Vanier 2017: 48）。その「家」とは、イエスから託されたものとの契約を生きる場所であり（Vanier 1994: 267）、そこでの暮らしは、幼子イエスを託された聖母マリアをモデルとする。マリアはイエスの公生活（宗教者としての活動）にはほとんど姿を現さず、その存在が際立つのは彼の幼少期や十字架上での苦しみと死の時である。ヴァニエはラルシュを、そのような弱く貧しい人との「契り」を生きる場であるとする（バニエ 二〇〇一：二二一―二二四）。コミュニティーに「根を下ろすとは、神が人々との間に定められた繋がり、契りを承認し、受容すること」（強調は原文）、受胎告知の場面でマリアが神の言葉に対して述べたような「決定的な「然り」[5]」であるという（バニエ 二〇〇三：一一四）。「ラルシュ」とは「ノアの箱舟」（大洪水で一掃されたあとの新しい世界で生きるために神が作らせた）を意味すると同時に、ユダヤ教では「契約の箱」（神の十戒を刻んだ石板を収めた箱）を意味し、その名はまさに「神との契約」を表しているのである。ラルシュでは、この理念を形にした「契り」の式が一九七八年に生まれ、その意義や形式について考察と試行錯誤が重ねられてきた。一九九九年五月付けのガイドラインには、契りによるコミュニティーに「完成した形」はなく、それは日常の中で学ぶ信頼と謙遜と小ささへの歩みであり、和解と赦しを求める心を生むとある（*l'Alliance dans l'Arche*: 4）。「アシスタントは……ハンディを持つ人の存在と、「契り」によって、結びつけられ、支えられ、助けられます」（バニエ 二〇〇一：一一八 f）。このような契りは、社会契約とは対照的に、生命の弱さに基づく「非対称な関係の場」において、その「場に対して」結ばれるものである。ヴァニエは、そこでヒトは人間になる、すなわち人間の尊厳は、弱さを託し託される関係の場に帰属し、日々の暮らしを積み重ねることで、開花し、現実のものになるという。

ヌスバウムは「人間の尊厳」をケアを受ける論拠とし、キテイとファインマンは「ケアできること」を基本的な社会財とし、メイヤロフは「ケアできるようになること」を人間の成熟とし、ヴァニエはケアの場である「家」と「契る」ことによって「人間になる（尊厳ある生き方ができる）」と述べる。ヌスバウムの「尊厳があるからケアする」という論（論拠としての尊厳）と、ヴァニエのこの「ケアによって生まれる人間の尊厳」という見解（結果としての尊厳）は、異なっている。「非対称な依存関係の場に契る＝帰属する」ことで「人間になる（人間の尊厳が実現する）」とするヴァニエのケア論にたてば、可能力アプローチに基づいて「人としての尊厳を可能にする制度設計」をする場合、社会はケアの場が「人間になる場」となるよう努めなければならない。現在の問題は、本来「人間になる場」であるはずのケアの場が、尊厳を傷つける場、人間を「非‐人間的にする」場（たとえば「市場経済原理で不利な立場に置かれる過酷な労働現場」）になってしまっていることではないだろうか。ケアの場を「人間になる場」にするためには、上述のキテイやファインマンの社会契約論批判や「関係」に注目する厚生経済学に基づく政策提言が必要なのはもちろんだが、そこには「弱さ（が喚起する暴力）」をめぐる考察が欠けているという問題がある。ヌスバウムとヴァニエはこの点でも、似ていながらも異なるアプローチをしている。

三—三 祝祭

ヌスバウムは著書『政治的感情』(Nussbaum 2015 (2013))で、人間と動物の違いは「他のどんな種ももっていないように見える、人間身体への嫌悪と恥辱」(Nussbaum 2015: 379)だと述べ、その嫌悪感が自他への暴力衝動をかき立てるのだから、安定的社会のためには「自らの動物性に対するポジティブな感情」が市民たちによって分かち持たれなければならないとし、それを政治的感情(他者に向かわせ協働を可能にする感情)と名づけ、その醸成を論じている。そこで参照されるのが、古代ギリシアのポリスにおける喜劇の役割である。ヌスバウムはそれを、男性市民が自らの動物的弱さを喜劇として公の場で他の男性市民とともに観ることによって、肉体の喜びや肉体に対する肯定的感情を分かち合う、公共的詩・祝祭喜劇(祭儀)であったとする。これはアリストテレスのカタルシス論を踏襲するものといえるが、ここでは「動物としての弱さの承認」は、具体的な体験を通さない、すなわち具体的な嫌悪感と直面することのない、認知的な学習過程によってなしえるとみなされている。

これに対しメイヤロフとヴァニエにおいては、彼らのキーワード(in place, at home, belonging)に特徴的なように、人が依存(動物的弱さ)に向き合うのはケアの場においてであり、特にヴァニエの場合は「弱い生命の場を自らの家にする」と契ることによってである。「契る」ことは「関わる」ことである。それは、抑圧された感情の解放、すなわち個人の心理的な問題を処理するテクニックの問題ではない。究極の弱さである死に向かうものとしての生命と過ごす場に身をあずけ、そこでそのような生命を受け入れ嫌悪感を覚えなくなることである。だが「非暴力や赦しの教えを思い起こし、私たちの宇宙や物質……すべての生命の美しさに目覚める……道は大変な苦労になる」(バニエ 二〇〇五a：一八一f)。それを可能にするのが、日々の祈り、さまざまな機会と記念日に皆

写真 3-3 2018年10月に亡くなった〈かなの家〉メンバーの，ホームの一室での納棺ミサ

で惜しみなく準備し楽しみぬく集い、そして「生だけなく死を祝い、死について語り、死にゆく人々に寄り添うこと」(Vanier 2010: 23)としての、祝祭である。それは、死という生命の虚弱性の極まりも、「人間の尊厳が開花する依存関係の場」に現れ、祝われることを意味する。ラルシュではまた、亡くなった人々の思い出が大切にされる。それは「死者」が関係の場からいなくならないこと、死者が生者とともに、弱さを受け取る帰属の場で関係財を作り出し続けていることを意味している。ここでの人間の尊厳は、社会・経済理論において考慮されているものを超えている。社会契約論も、その批判的な展開である可能能力アプローチも、生者の尊厳だけを念頭に置いており、そこでは死者の尊厳は問われない。だがそれで、死にゆく運命にある人間の尊厳は開花できるのだろうか。ヌスバウムは、「人間は「人間である」ことに深く悩まされている」と述べている(ヌスバウム 二〇一〇：四二三)。人間は、自らが死すべき存在であると知っていることによって苦しむ。だが、自分(たち)が死ぬと分かっていることによって、生き方を選んだり変えたりできること、そのことによってこそ、「人間」の尊厳は生まれる(あるいは傷つけられる)とはいえないだろうか。自分の意のままにはならない生命を「被る」という生存するものの共通の条件に、自らの選択として「契る」という行為を通して「人間になる」のも、死という生命の虚弱性の極まりも含めて受け取ることを「祝う」のも、そのような選択の一つといえるだろう。ヴァニエ

のメッセージとラルシュ共同体での日々の暮らしは、自律性神話の夢から覚め、弱い生命の場を家として契ることによって、人間の尊厳と生きる喜びが開花する、そのためには死との和解が必要であり、それを支えるのは祝祭だと、私たちに呼びかけているように思われる。

四　結びにかえて

キテイやファインマンの社会構想と比べると、社会契約論者が想定する自律的個人は、「他者を必要としない（依存していない）」というよりも、「他者に配慮する必要を免れている（自己への配慮だけをしていればよい、「自己の私的領域としての家（族）」への責任も自己への配慮の一環として想定されている）」という特徴をもっており、愛着・共感・応答性（キテイ 二〇一〇：二三三）がロールズの基本財に含まれないのは、それが「他者への配慮」だからであるように思われる。たしかに、社会契約論が前提とする「利己的な自己」と「他者に配慮しない」ことのあいだには密接な関係があると考えられるが、「自律している」ことと「他者に配慮しない」ことのあいだには、論理的な関係はないように思われる。他方で、独立と依存のあいだには興味深い関係がある。英語で独立していること（自由）を意味する形容詞「independent」は、依存・従属を意味する「dependent」に否定を意味する接頭辞「in」をつけて作られている。これは、dependent が independent に先行することを意味しているといえるだろう。生命現象全般において、次世代は前の世代に従属し依存しているが、産んでもらってすぐに動き始めることができないばかりか、首が据わるまでにも数ヶ月を要する人間の生命の有り様は、他の動植物に比べていっそう「依存関係」に依存しているように見える。そのような生命の始まりを生きる人間が形成した社会が、個々の生命の終わりも、迎えたときと同じように「(依存)関係」の中で見送ろうとするのは、人間の生のありようと不可分で自然なことに思われる。だが、現在私たちが生きている社会では、人間は自らが dependent であることを認めようとはせず、実際、それを忘れることができる環境にある。その社会を支える社会契約論(ヌスバウムが唱える、ケアされる必要性を人間の尊厳に基づく権利として認めるという観点も含めた)は、関係をできるだけ限定し、無関係の範囲を最大化しようとしているようにみえるが、「契約」で決まるのは関係の「種類」であって、「(依存)関係自体」は創始されるものではない。それを思い出し、自律の夢から覚めるのを、ラルシュではメンバーと死者が助けてくれる。「生命の弱さ」が開花する依存関係を生きることによって、生命と和解し人とともに豊かに生きられるという、ウェルビーイングのひとつのヴィジョンが、そこには示されているといえるだろう。

付記　本稿は平成二七年～三〇年度科学研究費助成事業(学術研究助成基金助成金)基盤研究(Ｃ)「「知的障害者との共同生活」運動の国際的展開の実態と平和学への貢献可能性の研究」の交付を受けた研究成果の一部である。

注

(１)〈国際ラルシュ〉のホームページから、世界各国の共同体の情報が得られる。(https://www.larche.org/en/web/guest/welcome)

(２)〈かなの家〉は佐藤仁彦氏を中心に創設され独自に活動していたが、ヴァニエの理念に共鳴して一九九二年に国際ラルシュの一員となった。ホームページで、創設からの歩みや現在の活動状況を見ることができる。(https://larchejapankana.localinfo.jp/)

(３) Noémie Lallemand, janvier 2015. *L'Emotion du dégoût, enjeux et conséquences sur le lien social. Un obstacle à la relation à surmonter*（Université des Sciences sociales de Strasbourg, Faculté de Sciences de l'éducation に提出された学位取得論文。〈インテルコルディア〉フランス支部のホームページ上で公開されている：https://www.intercordia.org/devenir-volontaire/mémoires/）。論文中参照されている論考は以下の通り。Rozin, P., 1995, 《Des goûts et dégoûts》, in Bessis, S. (dir.), *Mille et une bouches. Cuisines et identités culturelles*, Paris, Autrement：参考文献表に記載はないが、文中にある「Nussbaum, M., 2001」は、*Upheavals of Thought: The Intelligence of Emotions*（Cambridge University Press）と推察される。

（4）『新共同訳聖書』日本聖書協会、一九八七年。

（5）婚約期間中だったマリアのもとに天使が現れて神の言葉を伝え、「あなたは身ごもって男の子を生むでしょう」と、マリアには身に覚えのない受胎を告げたとき、彼女が「私は主のはした女です。お言葉どおりこの身になりますように」と応えて、神の意志に従順に従った（イエスを自分の子どもとして引き受けた）、という『新約聖書』の「ルカによる福音」の記述をさす。『新共同訳聖書』日本聖書協会、一九八七年。

参考文献

キテイ、エヴァ・フェダー、二〇一〇、『愛の労働　あるいは依存とケアの正義論』岡野八代・牟田和恵監訳、白澤社。

セン、アマルティア、二〇一六、『経済学と倫理学』徳永澄憲・松本保美・青山治城訳、ちくま学芸文庫。

友野典男、二〇一三、「ケアと人間行動」広井良典編著『ケアとは何だろうか』ミネルヴァ書房、三三―五一。

ヌスバウム、マーサ、アマルティア・セン編著、二〇〇六、『クオリティー・オブ・ライフ――豊かさの本質とは』竹友安彦監修、水谷めぐみ訳、里文出版。

ヌスバウム、マーサ、二〇一〇、『感情と法――現代アメリカ社会の政治的リベラリズム』河野哲也監訳、慶應義塾大学出版会。（原題は *Hiding from Humanity — Disgust, Shame, and the Law*）

ヌスバウム、マーサ、二〇一二、『正義のフロンティア――障碍者・外国人・動物という境界を越えて』神島裕子訳、法政大学出版局。

バニエ、ジャン、二〇〇一、『ラルシュのこころ――小さい者とともに、神に生かされる日々』佐藤仁彦訳、一麦出版社。

バニエ、ジャン、二〇〇三、『コミュニティー――ゆるしと祝祭の場』佐藤仁彦訳、一麦出版社。

バニエ、ジャン、二〇〇五a、『人間になる』浅野幸治訳、新教出版社。
バニエ、ジャン、二〇〇五b、『永遠の泉——いま、泣いているあなたは幸いです』佐藤仁彦訳、一麦出版社。
広井良典、二〇〇〇、『ケア学』医学書院。
ファインマン、マーサ・A、二〇〇九、『ケアの絆——自律神話を超えて』穐田信子・速水葉子訳、岩波書店。
福士正博、二〇一三、「ケアと完全従事社会」広井良典編著、『ケアとは何だろうか』ミネルヴァ書房、八一—一〇〇頁。
マリノフスキ、B、二〇一〇、『西太平洋の遠洋航海者』増田義郎訳、講談社学術文庫。
メイヤロフ、ミルトン、一九八七、『ケアの本質——生きることの意味』田村真・向野宣之訳、ゆみる出版。(Milton Mayeroff, *On Caring*, Harper Perennial, 1990 (1971))
モース、マルセル、二〇〇九、『贈与論』吉田禎吾・江川純一訳、ちくま学芸文庫。
L'Arche Internationale, *L'Alliance dans l'Arche: expression de notre cheminement spirituel*, mai-99. (DI-201-Alliance-Covenant-FR)
Gui, Benedetto and Robert Sugden (ed.), 2005, *Economics and Social Interaction. Accounting for Interpersonal Relations*, Cambridge University Press.
Nussbaum, Martha C. 2015 (2013), *Political Emotions. Why Love matters for Justice*, Harvard University Press.
Rozin, Paul and April E. Fallon, 1987, "A Perspective on Disgust", *Psychological Review* 94: 23-41.
Vanier, Jean, 1994, *A Network of Friends. The Letters of Jean Vanier to the Friends and Communities of L'Arche, Volume Two: 1974-1983*, Edited by John Sumarah, Lancelt Press, Hantsport.
Vanier, Jean, 2000, *Le goût du bonheur. Au fondement de la morale avec Aristote*, Presses de la Renaissance.
Vanier, Jean, 2010, "What Have People with Learning Disabilities Taught Me?", in Hans S. Reinders (ed.), *The Paradox of Disability: Responses to Jean Vanier and L'Arche Communities from Theology and the Sciences*, William B. Eerdmans Publishing Company, pp.19-24.
Vanier, Jean, avec Maigre, François-Xavier, 2017, *Un cri se fait engendre. Mon chemin vers la paix*, Bayard Editions.

第Ⅱ部　宗教とウェルビーイングの計量社会学

第四章　アジアにおける幸福と満足の文化

——その理論的考察と方法論的検討

真鍋一史

一　はじめに

本稿は、人びとの幸福と満足に関する社会科学の領域における先行研究の諸理論・仮説・命題について若干の整理を試みるとともに、そのようにして整理された諸理論・仮説・命題を「アジア・バロメーター（AsiaBarometer）」と呼ばれる国際比較調査のデータを用いて実証的にテスト——「検証（verification）」あるいは「確認（confirmation）」——する試みである。

ここでは、このような本稿の目標をめぐって、以下の三点について説明しておきたい。

（1）本稿で取りあげる「幸福」や「満足」を含めて、いわゆる「主観的ウェルビーイング（subjective well-being）」の研究の始まりは、一九五〇年代終わりから一九六〇年代にさかのぼるが、とくに二〇〇〇年代になって、多くの研究がなされるようになってきた。しかし、本稿で幸福と満足に関する先行研究からその諸理論・仮説・命題の整理を試みるという場合、それは網羅的な文献研究という形で行なうのではない。そうではなくて、そのような試みは、T. Parsonsによる比喩的な表現を借用するならば――高根（一九七九）――、筆者の問題関心という「サーチライト」によって照らしだされた諸理論・仮説・命題を取りあげるというものである。したがって、そこには、このような諸理論・仮説・命題にとっての「残余カテゴリー（residual category）」ともいうべきものが残されることになる。そのような点については、本稿の「おわりに」において、いわば「方法論的な補遺」ともいうべき形で、若干、議論しておきたいと考えている。

（2）本稿で、これら諸理論・仮説・命題の実証的なテストのために利用する「アジア・バロメーター」と呼ばれる国際比較調査についても、説明しておかなければならない。この調査は、猪口孝教授（プロジェクトのスタート当時は東京大学、現在は桜美林大学）が主宰者となり、筆者も参加して、二〇〇三年から二〇〇九年までの六年間にわたって実施された大規模な質問紙調査である。アジア・バロメーターの特徴、とくにその目的、射程、効果については、猪口（二〇一三）などを参照されたい。ここでは、アジア・バロメーターが以下の三つの特徴を持つ国際比較調査であるという点を指摘するにとどめる。

①アジア全域（とくに都市部）をカバーする定点定期質問紙調査である。
②二〇〇三年から調査を継続する時系列調査（time series survey）である。
③調査内容は、人びとの日常生活の諸側面に焦点を合わせる「綜合社会調査（general social survey）」という性格と、自由、人権、民主主義などの価値や規範、さらに政治行動をも捉えようとする「政治文化調査（political culture survey）」という性格をあわせ持っている。

（3）以上では、本稿の目標を、「先行研究の諸理論・仮説・命題をアジア・バロメーターの調査データを用いてテストする試みである」と述べた。このような試みは、「二次分析（secondary analysis）」という形でのデータ分析によってなされる。そこで、二次分析という考え方についても説明しておかなければならない。

一般に、「一次分析（primary analysis）」が、社会調査を実施して、データを収集し、それを分析することを指すのに対して、そのようにすでに収集されたデータを用いて、新たな理論・仮説・方法にもとづいて、新たなデータ分析を行ない、新たな知見・解釈を導き出すことを二次分析と呼ぶ。このような二次分析の試みは、Hyman（1972）以来、すでに半世紀にわたる研究の歴史があり、社会学の領域においては、いまや世界的に一つの大きな潮流となってきている。それによって、「社会科学の領域における理論・モデル・仮説の検証・確認」「統計学――とくに社会統計学――の領域における理論・モデル・方法の構築」「データ分析の技法の開発」などが可能となり、それによってこの研究領域にブレイクスルーがもたらされることになるからにほかならない。このような社会調査データの二次分析の発展を示すレファレンス・スタディの一つとして、Haller, Jowell and Smith（2009）をあげることができる。じつは、本稿でのデータ分析は、文字どおり、この文献をレファレンス・スタディとして、そのような方法論的立場に立ってなされるものである。このような成果こそが、ここでの二次分析においてめざすべき大きな目標といえるものなのである。なお、二次分析の歴史・現状・課題については、真鍋（二〇一二）を参照されたい。

二　データ分析の背後にある問題関心

今回のデータ分析の背後にある問題関心は、この章の「アジアにおける幸福と満足の文化」というテーマに端的に表現されている。それは、一つは「幸福と満足」という問題関心であり、もう一つは「アジア」という問題関心である。以下において、それぞれの問題関心のあり様について述べていきたい。

二―一　幸福と満足という問題関心

幸福と満足というテーマは、現代社会においては、きわめてアクチュアルなテーマとなってきている。そこには、人びとが、より人間らしく、健康で、幸せに、感性と自己表現を大切にし、それぞれ充実した人生を生きることを希求し、目標とすることが、いわば一つの「時代精神(Zeitgeist)」ともいうべきものとして、人びとに共有されるようになってきたという時代的背景がうかがえる。それはまさに、Inglehart(1997)のいうところの「ポスト近代化(postmodernization)」のシンドロームの一つといえるものにほかならない。しかし、それにもかかわらず、幸福と満足というテーマについては、社会科学の領域において、まとまった研究の蓄積といえるものがいまだ少ない。この点について、ここではつぎの二人の研究者の証言をあげておきたい。

Ruut Veenhoven(2004)

「幸福についての哲学的研究は、多くのアイディアを生み出してきたが、操作的知識(operational knowledge)は創り出していない。事実、それは、『答え』を凌駕する『問い』を生み出す結果となった。理論的な問題というものは、論理的推論(the logic of reasoning)だけで解決がつくものではなく、経験的確認(empirical validation)も不可欠である。社会科学の登場を待って、はじめてそのブレイクスルーが可能となる。経験的研究の領域における新しい方法が、幸福をめぐる諸理論のテストと、幸福をもたらす諸条件の帰納的な確認に道を開くのである。こうして、多くの研究がなされるようになってきた。ここ数十年間に、三〇〇〇にもおよぶ経験的研究がこのテーマを取りあげてきた。それは、はじめは主に健康や加齢に関する研究の副次的テーマとしてであったが、現在ではそれ自体が中心的なテーマになってきた。しかし、このような研究の流れは、いまだ幸福に関する健全な知の体系にまで結晶化していない。幸福についての概念化(conceptualization)と測定(measurement)といった第一段階の疑問は、現在ではかなりのところまで解明されてきたが、幸福の決定要因と幸福のもたらす結果といったその諸過程と諸条件の理解は、いまだ不完全で、暫定的なものといわなければならない。」

青木保(二〇〇三)

「幸福というテーマは論じがたいものです。だれもが幸福というのは何であるかはよくわかっておりません。哲学においても、近代哲学、とくに二〇世紀の哲学は幸福を無視し、イデオロギーも幸福を約束しながら、その内容の何たるかについては具体的に詰めようとはせず、逆に『抑圧』の政治に向かったし、あらゆる社会理論も科学理論も『現代思想』も、じつは本当に幸福を論じていない。近代理論、社会科学的理論も幸福ということを中心的に論じていません。幸福論というのは、みんな二番煎じの議論のように受け取られて現在に至っていますが、やはり幸福をちゃんと論じなかったということは、大きな二〇世紀の欠陥だろうと思います。」

以上の証言からするならば、幸福と満足に関する「科学的な」知の体系と呼べるようなものが、いまだ少ないということになる。しかし、それがまとまった体系的な理論と呼べるかどうかは別として、少なくとも以下のような個別的な諸理論・仮説・命題があることは否定できない。

（1）R. Inglehart（2003）

「幸福のレベルは経済成長によって決定される。経済成長と幸福／ウェルビーイングとの間には一般に強い相関関係がある。興味深い点は、われわれのデータは経済決定論者の考え方を強く支持しているということである。カール・マルクスがわれわれのデータを見たなら、きっと満足するであろう。なぜなら、データはマルクスの理論に適合しているからである。しかし、マックス・ヴェーバーの理論もまた正しいといわなければならない。文化的な伝統も明らかに持続し続けているからである。」

（2）A. Sen（1992）

「生活というものは、〈あること〉と〈すること〉からなる一つの機能のセットを構成していると考えることができる。それが適切に機能するためには、健康状態がよい、あるいは栄養が十分であるというような基本的なことから、さらに幸福である、自尊心を感じている、コミュニティの生活に参加しているといったもっと複雑なものまでがかかわってくる。したがって、生活の質（quality of life）は単にＧＮＰや所得といった経済的指標に還元できるものではない。」

（３）F. M. Andrews and J. P. Robinson（1991）

「幸福を測る測度（measure）が焦点を合わせるのは感情、とくにプラスの感情という側面であり、認知という側面ではない。それとは対照的に、満足を測る測度が焦点を合わせるのは認知という側面である。主観的ウェルビーイングに関する調査では、年齢の高い人たちは年齢の低い人たちとくらべて、幸福のレベルは低く、満足のレベルは高いという知見が得られている（e.g., A. Campbell, P. E. Converse, & W. L. Rodgers, *The Quality of American Life: Perception, Evaluation and Satisfactions*, Russel Sage Foundation, 1976）。以上のような〈認知的―感情的〉という概念枠組みに当てはめてみた場合、この知見は、生活全般についての認知的な評価は、年齢が高くなるにともなって高くなるが、（プラスの）感情的な評価はむしろ低くなるということを示唆している。おそらく人は歳をとるとともに感情的なレベルは低くなるものの、達成、そして／あるいは目標への適応といった認知的なレベルは高くなるのであろう。」

（４）I. McDowell and C. Newell（1987）

「経験的研究においては、生活の質についての客観的指標（objective indicators）と主観的指標（subjective indicators）との関係は決して強いものではなく、この両者の不一致は、物質的諸条件のレベルが高まるにつれて知覚される要求・欲求のレベルも高まるという場合に起こる、ということが示されてきた。この命題は、つぎのような興味深い政治的争点（political issue）につながるものである。それは、社会計画を立案する場合、〈事実〉という指標にもとづくべきか、それとも〈人びとの主観的な反応〉という指標にもとづくべきかという政治的争点である。」

（5）青木保（二〇〇三）

「幸福には二つのタイプの幸福があると思います。一つは『小さな幸福』、もう一つは『大きな幸福』です。『小さな幸福』というのは、われわれはだれもが日常生活で味わう幸福であって、朝、非常に気持ちよく目覚めたとき、美味しいごはんを食べたとき、親しい友人と話したときに感じるような幸福というものです。これは歴史や社会の変化のなかで一貫して絶えず経験されている幸福です。われわれはほとんどこのために生きているといってもいいと思います。もう一つ、『大きな幸福』というのがあります。『大きな幸福』というのは社会主義だとか、原理主義的な宗教とか、あるいは政治的な画一的全体主義的な独裁制による『理想の追及』というものですね。日本人が第二次世界大戦後身近な例としてやってきた経済発展はどうでしょうか。発展の先に幸せがある、つまり発展のために、あるいは開発のために、現在をよく働けば幸せな生活が来るというような約束ごとで生きていたわけです。これも『大きな幸福』の追求の面があり、企業のために国のためにとはいいましたが、個人や家庭の『小さな幸福』はおきざりにしたところがあります。」

こうして、幸福と満足ということについて、少なくとも以上のような個別的な諸理論・仮説・命題は存在しているので、これらはアジア・バロメーターの調査データを用いてテストすることができるのではなかろうかという問題関心が出てくる。

二―二　アジアという問題関心

「幸福と満足」という問題関心は二つの側面を持っている。一つはそれが現代社会におけるきわめてアクチュアルな問題の一つとなっているということであり、もう一つはそれにもかかわらず、このようなテーマをめぐる知の体系化は必ずしも十分でないということである。この二つの側面からの問題関心のあり様は、ここでの「アジア」という問題関心についてもそのまま当てはまる。つまり、一方で、現在アジアは広く世界から注目されるようになってきた。経済の領域においても、文化の領域においても、「停滞するアジア」のイメージはすでに過去のものである。現実社会のなかで、アジアの存在感はますます大きくなりつつある。ところが他方で、社会科学の領域における学術情報という視座からするならば、「アジアは偉大な空白」（猪口 二〇〇五）をなしている。ここでは、この後者の側面について、もう少し議論を深めていきたい。それは、「アジアは空白」という場合の、その具体的な内容ということである。

近年、質問紙法による多数の国ぐにを対象とする大規模な国際比較調査が行なわれるようになってきた。ユーロ・バロメーター（Eurobarometer）やヨーロッパ価値観調査（European Values Studies）を嚆矢とする国際比較調査は、世界価値観調査（World Values Survey: WVS）や国際社会調査プログラム（International Social Survey Programme: ISSP）を生み出し、さらにラティノ・バロメーター（Latino Barometer）やアフロ・バロメーター（Afrobarometer）へと拡大していった。このようななかにあって、アジアにおいては相変らず地域全体の社会データが貧弱であるばかりでなく、このような国際比較調査への取り組みも組織化されてこなかった。この意味で、アジア・バロメーター・プロジェクトは、まさに「アジアの空白」を埋めるブレイクスルーであるといっても過言ではない。「アジアという概念は歴史的には西欧からの視線によって生成してきた」（青木、姜ほか 二〇〇二）とされているが、アジア・バロメーターは、アジアに焦点を合わせた学術情報の発信を可能にするという点において、アジアという概念をアジアの側から構成していく契機を準備するものといえるのである。

では、アジアからの学術情報の発信にはどのような意味があるのであろうか。それはこのような学術情報が「社会的要請」と「学問的要請」のいずれにもこたえるものであるという点にある。まず、前者は、調査活動とその成果としての調査データが現実社会で役に立つという側面で、この場合でいえば、ユーロ・バロメーターがヨーロッパの国ぐにの相互理解にもとづく統合と、いわばヨーロッパのアイデンティティともいうべきものを外に向って押し出していく役割を果たしてきたのと同じような意味で、アジア・バロメーターにも大きな期待が寄せられるということである。

つぎに、後者は、元来、「学問研究」という名で市民権を得ることになった、やむにやまれぬ内発的な動機づけに支えられた人間の知的営為とその成果の蓄積に対して、調査データがいかに貢献するかといった側面であるが、この点についてはもう少し説明が必要であろう。じつは、そのポイントは国際比較調査の方法論的な利点というところにある。さて、国際比較調査の方法論的な利点については、さまざまな議論がなされてきている。ここでは、今回の問題関心に直接かかわる若干のものを以下にあげておきたい。

（1）社会科学があらゆる人間行動に適用される一般命題の定式化を行なうものであるかぎり、基本的には社会科学はすべて比較にもとづかなければならない（Lipset 1968）。

（2）社会科学は人間行動の一般命題の定式化を目指しているにもかかわらず、これまでの原理や定理や法則の大部分は西欧の都市化された産業社会でなされた観察や測定にもとづく一般化であるにすぎない。そこで西欧以外の国ぐににおける比較研究が重要となるのである（Mack 1969）。

（３）国際比較調査の一つの方法論的利点は、一つの国家を扱っているときには無視される可能性のある多くの問題に直面しなければならないということである。国際比較研究によって概念（変数）の再検討と明確化がうながされるとともに、等価性の問題も慎重に吟味されることになる（Almond and Verba 1963）。

これらの指摘を、今回のアジア・バロメーターに当てはめてみるならば、それはつぎの二点にまとめられるであろう。

①社会科学は社会現象の一般命題の定式化をめざすものであるにもかかわらず、これまで、そのための観察や調査は欧米社会を中心になされることが多かった。アジア・バロメーターを契機として、アジアに焦点を移すことで、これまでとは異なる一般命題が生まれてくる可能性がある。

②国際比較調査は、社会科学上の主要な概念の国際比較あるいは文化比較による再検討と、そのような再検討にもとづいて概念の明確化を促進する可能性を持っているが、とくにアジア・バロメーターの場合は「欧米社会」から「アジア社会」へと視座を移すことが、その大きなポイントとなる。

以上のような問題関心の展開にもとづいて、つぎのようなデータ分析の方向が確定されてくる。それは、いうまでもなく、「幸福と満足」をめぐる諸理論・仮説・命題について、アジア・バロメーターの調査データを用いた実証的なテストを行なうことをとおして、「幸福と満足」の研究の再検討を試みるという方向である。

三　アジア・バロメーターによる「幸福と満足をめぐる諸理論・仮説・命題」の実証的なテスト

ここでは、以上にあげた五つの「幸福と満足をめぐる諸理論・仮説・命題」のテストを試みる。しかし、一番目の Inglehart の命題と二番目の Sen の命題は、いわば対立命題ともいうべきものなので、それらは「幸福感の決定要因」として一つにまとめることができる。したがって、以下では四つのタイプのデータ分析を行なう。

三―一　幸福感の決定要因のテスト――相関図による分析(第二回調査データ)

すでに述べたように、Inglehart の命題は「経済成長が人びとの幸福感を決定する。両者には強い相関関係が見られる」というものであり、それに対して Sen の命題は「生活の質――健康状態や幸福感も含めて――は、GNPや所得といった経済的指標には還元しつくせない」というものである。

Inglehart は世界価値観調査のデータと世界銀行による国民総生産のデータを用いて、この命題を証拠立てている。その具体的な手続きと結果は、一九九三年、スペイン・マドリードのコンプルテンス大学の創立七〇〇年記念事業の一環としてなされた「社会的・政治的な価値観の変容」と題する国際会議におけるプレゼンテーション・ペーパーのなかで提示された。経済成長と主観的ウェルビーイングとの関係を示したつぎの相関図(散布図)

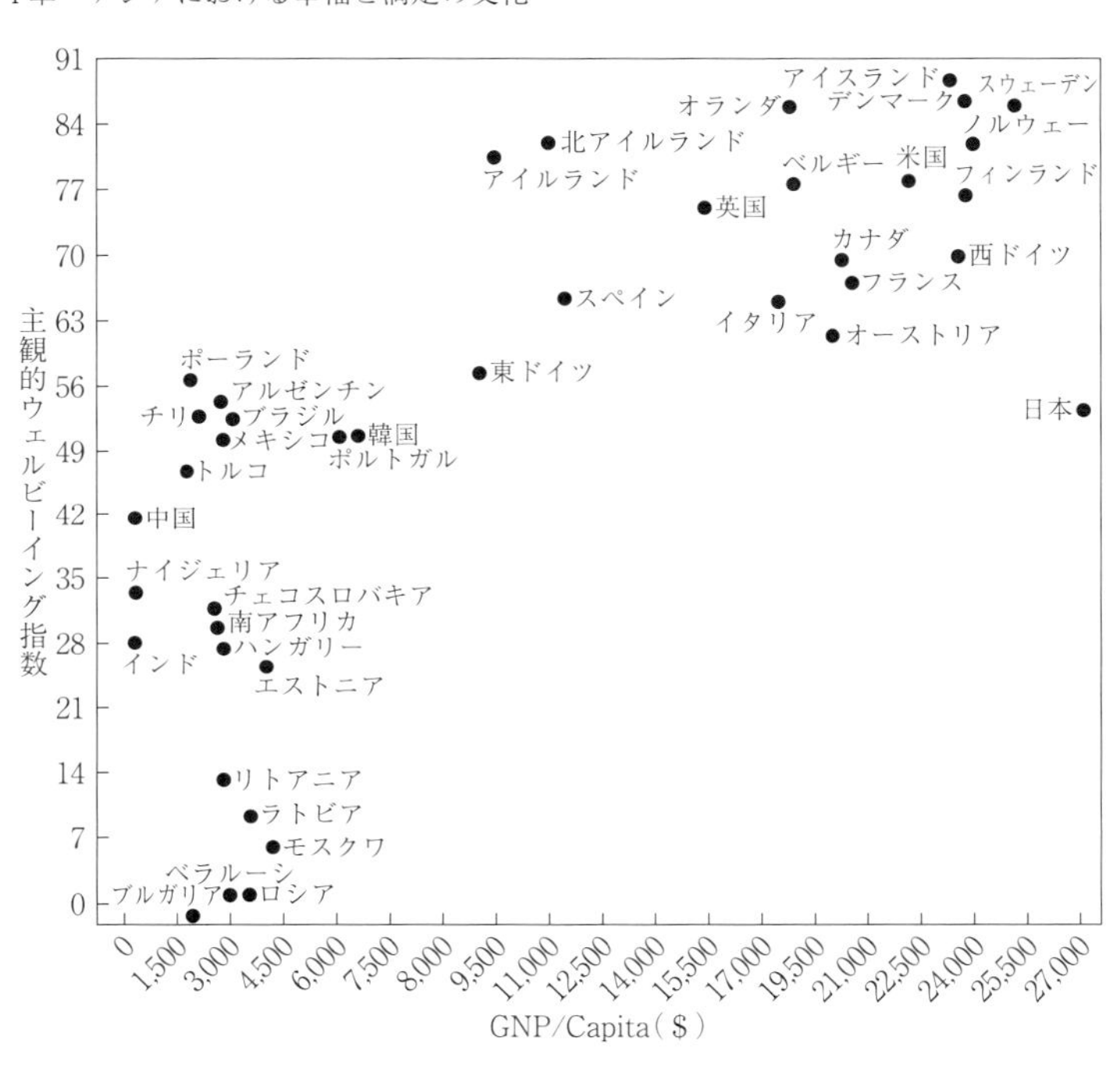

主観的ウェルビーイング指数
GNP/Capita($)
91
84
77
70
63
56
49
42
35
28
21
14
7
0
0
1,500
3,000
4,500
6,000
7,500
8,000
9,500
11,000
12,500
14,000
15,500
17,000
19,500
21,000
22,500
24,000
25,500
27,000
アイスランド
スウェーデン
オランダ
デンマーク
ノルウェー
北アイルランド
アイルランド
ベルギー
米国
フィンランド
英国
カナダ
西ドイツ
フランス
スペイン
イタリア
オーストリア
東ドイツ
日本
ポーランド
アルゼンチン
チリ
ブラジル
メキシコ
韓国
ポルトガル
トルコ
中国
ナイジェリア
チェコスロバキア
南アフリカ
インド
ハンガリー
エストニア
リトアニア
ラトビア
モスクワ
ベラルーシ
ブルガリア
ロシア

図 4-1　経済成長と主観的ウェルビーイングとの関係——世界価値観調査

は、Inglehart のデータ分析を凝縮したものといえる。この相関図では、横軸に「国民一人当たりの国民総生産の額($)」を置き、縦軸に「主観的ウェルビーイング指数(index)」を置き、両者を組み合わせた空間を設定し、世界価値観調査の対象国である四〇か国のそれぞれをこの空間上の一点としてプロットしている。前者の側面については、それぞれの国の額が、世界銀行の *World Development Report*, Oxford University press, 1993 にもとづいたものであるということを記しておけば十分であろう。しかし、後者の側面の主観的ウェルビーイング指数については、その指数作成の手続きについての説明が必要となる。この点について、Inglehart は、つぎのように説明している。

　主観的ウェルビーイング指数は、それぞれの国民の、①自分を「非常に幸福」「幸福」としている者から「幸福とはいえない」「不幸」としている者を差し引いた割合、および②「1」を生活全般に強い不満を持つとし、「10」を生活全般に非常に満足しているとする十段階尺度において7~10に○印をつけた者から1~4に○印をつけた者を差し引いた割合の平均値を表わしている。この相関図は、世界価値観調査の第二回(一九八九~一九九三)のデータを用いて作成されたものであるが、Inglehartがここで確認した傾向は、さらに第三回(一九九四~一九九八)、第四回(一九九九~二〇〇四)のデータでも同じように確認された。それは、GNP/capita($)と幸福感・満足感の関係には「右上がりの弦月型のパターン」が見られるということで、このことからInglehartは「経済成長が人びとの幸福感と満足感の決定要因である」という結論を導く。しかし、同時にInglehartは注意深く、それとは別の傾向が見られることにも注目している。それは、たとえば、典型的には、日本のように、以上の二変数の関係の基本的なパターンに当てはまらない、いわゆる「逸脱事例」ともいうべき国が存在するということで、この点についてInglehartは、そこに「文化的要因」の介在の可能性を示唆している。しかし、Inglehartのデータからすれば、「文化的要因」を持ち出さなければならないのは、どこまでも「逸脱事例」の説明のためであり、大勢からすれば、「幸福と満足の決定要因は経済成長である」という結論になる。

では、アジア・バロメーターの調査データを用いて、アジアの国ぐにに目を向けるならば、どのような結果が導かれてくることになるであろうか。まず、ここでも実証的な分析のための具体的な手続きについて記しておかなければならない。アジア・バロメーターの調査対象国のGNP/capita($)とそれらの国の人びとの幸福感との関係を相関図によって検討するという基本的なアイディアは、世界価値観調査の場合と同じであるが、若干、異なる点もある。それは、以下の二点である。

（1）Inglehartが「幸福感」と「生活満足感」を総合して主観的ウェルビーイング指数を構成したのに対して、筆者は「幸福感」の項目だけを利用した。それはつぎのような理由からである。

①世界価値観調査では「生活満足感」について尋ねる一般的な項目が準備されているのに対して、アジア・バロメーターでは、このような一般的項目はなく、それが生活の諸領域――たとえば住居、仕事、結婚、家庭、収入、近隣、友人、健康など――に分けられて、個別的な項目で尋ねられている。

②後でも述べることになるが、両調査で共通に用いられている、主観的ウェルビーイング指数――幸福感と満足感に関する質問諸項目――について、「因子分析」を行なうならば、世界価値観調査の場合はここで取りあげた七か国について、中国を除くすべての国において「幸福感」と「(生活)満足感」がともに第1因子に出てくる――中国でほかの国ぐにと異なる結果が出てきたことについては、この質問の鍵概念が、米国で「happy」、日本で「幸せ」とされているのに対して、中国では「高興(楽しい)」と訳されており、その意味内容がかなり異なるものとなっていることによるものと思われる(真鍋 二〇〇三)――のに対して、アジア・バロメーターでは「幸福感」が第1因子に出てくる国と、そうでない国があり、またある国では「生活満足感」のある項目が「幸福感」と同じ因子を構成し、ほかの国では「生活満足感」の別の項目が「幸福感」と同じ因子を構成するというように、国ごとの違いが大きい。

以上の理由から、筆者は「幸福感」の質問項目のみを利用するが、その質問文と選択肢はつぎのとおりである。

総合的にみて、あなたは近頃幸せだと思いますか。

1. 非常に幸せ
2. かなり幸せ
3. どちらともいえない

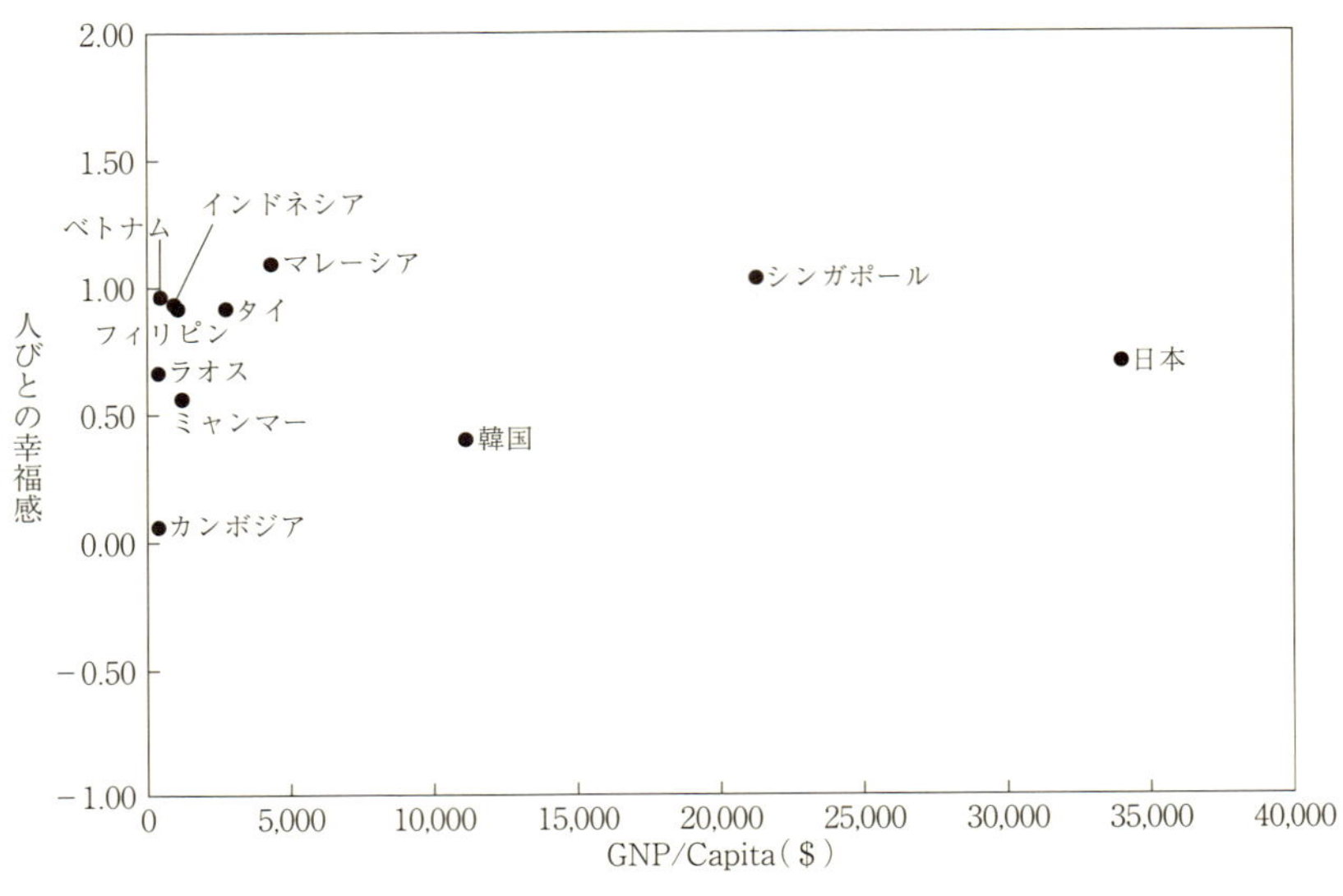
2.00
1.50
1.00
0.50
0.00
－0.50
－1.00
人びとの幸福感
ベトナム
インドネシア
マレーシア
シンガポール
タイ
フィリピン
ラオス
ミャンマー
日本
韓国
カンボジア
0
5,000
10,000
15,000
20,000
25,000
30,000
35,000
40,000
GNP/Capita（＄）

図 4-2　経済成長と幸福感との関係――アジア・バロメータ

4．あまり幸せでない
5．非常に不幸せ

そこで、「幸福感」の指数は、つぎのような方法で構成した。それは、「非常に幸せ」にプラス二点、「かなり幸せ」にプラス一点、「どちらともいえない」に○点、「あまり幸せでない」にマイナス一点、「非常に不幸せ」にマイナス二点を与え、国ごとの平均値を算出するという方法である。

（2）いずれの分析においても、経済成長の指標としてGNP/capita($)を用いているが、Inglehartが「世界銀行」のデータを使っているのに対して、筆者は「国連」のデータを用いた。これは単に情報の入手簡便性という便宜的な理由からである。

以上のような手続きによって、アジア・バロメーターの調査データを用いた図4-2の相関図が作成された。では、この図からはどのような結果が読み取れるであろうか。世界価値観調査の図4-1からは、大勢としては、二変数間に、右上がりの上弦の弦月カーブが読み取れた。

ところが、アジア・バロメーターの図4-2の結果は、それとはまったく異なる。確かに、少なくともカンボジアからミャンマー、タイ、そしてマレーシアという国ぐにについては、GNP/capita($)の額が大きくなるにつれて、「幸福感」の指数の値も大きくなるという傾向が見られる。ところが、韓国、シンガポール、日本はすべて「逸脱事例」ということになる。それは、これらの国ぐにはすべて、GNP/capita($)の点ではマレーシアをはるかに越えているにもかかわらず、「幸福感」の点ではマレーシアよりも低いレベルにとどまっているからである。こうして、このような「逸事例脱」について説明するためには、Inglehartと同様、「文化的要因」という媒介変数を導入せざるをえなくなる。こうして、アジア・バロメーターの調査データの場合には、Senの「幸福感も含めて生活の質といったものは、GNPや所得などの経済的指標には還元しつくせない」という指摘がより適合性が高いといわなければならないのである。

三―二　「幸福感＝感情的要素」対「満足感＝認知的要素」という概念枠組みのテスト

AndrewsとRobinsonは、「幸福感はより感情的な要素を含み、満足感はより認知的な要素を含む」とする概念化にもとづいて、「年齢が高くなるにつれて満足感は高くなるが、幸福感は低くなる」というCampbellとConverseとRodgersの知見に独自の解釈を加えた。この特定領域的(substantive)な理論の検証のために、ここではつぎの二つのデータ分析を試みる。

(1)「幸福感」と「生活諸領域における満足感」との関係の分析――相関分析(第一回調査データ)

各国における幸福感との生活諸領域における満足感との関係については、表4-1に示したとおりである。こ

表4-1　幸福感と満足感との関係――Pearsonの相関係数

	日本	韓国	中国	マレーシア	タイ	ベトナム	ミャンマー	インド	スリランカ	ウズベキスタン
Q5　満足度―住居	0.330	0.310	0.325	0.314	0.279	0.204	0.305	0.341	0.353	0.290
Q5　満足度―友人関係	0.362	0.279	0.202	0.288	0.177	0.196	0.115	0.170	0.231	0.192
Q5　満足度―結婚生活	0.555	0.442	0.376	0.196	0.143	0.410	0.129	0.166	0.188	0.286
Q5　満足度―生活水準	0.446	0.390	0.409	0.221	0.337	0.210	0.239	0.325	0.312	0.415
Q5　満足度―世帯収入	0.393	0.360	0.397	0.246	0.285	0.203	0.248	0.370	0.350	0.421
Q5　満足度―健康	0.351	0.298	0.240	0.165	0.223	0.112	0.063	0.265	0.231	0.244
Q5　満足度―教育	0.342	0.258	0.235	0.181	0.133	0.188	0.128	0.208	0.195	0.157
Q5　満足度―仕事	0.341	0.243	0.290	0.210	0.187	0.155	0.227	0.304	0.338	0.285
Q5　満足度―近所づきあい	0.283	0.202	0.136	0.199	0.161	0.122	0.100	0.117	0.099	0.146
Q5　満足度―治安	0.216	0.097	0.144	0.147	0.119	0.084	0.223	0.164	0.130	0.071
Q5　満足度―周辺の環境	0.231	0.182	0.175	0.268	0.180	0.044	0.100	0.208	0.178	0.107
Q5　満足度―社会福祉制度	0.191	0.122	0.200	0.196	0.084	0.044	—	0.245	0.070	0.249
Q5　満足度―民主主義制度	0.199	0.131	0.155	0.164	0.078	—	—	0.253	0.111	0.174
Q5　満足度―家族生活	0.530	0.322	0.409	0.199	0.253	0.331	0.201	0.205	0.188	0.352
Q5　満足度―余暇	0.356	0.248	0.263	0.147	0.169	0.185	0.217	0.167	0.137	0.224
Q6　相対的な生活水準	0.381	0.301	0.300	0.150	0.284	0.193	0.244	0.269	0.370	0.438

（出典）アジア・バロメーター　2003年度調査，Q4，Q5

の結果からするならば、「幸福感」と「満足感」との関係はそれほど単純なものではないといわなければならない。それは、つぎの二点から指摘できるであろう。

①アジア・バロメーターでは、「幸福感」についての質問は一項目であるが、生活諸領域における「満足感」についての質問は十六項目が利用可能である。そこで、各国ごとに、これら十六項目と幸福感との相関係数の大きさを検討していくならば、それが〇・三以上の「相関は高い」とされる値――「一般に〇・六を越えると、

『大変高い相関である』という。〇・三を越えると、『かなり高い相関である』という。それ以下のときに『低い相関である』という。」(飽戸 一九八七)――を示している箇所が、相対的に「多い国(日本)」と「少ない国(タイ、マレーシア、ミャンマー、ベトナム)」と「中間の国(韓国、中国、インド、スリランカ、ウズベキスタン)」の三つのタイプに分かれることがわかる。

②国ごとに「幸福感」との相関が高い生活領域に違いがあることがわかる。たとえば、一つの端的な例は、「結婚・家庭」と「生活水準・世帯収入」である。つまり日本では、「幸福感」との相関が最も高い項目は「結婚・家庭」であるが、両者の相関はタイ、マレーシア、ミャンマー、インド、スリランカ(それに、あえていえば、ウズベキスタン)では低い。そして後者の国ぐにでは、「幸福感」との相関が相対的に高い項目は「住居」「生活水準」「世帯収入」となっている。

上述の①と②の知見からは、すぐに「認知的―感情的という概念枠組み」の有効性について答えることはできない。むしろ、ここでは一般命題の定立に先立って、各国ごとのバリエーションに関するよりインテンシヴな記述と分析を積み重ねていくことの必要性を提案しておかなければならない。それによって、アジアの多様性がさらに浮き彫りになってくると考えるからにほかならない。

(2)年齢と「幸福感・満足感」との関係の分析――相関分析(第二回調査データ)

ここでは、各国ごとに「年齢(低→高)」と「幸福感・満足感(低→高)」との相関係数を算出して表4-2に示した。表4-2から、少なくともつぎのような結果を読み取ることができるであろう。

①ほとんどすべてのケースについて、相関係数の数値がきわめて小さいものにとどまっている。それは、統計的な有意差が認められたケースについてさえそうであった。

②そして、そのような小さな相関係数であるにもかかわらず、そこにあえて傾向といえるようなものを読み取ろうとするならば、まず国別では、「プラスの相関のケースが多い国(インドネシア)」と「マイナスの相関のケースが多い国(日本、韓国、ベトナム、シンガポール、カンボジア、ラオス)」と「両者の中間の国(フィリピン、タイ、ミャンマー)」という三つのタイプが区別できる。

③つぎに、生活諸領域別では、一貫した傾向が指摘できるのは、「世帯収入」「健康」「相対的な生活水準」の三項目に対する満足感で、これらについては相関係数の符号はすべてマイナス――つまり「年齢が高くなるにつれて満足感は低くなる／年齢が低くなるにつれて満足感は高くなる」――という傾向が見られる。これら三項目以外については、国ごとにその傾向が異なる。

④最後に、「幸福感」「満足感」といった主観的な意識の項目に、さらに客観的な「昨年度の税込み世帯収入の額」を加えて分析を試みた。その結果、その項目と「年齢」とがプラスの相関――その値は小さいものであるにしても――を示したのは、わずかに日本、フィリピン、インドネシアの三か国だけであった。つまり、この三か国においては、「年齢が高くなるにつれて、実際の収入は高くなるが、それにもかかわらず、それに対する満足感は低くなる」という傾向が見られたのである。

以上の諸知見から、「満足感＝認知的」という概念化は必ずしも有効とはいえず、むしろそこには「認知を踏まえた感情」あるいは「感情によって方向づけられた認知」とでもいうべき「心の襞」を読み取ることができるように思われるのである。このような「心の襞」についてのさらなる解明は、今後に残された重要な分析課題といわなければならない。

表4-2　年齢と「幸福感と満足感」との関係――Pearsonの相関係数

	マレーシア	インドネシア	フィリピン	シンガポール	タイ	日本	韓国	ベトナム	ミャンマー	カンボジア	ラオス
満足度	0.000	0.066	0.008	−0.016	−0.026	−0.007	−0.029	0.057	0.000	−0.086*	0.006
満足度―住居	0.033	0.050	0.013	0.026	0.018	−0.009	0.058	−0.033	−0.010	−0.023	−0.041
満足度―友人関係	0.055	0.011	0.044	−0.065	0.011	−0.075*	−0.025	−0.110**	0.000	−0.062	0.048
満足度―結婚生活	−0.077	0.095*	0.031	−0.083	0.058	−0.071	−0.035	−0.048	0.003	−0.027	−0.002
満足度―生活水準	0.061	0.004	0.038	−0.050	0.019	−0.013	−0.063	−0.005	0.027	−0.048	−0.013
満足度―世帯収入	−0.033	−0.005	−0.041	−0.052	−0.143**	−0.019	−0.078*	−0.007	−0.047	−0.094**	−0.060
満足度―健康	−0.027	−0.029	−0.112**	−0.061	−0.053**	−0.192**	−0.070*	−0.021	−0.115	−0.123**	−0.154**
満足度―教育	−0.084*	−0.036	−0.049	−0.152**	−0.078	−0.082*	−0.068	−0.021	0.035	−0.055	0.046
満足度―仕事	−0.020	0.080*	0.063	−0.090*	−0.026	0.032	−0.054	−0.055	0.022	−0.007	0.098**
満足度―近所づきあい	0.119**	0.022	0.076*	0.037	0.212**	0.028	0.178**	0.039	0.116**	0.104**	−0.010
満足度―治安	−0.045	0.008	−0.023	0.045	0.226**	0.015	0.008	0.055	0.068	0.015	0.032
満足度―周辺の環境	0.022	0.033	0.051	0.036	0.145**	−0.003	0.024	0.014	0.079*	0.057	−0.018
満足度―社会福祉制度	0.035	0.076*	0.033	−0.054	0.145**	0.040	0.032	0.028	—	−0.057	0.007
満足度―民主主義制度	0.098**	0.105**	0.033	−0.001	0.129**	0.071*	0.068	—	—	0.016	—
満足度―家族生活	0.092**	0.026	0.027	−0.017	0.005	−0.076*	−0.020	−0.041	−0.043	−0.115**	−0.052
満足度―余暇	0.018	0.060	−0.011	−0.013	0.037	−0.029	−0.083*	−0.049	−0.020	−0.099**	−0.018
相対的な生活水準	−0.084*	−0.037*	−0.098**	−0.040	−0.139**	−0.031	−0.133**	−0.103**	−0.054	−0.095**	−0.034
世帯収入	−0.090*	0.008*	0.026	−0.116**	−0.105**	0.178**	−0.063	−0.099**	−0.055	−0.048	−0.093**

注：* $p < 0.05$；** $p < 0.01$.
(出典)アジア・バロメーター　2004年度調査，Q4，Q5

三—三　幸福感・満足感の「客観的指標(objective indicators)」と「主観的指標(subjective indicators)」との関係の分析——中央値回帰分析(Median Regression Analysis)(第二回調査データ)

McDowellとNewellは、「生活の質を捉える客観的指標と主観的指標の関係は必ずしも強いものとはいえない」として、どちらの側面に基礎をおいて社会計画を進めるかということが、興味深い政治的争点になりうることを示唆した。

この命題をテストするために、ここでは客観的指標として「昨年度の税込み世帯収入の額」を、そして主観的指標として「世帯収入に対する満足感」を取りあげる。そして、両者の関係を、それぞれのレベルごとにより詳細に捉えるために、中央値回帰分析を用いる。この分析法は、二変数間の関係が「モノトーン(monotone)」であるか、それとも「ポリトーン(polytone)」であるかを簡便に捉えるために、「ガットマン・スケール」によって名を馳せたLouis Guttmanによって開発されたものである。ところがGuttmanは、この手法のテクニカルな側面については、どこにも公表していない。筆者は、一九七六年イスラエル応用社会調査研究所(The Israel Institute for Applied Social Research)において、その手法をGuttmanから直接に学ぶことができた。その後、筆者は、この手法にMedian Regression Analysisという名称を付すとともに、そのコンピュータ・プログラムを専門家に委嘱して作成した。この手法の詳細については拙著——真鍋(一九九三)、およびManabe(2001)——を参照されたい。

さて、分析の結果は、図4-3に示したとおりである。これらの図で、横軸には客観的指標(低→高)が、そし

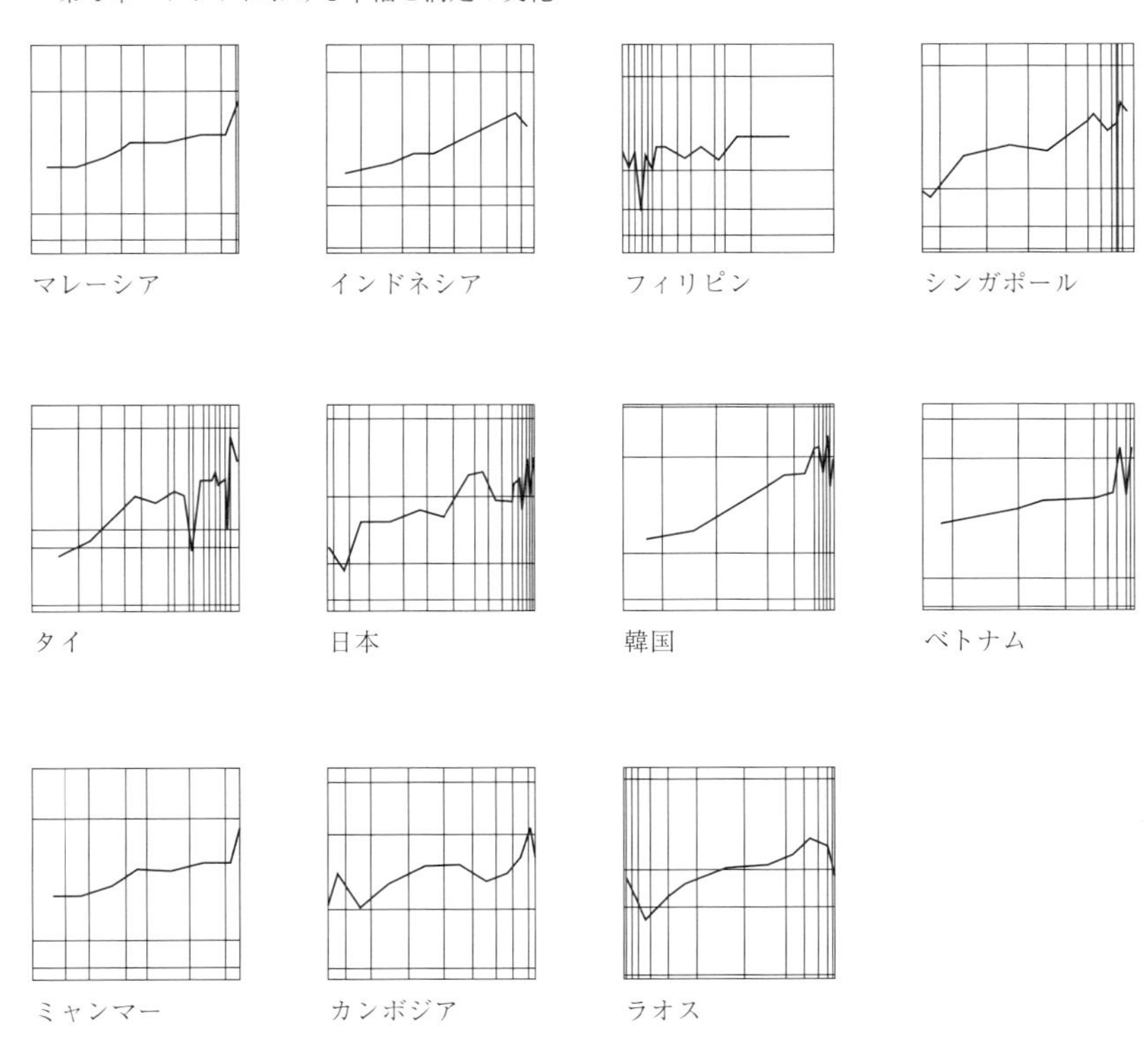
マレーシア
インドネシア
フィリピン
シンガポール
タイ
日本
韓国
ベトナム
ミャンマー
カンボジア
ラオス

図 4-3　世帯収入の額と世帯収入に対する満足感との関係——中央値回帰分析

て縦軸には主観的指標（低→高）が置かれている。したがって、それぞれの図で右上がりの線が描かれているならば、二変数間にはプラスの関係が見られるということになる。ここで興味深いのは、だいたいにおいて、右上がりの関係のパターンが見られるものの、より詳細に見ていくならば、そこにもいくつかの異なるパターンのあることがわかる。ただ、ここでの分析の目標からするならば、つぎの二つのパターンを区別しておくだけで十分であろう。それは、①二変数間にモノトーンの関係が見られる国（マレーシア、ミャンマー）と、②二変数間に部分的にポリトーンの関係が見られる国（それら以外のすべての国）、の区別であり、①にくらべて、②に分類される国が圧倒的に多いということである。そして、そのポリトーンの関係――具体的にいうならば、二変数間の関係を示す回帰線が右上がりの直線とはならず、地震計の針が揺れるように、上下に揺れ動いているというパターン――が、①年収の低い層と高い層の二つの部分において見られる国(日本、シンガポール、タイ、カンボジア、ラオス)と、②年収の高い層の部分だけで見られる国(韓国、ベトナム、インドネシア)、に分けられる点も興味深い。これらの点については、さらにそれぞれの国の社会・経済状況などとあわせてより深く分析されなければならない。

いずれにしても、以上の分析から、McDowellとNewellの命題――「生活の質を捉える客観的指標と主観的指標の関係は必ずしも強いものではない」――は、ひとまずは確認されたものといえよう。しかし、ここでも国ごとの事情が大きくかかわってくることが示唆されるので、さらにこの点を考慮に入れた理論化の方向の模索が今後に残されたきわめて重要な課題であるといわなければならないのである。

三―四 「小さな幸福」対「大きな幸福」という概念枠組みのテスト――因子分析(Factor Analysis)(第二回調査データ)

青木保による「小さな幸福」と「大きな幸福」という概念的な区別が、アジア・バロメーターの調査データを用いて実証的にも確認できるものであるかどうかを検討するというのが、ここでの課題である。それは、換言するならば、青木保が行なった「小さな幸福」と「大きな幸福」という概念化を、さらに操作化する試みということもできよう。

因みに、Babbie(2001)は、概念化と操作化について、つぎのように説明している。「概念化というのは抽象的な概念を精緻化し、明確化することであり、操作化とはこうした概念を実世界で経験的に観察するために特定の調査方法(操作)を展開することである。」

さて、アジア・バロメーターの調査データを用いて、このような操作化の試みに取り組もうとするならば、その第一段階は質問諸項目の分類という作業である。いうまでもなく、この分析で取りあげるのは「幸福感と満足感」の諸項目である。すでにたびたび述べたように、「幸福感」についてはその一般的な側面について質問がなされているのに対して、「満足感」については生活の諸領域に分けて質問が作成されている。そこで、これら諸領域を「小さな幸福」に対応するものと、「大きな幸福」に対応するものに仮説的に分類してみる。その場合に採用するのが社会学の領域で古くから利用されてきた「自己からの距離(distance from self)」というアイディアである。質問諸項目のうち、ほかの諸項目にくらべて、「治安」「周辺の環境」「社会福祉制度」「民主主義制度」は、相対的に「自己からの距離」が大きな項目であるといえよう。そこで、これらの諸項目をひとまず仮説的に「大きな幸福」に対応する諸変数――「大きな幸福」という概念化に対応する操作的変数――とするとともに、それら以外の諸項目を「小さな幸福」に対応する諸変数としておきたい。

つぎに、では、以上のような仮説的な分類の結果をテストするためには、どのような「データ分析」の技法が適切であるかが問われなければならない。ここでは「因子分析(Factor Analysis)」を用いる。こうして、各国ごとに「因子分析」を行ない、それらの結果をひとまとめにして示したのが表4-3である。

この結果から、多くの国で、「大きな幸福」に対応する諸変数であると考えた「治安」「周辺の環境」「社会福祉制度」「民主主義制度」の四項目が、まとめて一つの独立した因子として出てくることがわかった。ただ、タイ、ベトナム、ミャンマーでは、それらが独立した因子としてではなく、それ以外のほかの変数――たとえば「友人関係」「近所づきあい」「余暇」――とともに一つの因子を構成するという結果になっている。こうして、

表 4-3　幸福感／満足感の諸項目の因子分析

	1	2	3	4	5
日本	幸福度 住居 結婚生活 家族生活 友人関係 近所づきあい 健康 教育 仕事 余暇	治安 周辺の環境 社会福祉制度 民主主義制度	生活水準(満足度) 世帯収入 生活水準		
シンガポール	幸福度 生活水準(満足度) 世帯収入 生活水準 健康 教育 仕事 余暇	住居 結婚生活 家族生活 友人関係 近所づきあい	治安 周辺の環境 社会福祉制度 民主主義制度		
韓国	幸福度 住居 生活水準(満足度) 世帯収入 生活水準 教育 仕事 余暇	結婚生活 家族生活 友人関係 近所づきあい 健康	治安 周辺の環境 社会福祉制度 民主主義制度		
マレーシア	生活水準(満足度) 世帯収入 健康 教育 仕事	治安 周辺の環境 社会福祉制度 民主主義制度	結婚生活 家族生活 友人関係 近所づきあい 余暇	幸福度 住居 生活水準(満足度)	
タイ	幸福度 住居 生活水準(満足度) 世帯収入 生活水準 仕事	友人関係 近所づきあい 治安 周辺の環境 社会福祉制度 民主主義制度	結婚生活 家族生活 余暇	健康 教育	
フィリピン	幸福度 住居 生活水準(満足度) 世帯収入 生活水準 教育 仕事	治安 周辺の環境 社会福祉制度 民主主義制度	結婚生活 家族生活 友人関係 近所づきあい 余暇 健康		
インドネシア	幸福度 住居 生活水準(満足度) 世帯収入 生活水準 教育 仕事	治安 周辺の環境 社会福祉制度 民主主義制度	結婚生活 家族生活 友人関係 近所づきあい 健康		

ラオス	生活水準(満足度) 世帯収入 教育 仕事	健康 家族生活 余暇	治安 周辺の環境 社会福祉制度	結婚生活 友人関係 近所づきあい	幸福度 住居 生活水準
ベトナム	生活水準(満足度) 世帯収入 生活水準 健康 教育 仕事	治安 周辺の環境 社会福祉制度 余暇	幸福度 結婚生活 家族生活 近所づきあい	住居 友人関係	
カンボジア	治安 周辺の環境 社会福祉制度 民主主義制度	教育 仕事 家族生活 余暇	幸福度 住居 生活水準(満足度) 世帯収入 生活水準	結婚生活 友人関係 近所づきあい	
ミャンマー	幸福度 住居 生活水準(満足度) 世帯収入 生活水準	友人関係 近所づきあい 治安 周辺の環境	結婚生活 家族生活 余暇	健康 教育 仕事	

ここでも青木保の概念枠組みは、アジア・バロメーターの調査データを用いて、ほぼ確認されたといえるのであるが、同時に、やはり国ごとの事情を踏まえたより深い分析が今後の課題として残されるということも否定できない。

四　おわりに

本稿では、幸福と満足に関する先行研究の諸理論・仮説・命題を、アジア・バロメーターの調査データを用いて実証的にテストする試みについて報告してきた。ここで、このような試みについて、その結果を一言でいうならば、それは「先行研究の諸理論・仮説・命題が当てはまる部分と、当てはまらない部分がある」ということにまとめられる。その具体的な内容について繰り返してのべる必要はないであろう。ここで重要なポイントは、諸理論・仮説・命題がそのまま当てはまらなかった部分については、すでにそのつど指摘してきたように、それぞれの国の「特殊事情（nation specific situation）——社会・経済的条件や文化的条件——」が深くかかわっているものと考えられるということである。そして、そのようなアジア各国の特殊事情こそが、「アジアの差異性・振幅性・多様性」と呼ばれるもの具体的な諸相といえるものなのであろう。

以上では、幸福と満足というテーマのいわば「国・社会・文化依存性」ともいうべき側面について議論してきた。しかし、このような側面については、やはり、それを「幸福と満足」というテーマをめぐる社会科学の領域における研究の全体像のなかに位置づけるという俯瞰的な試みが重要になってくる。以下においては、そのような試みの一つを提示しておきたい。

①「満足度」や「幸福感」などの「主観的意識」は、人びとの社会的条件・環境などの「客観的事実」を反映したものであるというアプローチの仕方がある。こうして、人びとの「満足度・幸福感のレベル」と、そのような人びとの「健康」「収入」「仕事」など、さらにそれぞれの社会の「制度」「仕組」「政策」などについての「客観的指標」との関係の分析が課題となってくる(Frey と Stutzer, 佐和、沢崎訳(二〇〇五)、Frey, 白石訳(二〇一二)などを参照)。

②それでは、たとえば、世帯収入が高くなれば、それに対する人びとの満足度は高くなるかといえば、必ずしもそうとはいえない。このような結果を踏まえて、そこに「期待」という媒介変数が導入されることになる。こうして、期待が大きいと、「満足」は大きくならないという命題が立てられることになるのである(Kahneman, 友野、山内訳(二〇一二)などを参照)。

③しかし、媒介変数として考えられるのは、「期待」という「心の構え」だけではない。なんといっても、人びとの「満足」や「幸福」の感じ方は、「パーソナリティ」によって大きく左右されるという仮説が出てくる。

「ペシミスティック」な人にくらべて、「オプティミスティック」な人の方で、「満足度」や「幸福感」のレベルが高いというのがそれである（Argyle, 石田訳（一九九四）や、大石（二〇〇九）などを参照）。

④このような「パーソナリティ」という特性については、それは個人的なレベルを越えて、さらに集合的なレベルにまで広げて考えることもできる。このような考え方が方法論的に洗練され、「国民性（national character）」「モーダル・パーソナリティ（modal personality）」「社会的性格（social character）」という概念として定式化されてきた。つまり、相対的に高い満足度・幸福感を示す国と、低い満足度・幸福感を示す国の違いが、このような点から説明されることになる。Galbraith による「満足の文化」という造語（（Galbraith, 中村訳 一九九三））も、このような考え方の線上に位置づけられる。

⑤国ごとの「満足度」や「幸福感」の違いという問題については、④のポイントと接点を持ちながらも、方法論的には、つぎのような独立した方向からのアプローチもなされてきた。それは、「満足」という言葉、そして「幸福」という言葉の意味内容の検討という行き方である。たとえば、末廣昭（二〇〇九）は、欧米の国ぐにとの比較の視座から、アジアの国ぐにおける「幸福」や「希望」という言葉の意味内容について、詳細な検討を行なっている。

⑥質問紙調査法では、人びとの「生活満足度」を「まったく満足していない」から「完全に満足している」までのスケールを用いて捉えるのが一般的となっている。そこで、このようなレスポンス・スケールでの「表現」が、国ごとに「等価（equivalent）」なものといえるかどうか、という問題が出てくる。日本人の「控えめ」な表現傾向の一つの例として、たとえば小林一茶の「めでたさも中くらいなりおらが春」という俳句が引用される。このような点についての研究事例として、真鍋（二〇〇三）などがある。

最後に、社会科学の研究領域における「幸福と満足」というテーマの今後の課題についても触れてきたい。すでに述べたように、現代社会は、人びとが、健康で、幸せに、感性と自己表現を大切にしながら、それぞれの充実した人生を生きることを目標とするようになった社会として性格づけることができる。このような社会にあって、「幸福と満足」は、まさに、人びとに、「ほのぼのとした希望」と「ひそかな期待」を感じさせるテーマにほかならない。こうして、このテーマの最大のポイントは、では、そのような希求を、私たちが生きて生活しているこのアジアという地域において、どのように達成していくかという実践的な問いになってくるのである。

参考文献

青木保・姜尚中ほか、二〇〇二、「刊行にあたって」『アジア新世紀　第1巻　空間』（岩波書店）。

青木保、二〇〇三、『アジア新世紀　第4巻　幸福』岩波書店。

飽戸弘、一九八七、『社会調査ハンドブック』日本経済新聞社。

猪口孝編著、二〇〇五、『アジア学術共同体構想と構築』ＮＴＴ出版。

猪口孝編著、二〇一三、『アジアの情報分析大事典』西村書店。

大石繁宏、二〇〇九、『幸せを科学する』新曜社。

末廣昭、二〇〇九、「アジアの幸福と希望」『希望学［1］　希望を語る　社会科学の新たな地平』東京大学出版会。

高根正昭、一九七九、『創造の方法学』講談社現代新書。

真鍋一史、一九九三、『社会・世論調査のデータ解析』慶應義塾大学出版会。

真鍋一史、二〇〇三、『国際比較調査の方法と解析』慶應義塾大学出版会。

真鍋一史、二〇一二、「特集　データ・アーカイブと二次分析の最前線　社会科学はデータ・アーカイブに何を求めているか」『社会と調査』社会調査協会・有斐閣。

Argyle, M. 石田梅男訳、一九九四、『幸福の心理学』誠信書房。

Frey, B. S. と Stutzer, A. 佐和隆光・沢崎冬日訳、二〇〇五、『幸福の政治経済学』ダイヤモンド社。

Frey, B. S. 白石小百合訳、二〇一二、『幸福度を測る経済学』ＮＴＴ出版。

Galbraith, J. K. 中村達也訳、一九九三、『満足の文化』新潮社。

Kahneman, D. 友野典男、山内あゆ子訳、二〇一一、『ダニエル・カーネマン　心理と経済を語る』楽工社。

Almond, G. A. and Verba, S., 1963, *The Civic Culture: Political Attitudes and Democracy in Five Nations*, Princeton University Press.

Andrews, F. M. and Robinson, J. P., 1991, Measures of Subjective Well-Being, in J. P. Robinson et al. eds., *Measures of Personality and Social Psychological Attitudes*, Academic Press.

Babbie, E., 2001, *The Practice of Social Research*, 9th ed., Wadsworth/Thomson Learning.

Haller, M., Jowell, R. and Smith, T. W., eds., 2009, *The International Social Survey Programme 1984-2009: Charting the Globe*, Routledge.

Hyman, H. H., 1972, *Secondary Analysis of Sample Survey*, Wesleyan University Press.

Inglehart, R., 1993, Modernization and Postmodernization: The Changing Relationship between Economic Development, Cultural Change and Political Change, *Presentation Paper at the Complutense University*.

Inglehart, R., 1997, *Modernization and Postmodernization*, Princeton University Press.

Inglehart, R., 2003, Presentation at the International Symposium on the Uses of Cross-National Comparative Surveys, in Manabe, K. ed., *Final Report (English Version)*, Kwansei Gakuin University.

Lipset, S. M.,1968, *Revolution and Counterrevolution*, Basic Book.

Mack, R. W., 1969, Theoretical and Substantive Biases in Sociological Research, in Sherif, M. and Sherif, C. W. eds., *Interdisciplinary Relationships I the Social Sciences*, Aldine.

Manabe, K., 2001, *Facet Theory and Studies of Japanese Society: From a Comparative Perspective*, Bier'sche Verlangsanstalt, Bonn, Germany.

McDowell, I. and Newell, C., 1987, *Measuring Health*, Oxford University Press.

Sen, A., 1992, *Inequality Reexamined*, Oxford University Press.

Veenhoven, R., 2004, *World Database of Happiness,* Erasmus University Rotterdam.

第五章　宗教的な人々はより幸せか?
——ヨーロッパ社会調査からの知見

ウォルフガング・ヤゴチンスキー
清水香基・櫻井義秀訳

一　はじめに

本章では西ヨーロッパにおける宗教性（religiosity）と幸福（happiness）の関係について、三つの観点を提示し、それぞれについて検討を行っていく。第一の観点では、宗教はあらゆる苦悩から解放をもたらすゆえ、宗教的な人々はいつでも心の平穏と幸福へ至ることができると仮定する。それは、裕福か貧しいか、健康か病気か、生活環境が安全か危険かといったことにかかわらない。そうであれば、宗教的な人々は安全な環境において健康で裕福ではあるが非宗教的な人たちよりも幸福だということになる。第二の観点は、伝統的社会においてこそ宗教は幸福に寄与してきたかもしれないが、経済的にも技術的にも高度に発展し、安定した民主主義社会——便宜上ここでは先進社会と称する——においては、幸福に影響を与えないと仮定する。先進社会の基準として国民総生産や人間開発指標、社会福祉予算が指標になる。これらの指標において高い水準にある社会では、宗教と幸福に対する宗教の影響力が消えるとされる。第三の観点では、宗教は先進社会においても健在であり、なお人々に慰め、安心感、希望、そして愛を与えているとみなす。つまり、もし収入や健康状態などにおいて、同一の条件下にある人々を比較するならば、宗教的な人は非宗教的な人よりも幸福であるということになる。

検討を始める前に、第二節においてまずいくつかの鍵概念と概念同士の関係について解説するべきだろう。ただしそれは、宗教性や幸福が持つ多様な意味について整理を試みるものではなく、ただ本章において「宗教性」や「幸福感」といった用語がどのように理解されているかの説明に留まる。また、宗教性が幸福に影響力を持つのはなぜか、そして影響力は長期間持続するのか変化するのかといったことを論じるつもりである。これらの議論から三つの研究課題が導出され、第三節において具体的な仮説としていくことになる。併せて分析における具体的な操作化の手続きやデータについてもこの節で説明する。第四節ではヨーロッパ社会調査(European Social Survey)の二次分析から得られた実証的な検討結果が示される。そして、最後の節において分析結果に関する考察を行いまとめることにする。

二　理論的考察

二―一　諸概念

「宗教」や「幸福」という言葉はかなり多義的である。「宗教的」という属性は、人、団体、国家など、さまざまものに当てはめられる。また、わたしたちは宗教的信念(religious beliefs)、宗教的知識(religious knowledge)、宗教的経験（religious experience）、宗教実践（religious practice）などを語ることもある。これらは、宗教性の構成要因や宗教性が顕れる領域にかかわるものである（Stark & Bainbridge 1985を参照のこと）。この発想は宗教を人間の実存の領域から区別して捉える上で重要である。たとえば、宗教的信念は観察可能な世界を超えたところにあるリアリティに関わるものということで、他のあらゆる信念とは区別されるものである。欧米の研究では、物理的なものと霊的なもの、自然と超自然（Stark & Bainbridge 1987）、内在的なものと超越的なもの（Luckmann 1967; Luhmann 1982）などと二種類の信念を区別するために多くの二項対立図式が用いられた。これらの二項はいずれも正確に分けられるものではないが、通常ある信念が宗教的なものか否かを判断する上で人々が困ることはない。たとえば、欧米人の大半が日本のカミ観念や祖先の守護力への信念が宗教的信念であることに同意するだろう。それらの信念は内在的・物理的でこの世に関わるものではなく、霊的・超自然的で超越的な存在に関するものとされる。

宗教的構成要因はさらに細分化可能である。たとえば、仏教、キリスト教、ヒンドゥー教、ユダヤ教、イスラム教では宗教的信念や実践、儀礼の中身が異なる。しかし、本章では宗教の多様な構成要素を区別して捉えることはしない。というのも、筆者が使用するデータセットには、宗教実践（祈りと宗教参加）についての質問が二つと、宗教性一般に関する質問が一つ、合わせて三つしか宗教性の指標が収録されていないためである。また、本章では特定の宗教に注目して検討を行うことはせず、すべての宗教において共通の宗教性の側面に焦点をあてる。さしあたり、ここではまず個人に注目し、宗教性を「個人の一般的、かつ相対的に安定した志向性や気質」として理解したい。自身が宗教的であると述べる人は、特定の霊的な信念を表明するとともに宗教的実践を行い、宗教的経験を語る傾向が強い。宗教性という用語を国に対して適用する場合、それは、ラザースフェルドとメンツェル（Lazarsfeld & Menzel 1970）が言うところの分析的特性（analytic property）として用いるものである。ここではそれぞれの国の宗教性は、その国の人々の宗教性の平均に等しいものとする。また、「宗教」は二つの意味で考えられている。宗教は人々に宗教儀礼を提供し、世代を超えて宗教的な知識や教えを伝える大規模で安定した組織構造という意味が一つ。あるいは、そうした諸団体において育まれるある程度一貫した知識および実践の体系の意味で用いられる。

ところで「幸福」という言葉はまさしく多義的である[1]。幸福な人が人生を前向きにとらえ、うまくいっていると感じていることに異論はあるまい。幸福感や生活満足度には認知的な側面と感情的な側面がある[2]。幸福に関わる多様な概念を最も注意深く論じたのはヴェーンホヴェン(Veenhoven 1991, 1994, 2005, 2009)であり、彼もまた幸福感に関する認知的理論と感情的理論を分けているが、従来の研究は感情の状態から幸福感を推測するものが大半だったという。しかし、本研究で用いる指標では、認知的側面と感情的側面を厳密に区別することはできない。むしろ、幸福感と生活満足度に関する質問への回答は、認知的に考えられたことと感情の両方に基づいているとみなせる。したがって、本章では、「幸福感」、「生活満足度」、「(主観的)ウェルビーイング」という用語は同義であり互換性のあるものとして使用することとする。言い換えれば、「幸福感」、「生活満足度」、「ウェルビーイング」はいずれも同じ意味を有している。幸福感・生活満足度・ウェルビーイングは「個人の相対的に安定した平常の主観的状態」として定義され、生活全般に対するポジティブな評価や良好な感覚に根ざしている[3]。「主観的」というのは、その評価が対象となる人びとの判断に基づいたものであり、外部の観察者によって下されたものではないことを意味する。宗教性の場合と同様、集団の幸福感も分析的特性である(Lazarsfeld & Menzel 1970)。各国の幸福感はそのグループの成員の幸福感の平均によって算出される。

二―二　宗教性と幸福感の関係

幸福を感じるのは、わたしたちの願望、要望、欲求や期待が満たされるからである。以下では、主にマズローの欲求段階説における欲求に着目する。欲求がどの程度満たされるかは、その人の能力や資源によるところが大きい。多くの資源を有していればいるほど、わたしたちは欲求を満たすことができ、幸福になることができる。相対的剝奪論は、欲求とそれを満たす能力との乖離を扱ったものである。しかし、宗教性に関する限り、この乖離を正確に測定することは困難である（Jagodzinski 2010）。わたしたちが唯一言い得るのは、ある種の宗教性は人々の欲求を満たすことができ、それ自体が報酬となるものである。キリスト教については、これまで以下のような報酬についての議論がなされてきた。

第一に、宗教は他のいかなる組織も満たすことができない欲求を満たすことができるという議論がなされてきた。スタークとベインブリッジ（Stark & Bainbridge 1985: 6）によれば、人はすべからく人生に意味を求め、死を克服することを切望してきたとされる。こうした欲求は、非経験的な領域において、たいていは死後に充足されることになる。宗教とは、「報酬に充てる資源を超自然的なものとすることによって（Stark 1999: 268）」そうした報酬を独占的に約束するのである。宗教が死後の世界においても欲求を満たしてくれるかどうかはわからないが、信者たちに死後救いに与れるという確信を与えてやることはできる。

これらの欲求が宗教によってのみ満たされる一方で、その他の多くの欲求はこの世の組織によって多かれ少なかれ満たされることになる。安全と保護への欲求は、その境界事例である。ずいぶんと昔であれば宗教はこの世の手段を用いて信者を保護してやることができた。中世ヨーロッパにおいては、カトリック教会は自ら裁判を行い、騎士修道会と警察を有していた。しかし近年では、国家が市民を暴力や犯罪、災害や命に関わる他のリスクから守る責任を負っている。とはいえ、先進国家でも市民を戦争や、地震、台風といった自然災害から完全に守ってやることはできない。こうした国家や他の組織が無力と見えるような場合でも、宗教は少なくともスピリチュアルな意味での安全——大いなる力によって守られているという感覚——を信者たちに提供してやることができるのである。欧米の一神教は、信仰に篤い人が「神の手の内」にあり、救済に与れることを約束してくれる。仮に今生で救われないとしても、その約束は死後の別の世界で達成される。

宗教団体は信者に各種の文化資本、社会関係資本、経済資本を提供できると言えよう(Jagodzinski 2011)。宗教的な儀礼に参加し、宗教共同体で熱心に活動する人は、そこで多くの人と知り合い、社会的認知をえることができる。信者たちは信仰上の兄弟姉妹と友人になり、共同体にすっかり溶け込むのである。なかには信者仲間や宗教団体から支援や資金的援助を受けるものもいる。宗教共同体からこの種の報酬を得ようという動機は、外因的宗教性あるいは外因的宗教心と呼ばれてきた(Donahue 1985; Cohen et al. 2005)。こうした宗教団体による現世的な報酬は、宗教的な人の幸福感を高めるだろう。宗教は私たちに楽しみや娯楽をもたらしもする(Greeley 1995)。また、多くの祝祭日や祭りの起源が宗教にあることは周知の通りである。

宗教によって高い欲求水準と低い充足度合いとの落差を埋めるやり方には、次のようなものがある。人々は、貧困と不平等な富の配分に対して大いに不満を感じる。マルクス主義の見方に立てば、宗教は貧困や不公正の原因から目を背けさせ、人々に悲惨さに堪えられるようにする意味で、阿片の働きをする。なるほどほとんどの宗教では、現世的な要求、特に経済的な豊かさへの欲求は重要でないばかりか、わたしたちが幸福になるための正しい道を踏み外してしまうやもしれないという意味で、逆機能的であると教えている。仏教の四聖諦の「集諦」では、この世のはかないものやそのような状態への渇望や執着が、あらゆる苦の原因であると教えている。聖書にも、金持ちが神の国に入るよりも、らくだが針の穴を通る方がまだ易しいと書かれている。蓄財では幸せになれないと他の宗教でも説いている。別の言い方をすれば、貧困線を超えた水準にあるなら、物質的な欲求を満足させても幸せにならないと常識的な幸福論に疑問を呈するのが宗教なのである(4)。

ここで述べた宗教的機能の多くは、先進社会ではすでに他の団体によって担われているという議論も可能である。安全は国家によって提供され、所属への欲求はフォーマルおよびインフォーマルなネットワークによって、娯楽は巨大なレジャー産業によって、スピリチュアルなものへの欲求は文化団体や学術団体によって満たされる。現代の諸団体は、むかしの宗教団体よりも効果的に現世の欲求を満たしているように見える。農業が中心だった社会と比べて、人々は相対的に安全な環境で暮らすようになり、その結果平均寿命も著しく伸びた。そして、物質的欲求が満たされない状態への補償としての宗教は必要とされないのである。なぜなら、繁栄した現代社会において、ほとんどの人は飢えもしなければ早死にすることもないからである。ダイナー、テイ、マイヤース(Diener, Tay & Myers 2011)による知見は、この見解を支持するように思われる。生活が困難である国々において宗教は幸福感に大きく寄与するが、先進社会ではそれが消えてしまうというのである。

また他方で、今もなお宗教団体は現世的団体よりも優れた機能を果たしているとする異論もある。たとえば、宗教団体立の病院は他の病院よりも、患者の感情的欲求を大いに満たしてくれるという主張もある。友人やパートナー間の関係も、お互いに宗教的な者同士である方が、より強固な絆となり大きな満足をもたらしてくれるかもしれない(5)。またスタークに従うならば、宗教によってのみ満たされる他の欲求もあるというが、先進社会でそれはどうなっているのだろうか。現世で長く幸せな人生を送っていると、もはや死後の世界の必要もなくなってしまうので、人生の意味への欲求も消えてしまったということなのだろうか。ダイナー、テイ、マイヤース(Diener, Tay & Myers 2011: 1289)も疑っているように、幸福な人にとっては人生の意味についての問いなどはそれほど重要ではないのだろうか。あるいは、非宗教的な人々は人生の終わり頃まで意味への問いに蓋をすることに成功しているに過ぎず、それゆえ宗教的・非宗教的な人々の違いは人生の最終段階においてしか可視化されないということだろうか。

二―三 研究課題

聖人伝や宗教的説話を読むと、宗教的な人々は貧困や病いにあっても、拷問を受けたとしても常に幸福であるという印象を受ける。それらの物語は宗教的少数者に限られた話なのか、それとも非常に宗教的である多くの人たちにも言えることなのだろうか。宗教性は現世的欲求が満たされない状況をどの程度まで補償してくれるのだろうか。ここでは二つの恵まれない状況にある人々について取り上げることでこの問いに答えよう。最初に、ヨーロッパにおいて非先進社会の宗教的な人々が、先進社会の非宗教的な人々よりも幸せかどうかを検討する。次に、不健康で宗教的な人々の方が、健康だが非宗教的な人々よりも幸福かどうかの検討を行う。他にも年齢、収入、教育など比較の基準として用いることのできる変数は数多くあるが、第一の研究課題に答えるにはこの二つの仮説の検討で十分である。

本章の冒頭で示した三つの観点は、相互に排他的な部分がある。二つ目の観点に従うならば、宗教性は先進社会においてたいした効果を持たなくなっている。三つ目の観点の通りであるなら、効果は増加しておらずとも、維持されているはずである。この見解は、宗教性が幸福感に有意かつ正の効果を与えているとする多数の研究と一致するだろう(cf. Argyle 2001; Ellison et al. 1989; Maltby et al. 1999; Stark & Maier 2008)。そうであるなら、まず先進的で世俗的な社会における宗教性の影響を検討し(6)、次いで、先進的な社会と非先進的社会との比較を行うべきだろう。

先進的でかつ世俗的社会については、先行研究に基づいて選定を行った。ヤゴチンスキーとドベラーレ(Jagodzinski & Dobbelaere 1995)によれば、西ヨーロッパの北側には相対的に世俗的な国が多い。それに対して相対的に宗教的な国は、アイルランド、ポーランド、そして南ヨーロッパ諸国が挙げられる。西ヨーロッパの北側の国々は経済的に繁栄し世俗的であるだけではない。同時に、ヨーロッパや世界の中でも最も幸福感の高い国々でもある(Jagodzinski 2011)。この事実から手っ取り早く結論づけるなら、ヨーロッパの諸国において宗教性の幸福感に対する影響は存在しないか、あるいはごく小さいということになる。

さて、この地域において、宗教的な人々と非宗教的な人々において幸福になる経路に違いはあるのだろうか。あるとすれば、別の経路とはどのようなものか？　また、どちらがよりうまくいくのだろうか？　先進社会では社会基盤の整備が進み、栄養、健康、安全といった人々のベーシックニーズが歴史上最も充足されたことについては疑いない。しかし、こうした状況は宗教性にとっては外在的な報酬が補完されたまでである。宗教性に本質的な報酬はもはや重要ではなくなったのだろうか？

また、伝統的で権威主義的な組織宗教の教説は、先進社会の解放的価値観や自己表出的価値観と葛藤しているという指摘もある(Inglehart & Welzel 2005; Inglehart 1990, 1997; Welzel 2013 も参照)。このようなポストモダンの価値観が幸福への新たな道であるなら、伝統的な教会、特にカトリックの信者たちはその道からはじかれてしまいかねない。他方で、個人の自己決定に重きをおく代替宗教やスピリチュアル系宗教の信奉者であれば、はじかれてしまうこともないだろう。しかし、ヨーロッパ社会調査のデータにはイングルハートとウェルツェルによる価値観の指標が収録されておらず、またスピリチュアルな宗教性の測定も行っていないため、厳密な意味でこの仮説を検討することはできない。だがその代わりに、人間の価値観(Schwartz 2017)についての質問項目が収録されている。その中で最も自己表出的価値観と類似しているものをあげるとすれば、自己決定志向(self-direction)がそれにあたるだろう。しかしながら、理論的に期待されるような効果を発見できない可能性がある。その理由は、第一に多元化の進んだ先進社会において、ほとんどの宗教が権威主義的な組織編成ではなくなり、第二に新しい価値観の信奉者たちは社会状況に不満を抱いているのであまり幸せではないからである。

関連するがやや異なる説明の仕方としては、宗教は人々を抑圧したり高揚させたりする道具と見なせるというものである。宗教は人々が物質主義や快楽主義的な目標の実現に至ることを妨げる。したがって、この世での幸福を最大化することを阻むことになる。こうした宗教批判は、物質主義や快楽主義をポジティブな人生目標として評価するものである。他方で多くの場合、宗教的な人々はそういった評価を下すことはない。彼らは物質主義者や快楽主義者を、自分たちのことばかり考え、他者を顧みないエゴイストと見なす。先進社会における非宗教的な人々が、より物質主義的で快楽主義的、エゴイストであるかどうかということも、追って検討を試みていく。

宗教の幸福感に対する効果が社会発展に伴って変化するということの理論的な説明は、他にも数多くある。宗教的な社会においては、宗教的な人々ほど社会に根を下ろし、特権的集団に属していることもあるだろう。しかし世俗的な社会においてそうではない。それゆえ、すべての幸福感の潜在的要因を考慮に入れた上で、宗教的なグループとそうではないグループで、類似あるいは異なった効果が示されるかどうかを検討する必要がある。したがって、第二の研究課題は、次のような三つの副次的課題に分けられる。(1)ヨーロッパの非常に世俗的な社会において、宗教的な人々と非宗教的な人々とでは幸福に至る経路に違いはあるか? (2)非宗教的な人々の方が宗教的な人々よりも幸福か、あるいはその逆か? (3)もし宗教的な人々の方が幸福だとすれば、それはごくわずかな、とるに足りないマイノリティの話なのか、あるいは宗教の影響は人口の大半に及んでいるのか?

第三の研究課題は、ヨーロッパ社会における宗教性の影響力の違いを問題にしたものである。ダイナー、テイ、マイヤース(Diener, Tay & Myers 2011)は、幸福感に対する宗教性の効果は「困難な状況」にある国々において大きくなることを実証的に示した。それは西ヨーロッパにも当てはまるのか。ヨーロッパにおいても社会問題がなくなったわけではない。たとえば、ヨーロッパの多くの国で若者の失業率は極めて高い。しかしこれ以外にも、ヨーロッパのあまり先進的でない国々では、宗教の外在的効果それ自体が大きいことも理由になる。今や宗教団体への所属が統治者によって決められることはなくなったが、ポーランドやアイルランドのような宗教的同質性の高いヨーロッパ地域では教会員であるべきというインフォーマルな規範がなお存続しているのではないか。この地域では、宗教は今も社会的統合の源泉であり、それゆえ幸福感に大きな効果を持っている。また、そうした社会では宗教による外在的恩恵も大きいと思われるため、宗教性が幸福感に持つ効果も大きくなるだろう。もしこのダイナー、テイ、マイヤースの知見が承認されるのであれば、宗教性が幸福感への効果を失うという見解はヨーロッパの先進地域においては妥当なものとなる。

三　仮説と操作化の手続き

三―一　仮　説

(1)第一の研究課題

第一の研究課題へ応えるための仮説は容易に示される。ここでは幸福感への影響が疑いなく認められる二つの要因を取り上げる。

第一の要因は健康状態である。健康と幸福感の関係については後ほどより詳しく検討を行う。ここでは、自己申告による健康状態が、幸福感に対して強い正の効果を与えることが予期されるとだけ述べておけば十分だろう。

仮説1　不健康であっても非常に宗教的な人々は、健康で非宗教的な人々と少なくとも同程度に生活に満足している。

第二の要因は、多かれ少なかれ幸福な生活に決定的に重要なマクロ条件から構成される。犯罪率の低さ、戦争や暴力的紛争がないこと、民主主義が機能していること、社会保障制度、優れた医療制度はすべて、生活の質の向上に貢献している。一人あたり国内総生産は、これらのマクロ的条件を反映した包括的な指標と言えるが、それよりも保健医療支出の方がさらに適しているように思われる。

仮説2　西ヨーロッパのあまり発展していない国々で暮らしている非常に宗教的な人々はおしなべて、先進社会で暮らす非宗教的な人々と少なくとも同程度に生活に満足している。

この仮説二つについては、統計的検定ではなく図式化して分析の対象とする。これは、宗教性の幸福感に対する影響の大きさがどの程度のものなのかについて知るために最初の重要な一歩となる。そして、これら二つの仮説が反証されれば、あらゆる状況において宗教的な人々が幸せというわけではないことが示されるだろう。どちらかと言えば、人々の幸福感は、その人自身の状態や社会的条件にも影響されるのである。

（２）第二の研究課題

第二の研究課題は先進的で世俗的な社会に焦点を合わせたものである。それらの社会で幸福感に影響を与える要因は相当数考えられるのだが、残念ながらその一部しかデータに収録されていない。人間の価値観に関する項目を除けば、心理学的な諸変数がかなり欠けている。以下に挙げていく諸々の仮説は、先行研究において検討され、かつわたしたちのデータで測定されている規定要因の効果を要約したものである。最初に示すのは、社会構造的な変数に関する仮説である。

仮説３　女性の方が男性よりも幸福である。

この関係はいくつかの研究において発見されてきたもの（cf. Moriyama et al. 2018; Zweig 2015）だが、それが普遍的真実であるとはみなし難い。また、ジェンダーの平等が即座に女性の満足度を高めるわけでもない[7]。残念ながら、ここでは女性に対する期待や、期待を規定する文化的規範を測定することは難しい（Moriyama et al. 2018）。それゆえ、この仮説３は暫定的に残しておくことにするが、しかしその効果の大きさは、その国のジェンダー平等のレベルによって変わるだろう。

仮説４　幸福感は（自己申告の）健康状態が良好であれば高くなる。

健康と幸福感との関係は繰り返し調査されてきた。医学では長寿や身体的健康に対する幸福感の影響に関心が寄せられることが多い（cf. Diener et al. 2017; Veenhoven 2008）が、その関係は逆方向にも作用しそうである。つまり必ずとは言わずとも、身体的健康が幸福感に影響することはあるだろうし(Angner et al. 2013)、もちろん幸福感の方が病気の経過に影響することもあるだろう。しかしながら、一般的に言えば、自己申告による健康状態は幸福感に対して大きな効果を持つことが予測される[8]。

仮説5　幸福感は収入に応じて単調的に高まる。

幸福感は収入の増加にともなって単調に増加するが、限界効用逓減の法則に対応していく。だからこそ、貧しい人々の方が、裕福な人々よりも、収入の増加分に対して得られる満足度が大きい(cf. Frey & Stutzer 2002)。

仮説6　幸福感は年齢と曲線的に関連して変化する。

ブランチフラワーとオズワルド(Blanchflower & Oswald 2004; 2008)は、年齢と幸福感にU字型の関係があることを発見している。幸福感は成人早期において相対的に高く、三〇歳から四〇歳の人生半ばに向けて低下していき、その後再び上昇する。このパターンは、高齢者に対する医療と社会保障制度が高度に発展した先進社会においてのみ見て取れるものだろう。他方、貧しい国々で同様のパターンは想像しがたい。しかし、この見解に対して次のような三つの対立意見がある。第一に、ドイツ社会経済パネル(German Socio-Economic Panel: SOEP)の分析から、このU字型は横断調査のデータをプールし統合データとして使用したことで生じた方法論的仮構であるという可能性が指摘されている(cf. Frijters & Beatton 2012; Kassenboehmer & Haisken-DeNew 2012)。第二に、このU字型はサーベイ調査に参加した高齢者が主として健康的な人であることによる選択効果の結果だということもありえる。第三は、ブランチフラワーとオズワルドの分析において、統制変数の因果関係の設定に問題があったという指摘である(Glenn 2009; Blanchflower & Oswald 2012)。

以下にあげる三つの仮説は、幸福感と三つの社会的統合との関係について述べるものである。

仮説７　安定した民主主義の法治国家において、幸福感は対人関係への信頼が増加することで高まる。

対人関係への信頼はソーシャル・キャピタルの一形態であり、幸福感に正の影響を与えることがミクロ・レベルでもマクロ・レベルでも実証的に示されてきた（cf. Bjørnskov 2008 など）。ほとんどの人が相互に信頼を置き得るような社会では合意がたやすく、契約が結ばれやすくなるので、対人関係への信頼が個人にとってもソーシャル・キャピタルの一つとなる。

仮説８　パートナーと安定した関係を維持して生活する人は、そうしない人よりも幸福である。

実証研究において既婚者の方が幸福であることは、長らく定説のように扱われてきた（Argyle 2000, Myers 1993）。それに対して、フライとシュトゥッツァー（Stuter & Frey 2006）は結婚が人々を幸福にするのか、あるいは幸福な人々が結婚するのかという疑問を呈した。それ以来、ウェルビーイングに対する結婚の効果について様々な研究がより詳細に検討されてきた。ルーマンら（Luhmann et al. 2012）は時系列データのメタ分析によって、結婚や離婚のイベントが認知的ウェルビーイングと感情的ウェルビーイングに与える効果について検討している[9]。現在の研究では、こういった因果関係を解きほぐすことはできないものの、ここではパートナーとの同居が平均して幸福感に正の影響を与えるという仮説に留めておく。これは婚姻関係だけではなく、ヨーロッパで増加しているパートナーシップのさまざまな形態についても言えることである。パートナーから得られるソーシャルサポートと感情的なサポートは生活満足度を向上させる。

仮説９　幸福感は社会的ネットワークへ統合される度合いに応じて高まる。

この効果は多くの人に承認されている。わたしたちは、友人や同僚から手助けや支援を受けることが可能であり、それゆえ社会的ネットワークはソーシャル・キャピタルを増加させてくれる。ソーシャルネットワークに関わる人々に尽くすことは、ある種の利他的行動としての感情的な報酬をもたらしてくれる（Aknin et al. 2013; Dunn et al. 2008）。友情関係のネットワークは強い効果を持つだろうが、わたしたちは個人が友人関係ネットワークへ統合される度合いについて適切な操作化の手段を持たない。

価値観と幸福感との関連については、段階的に理論的彫琢を行ってきたシュワルツの価値理論に依拠する。今回最新版の理論（Schwartz 2017）を用いることはできないものの、ヨーロッパ社会調査に収録されている概念と尺度が使える（Schwartz 2007a, 2007b）。当初、この理論では一〇個の価値観について述べられており、サギフとシュワルツ（Sagiv and Schwartz 2000）はこれらの価値観と幸福感との関係について研究を進めてきた。この研究では、自己決定（self-direction）、慈善の心（benevolence）、そして博愛の心（universalism）といった価値観は、心理療法の文献では健康的な価値観、マズローの欲求理論の伝統では成長欲求に代表される価値観、自己決定理論では内因性の価値観であると見なされてきた。したがって、これらの価値観はウェルビーイングと正の相関関係にあるべきである[10]。達成（achievement）については、通常は内因性の動機として分類されることが多い[11]。それゆえ研究者たちは達成が幸福感に正の効果を有することを期待している。快楽主義と幸福感との関係について、彼らが関連を想定することができないと考えているのはいささか驚きである。筆者からすれば、両者には正の強い相関が認められるべきである。あるいは、快楽主義者たちが目標の実現にあまり成功していないと仮定する限りにおいては、無相関を予測することもできよう。欧米の哲学および宗教では、快楽主義はしばし不道徳な生活実践であるとされてきた（cf. Veenhoven 2003）。このことは、幸福感と快楽主義との間に正の関係を想定することについてなぜ疑問が喚起されるのかを部分的に説明してくれる。

サギフとシュワルツ（Sagiv & Schwartz 2000）による経験的分析の結果は、ことに彼らの研究で使用されている生活満足度（Satisfaction with Life）――これは本章で用いる幸福感の測度と非常に類似した変数なのだが――との関連からすれば期待外れなものであった。「当サンプルにおいて、六〇通りある価値観と生活満足度の相関のうち統計的有意性が認められたはただ一つのみであった。……したがって、次のような結論に至らざるをえない。つまり、どのような価値に重きを置くかということで生活満足度が変わることはない」（Sagiv & Schwartz, 2000: 186）このような理論や実証的知見の検討を踏まえてもなお、本章では検討対象として次の仮説を残しておく。

仮説10　幸福感は（a）自己決定、（b）快楽主義、（c）達成、（d）慈善の心が強ければ高まる。

また、幸福感に対する宗教性の影響が低下していくということは、すでに研究課題の節で述べた通りである。これをテスト可能な仮説へと変形するにあたって、以下では宗教の影響力低下はないという前提を採用する。

ヨーロッパの先進社会においても、

仮説11　幸福感は宗教性が高くなれば増加する。

仮説12　宗教的な人々の方が非宗教的な人々よりも幸福である。

仮説13　宗教的な人々は、限られた少数の人々ではない。

上記の仮説が反証されるとすれば、先進社会において宗教性の効果が喪失していくとするダイナー、テイ、マイヤース(Diener, Tay & Myers 2011)の立場が支持されることになる。
また、先進社会における宗教的な人々と非宗教的な人々の違いを考慮して、暫定的に次のような三つの仮説を提示する。宗教的な人々と非宗教的な人々を比べるとすれば、次のような違いを観察できるはずである。

仮説14 非宗教的な人々において、収入の幸福感に対する影響はより大きくなる。
仮説15 非宗教的な人々において、快楽主義の幸福感に対する影響はより大きくなる。
仮説16 非宗教的な人々において、自己決定の幸福感に対する影響はより大きくなる。
仮説17 非宗教的な人々において、慈善の心の幸福感に対する影響はより大きくなる。

(3)第三の研究課題

第三の研究課題は、社会の発展度合いに応じて宗教性の効果に差があるかどうかを検討するものである。それらの差はヨーロッパ社会においても認められるだろうか。あるいは、それは非常に貧しい国と先進社会を比べたときに限って観察可能なのだろうか。この問いに答えるために、次のような仮説を検討する。

仮説18：先進社会においては、発展度合いが低い社会よりも宗教性の幸福感に対する効果が小さい。

三—二 使用するデータセットと操作化の手続き

使用するデータセットは、ヨーロッパ社会調査の第四回調査（ESS4e04_3）、第五回調査（ESS5e03_2）、第六回調査（ESS6e02_2）を合体したものである。いずれもノルウェー・データ・アーカイヴ（Norwegian Data Archive、以下NSD）から二〇一六年三月にダウンロードしたもので、二〇〇八年から二〇一二年までの四年間をカバーしている。データ、調査票、調査報告に関するレポートなどは、ヨーロッパ社会調査のポータルサイト（www.european-socialsurvey.org）からダウンロード可能なため、ここでは各変数について簡単な説明をしておくに留める。米ドルでの一人あたり国内総生産（GDPpc）に関する情報は、国連統計部が収集したものをもとにNSDが利用可能なかたちに準備したものである。保健医療支出のデータは、世界保健機関（World Health Organization: WHO）のデータバンクからダウンロードした。言うまでもなく、この二つの機関は本章におけるデータの分析・解釈に対して責任を負うものではない。おそらく、幸福感と宗教性の関係が四年間のうちに大きく変わったということは考え難い。それゆえ、本章に関連する変数についての各国の人口構成は変わっていないと仮定し、三回の調査データを合わせたプール・データを作成した。マクロ変数については、二〇〇八年から二〇一二年にかけてわずかながら変化しているものの、国の相対的な並び順は変わっていない。三時点の一人あたり国民総生産指標の相関は〇・九七を上回り、保健医療支出指標についての相関も同程度である。それゆえ、経済的パフォーマンス（一人あたり国民総生産）の平均で国を並べても、最新調査年度の保健医療支出額で並べても、結果にはほとんど影響はない。

対象国については次のような基準にしたがって選別を行った。その基準とは、西ヨーロッパの国であることと、三回のヨーロッパ社会調査の全てに参加していることである。その結果、以下の一六カ国が選別されることとなった。すなわち、ノルウェー、スウェーデン、フィンランド、デンマークの北欧四カ国、アイルランド、イギリス、オランダ、ベルギー、フランス、ドイツ、スイス、ポーランド、スロバキア、ハンガリーのヨーロッパ中西部十カ国、スペイン、ポルトガルの南ヨーロッパ二カ国である。各国ごとの比較を行う際には、事後層別法によって重み付けしたデータを使用することとする。また、一六カ国すべてをまとめたプール・データを用いて分析を実施する場合には、さらに加えて各国の人口規模に基づいた重み付けを行なっている。

従属変数を測定するにあたって、ヨーロッパ社会調査には一般的な幸福感と満足度に関する二つの変数が収録されている。一般的な生活満足度に関しては「種々の事柄を考慮に入れて、あなたは現在の生活全般にどの程度満足していますか」、一般的な幸福感に関しては「すべての事柄をひっくるめて言えば、あなたはどの程度幸せでしょうか」という質問項目で尋ねている。各項目への回答は、0を「とても不満／とても不幸」、10を「とても満足／とても幸せ」という仕方で両端にラベルを付し、一一点尺度のかたちで聴取された。ここではできるかぎり分析をシンプルに行うという目的から、両変数の平均をとって幸福感の測度とする。これをＨＡＰＳＡＴ指数と呼ぶことにしたい。もし片方の指標が欠損値であるといった場合は、もう片方の指標の値がＨＡＰＳＡＴの値と等しくなる。そうすることで、欠損値を少なくできる。

本研究で最も重要となる変数は宗教性である。ヨーロッパ社会調査において宗教性を測定しうるのは次の三項目である。すなわち「祈り(pray)」「宗教儀式(礼拝)への参加(rlgatnd)」「宗教性の自己評価(rlgdgr)」の三項目である(括弧内はヨーロッパ社会調査データセットにおける変数名)。宗教活動に関する二つの測度には、「1毎日する」から「7まったくしない」という仕方でラベルが付されている。三つ目の項目は、調査対象者に自分がどの程度宗教的であるかを尋ねるものであり、両端にラベルを付した一一点尺度である。尺度は、0「まったく宗教的でない」から10「非常に宗教的である」というかたちで構成される。分析にあたって、祈りと宗教儀式(礼拝)への参加については、スコアが高いほど宗教性が高いことを示すようなかたちで再得点化を行なっている。

表5-1は、プール・データにおける幸福感と宗教性の指標の、加重相関を示したものである。幸福感の二指

表 5-1　幸福感と宗教性指標の相関係数（第４回〜第６回ヨーロッパ社会調査）

		幸福感	生活満足度	HAPSAT	祈りの頻度	宗教的礼拝参加への参加	宗教性の自己評価
幸福感	相関係数	1.000					
	N	95173					
生活満足度	相関係数	.691	1.000				
	N	94945	95276				
HAPSAT	相関係数	.905	.933	1.000			
	N	95173	95276	95504			
祈りの頻度	相関係数	.007	.024	.017	1.000		
	N	93976	94045	94260	94309		
宗教儀礼（礼拝）への参加	相関係数	.048	.071	.065	.657	1.000	
	N	94835	94932	95147	94195	95203	
宗教性の自己評価	相関係数	.068	.079	.080	.688	.624	1.000
	N	94694	94791	95003	93972	94826	95054

注：事後層別法ウエイト（pspwght）および人口規模ウエイト（pweight）による重み付けデータ。欠損値処理はペアワイズ法による。
（訳注：括弧内はいずれもヨーロッパ社会調査のデータセットに収録されている変数名）

標間の相関は〇・六九である。[12] いずれもＨＡＰＳＡＴ指数との相関は〇・九以上である。また、宗教性の三指標間の内部相関は〇・六二から〇・六九の範囲に収まっている。

ケースの数が多いため、表中では〇・〇〇七の相関係数ですら五パーセント水準で有意となっている。他の相関はすべて両側検定一パーセント水準で有意となった。また、表５-１にはＨＡＰＳＡＴ指数を用いることの二つの利点も示されている。一つはＨＡＰＳＡＴには欠損値が少ない点であり（有効標本数：Ｎ＝九五五〇四）、もう一つはＨＡＰＳＡＴと宗教性の相関（〇・〇八）の方が、生活満足度と幸福度の二指標と宗教性の相関（〇・〇六八と〇・〇七九）よりもわずかに高いという点である。

「宗教儀礼（礼拝）への参加」は、頻繁に宗教性の指標として用いられるものである。しかしながら、それはキリスト教、そして西ヨーロッパのカトリックの宗教性への偏りを孕んだものでもある。

しかし、西ヨーロッパにおけるほとんどのプロテスタント教派において信者は毎週教会に出席していない。おそらくはまだ多くの調査対象者が、宗教的という言葉をキリスト教的な意味での宗教性と関連づけて理解しているところがあるだろう。それでもなお、「宗教性の自己評価」はより広範な宗教性を測定するものであるように思える。しかしながら、ヨーロッパでは制度宗教から外れたスピリチュアルな宗教性や新しい宗教性の形態について盛んに議論されてきたために、今日の調査対象者たちが数十年前と比べてやや開放的な仕方で「宗教的」という言葉を解釈している可能性もある。この後の経験的な分析においては、主にこの指標を用いて進めていく。0(まったく宗教的でない)から10(非常に宗教的である)までの一一点尺度のかたちのまま用いることもあれば、時には二カテゴリあるいは四カテゴリからなるグループ変数としても用いる。最後に行う重回帰分析では、元々の尺度を一一個のダミー変数へと分解し、それぞれが宗教性の特定レベルを反映するような変数を作成して使用する。なお、思い出しやすいように、元々の一一点尺度からなる変数を指して「宗教性」と呼ぶことにする。

本章では分析対象とするすべての国々において、選別された諸変数がそれぞれの特性を等価的に測定しているという強い仮定を置いている。「自己決定」「快楽主義」「達成」「慈善の心」といった変数は、二個ないしは三個の指標スコアの非加重平均である。それぞれの価値観、指標、そして価値観と指標との対応関係は、シュワルツ(Schwartz 2007a: 311-313)が簡略にまとめている。各指標のサブセットにおいて欠損値があった場合には、利用可能な他の指標を利用して平均を計算する。

「年齢(ヨーロッパ社会調査の agea 変数)」については特に説明の必要はないだろう[13]。他の変数については、以下に略述する通りである。「ジェンダー(0＝男性、1＝女性)」はヨーロッパ社会調査の gndr 変数をリコードしたものである。「世帯収入(対数化)」は、同一世帯単位における総世帯収入を十分位で分けたヨーロッパ社会調査の変数を対数変換したものである。ここで対数変換が必要となるのは、限界効用逓減の法則をふまえると十分位の中でも上の方で幸福感に対する収入の影響が低下することが予測されるからである。「主観的健康状態」は対象者に「とても悪い」から「とても良い」までの五点尺度で自らの健康状態を評価してもらったもの（ヨーロッパ社会調査における健康の変数と反対の得点化）である。社会的統合については三つの測度を使用している。一つはヨーロッパ社会調査で sclmeet 変数と呼ばれているもので、ここでは「社会的ネットワーク」と名付けている。友人、親戚、同僚とより頻繁に顔を合わせる人ほど、社会的ネットワークに合されていると仮定したもので、「1まったく会わない」から「7毎日会う」で構成される応答尺度を採用している。「パートナーとの同居」はヨーロッパ社会調査の partner 変数をリコードしたものである。対象者が同一世帯単位でパートナーと一緒に暮らしている場合は1、そうでない場合を0としている。「対人関係への信頼」はヨーロッパ社会調査の ppltrust を名付けたもので、「0用心するにこしたことはない」から「10ほとんどの人は信頼できる」までの尺度で構成される。

四　実証的分析

四―一　第一の研究課題（仮説1、仮説2）

この節では統計的検定はせず、主に視覚的な読み取りを中心とする。サンプリング誤差によるバラつきを低減するために、ここでは対象者を非宗教的（「宗教性」のスコアが〇から一）、やや宗教的（「宗教性」のスコアが二

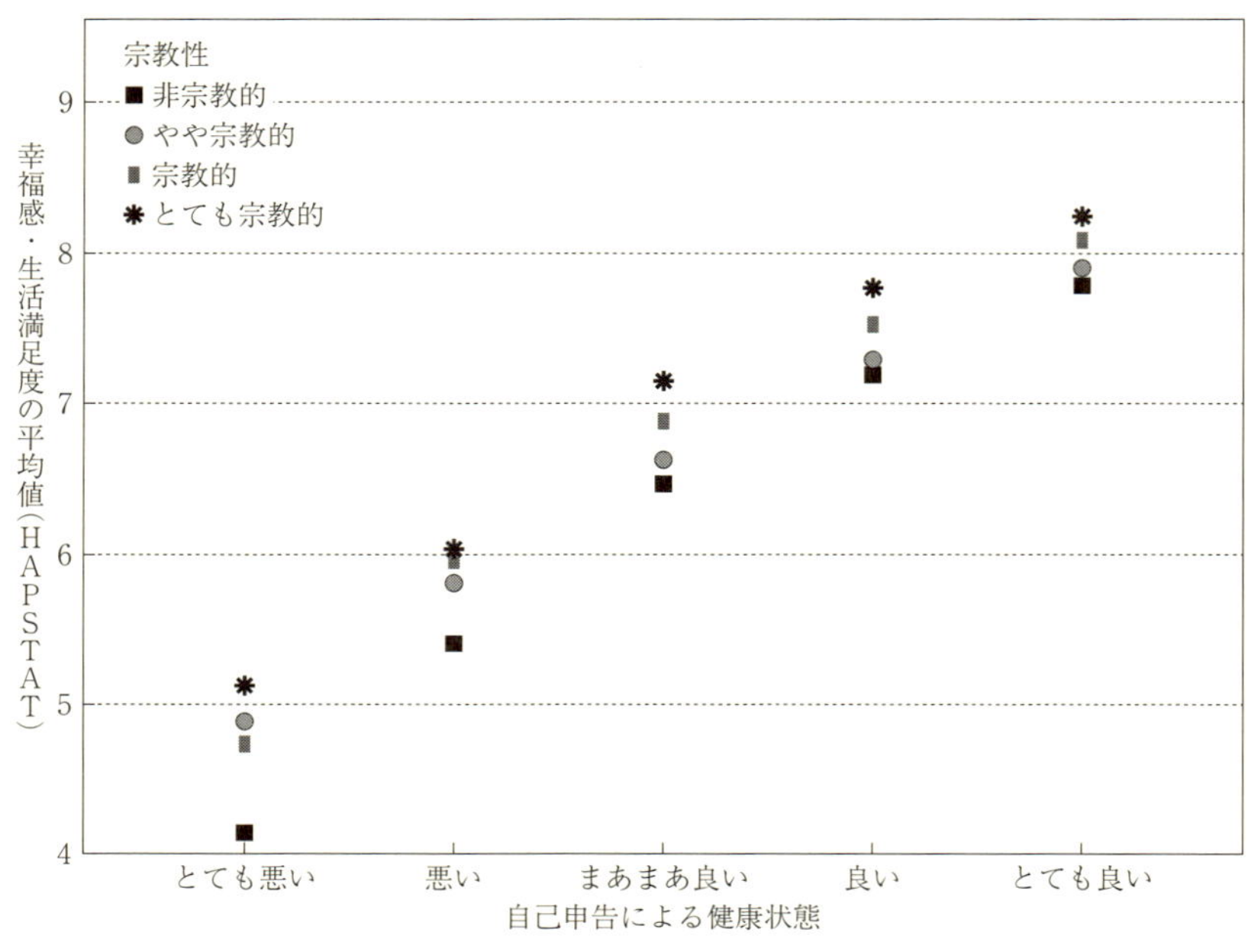
宗教性
非宗教的
やや宗教的
宗教的
とても宗教的
幸福感・生活満足度の平均値(HAPSTAT)
9
8
7
6
5
4
とても悪い
悪い
まあまあ良い
良い
とても良い
自己申告による健康状態

図 5-1 幸福感に対する主観的健康状態と宗教性の自己評価(第4回～第6回ヨーロッパ社会調査)

注：事後層別法ウエイト(pspwght)および人口規模ウエイト(pweight)による重み付けデータ。
(訳注：括弧内はいずれもヨーロッパ社会調査のデータセットに収録されている変数名)

から五)、宗教的(「宗教性」のスコアが六―七)、とても宗教的(「宗教性」のスコアが八―一〇)の四グループに分ける。この分け方は、一六カ国全体で見れば、両極のグループが大体二〇%ずつとなり具合が良いのだが、特定の国ではこの分布が歪んでしまう場合もある[14]。

もし宗教的幸福というものが、諸条件から完全に独立した絶対的な最大幸福状態だとするならば、どの国に暮らしていようが、どういう健康状態だろうが、とても宗教的な人々は常に幸福であるはずである。図5-1は、一六カ国の回答者すべてを合わせたプール・データセット(N=九二三五八)における、幸福感に対する健康状態と宗教性の複合効果を描き出したものである。横軸には自己申告による健康状態を、縦軸には幸福感ないしは生活満足度すなわち従属変数であるＨＡＰＳＡＴの平均値が表されている。ＨＡＰＳＡＴの平均値は小さくとも四以上、大きくとも九以下であるため、図中では一一点尺度の一部分を抜き出しているかたちとなる。また、それぞれの宗教性グループは異なる記号で示してある。黒い正方形は「非宗教的」、グレーの丸印は「やや宗教的」、黒い長方形は「宗教的」、黒い星印は「とても宗教的」なグループに対応している。

図５-１を見ると、四つのグループ全てにおいて幸福感は対象者の主観的健康状態に対応して大きく上昇している。重要なポイントは以下の四点である。（１）いずれのグループにおいても「とても宗教的」な人々は最も幸福感が高い。（２）「とても宗教的」と「非宗教的」の距離は、健康レベルが最低のところで最大となる。つまり、宗教性の効果は健康状態が優れない人々に対して最も強く発揮されるようである。（３）宗教的な人々の幸福感も健康に伴って上昇するが、非宗教的な人々の幸福と同程度までとはいかない。（４）とても宗教的かつ不健康な人々は、非宗教的かつ健康的な人々よりも平均的に幸福感が低い。したがって、宗教性は健康状態に起因する大きな損失を完全に補償してやれるものではない。

健康状態は幸福感に大きな効果を有しており、健康状態の善し悪しは国の医療制度次第でもある。先進社会の特徴の一つは、高度に発展した医療と社会保障の制度にある。ヨーロッパは相対的に高い水準にあるものの、各国の間にはいまだ大きな隔たりがある。図５-２の最下部に示されているポーランドとハンガリーの二カ国では、二〇一二年の医療制度への一人あたり支出は一一〇〇米ドル程度であった。それに対して最上部のノルウェーとオランダの二カ国では、四四〇〇米ドル以上が投じられており、その額は四倍以上である。図５-２では、二〇一二年における保健医療支出額の順位にそって、最上部には最も多い国、最下部には最も支出が少ない国という仕方で国が並べられている。もちろん、医療福祉が幸福感に間接的影響を持つ唯一のマクロ条件というわけではない。たとえば、食、安全、自由といった条件も同様に重要である。[15]

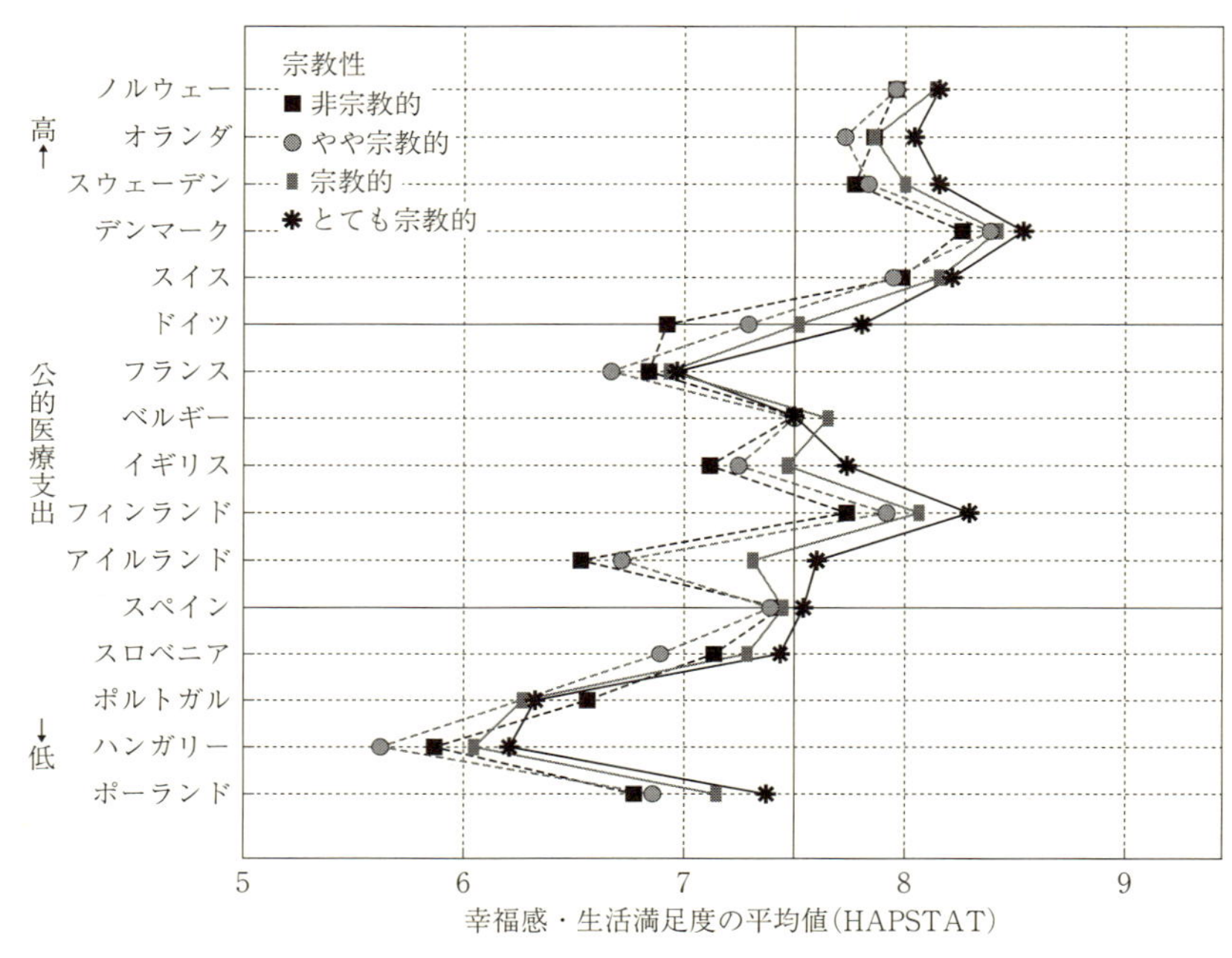

宗教性
非宗教的
やや宗教的
宗教的
とても宗教的
ノルウェー
オランダ
スウェーデン
デンマーク
スイス
ドイツ
フランス
ベルギー
イギリス
フィンランド
アイルランド
スペイン
スロベニア
ポルトガル
ハンガリー
ポーランド
高↑
公的医療支出
↓低
5
6
7
8
9
幸福感・生活満足度の平均値(HAPSTAT)

図 5-2　宗教性 4 段階の平均幸福感(「非宗教的」から「とても宗教的」のグループ別，第 4 回〜第 6 回ヨーロッパ社会調査)

注：事後層別法ウエイト(pspwght)による重み付けデータ。
(訳注：括弧内はヨーロッパ社会調査のデータセットに収録されている変数名)

ここでは横軸にＨＡＰＳＡＴ尺度が五から九まで、縦軸には国が示されている。各宗教性グループは前の図と同様の記号で表現されている。各国には四つの宗教性グループがあるため、各グループのＨＡＰＳＡＴの平均を横並びに見ることができる。たとえばポーランドでは「非宗教的」の平均幸福感は六・七七、「やや宗教的」は六・八六、「宗教的」は七・一五、「とても宗教的」は七・三八となる。幸福感の平均値がごく似通っているため、ある宗教性グループの記号が他の記号の後ろに隠れてしまっていることも少なからずある。その際は、合わせて同一の記号を結ぶ線も描いているので、それが隠れた平均値の位置を見つける上での手掛かりとなるだろう。しかし、ポルトガルでは三つの宗教性グループが大きく重なっており、明確に判別可能なのは「非宗教的」なグループの平均幸福感のみである。また、それぞれの記号はグループごとの人数を反映したものではない。

各記号が表の右側に位置しているほど、対応するグループは平均として幸福であることを意味する。一六カ国中一三カ国において、最も宗教的なグループ（星印）がその国で最も幸福なグループとなっている。もし宗教的な人々が、どこで暮らしているかにかかわらず幸福なのだとすれば、最下部の貧しい三ヶ国における最も宗教的グループは、上位五カ国の非宗教的グループよりも幸福であるべきだろう。図5-2には縦に一本と横に二本の実線が引かれている。上位五カ国のグループ平均は縦線よりも右側、上の横線よりも上方に位置しており、ポーランド、ハンガリー、ポルトガルのグループ平均は左下（下の横線よりも下方、縦線よりも左）に位置している。下位三ヶ国における「とても宗教的」な人々の平均値は、HAPSATが七・五を示す縦線よりも左側にある。図の右上に位置する「非宗教的」な人々のグループ平均はいずれも七・五以上であり、それゆえ前者の方が後者よりもHAPSATの値が低い。以上から、宗教的な人々の幸福感についても、彼らがどこで暮らしているかに依ることは明らかである。繰り返しになるが、原則として宗教性は社会基盤で劣る貧しい社会で暮らすことの不利な条件を完全に補償することはできない。貧しい国に住む宗教的な人々は、平均的に同郷人と比べれば幸福だが、豊かな社会に住む人々と比べれば不幸である。この原則から外れる例外もあることはあるものの、一般的な統計的仮説としての仮説2はここでも反証される。

他方で、図5-2はほとんどの西ヨーロッパ先進社会において、宗教性が幸福感に正の影響を与えていることを確証していないのではないか。少なくとも、右上の五カ国における最も宗教的なグループは、それと同時に最も幸福なグループでもある。この図では、宗教性に加えて幸福感に効果を与える要因として、一般的なマクロ的条件の統制を行なっているだけである。もしこの統制で十分だとすれば、「とても宗教的」ではなく「宗教的」

なグループが最も幸福であるというベルギーでは、宗教性は幸福感に効果を持たないことも確証されてしまうことになる。またフランスでは、最も宗教的なグループと最も世俗的なグループの幸福感に差が見られない。ポルトガルでは「非宗教的」なグループが最も幸福ですらある。宗教性と幸福感との繋がりについてより深い洞察へ至るには、さらに多くの要因を考慮に加えていく必要があるだろう。

四―二　第二の研究課題

第二の研究課題を厳密に検討する際、まずは豊かで非宗教的な人々が多数を占める国を選別しなければならない。しかし、人が非宗教的であるとはどのような場合にそう言えるのか。図5-3は、使用可能な基準として一六カ国ごとに、まったく祈らない人、まったく宗教的礼拝に参加しない人、そして自身を非宗教的であると述べる人の割合を示している。ここでの国の並び順は、まったく祈らない人の割合にしたがった順番である。デンマークでは六〇パーセント近くの人がまったく祈らないのに対して、ポーランドでのそれは一〇パーセント以下である。

図5-3において三つの指標をつないだ折れ線は枝分かれしているかのように重ならない。スウェーデンとデンマークでは、まったく祈らない人の中にかなりの割合で礼拝に時折参加している人がいる。宗教性の自己評価については、0でコードされた回答(「まったく宗教的でない」)だけでなく、1でコードされた回答も含めて「宗教的ではない」に分類しているにも関わらず、同指標による非宗教的な人々の割合は低い。この基準に従うならば、非宗教的な人の割合が最も高いのはスウェーデンで三五パーセントであり、他の国ではいずれもそれ以下である。戦略的観点から、この宗教性の自己評価が最良の基準であるように思われる。なぜなら他の二変数を用い

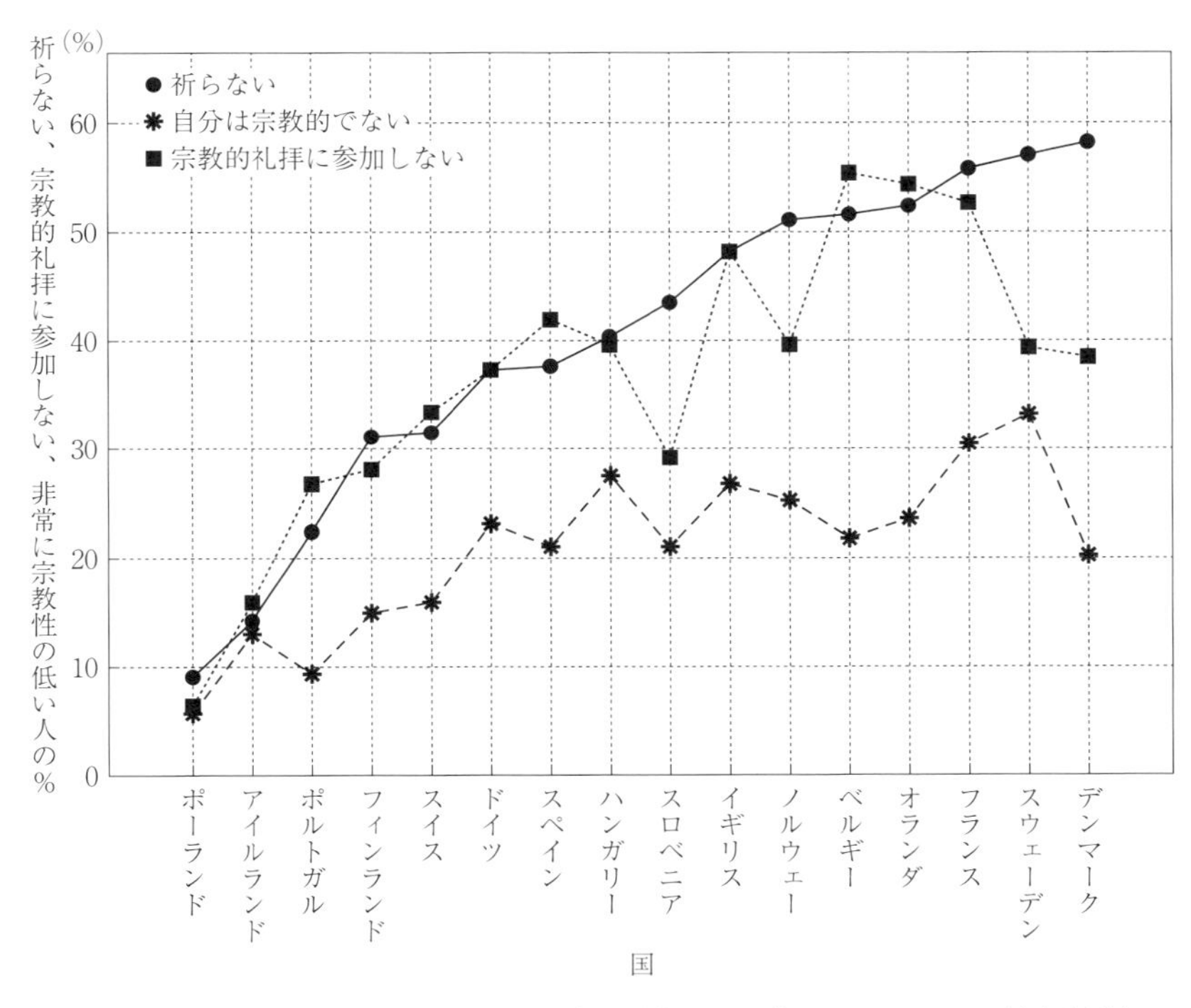
(%)
60
50
40
30
20
10
0
祈らない、宗教的礼拝に参加しない、非常に宗教性の低い人の％
● 祈らない
✱ 自分は宗教的でない
■ 宗教的礼拝に参加しない
ポーランド
アイルランド
ポルトガル
フィンランド
スイス
ドイツ
スペイン
ハンガリー
スロベニア
イギリス
ノルウェー
ベルギー
オランダ
フランス
スウェーデン
デンマーク
国

図 5-3　非宗教性(non-religiosity)の諸指標(第4回〜第6回ヨーロッパ社会調査)
注：事後層別法ウエイト(pspwght)による重み付けデータ。
(訳注：括弧内はヨーロッパ社会調査のデータセットに収録されている変数名)

た場合に非宗教的と分類されてしまうような人々においても宗教性の効果が現れるからである。この測度を使用した方が概して明確な差異が出る。

結局、この基準から最も適切な国としてスウェーデンを選んだ。スウェーデンは豊かな社会であり、自身を非宗教的であると述べる人が相対的に多い。非常に厳密な意味での非宗教的な人(「宗教性」のスコアが〇)の人は二四パーセントであり、非宗教的な人(「宗教性」のスコアが〇か一)は三三パーセントである。さしあたり、大半のスウェーデン人にとって幸福感は宗教性に影響されるものではないと仮定したい。そこで、「宗教性」＝三を境界値として設定し、宗教性の自己評価が〇から

表 5-2 「広義に非宗教的」と「宗教的」のグループ別に見たスウェーデンにおける幸福感の規定要因(非標準化回帰係数と有意水準，第 4 回～第 6 回ヨーロッパ社会調査)

		広義に 非宗教的	宗教的
定数		1.986**	2.088**
仮説 3 +	ジェンダー(女性＝1)	－.013ns	.045ns
仮説 4 +	主観的健康状態	.608**	.562**
仮説 5 U	中心化した年齢	.010**	.011**
	中心化した年齢の二乗	.001**	$5*10^{-4}$**
仮説 6 +	世帯収入(対数変)	.333**	.168**
仮説 7 +	対人信頼感	.116**	.144**
仮説 8 +	パートナーとの同居	.733**	.519**
仮説 9 +	社会的ネットワーク	.108**	.060**
仮説 10a +	自己決定	－.039ns	－.008ns
仮説 10b +	快楽主義	.219**	.179**
仮説 10c +	達成	－.111**	－.062*
仮説 10d +	慈善の心	.069ns	.138**
仮説 11 +	宗教性	－.020ns	.065**
調整済み R^2		.298	.281
R^2 変化量		.000	.006
N		2536	1948

*p≦0.05，**p≦0.01，ns＝5％水準で有意差無し(両側検定)

注：左列には項目に対応する仮説番号と，幸福感に対して期待される効果の方向を提示(＋は正，－は負，U は U 字型の関係性を表す)。事後層別法ウエイト(pspwght)による重み付けデータ(訳注：括弧内はヨーロッパ社会調査のデータセットに収録されている変数名)。欠損値処理はリストワイズ法による。

1)統計手法上の理由から年齢については平均値による中心化を行なっている。16 カ国全体での年齢平均は 48.52 である。

2)「中心化した年齢の二乗」＝(年齢－48.52)^2

三までの値でコードされているものを、「広義の非宗教性」として分類する。それ以外のグループ(「宗教性」のスコアが四から一〇)については、宗教的グループとする。スウェーデン人の半数強(五六パーセント)は非宗教的であり、宗教的な人は四四パーセントである。

二グループ間における幸福への経路が異なっているかどうかを検討する目的から、まずそれぞれのグループについて別々に回帰分析を行った。表5-2では一列目に対応する仮説番号とともに理論的に期待されるプラスマイナスの符号が示され、二列目に分析に収録された決定因子が列挙されている。残りの二列では、両グループにおける非標準化回帰係数および有意性水準が示されている。

いずれのグループのモデルについても、分散の三〇％程度が説明されている（調整済み決定係数はそれぞれ〇・二九八、と〇・二八一）。ほとんどの決定因子は両グループで類似した効果を有しており、性別（仮説3）はいずれのグループでも有意な効果を示さなかった。スウェーデンが相対的に平等主義的な社会であることはすでに述べた通りであり、大きなジェンダー差が認められなかったのはそのためである。幸福感は健康状態に応じて上昇し（仮説4を確証）、対数変換を行った世帯収入に応じて上昇することも認められる（仮説6を確証）。年齢については、いずれのグループにおいても曲線型の関係を表しているものの[16]、宗教的なグループでは年齢の二乗の効果は小さい。他者を信頼できる人（仮説7を確証）、パートナーのいる人（仮説8を確証）、頻繁に友人や同僚と会う人（仮説9を確証）ほど、より幸福であることも分かる。

価値観の効果としては、「自己決定」の効果は有意ではない（仮説10ａは反証）。この結果はサギフとシュワルツ（Sagiv & Schwartz 2000）の理論とは一貫しないものの、二人の実証的知見とは一致している。「快楽主義」は予測通り幸福感に正の効果を示した（仮説10ｂを確証）。「達成」は両方のグループにおいて有意となったが、負の効果を示し明らかに理論的に期待された結果とは相反する（仮説10ｃは反証）。この結果は、「達成」の指標が内因性の動機よりも外在的な動機を測定するものであるという推測を補強する。「慈善の心」については、「広義に非宗教的」なグループと宗教的グループの両方において正の影響を有しているものの、後者においてのみ有意であることが示された。

「広義に非宗教的」なグループと宗教的グループへの分割は、特に前者において「宗教性」変数の分散を減少させる。それゆえ、「広義に非宗教的」なグループにおいて、この変数が有意な効果を示さないことについては驚くに当たらない。しかしながら、この回帰係数の符号がマイナスであるということは、二グループの境界値の置き方が正当なものであったことを示唆している。宗教的なグループにおいて宗教性は未だなお有意な効果を示している。「宗教性」と「HAPSAT」の厳密な関係については表5-5でより詳細に検討する。そこでは「宗教性」を一連のダミー変数に分解した上で検討を行なっている。

さて、ここまで両グループにおいて、各効果にどの程度の差があるかということについては考慮しないできた。表5-2では、ほぼ全ての行において回帰係数がかなり異なっているが、これらの差異は有意に大きなものといえるだろうか。二グループ間で最も影響の違いが大きいのは世帯収入である。「広義に非宗教的」なグループにおける効果(〇・三三三)は、「宗教的」なグループにおける効果(〇・一六八)の二倍に近い。これが有意な差であるかどうかは、両グループを単一の回帰分析によって分析し、グループ間の差を交互作用効果としてモデル化することによって判断することができる。上記の回帰分析の結果については、表5-5で報告を行なっている。ここでは三つの交互作用効果を関心の対象としている。まず一つ目は、宗教性と世帯収入の交互作用である(仮説14)。宗教的な人々は金銭を重要視しないため、高収入から生じる満足度が小さいとするものである。二つ目としては、時折キリスト教系の宗教は快楽を敵視するということが言われる。それゆえ宗教的な人々には「快楽主義」の影響が小さくなるというものである(仮説15)。それとは反対に、キリスト教の中心的価値である「慈善の心」は当該グループにおいてより強い影響を有するものと思われる(仮説17)。最後に行う回帰分析では、他の独立変数をすべて投入した後、上記の交互作用効果を投入する。その際、説明される分散が有意に増加したとすれば、該当する交互作用項を最終的な回帰モデルに含めることにする。表5-5に示されているように、一つ目の「宗教性×世帯収入」の効果のみが上記の条件に一致し有意な効果を示した。他の二変数については有意にならなかった。

表 5-3　スウェーデンにおける「広義に非宗教的」および「宗教的」グループの構成割合（第４回〜第６回ヨーロッパ社会調査）

	宗教性別のグループ		グループ間の差異
	広義に非宗教的	宗教的	
人口	56.34%	43.66%	12.78%
ジェンダー（女性の割合）	43.74%	59.46%	−15.72%**
主観的健康状態	4.108	4.012	.096**
世帯収入	6.61	6.36	.025**
パートナーとの同居	60.72%	62.08%	−1.36%ns
対人信頼感	6.18	6.28	−.097ns
社会的ネットワーク	5.50	5.42	.084*
平均年齢	44.07	50.51	−6.44**
達成	3.418	3.350	.068*
快楽主義	4.244	4.136	.109**
慈善の心	4.946	5.029	−.083**
伝統主義	3.791	4.238	−.447**
宗教性	1.17	6.12	−4.945**

注：事後層別法ウエイト（pspwght）による重み付けデータ
（訳注：括弧内はヨーロッパ社会調査のデータセットに収録されている変数名）

一つの例外を除いて、両グループにおける決定因子の幸福感に対する効果が同じくらいだとするなら、それぞれのグループは異なる種類の投資によって幸福感に到達していることも考えられる。一般的に人々は経済的資本、ソーシャル・キャピタル、文化的資本といったものを蓄積しようとする。この点でスウェーデンの二グループは異なるだろうか。表５-３には両グループにおける幸福感の各決定因子の平均と割合が示されており、ここからいくつかのヒントを読み取ることができるだろう。最後の列には、二グループ間の各変数の差異と有意水準が示されている。プラスの差異は「広義に非宗教的」グループにおいて高いスコアが示されていることを表し、マイナスの符号はその逆を意味している。

社会的統合に関しては両グループの差異は小さい。三つある差異のうち、二つ（「パートナーとの同居」と「対人関係への信頼」）は有意でなく、三つ目（「社会的ネットワーク」）のみ五パーセント水準で有意となった。「広義に非宗教的」グループはより健康的で、社会的ネットワークへの統合が良好であり、より快楽主義的である。これらの要因は幸福感へ寄与するものであるが、他方で「広義に非宗教的」グループの有している高い達成志向は逆方向に作用するものである。「宗教的」グループはより高齢であり、慈善の心を重んじ、あたりまえのことだがより宗教的である。

この表において最も顕著な差異を示しているのは、女性の割合である。宗教的グループにおいては六〇パーセント近くが女性であり多数派であるのに対して、非宗教的なグループでは四四パーセント程度と少数派である。調査結果に基づくならば、スウェーデンにおいてジェンダーは幸福感に対して直接的影響を有していない。女性は男性よりも宗教的であるだけではなく、ソーシャル・キャピタルへの投資も多く、ストレスフルな活動への関わりが少ない、といったこれまでの命題は経験的データから検討されるべき問いである。いずれにしても、ジェンダーのみで幸福感の差異を説明することはできない。宗教的グループにおける伝統主義についても幸福感に対して直接の影響はなく、同様のことが言える。

表 5-4 「宗教的」な人々は「広義に非宗教的」な人々よりも高い幸福感を有する（平均の差の検定，第4回～第6回ヨーロッパ社会調査）

宗教性	N	幸福感の平均	標準偏差	平均値の標準誤差
低	2908	7.7750	1.57717	.02925
高	2252	7.9865	1.44616	.03047
差異（低－高）		−0.2115		

t 値＝5.007，p≤0.001

95％信頼区間	
下限：－.29430	上限：－.12869

注：事後層別法ウエイト（pspwght）による重み付けデータ
（訳注：括弧内はヨーロッパ社会調査のデータセットに収録されている変数名）

表5-3に示されるグループ間の差異はある程度確かなものではあるが、他方でそれらの差異は非常に小さく、両グループの幸福感の平均を予測する上で信頼が置けるほどのものではない。しかしながら、各グループの幸福感の平均を直接推定することは可能であり、その結果は表5-4に示した通りである。見ての通り、宗教的なスウェーデン人の方が幸福であるということが分かる。宗教性の高いグループの平均値が七・九九であ

るのに対して、そうでないグループは七・五五しかない。その差は〇・二一であり、有意水準〇・一パーセントで有意となる。

以上から、仮説11から仮説13は説得力をもって確証されたと言える。すなわち、世俗的なスウェーデンにおいてすら、他の要因が同じであれば、幸福感は宗教性に応じて上昇する（仮説11）。これらは疑似相関ではない。さらに、宗教的な人々は非宗教的な人々よりも幸福である（仮説12）。筆者の推定に従うならば、スウェーデン人のおおよそ四四パーセントにおいて、宗教性は幸福感に対して影響している。これは決して取るに足らないマイノリティの話ではない（仮説13）。以上を考慮する限り、宗教は不幸な人にとって助けとなるが、幸福な人にとっては無用の長物であるという説は退けられる。

四—三　第三の研究課題

最後の問いは、宗教性は発展レベルの低い貧しい国においてより大きい影響を持つのかというものである。その問いに答えるために、ここでは図5-2の最下部に位置する二カ国とスウェーデンとの比較を行う。ポーランドとハンガリーは医療制度への公的支出額が極めて低いということに留まらず、一人あたり国民総生産においてもかなり低い。

ここでは「宗教性」の各レベルの効果を別々に推定するという目的から、一〇個からなるダミー変数のセットを作成した。便宜上、これらの変数は「宗教性ダミー」と呼ぶこととする。これは、幸福感に対する宗教性の効果について線形効果など制約を課すことを避けるための手続きである。「宗教性ダミー」以外の決定因子については、表5-2と同様のものをそのまま新しい回帰モデルへ投入する。

またすでに述べてきたように、宗教的・非宗教的な人々ではいくつかの決定因子の影響の受け方が異なっている可能性がある。世帯収入と「快楽主義」は非宗教的な人々の幸福に対してより強く、「慈善の心」は宗教的な人々の幸福に対してより強く影響していると思われる。したがって、ここでは上記の三変数それぞれと、一一点尺度の「宗教性」変数を掛け合わせることによって交互作用項を作成した[17]。これらの交互作用項は、他のすべての変数を投入した後に交互作用項を投入し、説明される分散が有意に上昇した場合においてのみ最終的なモデルに収録される。

そして最後に、各国において未知の理由から各調査年度で幸福感のレベルが変化したかもしれないということも考慮に入れておこう。こうした理由から推定結果が歪むことを避けるため、ヨーロッパ社会調査の第四回調査および第五回調査に対応するダミー変数を作成した[18][19]。

宗教性変数の効果の大きさを評価するにあたっては、二つの異なった基準を用いる。一つは「宗教性ダミー」の非標準化効果の大きさであり、もう一つは決定係数の変化量である。宗教性の効果を過大評価してしまうことを避けるために、最初のステップで他の決定因子をすべて投入し、次のステップで「宗教性ダミー」を投入する[20]。それによって生じた決定係数の上昇のみを宗教性変数に帰するものとした。これは宗教性の効果を過小評価しがちな方法であり、それゆえ慎重な進め方であると言える[21]。

さて、各国についてそれぞれ回帰分析を実施した。表5-5にはその結果が提示されている。三つの交互作用項のうち、宗教性と世帯収入の交互作用項のみ二カ国において有意となった。また「慈善の心」と「快楽主義」との二項目については、最終的な推定からは除外されるかたちとなった。モデルによって説明される分散は大体二七パーセントから三〇パーセント程度である。表5-2において有意な回帰係数を示した項目のほとんどは、表5-5においても有意でありプラスマイナスの符号も一致している。三ヶ国全てにおいて女性の方が男性より

表 5-5　世俗的な社会(スウェーデン)，とても宗教的な社会(ポーランド)，適度に宗教的な社会(ハンガリー)における幸福感の規定要因：非標準化係数と有意水準(第4回～第6回ヨーロッパ社会調査)

			スウェーデン	ポーランド	ハンガリー
定数			1.989**	.138ns	−.773**
仮説3＋	ジェンダー(女性＝1)		.021ns	.100ns	.192**
仮説4＋	主観的健康状態		.587**	.618	.723**
仮説5U	中心化した年齢		.010**	−.001ns	.011**
	中心化した年齢二乗		.001**	.001**	.001**
仮説6＋	世帯収入(対数変換)		.337**	.823**	.789**
仮説7＋	対人信頼感		.129**	.108**	.196**
仮説8＋	パートナーとの同居		.637**	.802**	.203**
仮説9＋	社会的ネットワーク		.086**	.124**	.174**
仮説10a＋	自己決定		−.021ns	.041ns	−.015ns
仮説10b＋	快楽主義		.202**	.098**	.158**
仮説10c＋	達成		−.088**	.010ns	−.010ns
仮説10d＋	慈善の心		.093**	.134**	.000ns
仮説11	宗教性1)	宗教性＝1	.104ns	−.373ns	.089ns
		宗教性＝2	.093ns	.193ns	.055ns
		宗教性＝3	.042ns	.424*	−.107ns
		宗教性＝4	.206ns	.510*	.187ns
		宗教性＝5	.383**	.763**	.332*
		宗教性＝6	.350**	.929**	.559**
		宗教性＝7	.542**	1.140**	.660**
		宗教性＝8	.623**	1.522**	.867**
		宗教性＝9	.891**	1.888**	.695*
		宗教性＝10	.883**	1.963**	.847**
仮説14−	宗教性×世帯収入2)		−.024*	−.061**	−.022ns
	調査年ダミー3)				
		2008年調査	−	−.215**	
		2010年調査			.475**
調整済み R^2			.293	.269	.298
R^2 変化量(宗教性による)			.008	.029	.011
N			4485	4029	3564

*$p \leq 0.05$，**$p \leq 0.01$，ns＝5%水準で有意差無し(両側検定)

注：理論的にも重要な「世帯収入」と「宗教性」の交互作用項はすべての回帰モデルに含まれている一方，残りの二つの交互作用については，有意とならなかったため回帰モデルから除かれている。事後層別法ウエイト(pspwght)による重み付けデータ(訳注：括弧内はヨーロッパ社会調査のデータセットに収録されている変数名)。欠損値処理はリストワイズ法による。

1) 参照カテゴリは宗教性＝0

2) 変数Xと宗教性の交互作用項は「X×宗教性」となる。Xは仮説14では「世帯収入」，仮説15では「快楽主義」，仮説16では「慈善の心」となる。

3) 参照カテゴリは2012年調査(第6回調査)

もわずかに幸福だが、その効果が有意となったのはハンガリーのみであった。年齢二乗の効果については三ヶ国すべてで非常に類似している。しかし、ポーランドでは年齢の線形効果に負の符号が示されている。そのためポーランドではUカーブの形がわずかに異なる。これらの軽微な例外を除けば、仮説4から仮説9は三ヶ国すべてにおいて明確に確証されたと言える。

価値観との関連では、「快楽主義」のみ幸福感に対する正の効果が三ヶ国すべてにおいて有意であった。他方、自己決定はどの国でも有意とはならなかった。「達成」はスウェーデンにおいて有意な負の効果を有しているが、それ以外の国で有意な関係は認められなかった。「慈善の心」はスウェーデンとポーランドにおいて期待された通りの正の効果を有しているが、しかしハンガリーにおいて効果はない。

収入は幸福感に正の効果を与えるが、宗教性が高まることによってその効果は弱まる。この交互作用効果は三ヶ国全てにおいて負の符号を示したが、ハンガリーにおいては有意とならなかった[22]。とはいえ、これは予備的分析による暫定的な結果に過ぎない。

幸福感は宗教性が増せば高まるが、国によってその関係性のかたちはやや異なる。宗教性と世帯収入の交互作用についてはひとまずおいて、ここでは表5-5に示されている「宗教性ダミー」の非標準化回帰効果についてのみ焦点を絞りたい。ポーランドでは「宗教性ダミー」の効果は、宗教性が高まるにつれて、低い値から一・九六あたりまでほぼ線形に上昇していく。他の二カ国に関してはもう少し不規則なパターンが示されているものの、大まかに見れば単調的な増加が見て取れる。図5-4の横軸には宗教性の一一段階が表されており、縦軸には非標準化回帰効果が対応している。横軸の各段階においては次の三ヶ国に対応する効果が推定されている。一つはハンガリー(丸印)、もう一つはポーランド(三角形)、最後にスウェーデン(菱形)である。ポーランドでは効果の幅が最も広く大きいことが明らかに見てとれよう。ハンガリーとスウェーデンでは推定値の変動はとても小さく、

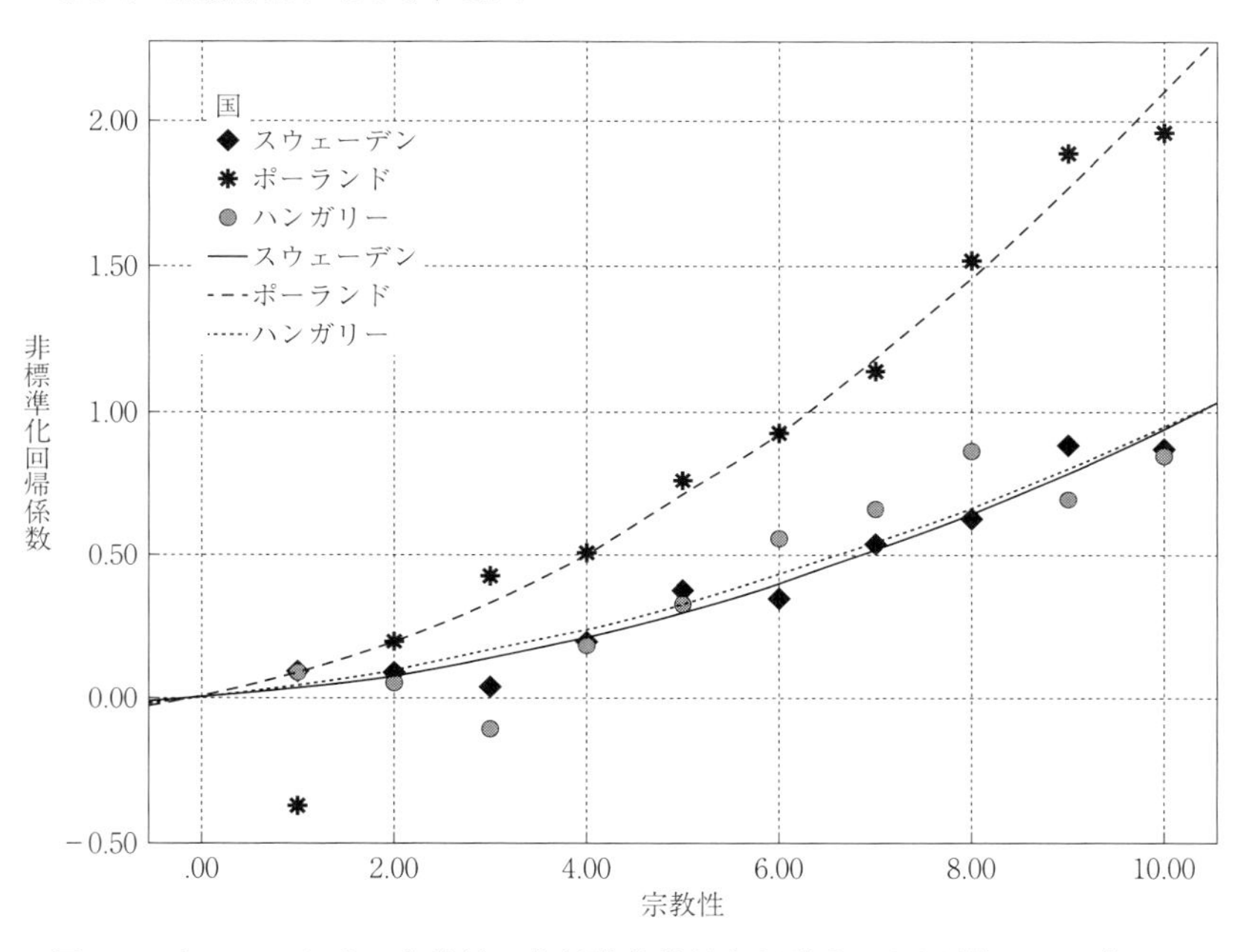
国
スウェーデン
ポーランド
ハンガリー
スウェーデン
ポーランド
ハンガリー
2.00
1.50
1.00
0.50
0.00
－0.50
非標準化回帰係数
.00
2.00
4.00
6.00
8.00
10.00
宗教性

図 5-4　表 5-5 における宗教性の非標準化効果を視覚化した図（第４回～第６回ヨーロッパ社会調査）

注：事後層別法ウエイト（pspwght）による重み付けデータ
（訳注：括弧内はヨーロッパ社会調査のデータセットに収録されている変数名）

またその推定値は相互ににかよっている。両国の回帰係数の近似曲線はほとんど一致していると言ってよい。以上から宗教性の幸福感に対する影響は、経済発展のレベルの低い国々の中でも異なると、ひとまず結論できよう。宗教性はポーランドにおいてかなり強い効果を有しており、他方でハンガリーではその影響は比較的小さい。その意味ではスウェーデンの方がハンガリーと類似している。

図５-４では、宗教性と世帯収入の交互作用効果は考慮されていない。では、交互作用効果を含めたとしてその結果は大きく変わるだろうか。収入や宗教性のレベルが低い場合について言えば、上記の交互作用効果はほとんど無視できるくらいである。両変数のレベルが高い場合でも、さほど大きな効果があるわけではないものの、収入の主効果にわずかな低

減が生じる。つまり、とても宗教的な人々においては、収入が幸福感に与える影響が小さくなることを意味する。しかしながら、ハンガリーとスウェーデンにおける交互作用効果は非常ににかよっているので、二国間の差はなお大きくはならないだろう。依然としてポーランドよりもスウェーデンの方がハンガリーと類似している。

これは第二の基準である決定係数についても同様である。該当する情報が表5-5の最下部に示されている。ポーランドの場合、モデルから説明される分散は「宗教性ダミー」を投入することによって二・九%上昇する。ハンガリーの場合は一・一%、スウェーデンでは〇・八%である。これはけして目を見張るような差異ではない。多変量モデルにおける宗教性の影響は常にかなり小さいものとなったが、その結果はわたしたちの予測と一致している。ポーランドにおいて宗教性が負荷的に説明する分散は、ハンガリーにおけるそれの二・五倍以上であり、スウェーデンにおけるそれの三・五倍以上である。

五　考察と結論

宗教性が幸福感に対してわずかながらも有意な効果を持つという仮説は、宗教社会学において長らく確かな知識とされてきた。ダイナー、テイ、マイヤース(Diener, Tay, & Myers 2011)の研究は宗教性の影響が経済発展・生活の質のレベルが相対的に低い「困難な状況下」にある社会に限定されていることを示し、この確立されたかのように見える知識に問いを投げかけるものであった。西ヨーロッパおよび中央ヨーロッパでは顕著に貧しい国というものはない。しかし一〇年も遡れば、豊かな西ヨーロッパ北部と南部および旧共産主義圏との間には依然として大きな差があった。それは一人あたり国民総生産に限った話ではなく、特に社会保障や医療の側面についても当てはまる話である。医療制度への一人あたり公的支出額を見ると、北欧諸国の額は上記の貧しい国々における額の約四倍であった。二〇〇八年、二〇一〇年、二〇一二年の三つのヨーロッパ社会調査横断データには、そのほとんどがEU圏内の先進性に高低のある社会を収録している。そのため、比較可能なデータセットの中でも最も良質なものを用いた二次分析から、発展のレベルが異なる社会における宗教性の影響を検討することが可能となった。

宗教性が人々をあらゆる苦しみから解放してくれるわけではないことは、すでにグラフを用いた予備的分析で示した通りである。より正確に言えば、とても宗教的な人々でも、健康状態が優れなかったり、発展レベルの低い国で暮らしたりしている場合には、ヨーロッパの先進社会で暮らす非宗教的な人々よりも幸福感は低いままである。しかしながら、最初に分析を行なったヨーロッパ一六カ国の内、ほとんどの国において、宗教性が最も高い部類の人々は平均として最も幸福であるということも明らかになった。

多変量解析においては、さらに詳細に宗教性の効果を検討した。もし全対象国をまとめたプール・データを用いて分析をするとすれば、国ごとに異なる宗教伝統や社会制度の特徴を測定するための交互作用などを考案したりなど、非常に複雑なデザインが求められることになるだろう。それゆえ本研究では、国ごとの比較に限定することにした。幸福感に対する宗教性の影響が消えてしまうとすれば、それはスウェーデンのように豊かで通常世俗的と見なされる国で起こるべきである。宗教性の自己評価の指標を用いた分析では、スウェーデンにおいてさえ宗教性は幸福感への効果を保ち続けていることが示された。スウェーデン人の多数派にとって、幸福感とは宗教性に依存するものではない。しかし他方で、四〇パーセント以上のスウェーデン人が宗教に共感的なのである。そして、後者のグループにおいては宗教性が幸福感に対して持つ有意な効果が認められた。また、両者を相互に比較した場合、宗教的なグループは平均的により幸福であることも発見された。

この結果はダイナー、テイ、マイヤース(Diener, Tay, & Myers 2011)の知見と明らかに矛盾しているが、ポーランドやハンガリーのようなそれほど先進的でない国々とスウェーデンとを比較した場合には一致していると言える。決定係数の変化量を基準とするならば、それらの非先進的な社会において宗教が幸福感に与える影響はスウェーデンにおけるそれよりも若干大きい。とはいえ、この差はさほど大きなものではない。宗教性の非標準化効果について言えば、それはポーランドにおいて最も大きく、ハンガリーとスウェーデンでは非常に類似した結果となった。これらの効果は、交互作用項をモデルに含めたときに比較可能な差異にはならない。

統制変数について言えば、そのほとんどが理論と一致した効果を示した。幸福感は主観的健康状態に強い影響を受け、世帯収入に応じて単調増加し、年齢とは曲線的な関係にある。ソーシャル・キャピタルと社会統合の指標も、理論的に期待された通りの正の効果を示した。しかし価値観の効果に関する仮説に限って言えば、そのほとんどが反証される結果となった。サギフとシュワルツ(Savig & Schwartz 2000)とは対照的に、本研究では三ヶ国すべてにおいて「快楽主義」が有意かつ正の効果を有していることが認められた。「慈善の心」の正の効果はポーランドにおいてのみ有意であった。「達成」はスウェーデンにおいて負の効果を示しており、これはこの指標が内発的な志向を測定するものではないことを示唆しているのかも知れない。

以上の結果を踏まえた上で、わたしたちは宗教性によって幸福へ至る経路と宗教性なしに幸福に至る経路、あるいはそれとは別の経路について何を語れるのだろうか。スウェーデンにおいて非宗教的な人は宗教的な人とほとんど同じくらい幸福である。しかし宗教性以外の変数に関して、一方のグループで非常に高いスコアを示し、もう一方のグループで非常に低いスコアを示すようなものは見出せなかった。また、各グループの幸福感がそれぞれ異なった価値観に基づいているということも示せなかった。「自己決定」はまったく有意にはならなかった。「快楽主義」は両グループにおいて同様の効果を示している。確かに、「快楽主義」は非宗教的グループでより一般的に見られ、「慈善の心」は宗教的グループでより見られる。しかしその差は非常に小さく、幸福感に大きな違いを予測することはできない。欠乏と困窮の時代を別とすれば、宗教的な人々はあまり金銭を重要視していないようで、ゆえに富から得る満足度が低いようである。マルクス主義的な観点からすれば、宗教性は今も物質的欲求を抑圧しており、幸福へと至る正しい道を覆い隠しているのだという議論も考えられる。しかしながら、宗教的なスウェーデン人の方が非宗教的なスウェーデン人よりもわずかに幸福だという事実を考慮すれば、マルクス主義的な言明が説得力を持つとは言い難い。現時点では、宗教性によってのみ幸福になるのはなかなか困難だが、最終的には報われるのだと言えるだろう。

いくつかの留意点についても触れておく必要がある。ほとんどの実験計画法的な方法を採用していない幸福感の研究と同様に、本章では因果関係の問題を解くことはできない。因果関係の方向については、ほぼすべての幸福感の決定因子に関して双方向的な問題がある。幸せな人ほど健康的になり、より給料の良い仕事に就き、より容易にパートナーと出会い、より容易に社会的ネットワークに溶け込んでいくだろうといった具合である。こうした因果関係は両方向に作用し得るものであり、決定因子から幸福感に対して作用することもあれば、その逆も考えられる。この点について、本章では単純化して単一方向の因果関係を仮定することにしている。もう一つの問題は、独立変数における因果関係の順序である。宗教的な人の方がより健康的であるが、経済的にあまり成功していないということなら、宗教は幸福感に間接的な効果を及ぼしていると考えることもできる。本章では以上のような間接効果を退けている。その主な理由は、そうした間接効果が依然として理論的に疑わしいものだからである。たとえば、宗教性は経済的な成功に寄与しているように見えることもあれば、それとは逆の効果があるようにも見える。

さらに付け加えるならば、本章での二次分析においては、特に心理学的な変数など他の研究において有意な効果が示されてきた決定因子の多くが含まれていない。とはいえ、そうした変数の因果関係上の位置付けもしばしば疑わしいものであることは事実である。宗教的社会化理論の枠組みから見れば、自己決定のような変数は宗教的教育の帰結であるようにも見えるし、決定理論の枠組みから見ればそれは宗教的選択に先立つものであるようにも見える。とはいえ、それらの諸変数も分析に含めた方が良いに越したことはない。

これは測定の問題にも関わってくる。ウェルビーイング、幸福感、生活満足度に関するこれまでの膨大な研究とは対照的に、本章では幸福感と生活満足度と主観的ウェルビーイングといったものを区別することもなければ、複雑な測定手法を採用することもしなかった。むしろ本章では、長期・感情的・認知的な志向を測定するため、二つのシンプルな尺度からなる指標を作成している。その指標はとても良い働きをしてくれたものの、幸福の一部分しか説明していないだろう。

また、多くの独立変数に改善の余地がある。それは収入変数に特にあてはまり、これは国際研究にとっての大きな課題でもある。第一の理由は、全対象者のおよそ二〇パーセントにおいて収入に関する情報が欠けていること。第二の理由は、国によって世帯の定義が異なること。第三の理由は、多くの場合、異なる国の人同士で収入の比較ができないことである。本研究では対象者を十分位で分類しており、国内での良質な比較を可能にしてくれる。しかし、スウェーデンで十分位の一番上にいる対象者が、ハンガリーで同じ位置にいる人よりもたくさん稼いでいるかということや、だとすればどれくらいたくさん稼いでいるのかということについては不明である。

他の変数についても見直しは可能である。たとえば、本章ではネットワークとの接触やパートナーシップについて測定を行なっているが、そうした関係性の質や対象者がその関係にどれだけコミットしているかということについては何も分からないままである。また、ネットワークのタイプを区別することもできていない。

こうした文脈でおそらく最も興味深いのは、本研究とダイナー、テイ、マイヤース(Diener, Tay, & Myers 2011)

の研究における宗教性の尺度の違いである。宗教性の自己評価は、特定の宗教を指し示すものではない。自身が宗教的であると述べる対象者は、必ずしも教会や宗教団体に所属しているわけではない。とはいえ、たとえばカトリックの国の人が、宗教的であるということとカトリック的な宗教性とを同一視しているということはむろんあり得る。残念ながらそれを確認することはできないが、主流の宗教に所属していない人々でも、宗教性をより広い意味で理解していると予測可能である。図5-3を見ると多くの人々がそうした理解を有しているということが示されている。この人たちはまったく祈らず、まったく礼拝に出席しないにも関わらず、自分たちについて「まったく宗教的でない」とは述べないのである。したがって、本章では多少曖昧であるものの、より広範できめ細かい宗教性の尺度を採用していると言える。

　本調査とは対照的に、ダイナーらの国際的研究では、日常生活における宗教の重要性と礼拝参加という二つの質問項目が採用されている。第一の項目は、社会の機能分化に従属するものである。高度に分化したサブシステムの中にあって、日常生活の中で神や宗教について言及しなければならない機会はめったにない。したがって、社会が近代化すれば宗教の重要性が低下するということが予測できる。宗教参加についても同様のことが言える。社会移動の増加とグローバル化の進展は、定期的な礼拝参加をますます困難なものにしていく。付け加えておくならば、宗教実践のあり方は宗教や文化によって大きく異なるので、宗教参加はやや偏った宗教性の尺度であると言える。ほとんどの場合、ヨーロッパではプロテスタントの方がカトリックよりも礼拝出席の頻度が少ない。また宗教によっては、女性の方がより頻繁に宗教的礼拝に参加し、それ以外ではそうでもないということもある[23]。本研究における知見は、宗教参加がかなり低い国においても、宗教性の影響があることを実証している。礼拝での定期的な会合は、豊かなヨーロッパ社会においても依然重要だろう。しかしながら、現時点では宗教性のどのような構成要素が人々の幸福感に寄与しているのかということについて完全に解明されてはいないのである。

注

(1) (訳注)訳文では読みやすさを考えて文脈に応じて「幸福」「幸福感」と訳語を使い分けているが、いずれも原文では happiness あるいは happy であり同一の概念として用いられている。

(2) 主観的ウェルビーイングに関する文献では、これらの構成要素は区別して測定されることもある。幸福感の認知的・長期的な構成要素はいわゆる人生のふりかえり(life evaluation)によって測定されるのに対して、感情的・短期的な構成要素はポジティブあるいはネガティブな感情によって測定される(cf.たとえば Diener et. al. 2011)。しかし本章ではそうした区別を行わない。

(3) もし主観的ウェルビーイングのタイプを三つ──人生のふりかえり、ネガティブな感情、ポジティブな感情──に区別するとすれば、本章で用いる概念は一つ目に最も近いと言えよう(cf. Diener, Tay, Myers 2011)。

(4) 神学者や宗教者、宗教学者などは、宗教的幸福がこの世の報酬から得られる満足とはまったく異なるものであること述べるだろう。しかし、宗教的幸福(至福)について測定する尺度がないので、経験的にこの問題を検討することができない。

(5) イムとパットナム(Lim & Putnam 2010)によれば、アメリカでは会衆内ネットワークが強い宗教的アイデンティティーと結合することで、それが宗教的幸福の唯一の源泉になるという。これもまた、他のネットワークが宗教的ネットワークに完全に取って代わることができないことを示唆していると言えよう。

(6) 「世俗的」という用語は多様な意味を持つものだが、ここではシンプルに次のような基準を採用している。すなわち、宗教的な人々の割合が低い時、その国を世俗的な国と呼んでいる。

(7) 経済学者の観点からすれば、男性よりも収入が少ないにもかかわらず女性の方が幸福であるというのは、パラドックスのように見えるかもしれない。加えて、アメリカではジェンダーによる賃金格差の縮小期に女性の生活満足度が低下したという話や(Stevenson & Wolfers 2009)、スイスではよりリベラルな地域に住んでいる女性の方が生活満足度は低いという話(Lalive & Stutzer 2010)もある。とはいえ、若い女性たちが主婦になり、家族のケアに従事しようと考えている限り、ジェンダー間の賃金格差はさほど気にされないだろう。彼女たちの幸福が減じるのは、彼女たちの期待と利用可能な資源との間に葛藤が生じた場合である。

(8) 通常、健康満足度に関する質問項目は生活満足度と高い相関関係にあり、生活満足の指標の一つとしても用いることができる。他方、ヨーロッパ社会調査では健康状態について尋ねており、それは健康満足度とは異なる。

(9)　この研究では認知的なウェルビーイングの尺度が幸福感の尺度とかなり一致している。

(10)　著者によれば、幸福感は刺激(stimulation)と正の相関関係にあり、安全、権力、伝統、同調とは負の相関関係にあるという。

(11)　しかしながら、データセットに収録されている達成価値観の指標を見ると、それが内発的動機を測定するものであるかどうかは疑わしい。

(12)　国ごとに該当する相関係数の値は異なり、最小でポルトガルの〇・五七、最大でスウェーデンの〇・七四となる。

(13)　イギリスでは百二十歳を超えるとされる対象者が二人おり、この人たちを分析から除外している。

(14)　全体をプールしたデータセットでは、非宗教的な人々は二三パーセント、とても宗教的な人々は一八パーセントほどになる。それとは対照的に、非常に宗教的な国であるポーランドにおいて非宗教的な調査対象者はたったの五パーセントであり、スウェーデンにおいてとても宗教的な人はたった九パーセントであった。

(15)　他にも、人々のウェルビーングに関連し、同様の目的のために用いることのできるマクロ指標はたくさんある。しかし、たとえば仮に一人あたり国民総生産のような、より広範に経済的状況を表す指標を選んだところで、図5-2と非常に類似した順位に至る。一般的に使用されている経済指標は、いずれも国民の幸福感に対する国の社会基盤の恩恵を完全に反映してくれるものではない。しかし、ここでの目的について言えば大体事足りると言って良いだろう。公的支出の項目はよい指標となっている。

(16)　統計手法的な理由と解釈を容易にするという目的から、年齢変数(線形のものと、二乗したものの二通り)については中心化を行なった上でモデルに投入している。第一にそうすることで両変数の相関が大きく下がるので、多重共線性の問題が生じるのを避けることができる。さらに加えて、分析結果から曲線形を読み取るのが容易になるという利点もある。

(17)　変数Xと宗教性との交互作用項は「X×宗教性」という計算式によって求められるが、これはいずれの宗教性レベルにおいてもXに対する幸福感の回帰線の傾きが同一であるという仮定の上に立っている。しかし、こうした交互作用項の求め方は多重共線性の問題を生じさせるため、これ以上に制限の少ない交互作用項によって正確な推定を行うことは概ね不可能と言ってよいだろう。

(18)　これらのダミー変数はスウェーデンのサンプルにおいて有意ではなかったため、表5-2には記載されていない。

（19）ヨーロッパ社会調査（第六回）は参照カテゴリーとして定義される。

（20）なお、ここでの計算には交互作用項は含まれていない。

（21）幸福感についての回帰分析で、「宗教性ダミー」のみを投入したモデルの決定係数を宗教性の影響として解釈するならば、宗教性の影響に関する評価は通常大きくなる。

（22）この交互作用項の許容度は〇・四を下回っており、それゆえ「宗教性ダミー」や「世帯収入」との多重共線性の問題が示唆される。

（23）もしイムとパットナム（二〇一〇）の知見がすべての宗教に適用できるものであり、信徒間の友情が主として礼拝の場で結ばれるものであるとするならば、当然のごとく宗教参加の測度はこの上なく重要なものとされるだろう。しかし、宗教性の幸福感に対する影響が宗教を介した友人・パートナー関係からの恩恵に基づいているという仮説について筆者は懐疑的である。また、宗教的ネットワークを介した統合が移民国家であるアメリカにおいて重要な役割を果たしてきたことも考慮に入れておく必要がある。

参考文献

Aknin, Lara B., Christopher P. Barrington-Leigh, Elizabeth W. Dunn, John F. Helliwell, Justine Burns, Robert Biswas-Diener, Imelda, Kemeza, Paul Nyende, Claire E. Ashton-James, Michael I. Norton. 2013. "Prosocial spending and well-being: cross-cultural evidence for a psychological universal." *Journal of Personality and Social Psychology* 104: 635–652.

Angner, Erik, Jennifer Ghandhi, Kristen Williams Purvis, Daniel Amante, Jeroan Allison. 2013. "Daily Functioning, Health Status, and Happiness in Older Adults." *Journal of Happiness Studies* 14: 1563–1574.

Argyle, Michael. 2001. *The psychology of happiness*. London: Routledge.

Blanchflower David G. and Andrew J. Oswald. 2004. "Well-Being Over Time in Britain and the USA." *Journal of Public Economics* 88: 1359–86.

Blanchflower David G. and Andrew J. Oswald. 2008. "Is Well-Being U-Shaped Over the Life Cycle?" *Social Science & Medicine* 66:

1733–49.

Blanchflower David G. and Andrew J. Oswald. 2012. "The U-shape without controls: A response to Glenn." *Social Science & Medicine* 69 (2009) 486–488.

Bjørnskov, Christian. 2008. "Social Capital and Happiness in the United States." *Applied Research Quality Life* 3: 43–62.

Cohen, Adam B., John D. Pierce, Jacqueline Chambers, Rachel Meade, Benjamin J. Gorvine, Harold G. Koenig. 2005. "Intrinsic and extrinsic religiosity, belief in the afterlife, death anxiety, and life satisfaction in young Catholics and Protestants." *Journal of Research in Personality*, 39: 307–324.

Diener, Ed, Louis Tay and David G. Myers. 2011 "The religion paradox: If religion makes people happy, why are so many dropping out?" *Journal of Personality and Social Psychology*, 101 (6): 1278–1290.

Diener, Ed, Sarah D. Pressman, John Hunter, Desiree Delgadillo-Chase. (2017) "If, Why, and When Subjective Well-Being Influences Health, and Future Needed Research." *Applied Psychology: Health and Well-Being*, 2017: 9(2): 133–167.

Donahue, Michael J. 1985. "Intrinsic and extrinsic religiousness: Review and meta-analysis." *Journal of Personality and Social Psychology*, Vol 48(2), 400–419.

Dunn, Elizabeth W., Lara B. Aknin and Michael I. Norton. 2008. "Spending money on others promotes happiness." *Science* 319: 1687–1688.

Ellison, Christopher G., David A. Gay and & Thomas A. Glass. 1989. "Does religious commitment contribute to individual life satisfaction?" *Social Forces*, 68: 100–123.

European Social Survey Round 4-6 Data, 2008, 2010 and 2012. Cumulated File Edition 1.1, 2016. Cumulation of the files ess4, edition 4.3, ess5, edition 3.2, and ess6, edition 2.2. Norwegian Social Science Data Services, Norway - Data Archive and Distributor of ess Data.

Frey, Bruno S. and Alois Stutzer, A. 2002. *Happiness and Economics. How the Economy and Institutions Affect Well-Being.* Princeton: Princeton University Press.

Frijters, Paul and Tony Beatton, 2012. "The mystery of the U-shaped relationship between happiness and age." *Journal of Economic Behavior & Organization* 82: 525–542.

Glenn, Norval D. 2009. "Is the apparent U-shape of well-being over the life course a results of inappropriate use of control variables? A commentary on Blanchflower and Oswald (66: 8, 2008, 1733-1749)." *Social Science & Medicine*, 69: 481–485.

Greeley, Andrew. 1995. *Religion as poetry*. New Brunswick/London: Transaction Publishers.

Inglehart, Ronald. 1990. *Culture Shift. In advanced industrial society*. Princeton: Princeton University Press.

Inglehart, Ronald. 1997. *Modernization and postmodernization. Cultural, economic, and political change in 43 societies*. Princeton: Princeton University Press.

Inglehart, Ronald & Christian Welzel. 2005. *Modernization, cultural change, and democracy. The human development sequence*. Cambridge: Cambridge University Press.

Jagodzinski, Wolfgang. 2010. "Economic, social, and cultural determinants of life satisfaction: Are there differences between Asia and Europe?" *Social Indicators Research*, 97: 85–104.

Jagodzinski, Wolfgang. 2011. "Autonomy, religiosity and national identification as determinants of life satisfaction: A theoretical and empirical model and its application to Japan." *Contemporary Japan*, 23: 93–127.

Jagodzinski, Wolfgang and Karel Dobbelaere. 1995. "Secularization and church religiosity." pp. 76-119 in *The Impact of Values (Beliefs in Government, Volume 4)*, edited by Jan van Deth and Elinor Scarbrough, Oxford: Oxford University Press.

Kassenboehmer, Sonja C. and John P. Haisken-DeNew. 2012. "Heresy or enlightenment? The well-being age U-shape effect is flat!" *Economics Letters*, 117: 235-238.

Lalive, Rafael and Alois Stutzer 2010. "Approval of equal rights and gender differences in well-being." *Journal of Population Economics* 23(3): 933–962.

Lazarsfeld, Paul F. and Herbert Menzel, 1970. "On the relation between individual and collective properties." pp. 422-440 in *Complex organizations*, edited by Amitai Etzioni. 2d revised edition. New York: Holt, Rinehart & Winston.

Lim, C. & R. D. Putnam, 2010, "Religion, Social Networks, and Life Satisfaction," *American Sociological Review*, 75(6): 915–33.

Luhmann, Maike, Wilhelm Hofmann, Michael Eid, and Richard E. Lucas. 2012. "Subjective Well-Being and Adaptation to Life Events: A Meta-Analysis on Differences Between Cognitive and Affective Well-Being." *Journal of Personality and Social Psychology*, 102: 592–615.

Luhmann, Niklas. 1982. *Funktion der Religion*. Frankfurt: Suhrkamp.

Luckmann, Thomas. 1967. *The invisible religion: the problem of religion in modern society*. New York: Macmillan.

Maltby, John, Christopher A. Lewis, and Liza Day. 1999. "Religious orientation and psychological well-being: The role of the frequency of personal prayer." *British Journal of Health Psychology*, 4: 363–378.

Moriyama, Yoko, Nanako Tamiya, Nobuyuki Kawachi and Maja Miyairi. 2018. "What makessuper-aged nations happier? Exploring critical factors of happiness among middle-aged men and women in Japan." *World Medical & Health Policy*, 10: 83–96.

Myers, David G. 1993. *The Pursuit of Happiness. Discovering the Pathway to Fulfillment, Well Being, and Enduring Personal Joy*. New York: Avon Books.

Sagiv Lilach and Shalom H. Schwartz (2000) "Value priorities and subjective well-being: direct relations and congruity effects." *European Journal of Social Psychology* 30(2): 177–198.

Schwartz, Shalom H. (2007a) "Chapter 7: A proposal for measuring value orientations across nations." Online publication: https://www.europeansocialsurvey.org/docs/methodology/core_ess_questionnaire/ess_core_questionnaire_human_values.pdf

Schwartz, Shalom H. (2007b). "Value orientations: measurement, antecedents and consequences across nations." pp. 169-203. in *Measuring Attitudes Cross-Nationally: Lessons from the European Social Survey*, edited by Roger Jowell, Caroline Roberts, Rory Fitzgerald and Gillian Eva. G. London: Sage Publications.

Schwartz, Shalom H. 2017. "The Refined Theory of Basic Values." Pp. 51-72 in *Values and Behavior: Taking a Cross Cultural Perspective*, edited by Sonia Roccas and Lilach. Sagiv, Springer.

Stark, Rodney. 1999. "Micro Foundations of Religion: A Revised Theory." *Sociological Theory* 17: 264–289.

Stark, Rodney and Jared Maier. 2008. "Faith and happiness." *Review of Religious Research*, 50: 120–125.

Stark, Rodney and William S. Bainbridge. 1985. *The future of religion*. Berkeley: University of California Press.

Stark, Rodney and William S. Bainbridge. 1987. *A theory of religion*. New York: Lang.

Stevenson, B. and Wolfers J. (2009) "The paradox of declining female happiness," in *American Economic Journal: Economic Policy*, 1(2): 190–225.

Stutzer, Alois and Bruno S. Frey. 2006. "Does Marriage Make People Happy, or Do Happy People Get Married?." *The Journal of*

Socio-Economics 35: 326–347.

Veenhoven, Ruut. 1991. "Is happiness relative?" *Social Indicators Research*, 24, 1–34.

Veenhoven, Ruut. 1994. "Is happiness a trait? Tests of the theory that a better society does not make people any happier." *Social Indicators Research*, 32: 101–160.

Veenhoven, Ruut 2003. "Hedonism and happiness." *Journal of Happiness Studies* 4: 437–457.

Veenhoven, Ruut 2005. "Sociological theories of subjective well-being." pp. 44-61 in *The Science of Subjective Well-being: A tribute to Ed Diener*, edited by Michael Eid and Randy Larsen. New York: Guilford Publications.

Veenhoven, Ruut. 2008. "Healthy happiness: effects of happiness on physical health and the consequences for preventive health care." *Journal of Happiness Studies* 9: 449–469.

Veenhoven, Ruut. 2009. "How do we assess how happy we are? Tenets, implications and tenability of three theories." Pp. 45-69 in *Happiness, economics, and politics: towards a multidisciplinary approach*, edited by Amitava K. Dutt and Benjamin Radcliff. Cheltenham, UK: Edward Elgar Publishers.

Welzel, Christian. 2013. *Freedom Rising. Human Empowerment and the Quest for Emancipation*. New York/Cambridge: Cambridge University Press.

World Health Organization (WHO). Public expenditure on health, purchasing power parity (USD) per capita, WHO estimates for 2012. https://gateway.euro.who.int/en/indicators/hfa_571-6722-public-expenditure-on-health-ppp-per-capita-who-estimates/

Zweig Jacqueline S. 2015. "Are Women Happier Than Men? Evidence From the Gallup World Poll." *Journal of Happiness Studies* 16: 515–41.

第六章　日本の宗教とウェルビーイング

櫻井義秀・清水香基

一　調査の企画と構成

一―一　日本の宗教文化

日本において現代宗教は人々のウェルビーイングに貢献しているのだろうか。この設問に社会学的観点から説明を加えるのであれば、宗教活動が醸成するソーシャル・キャピタルとソーシャル・サポートから答えるのがわかりやすいし、本筋だろう。日曜礼拝や祈禱会など週単位の行事や聖職者による牧会活動が頻繁になされるキリスト教では、この説明が可能である(Ellison 1991; Lim, C. & R. D. Putnam 2010)。しかし、日本の伝統宗教では、総代他一部の人々を除けば、神社や寺院に訪れる機会は祭礼や法要などに限られる。神職や住職がうまく音頭を取らないと崇敬者や檀信徒同士で横につながりを持つことも少ないのではないか。中山間地域の神職や住職は地域の世話役でもあり、種々の相談事を高齢者から受けることが多いと思われるが、都市部では双方にかなりの距離があるだろう。

もちろん、日本にもカトリック、プロテスタント諸教派、正教のキリスト教会が存在し、新宗教でも指導者による信者への心理的サポートや信者集団によるソーシャル・サポートに優れた団体がある。しかし、そこに関わる人々は社会の多数派ではない。無宗教・無信仰を自認する人々が七割方を占める日本において、地域の祭礼や先祖祭祀・死者供養の法要、種々の年中行事や通過儀礼だけに参加する人は多く、これらの人々は自身が意図して宗教行為をしているとは考えていない。このような宗教文化圏の日本において総合的社会調査を行い、宗教意識や宗教的行為とウェルビーイングとの関連を問うのであれば、ソーシャル・キャピタルとソーシャル・サポートの観点を補完する、もしくは、それとは別のメカニズムを想定する必要がある。

宗教団体への所属や教団内部の社会関係は観察可能であり、説明力も高い概念なので社会科学者には好まれる。他方で、宗教学や心理学は、宗教性そのものがウェルビーイングに寄与しているという説明に魅力を感じるかもしれない。それは宗教の教説に救済の論理が組み込まれ、儀礼行為が感情的高揚やカタルシスを導くことからも言えそうである。信じる行為自体がコーピングとなる。また、古都の名刹、修験の行場、遍路道などを巡ることで英気を養うことも大いにありうることである。このように宗教文化に内在する癒やしの効果を強調することも可能なのだが、このような伝統的宗教行為に対する感受性は個人差が大きいことが予想される。総合的社会調査では、個別具体的な個人の経験からではなく、一般的な傾向として可能な限り、ウェルビーイングと関連する意識や行為を探っていくことが重要である。

この章では、二〇一七年六月に全国の一二〇〇人を対象とした総合的社会調査に基づいて日本の宗教とウェルビーイングとの関連を考察する。そのために、ウェルビーイングを主観的幸福感として調査可能な操作概念の側面でとらえることとし、同時に宗教意識や宗教行為も具体的に設定する必要がある。以下では、調査の設計と調査項目について説明を加えていきたい。

一―二　調査実施の概要

本調査では、株式会社日本リサーチセンターの提供するサービス・プログラム「ＮＯＳ全国個人オムニバス・サーベイ」を利用して自分たちの設問を組み込む調査を企画した。(1) 二〇一七年四月に同社と契約を結び、五月中旬に調査票を入稿し、六月に調査を行った。サンプリングの方法や調査票の回収方法などは、次に示す通りである。

調査期間　二〇一七年六月二日(金)～六月一四日(水)の一三日間
対　　象　全国一五歳から七九歳までの男女一二〇〇人(一地点六人×二〇〇地点)
調査地点　二〇〇地点を地域・市郡規模別の各層に比例配分した
標本抽出法　住宅地図データベースから世帯を抽出し、個人を割り当て
調査方法　調査員による個別訪問留置調査法

なお、調査対象者への調査協力依頼は、株式会社日本リサーチセンターに登録されている専門の調査員によって実施された。(2) 回収された標本データの地域および属性の分布については、表6-1に示す通りである。地域区分、都市規模、性別、年齢別に見ても、他の大規模な調査に対して遜色なく、ある程度代表性のあるデータが回収できたと言えるだろう。

表 6-1

性別		年齢						
男性	女性	15-19 歳	20-29 歳	30-39 歳	40-49 歳	50-59 歳	60-69 歳	70-79 歳
49.7%	50.3%	5.9%	12.4%	16.2%	17.8%	15.3%	18.5%	13.9%

地域					都市規模			
北海道 東北	関東	中部 北陸	近畿	中国・四国 九州	21 大都市	人口 15 万人 以上の都市	人口 15 万人 以下の都市	郡部
12.0%	36.0%	16.0%	16.0%	20.0%	28.5%	31.5%	30.5%	9.5%

一―三　調査項目

本調査では質問紙調査の方法を用いた。調査票の作成にあたって次の四点を考慮したうえで具体的な項目を選定した。

①「信仰の有無」や「宗教的アイデンティティ」といった、欧米の宗教社会学研究で用いられてきた宗教性の測度が「日本の宗教文化の意識・実践を把握できていない」というこれまでの指摘（櫻井 二〇一七、横井・川端 二〇一三、渡辺・黒崎・弓山 二〇一一）をふまえ、また、「日本人の宗教性」（金児 一九九三、一九九七）や「日本人の素朴な宗教的感情」（林 二〇〇六、二〇〇七）といった「これまで日本人に固有の宗教性とされてきたもの」（真鍋 二〇〇九）を射程に入れたうえで宗教項目の事項を考案すること。

②主観的幸福感については、単に全般的・一般的な「幸福感」や「生活満足度」のみを尋ねるだけではなく、それらの項目に対する個々の回答がなされた背景も含めて検討することができるように、「人生における過去の幸福感」や、「家庭生活」や「経済状況」などの「生活の各側面における個別の満足度」についての質問も行うこと。

③宗教に関する意識や行動が、主観的幸福感に対して与える影響が、直接的なも

のであるか、あるいは間接的なものであるかというメカニズムについての検討を可能にしたいという目的から、すでにこれまでの研究で主観的幸福感と有意な相関が確認されてきた質問項目（Delhey & Steckermeier 2016）、たとえば「主観的健康（健康状態）」「一般的信頼（ソーシャル・キャピタル）」「世帯収入（生活の客観的なゆたかさ）」といった諸項目を収録すること。

④それぞれの項目に対する対象者の回答行動が示す、社会学的な意味の「次元」（Hall 1966=1970）を理解するために、必要十分な社会属性項目を選定すること。

上記の方針に基づいて先行研究を参照しながら質問項目の取捨選択を行ない、最終的に以下の四つの領域と質問項目を設定した。

（1）幸福感・満足度
・現在の主観的幸福感
・一一歳から一二歳の頃の主観的幸福感
・生活満足度
・生活の各側面の満足度（家庭生活／家計状態／健康状態／仕事／生活水準／住宅／人間関係／学歴／受けてきた教育の内容／余暇の過ごし方）

（2）宗教に関する意識や行動、経験
・宗教的行動（初もうで／盆や彼岸の墓参り／地域の祭礼への参加／神社参拝／宗教団体の集会参加／聖書や

経典を読む／お守りやおふだをもらう／おみくじを引く／占いをしてもらう／神仏への祈り／パワースポット訪問／セラピーや癒やしのカウンセリング／宗教団体での積極的活動／慈善団体やＮＰＯへの寄付）

・宗教的信念（神／仏／聖書や経典などの教え／あの世、来世／宗教的奇跡／お守りやおふだなどの力／易／占い／輪廻転生（生まれ変わり）／祖先の霊的な力／神や仏のご利益／水子や地縛霊の祟り／天国、極楽、地獄の存在／姓名判断／家相や墓相、印鑑の吉相／リーディング（未来の予言）／スピリチュアルなヒーリング）

・「日本人の宗教性」「素朴な宗教的感情」（「宗教的な心」というのは大切だと思う／おかげさまで、という感謝の仕方が大事である／どのような人生を生きるかは自分で自由に決められる／神社に参拝等すると願い事が叶いそうな気がする／神でも仏でも、心のよりどころになるものが欲しい／悪いことをすれば、いつか必ず報いがあるものだ／人間には自分ではどうする事もできない運命がある／現在の私があるのは先祖のおかげである／道徳や倫理を教育するには宗教的情操が必要だ）

・宗教団体への所属（神社の氏子／寺院の檀家／新宗教団体（仏教系）の信者／新宗教団体（神道系）の信者／キリスト教会に所属する信者／その他の宗教関連団体の所属）

・宗教施設に通う頻度

・一一歳から一二歳の頃、神社等への参拝礼拝頻度

・一一歳から一二歳の頃、近所や通学路の地蔵菩薩の有無

・その他の宗教との接触経験

（宗教系の幼稚園や学校に通っていた／熱心な宗教の信者と話したことがある／聖職者の人と話したことがある／自分で宗教についての本を読んだ）

（３）統制変数（健康状態、ソーシャル・キャピタル、孤独感等）
・現在の健康状態
・一般的な他者への信頼感
・個別的他者への信頼（家族／友人／知人／近所の人／自分と異なる宗教の人／自分と同じ宗教の人）
・互酬性の感覚（困っているとき、近所の人は手助けしてくれると思う）
・賃貸マンション賃貸時に連帯保証人を頼める人の有無
・所属団体と活動の有無（スポーツ・レクリエーション団体／芸術、音楽、教育団体／労働組合／政党／環境保護団体／同業者団体・職業団体／慈善団体／消費者団体／自助グループ・相互援助グループ／お稽古事・習い事の集まり／自治会・町内会／学校やクラブなどの同窓会／その他の団体）
・孤独感（社会とのつながりを失うのが心配だ／社会から取り残されているという不安がある／社会に属していると感じられない／私は人から必要とされていないと感じる）
・リスク認知（日本では貧富の差が拡大していると思う／格差社会は是正されるべきだと思う）

（４）社会属性
・基本属性（性別／年齢／職業／世帯主の職業／最終学歴／未既婚／年収／世帯年収／家族形態／家族人数／同居している子供の数／住居形態）
・家計状況（世帯の家計のやりくり／五年前の家計状況との比較／五年後の家計状況予想）
・家族や親族の状況（介護・看病経験／経済的な援助経験）

・社会階層（現在の主観的社会階層／一五歳の頃の家庭の社会階層）
・転職、退職の経験
・所有不動産の時価
・自宅ローンの残額

調査項目ごとの集計は付録に記載しているので適宜参照していただきたい。以下の記述では、宗教意識・宗教行為と主観的幸福感・主観的満足感との関連についてのみ考察を加えることにしたい。

二　主観的幸福感の構成

二―一　主観的幸福感

本調査では、主観的幸福感を次の質問文で尋ねている。「現在、あなたはどの程度幸せですか。「とても幸せ」を一〇点、「とても不幸」を一点とすると、何点くらいになると思いますか。」この質問文は主観的幸福感を尋ねる質問文として標準的なものだが、問題もある。一と一〇は両極としても、五と六の相違、とても幸せに近い方ととても不幸に近い方でそれぞれ間隔尺度間の差が等間隔であるとみなせるのか。あるいは、この質問文では感情的側面の幸福感（その時点における幸せな気分）を測定しているのか、認知的側面（自分の人生は幸せだったという回顧的評価も加えた判断）を測定しているのか、必ずしも判然としていない。しかし、他の調査研究と比較

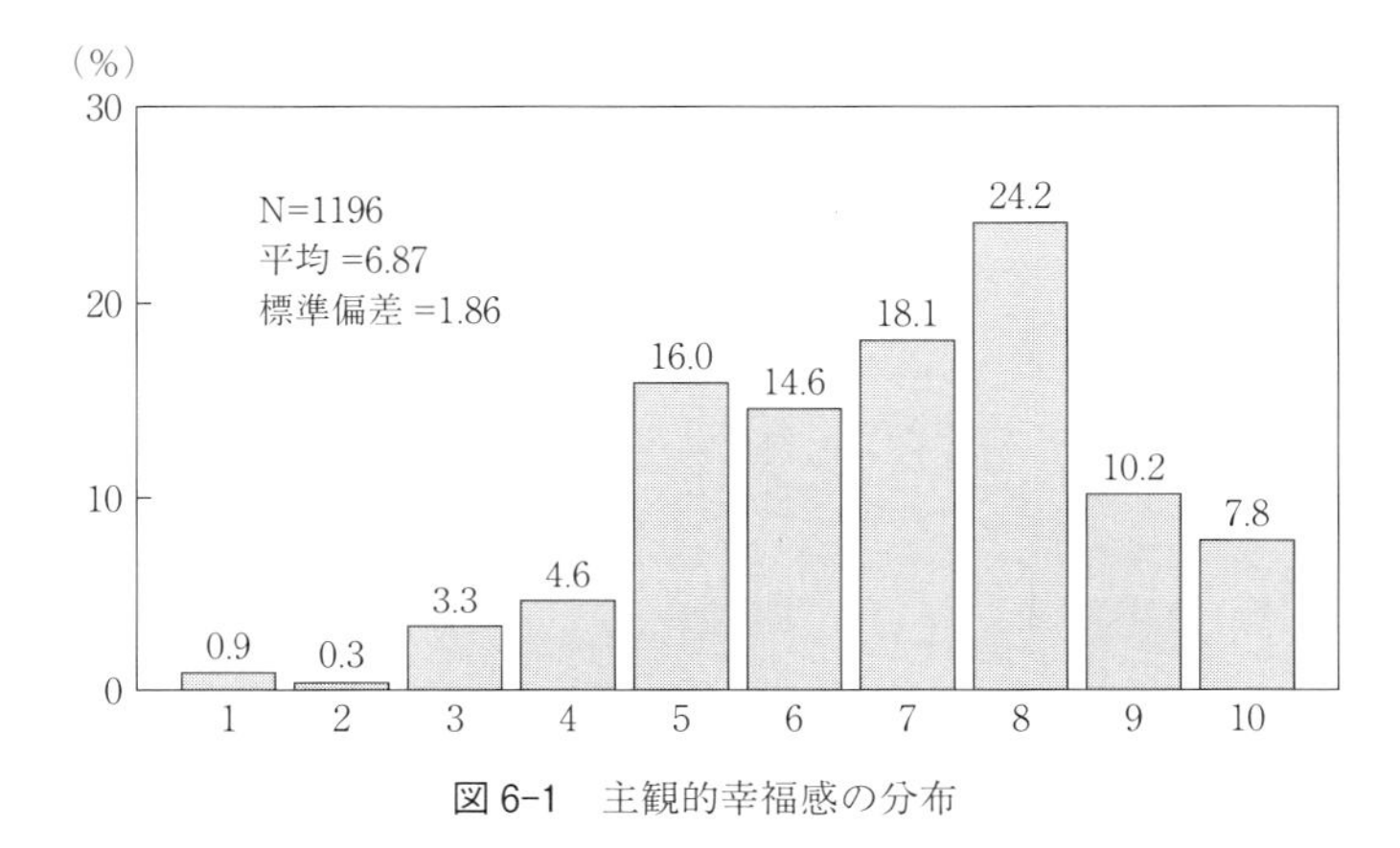
(%)
30
20
10
0
N=1196
平均 =6.87
標準偏差 =1.86
0.9
0.3
3.3
4.6
16.0
14.6
18.1
24.2
10.2
7.8
1
2
3
4
5
6
7
8
9
10

図6-1　主観的幸福感の分布

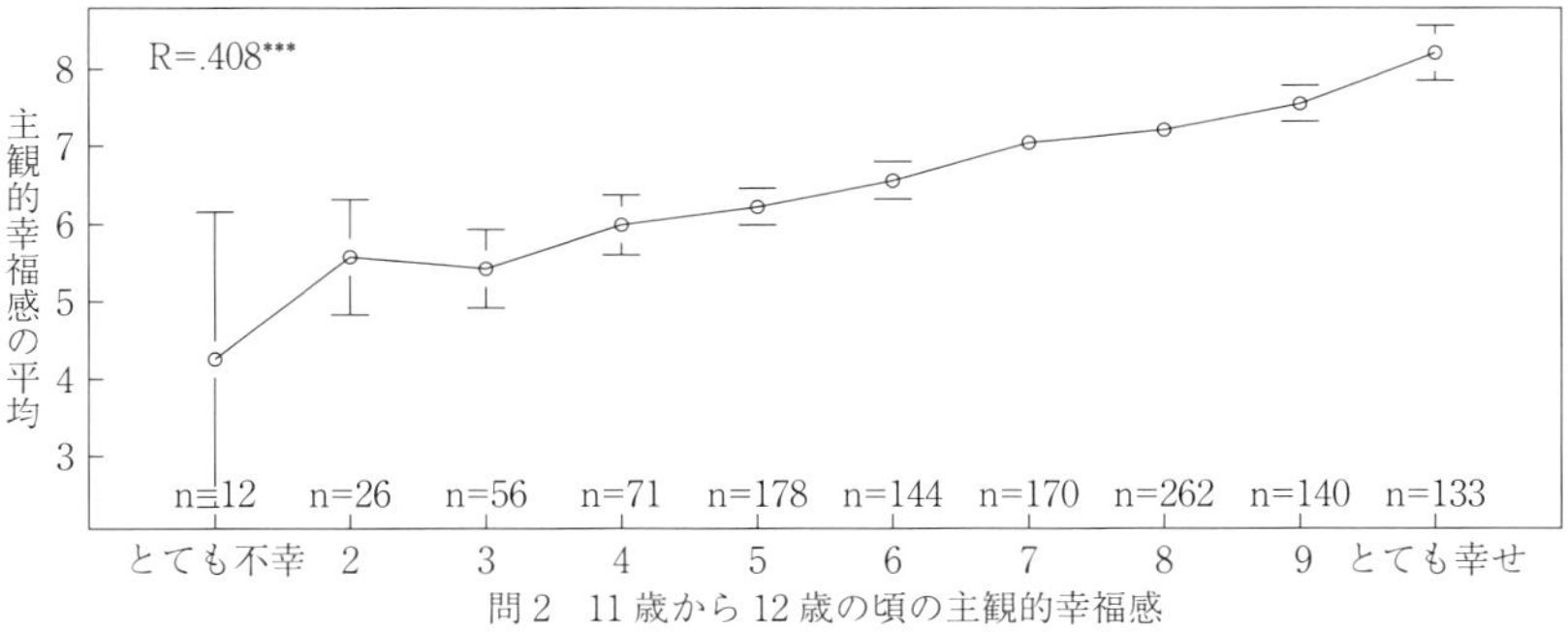

R=.408***
主観的幸福感の平均
8
7
6
5
4
3
n=12
n=26
n=56
n=71
n=178
n=144
n=170
n=262
n=140
n=133
とても不幸
2
3
4
5
6
7
8
9
とても幸せ
問2　11 歳から 12 歳の頃の主観的幸福感

図6-2　子供の時の主観的幸福感から見た現在の主観的幸福感

する意味では最も標準的な質問文による測定に意味はあるだろうと考える。図6-1(主観的幸福感の分布)は主観的幸福感の回答を図示したものだが、全体としては「とても幸福」に近い回答をしている人が多く、「とても不幸」に近い回答をしている人が少ないことがわかる。

また、「あなたが一一歳から一二歳(小学六年)の頃、あなたはどの程度幸せでしたか」という過去の幸福感を問うてみて、現在の幸福感との関連を見てみると図6-2(子供の時の主観的幸福感から見た現在の主観的幸福感)のグラフになる。子供の頃の幸福感と現在の幸福感が一致する度合いは、かなり高いと

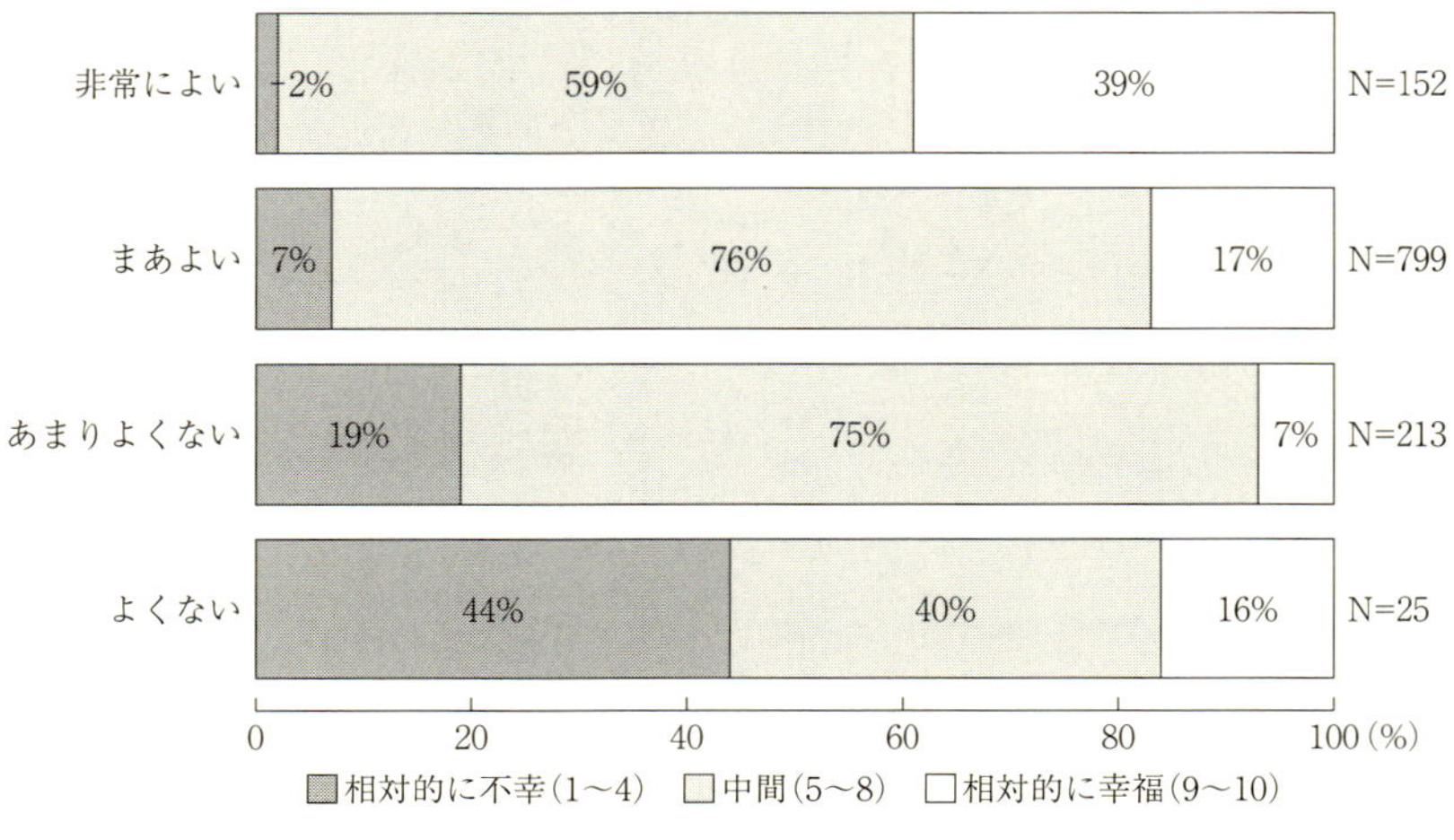
非常によい
2%
59%
39%
N=152
まあよい
7%
76%
17%
N=799
あまりよくない
19%
75%
7%
N=213
よくない
44%
40%
16%
N=25
0
20
40
60
80
100（%）
相対的に不幸（1～4）
中間（5～8）
相対的に幸福（9～10）

図 6-3　健康状態と主観的幸福感

言える。この意味するところは、健康や性格・パーソナリティの一貫性が確認されたとも言えるし、親世代から子世代にかけての社会階層の継承性などを推測してもよいだろう。どちらか一方だけと判別することは難しい。

なお、図の見方についてだが、図中のエラーバーは主観的幸福感の平均値の九五パーセント信頼区間を表している。一般に、二カテゴリ間の平均値の統計的有意差を検討する場合、このエラーバーの重なりが全長の大体二割以下に収まっていれば有意な差があると言ってよい。図の左上部にはピアソンの積率相関係数が示してあり、係数の横にアスタリスク*やダガー†が付いている場合にはそれが統計的に有意であることを表している。アスタリスクが三つある場合は〇・一パーセント水準で有意、二つの場合は一パーセント水準で有意、一つの場合は五パーセント水準で有意、ダガーの場合は一〇パーセント水準で有意という具合である。相関係数の見方についてだが、一般に社会調査からのデータであれば、〇・六を越えると「大変高い相関」であり、〇・三を越えると「かなり高い相関」とされる（飽戸一九八七）。各項目の尺度構成にも依存するので一概には言えないが、意識と階層などでは〇・二、異なる種別の意識同士で

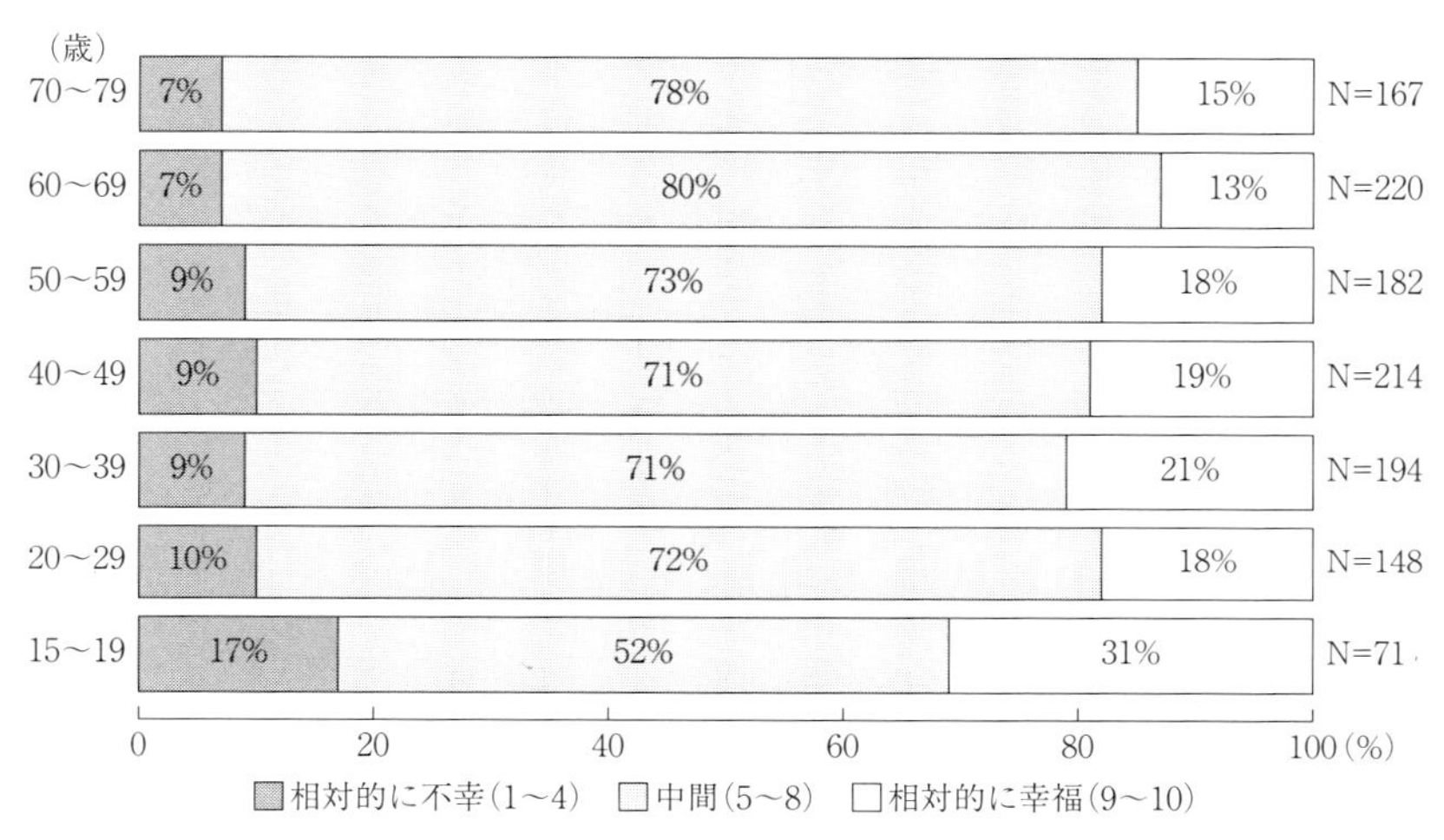

（歳）
70～79
7%
78%
15%
N=167
60～69
7%
80%
13%
N=220
50～59
9%
73%
18%
N=182
40～49
9%
71%
19%
N=214
30～39
9%
71%
21%
N=194
20～29
10%
72%
18%
N=148
15～19
17%
52%
31%
N=71
0
20
40
60
80
100（%）
相対的に不幸（1～4）
中間（5～8）
相対的に幸福（9～10）

図 6-4　年齢と主観的幸福感

は〇・一もあれば、注目に値する値であると言って良いだろう。以下、同じ形式の図についても同様である。

二―二　健康・年齢・性差と主観的幸福感

一般的に主観的幸福感と健康状態には強い関連があると考えられている。本調査においても健康状態が優れている人に相対的に不幸な人は少なく、健康状態が悪い人に相対的に不幸な人が多いことが見て取れる（図6-3　健康状態と主観的幸福感）。なお、ここでいう相対的に不幸とは一から四を回答した人、中間は五から八を回答した人、相対的に幸福とは九、一〇を回答した人としてまとめている。

また、健康状態は年齢と関連し、若者と高齢者を比べれば高齢者ほど病気がちになることも知られているところである。そうであれば、高齢者は若者より相対的に不幸な人が多いかとなると必ずしもそういうわけではない。図6-4（年齢と主観的幸福感）を見ると、十代後半は「相対的に不幸である」と「相対的に幸福である」という回答がどちらも多く、他の世代よりも主観的幸福感の格差が大きいと言える。多感な時期だけに

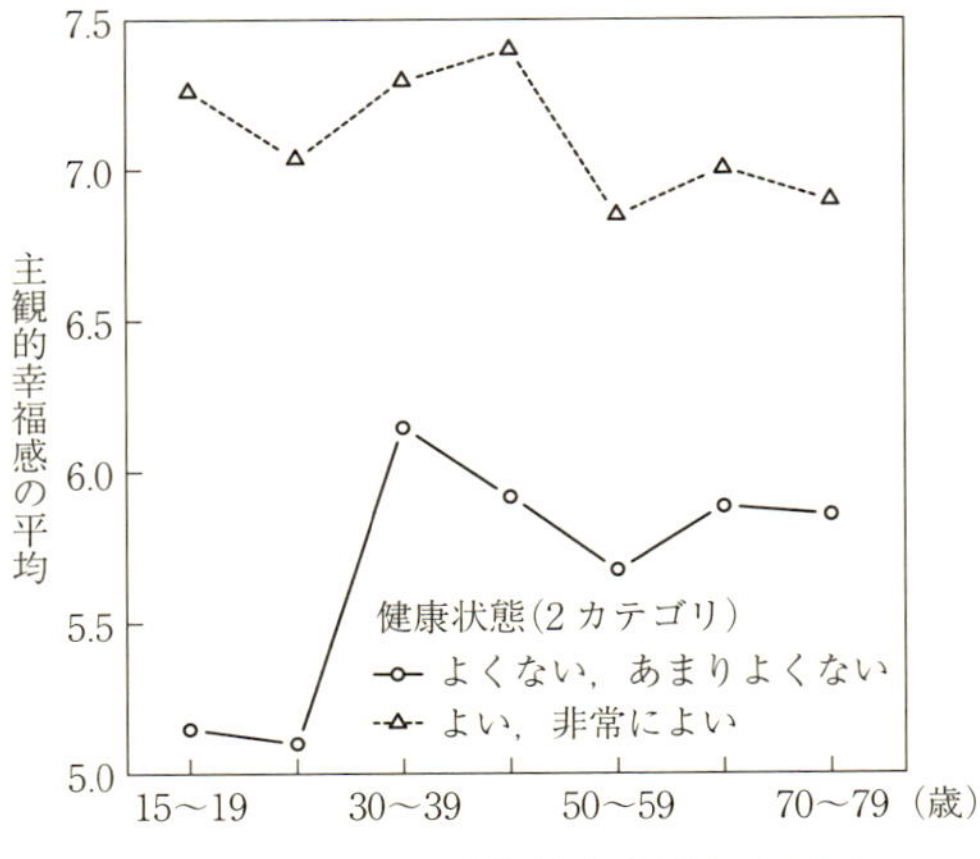
7.5
7.0
6.5
6.0
5.5
5.0
主観的幸福感の平均
健康状態(2カテゴリ)
よくない，あまりよくない
よい，非常によい
15～19
30～39
50～59
70～79（歳）

図6-5　年齢・健康状態と主観的幸福感

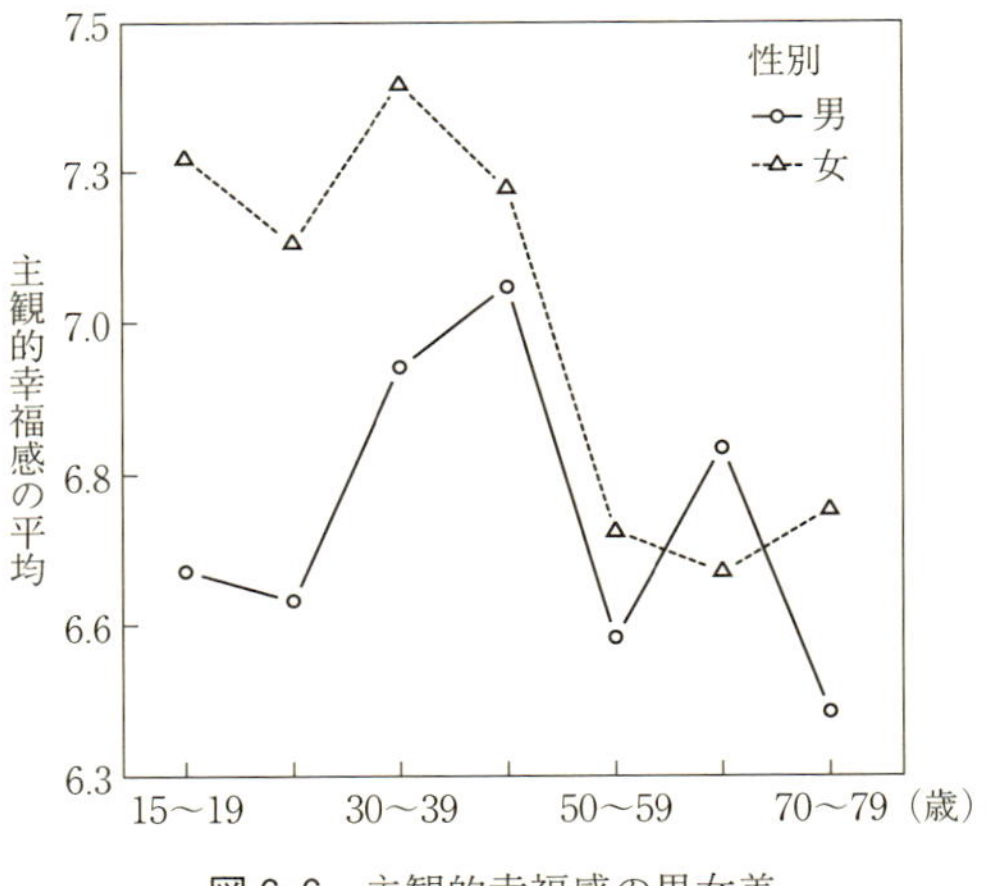
7.5
7.3
7.0
6.8
6.6
6.3
主観的幸福感の平均
性別
男
女
15～19
30～39
50～59
70～79（歳）

図6-6　主観的幸福感の男女差

ちょっとしたことで不幸に感じたり、幸福を感じたりするのだろう。他方で、高齢者ほど中間が増えてくるのは、「目出度(めでた)さもちう位なりおらが春」(小林一茶)と、初春に自分の人生を顧みてたいしたことないがそれでも人生だという明るい諦念を反映しているのかもしれない(「ちう」は信州方言でいい加減の意)。

図6-5(年齢・健康状態と主観的幸福感)を見ると、若者は健康であるものが多いだけに健康でないことが主観的幸福感をかなり下げていることが推測される。逆に中高年になれば健康状態がよくなくとも、回りを見れば同じ状態の人が多いために若者ほど主観的幸福感が下がらない可能性がある。

また、図6-6をみると、女性の方が男性よりも概して主観的幸福感が高いことがわかる。これは日本を含め

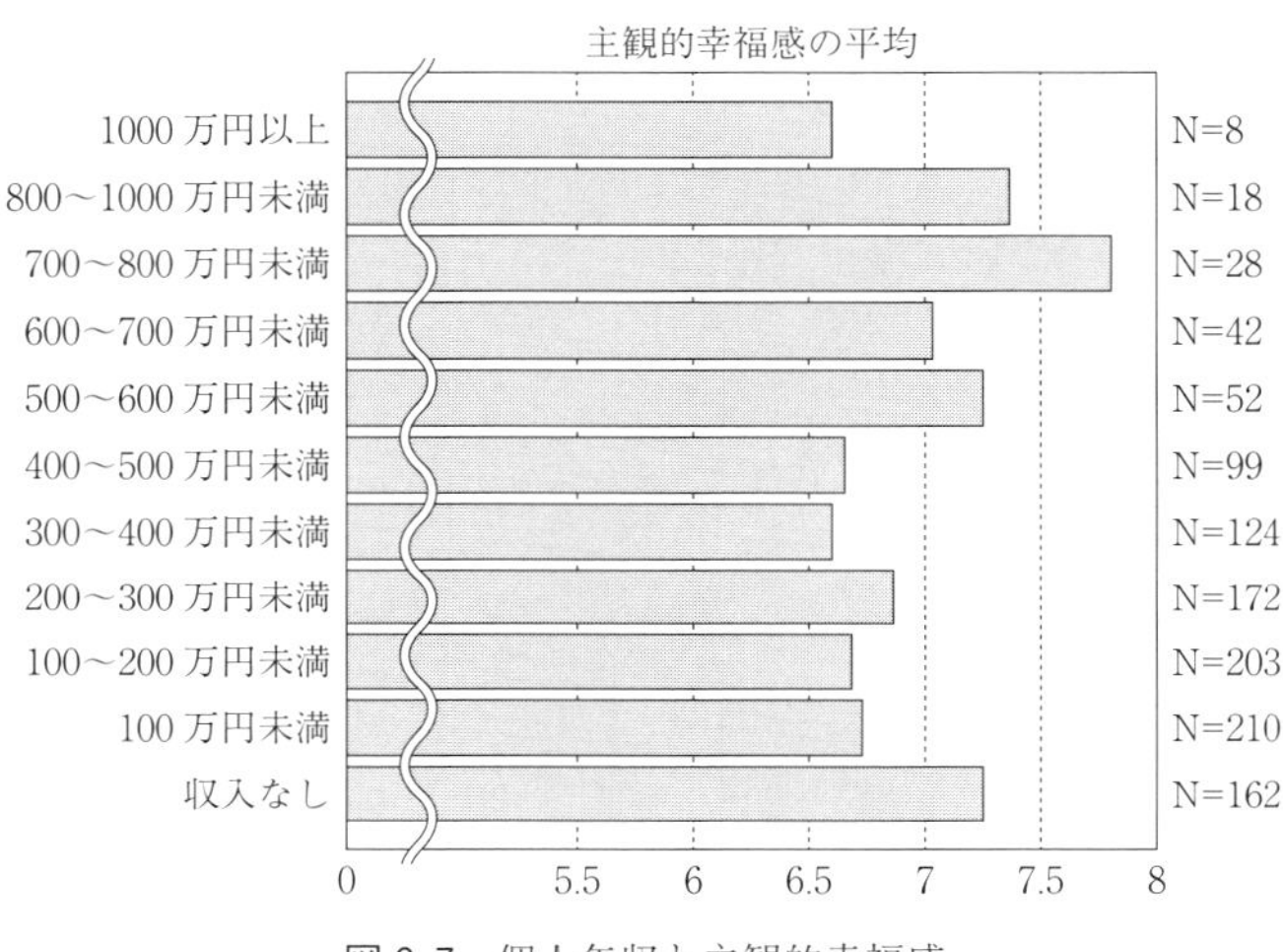
主観的幸福感の平均
1000万円以上
800～1000万円未満
700～800万円未満
600～700万円未満
500～600万円未満
400～500万円未満
300～400万円未満
200～300万円未満
100～200万円未満
100万円未満
収入なし
N=8
N=18
N=28
N=42
N=52
N=99
N=124
N=172
N=203
N=210
N=162
0
5.5
6
6.5
7
7.5
8

図6-7　個人年収と主観的幸福感

先進国の特徴でもあるが、第六回世界価値観調査では六〇カ国中半数は男性の幸福感の方が高くなっており、地域的に見れば南アジア・中東・アフリカにそのような国が多い。男女差には地域ごとに生物学的な差異と社会経済・文化的な環境が特有の割合で関わっていることは確かである。

二―三　社会階層・職業と主観的幸福感

主観的幸福感に影響を与える要素としては、個人の身体的状態以外に社会経済的状態がある。高収入は余裕のある消費生活を可能にする。回答者の年収と世帯年収の額に応じた主観的幸福感の差異を見たのが、図6-7（個人年収と主観的幸福感）と図6-8（世帯年収と主観的幸福感）である。

個人の年収で見れば、年収なし（専業主婦・学生・無年金者など）を除いた中央値は三〇〇万円台であり、一〇〇〇万円以上は回答者の一パーセントに満たないし、八〇〇万円以上でも三パーセントに満たない。世帯年収では中央値が五〇〇万円台前半にあり、一〇〇〇万円を超す世帯は全体の七パーセントである。厚生労働省の調査では、全国の世帯あたり所得金額の中

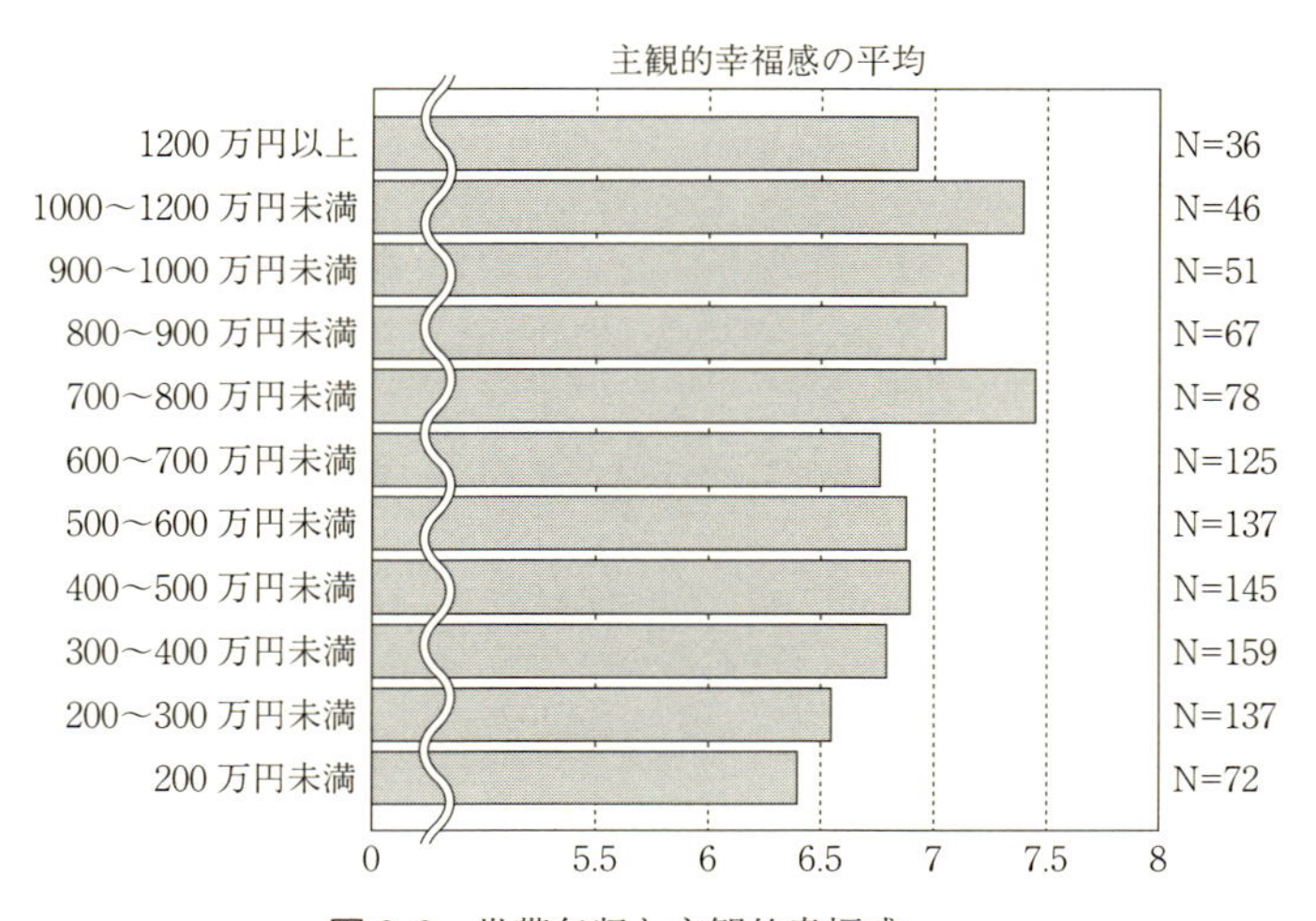
主観的幸福感の平均
1200 万円以上
1000～1200 万円未満
900～1000 万円未満
800～900 万円未満
700～800 万円未満
600～700 万円未満
500～600 万円未満
400～500 万円未満
300～400 万円未満
200～300 万円未満
200 万円未満
N=36
N=46
N=51
N=67
N=78
N=125
N=137
N=145
N=159
N=137
N=72
0
5.5
6
6.5
7
7.5
8

図 6-8　世帯年収と主観的幸福感

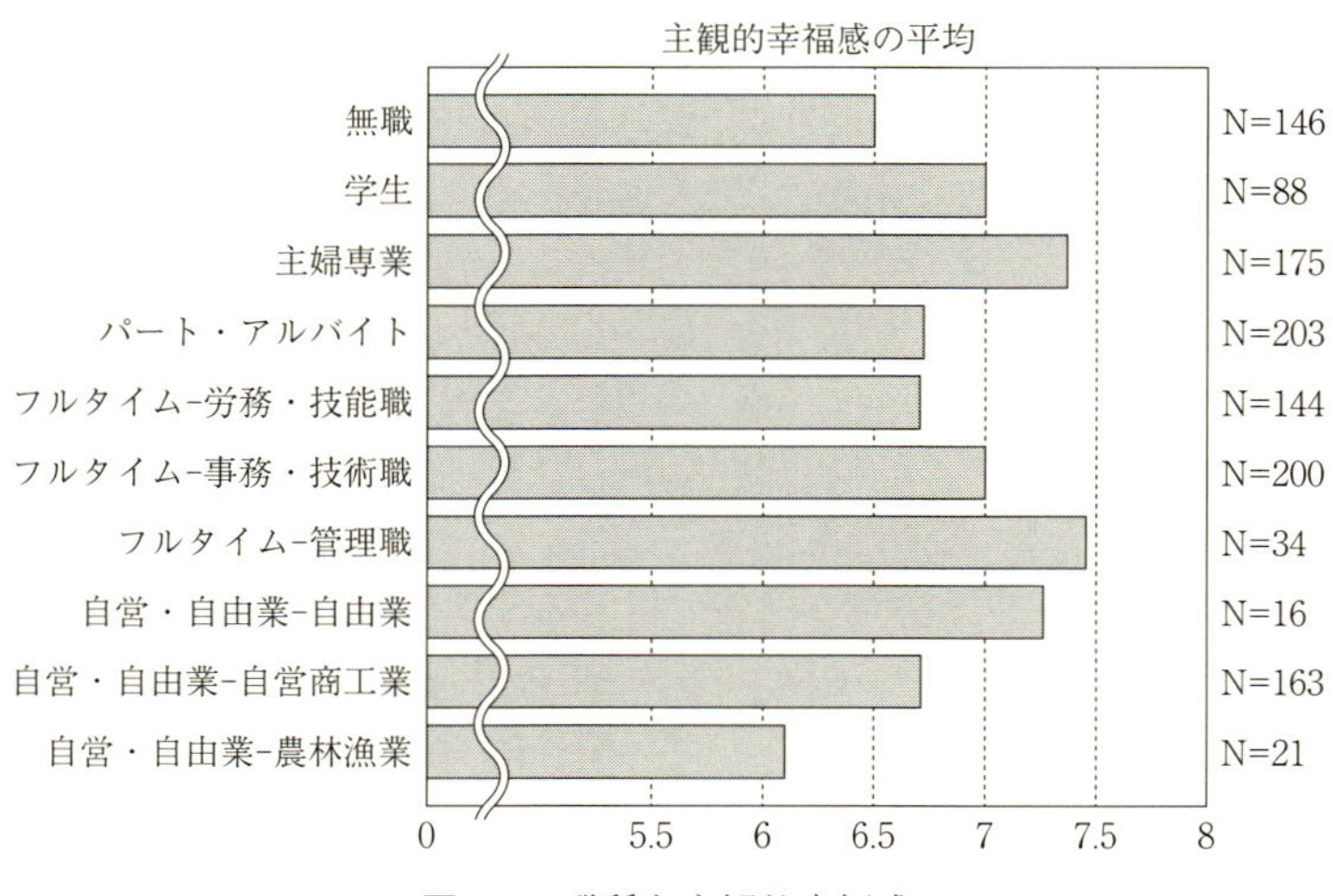
主観的幸福感の平均
無職
学生
主婦専業
パート・アルバイト
フルタイム-労務・技能職
フルタイム-事務・技術職
フルタイム-管理職
自営・自由業-自由業
自営・自由業-自営商工業
自営・自由業-農林漁業
N=146
N=88
N=175
N=203
N=144
N=200
N=34
N=16
N=163
N=21
0
5.5
6
6.5
7
7.5
8

図 6-9　職種と主観的幸福感

央値は四四二万円であり、一〇〇〇万円を超える世帯数は全体の一二・六パーセントである（厚生労働省 二〇一七）。

個人の年収でも世帯年収においても、収入が多いほど幸福感が増すわけではないことがわかる。個人年収では七〇〇万円前後と収入がない主婦や学生の主観的幸福感が高く、世帯年収では七〇〇万円台と一〇〇〇万円台の前後が高い。これはどのように解釈できるだろうか。おそらく、主婦や学生の生活は比較的高収入の夫（父親）によって支えられ安定したものであろう。八〇〇万円前後の年収を得ているものも過不足のない生活が可能だろう。それ以上の収入を得るためには、日本では職務や職場における高ストレスやワークライフバランス上の問題など解決すべき要素が増えてくる可能性がある。働く環境は主観的幸福感にかなりの程度影響を与える。

図6-9（職種と主観的幸福感）を見ると、専業主婦と管理職の主観的幸福感が最も高く、学生・アルバイト・パートと、自由業がこれに次いでいる。管理職は回答者の三パーセントだが、専業主婦は一五パーセントである。いわば、仕事の裁量が広いか、責任の度合いが低い職種の方が主観的幸福感は高いと言える。もっとも、職種にせよ収入にせよ、回答者の一時的状態を示したものに過ぎず、年功制や終身雇用が崩壊した現代の労働環境において持続性の高い影響力を持つとは考えにくい。

それよりも学歴の方が、ある意味で個人の職業上の機会や移動を規定する力を持つので、学歴と主観的幸福感には強い関係があるのではないかという予想も可能である。事実、よい学校、よい就職先、よい生活という幸せの道筋が子育て世代や子供にもかなりすり込まれている。しかしながら、図6-10（学歴と主観的幸福感）では、短期大学卒の回答者が大学・大学院卒の回答者よりも少し主観的幸福感が高く、高等学校卒業者が小学校・中学校卒者よりも主観的幸福感が低いという結果になっている。これは、回答者の学歴が世代やジェンダーと関連した上で主観的幸福感に関連しているからと考えられる。高等学校卒業者が全体の四二パーセントを占め、大卒以

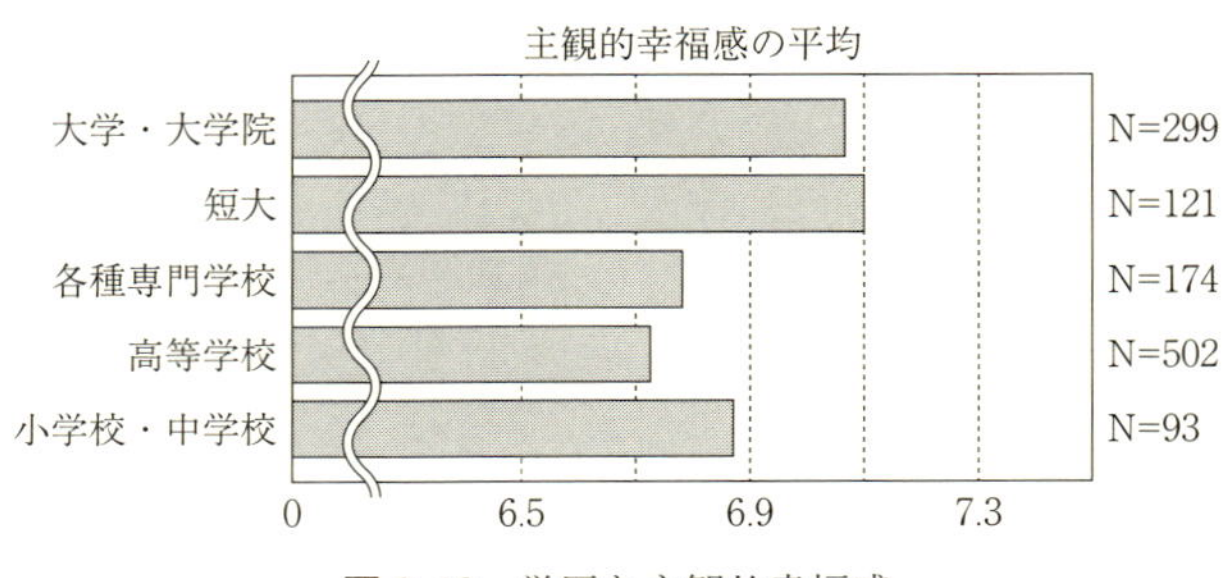
主観的幸福感の平均
大学・大学院
短大
各種専門学校
高等学校
小学校・中学校
N=299
N=121
N=174
N=502
N=93
0
6.5
6.9
7.3
図 6-10　学歴と主観的幸福感

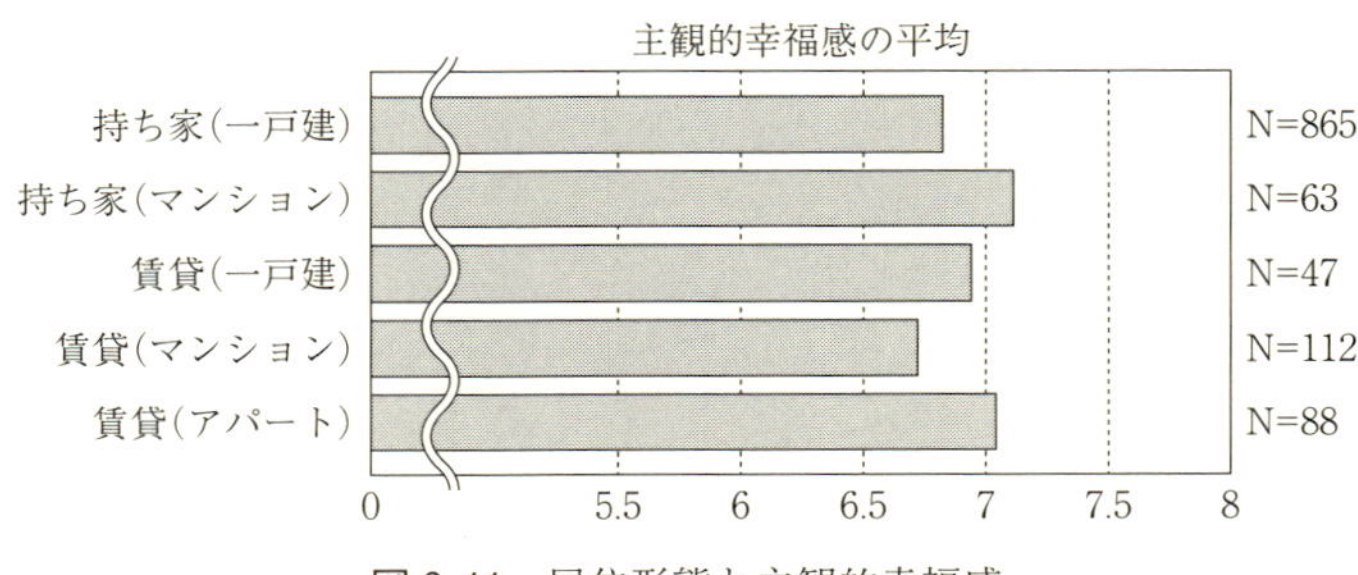
主観的幸福感の平均
持ち家(一戸建)
持ち家(マンション)
賃貸(一戸建)
賃貸(マンション)
賃貸(アパート)
N=865
N=63
N=47
N=112
N=88
0
5.5
6
6.5
7
7.5
8
図 6-11　居住形態と主観的幸福感

上が二五パーセント、専門学校卒者が一五パーセント、短大卒者が一〇パーセント、小卒・中卒者が八パーセントである。短大卒者に専業主婦が多く、小卒者は高齢者が多い。学歴は年収や職種ほど主観的幸福感の差を生まない。

持ち家の有無についても見てみる。社宅・官舎・寮住まいと下宿・間借りはそれぞれ六名、五名しかいないので、これを除いた賃貸のグループと持ち家のグループを比較してもそれほどの差異はない。戸建て持ち家はマンションより低く、さらに戸建て賃貸よりも低いという結果である（図6-11　居住形態と主観的幸福感）。持ち家は広々と住めるという効用や自分の家という満足感を生む一方で、多額のローン支払いのために節約の生活と災害時に負債をもたらす可能性が大きい。家を買って幸せになるとは簡単に言えないようである。

ただし、ここには居住地域における居住形態も関連しているように思われる。すなわち、地方では戸建てが持てても都市部では賃貸であるが、そ

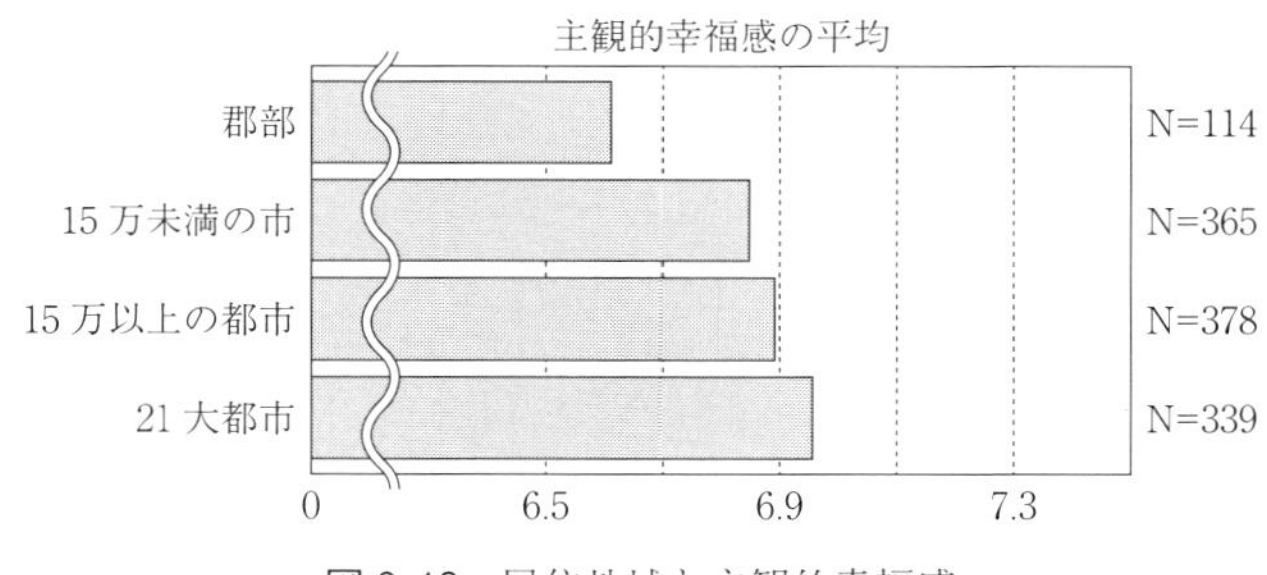
主観的幸福感の平均
郡部
15万未満の市
15万以上の都市
21大都市
N=114
N=365
N=378
N=339
0
6.5
6.9
7.3

図6-12　居住地域と主観的幸福感

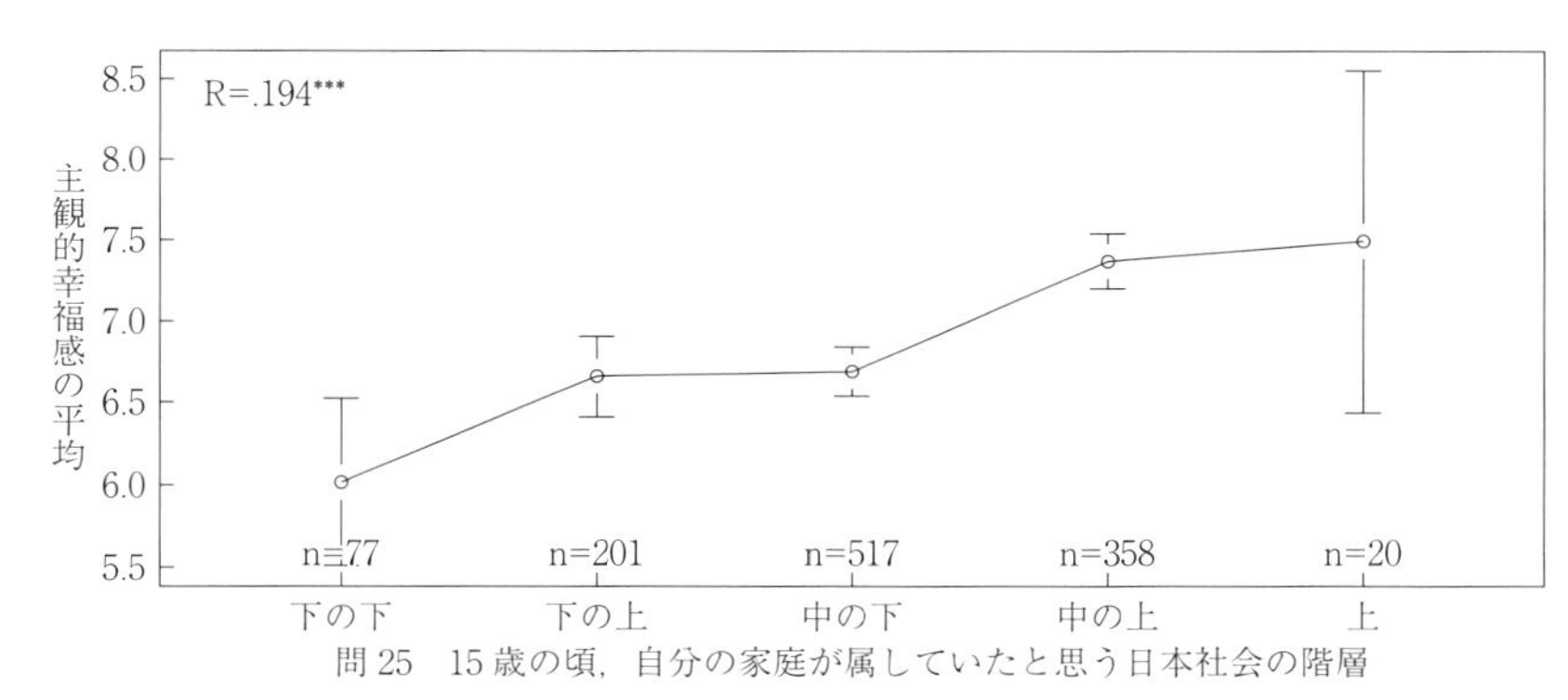
R=.194***
主観的幸福感の平均
8.5
8.0
7.5
7.0
6.5
6.0
5.5
n=77
n=201
n=517
n=358
n=20
下の下
下の上
中の下
中の上
上
問25　15歳の頃，自分の家庭が属していたと思う日本社会の階層

図6-13　社会階層意識と主観的幸福感

れでも満足度や主観的幸福感が高いという効果である。そのことは図6-12（居住地域と主観的幸福感）によれば、郡部が大都市圏よりも主観的幸福感が低いことからもある程度言えそうである。

ところで、学歴や収入、持ち家の有無は個々に見ると影響力はあるが、それほど大きくはない。しかし、生活機会の総合的評価とも言うべき階層意識との関連を見ると、階層が高いほど主観的幸福感の平均値が高いことがわかる。一五歳の頃の階層と現在の階層共に主観的幸福感に影響を与えていると言える（図6-13 社会階層意識と主観的幸福感、図6-14 子供の頃の社会階層意識と主観的幸福感）。ただし、階層意識というものは客観的な階層所属だけを反映したものではなく、生活様式や価値観なども反映している。階層が上位にあるという意識は生活のゆ

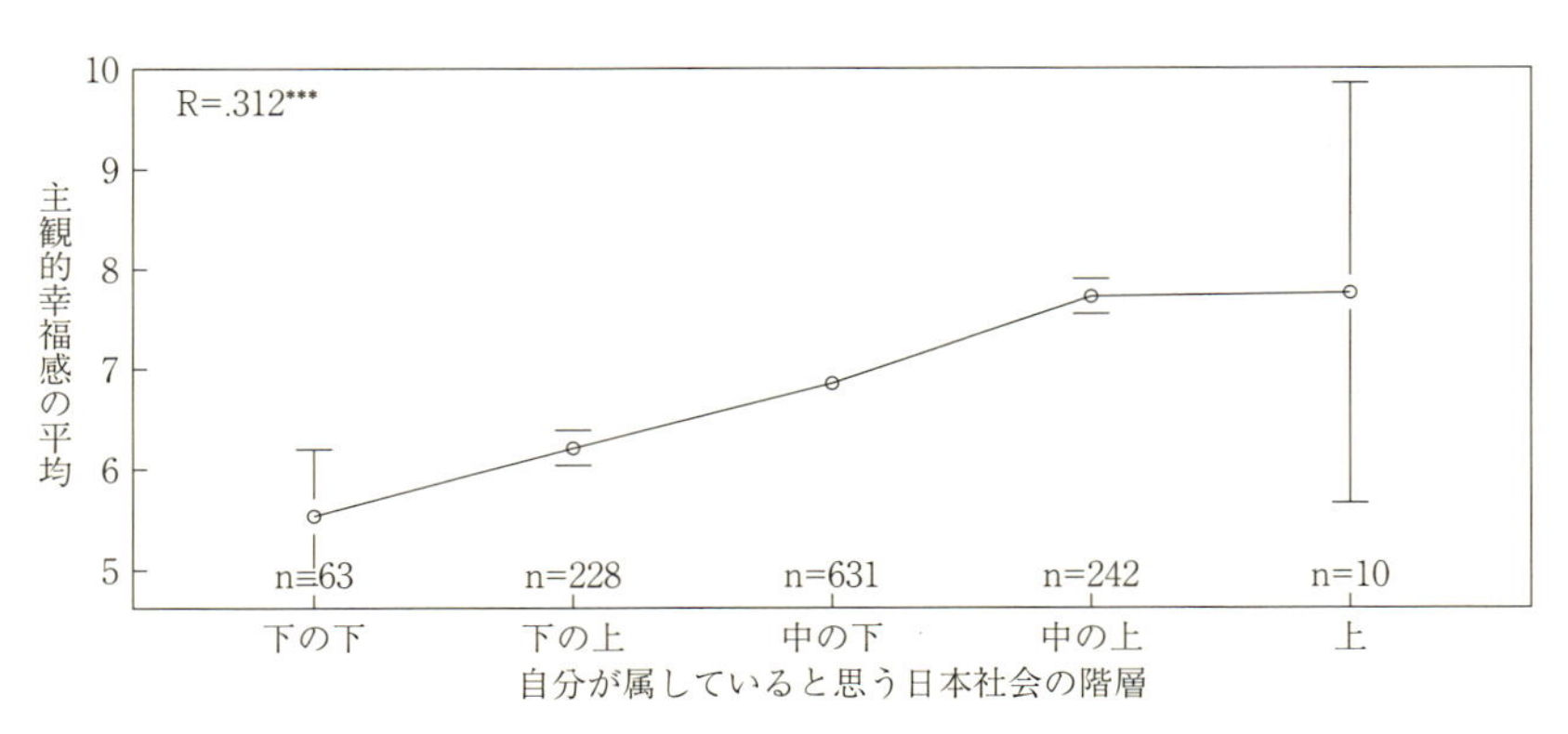

10
9
8
7
6
5
R=.312***
主観的幸福感の平均
n=63
n=228
n=631
n=242
n=10
下の下
下の上
中の下
中の上
上
自分が属していると思う日本社会の階層

図 6-14　問 24　子供の頃の社会階層意識と主観的幸福感

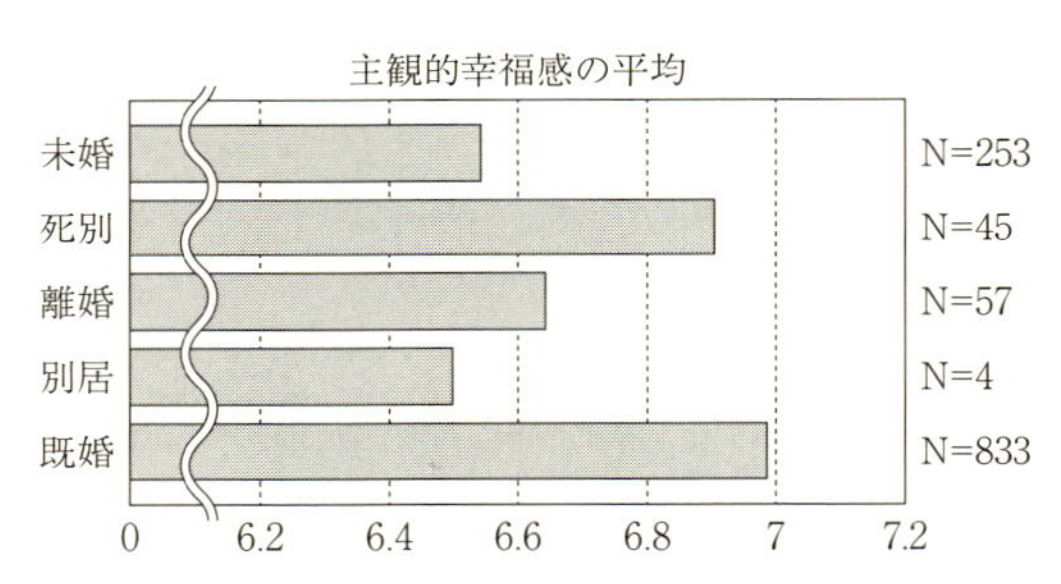

主観的幸福感の平均
未婚
死別
離婚
別居
既婚
N=253
N=45
N=57
N=4
N=833
0
6.2
6.4
6.6
6.8
7
7.2

図 6-15　婚姻状況と主観的幸福感

とりやしあわせ感をも反映している可能性があり、実際に現在の階層意識と主観的幸福感の相関がかなり高いのもそのためではないかと考えられる。

二―四　家族構成と主観的幸福感

健康と同程度の主観的幸福感の差異を生み出しているのが家族構成である。図6-15（婚姻状況と主観的幸福感）を見ると既婚者（死別者含む七三パーセント）の主観的幸福感は離婚者（五パーセント）より高く、未婚者（二一パーセント）は別居者（〇・三パーセント）より高い程度である。別居者は高い家族ストレスを抱えている。結婚している（していた）ということが主観的幸福感に寄与しているのか、家族の数が関連しているのか。

図６-16（家族の人数と主観的幸福感）と図６-17（家族構成と主観的幸福感）を見る限り、夫婦世帯の主観的幸福感が他の家族構成よりも高いことがわかるので、やはり結婚が主観的幸福感を高めていることは確かである。この点は、後に表６-２で見るように、主観的幸福感と家庭生活の満足度が極めて高い関連を持つことからも了解されよう。

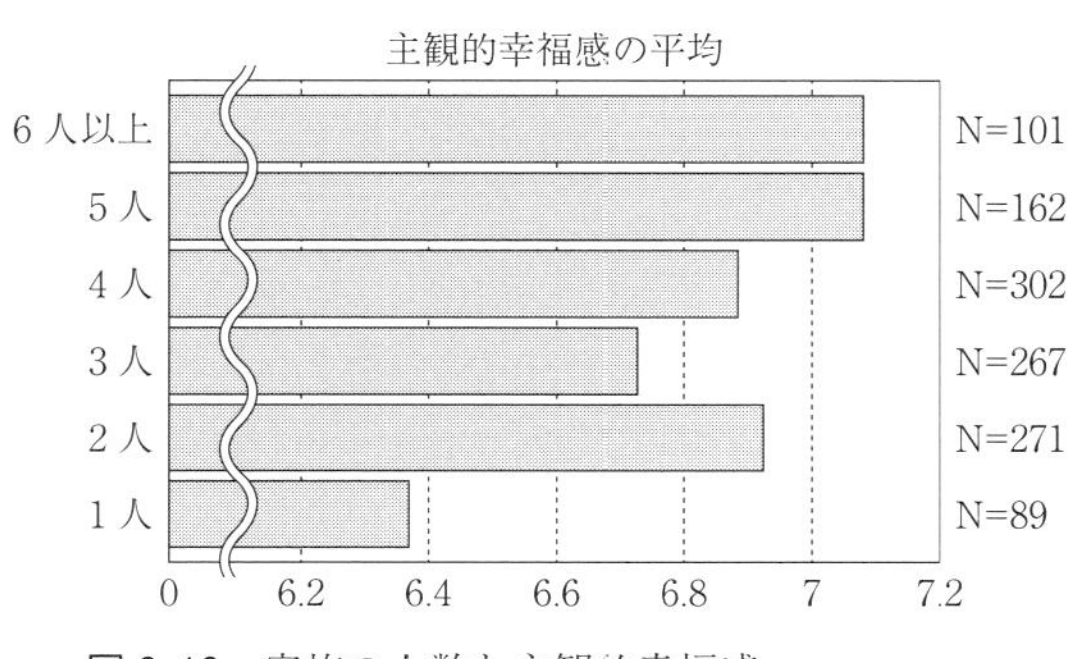
主観的幸福感の平均
６人以上
５人
４人
３人
２人
１人
N=101
N=162
N=302
N=267
N=271
N=89
0
6.2
6.4
6.6
6.8
7
7.2
図 6-16　家族の人数と主観的幸福感

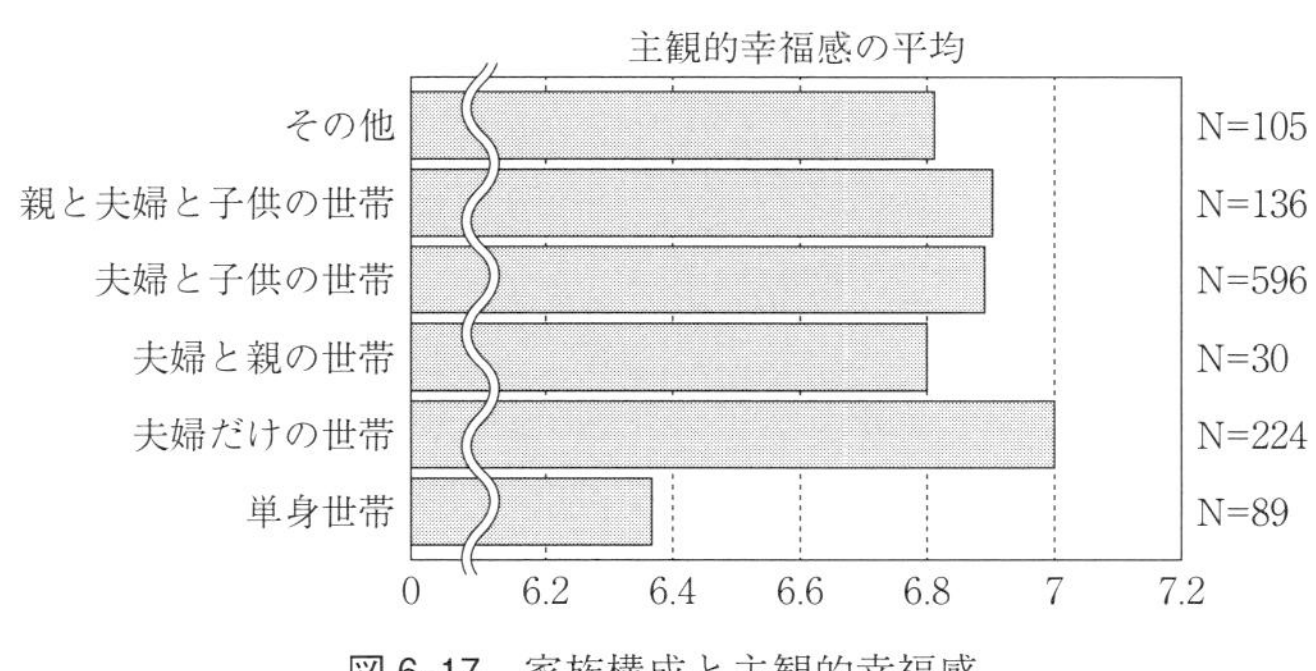
主観的幸福感の平均
その他
親と夫婦と子供の世帯
夫婦と子供の世帯
夫婦と親の世帯
夫婦だけの世帯
単身世帯
N=105
N=136
N=596
N=30
N=224
N=89
0
6.2
6.4
6.6
6.8
7
7.2
図 6-17　家族構成と主観的幸福感

二―五　主観的幸福感と満足感

主観的幸福感が包括的な認知的側面を持つのに対して、満足感は特定の領域に対する認知的評価を含むものと考えられる。主観的幸福感は全体的な生活の満足度に近いことが、図６-18（主観的幸福感と生活満足度）からうかがえる。

また、表６-２に生活の諸側面の満足度と主観的幸福感との相関係数を示したように、家庭生活、職業、家計、人間関係に対する満足感が高ければ、主観的幸福感も高くなり、特に家庭生活との相関

表6-2　主観的幸福感と生活満足度，各種領域満足度の相関係数

	主観的幸福感	生活満足度	家庭生活	仕事	家計	人間関係
主観的幸福感	–					
生活満足度	.813***	–				
家庭生活	.707***	.772***	–			
仕事	.517***	.550***	.538***	–		
家計	.548***	.687***	.662***	.535***	–	
人間関係	.585***	.592***	.619***	.588***	.538***	–

***$p<.001$, **$p<.01$, *$p<.05$, N = 1074

が大きい。生活の諸側面の満足度が高ければ、主観的幸福感も高くなるというのは極めて常識的な話だが、満たされていなくとも幸せという感覚への着目は今後必要になると思われる。現代は単身世帯が総世帯数の約三分の一を超えて増え続け、高齢化を反映して主観的健康認知も低下気味である。充足していなければ主観的幸福感が低いというのでは、日本人の主観的幸福感は下がる一方である。しかし、病者や高齢者において、生きている、今あることだけで感謝であるという人が少なからずいる。今後は、こうした人々の主観的幸福感の構造にも焦点を当てる必要がある。

二―六　ソーシャル・キャピタルと主観的幸福感

一章で述べたように、ソーシャル・キャピタルがウェルビーイングを促進すると言われる。ここでは、社会的信頼を有しているかどうかと、互酬的人間関係の有無をソーシャル・キャピタルの保有と考え、問四「あなたは、

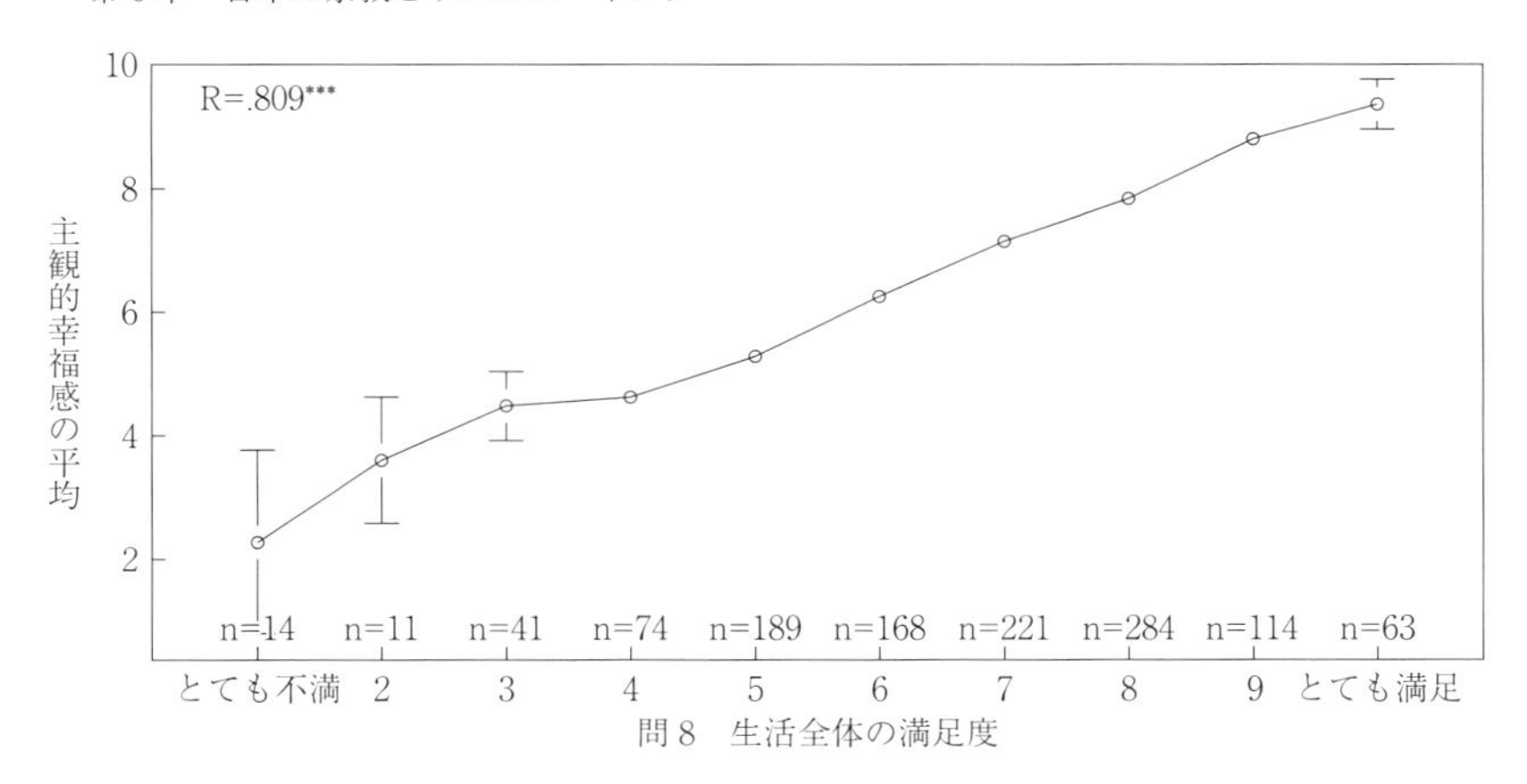
R=.809***
主観的幸福感の平均
10
8
6
4
2
n=14
n=11
n=41
n=74
n=189
n=168
n=221
n=284
n=114
n=63
とても不満
2
3
4
5
6
7
8
9
とても満足
問8　生活全体の満足度

図6-18　主観的幸福感と生活満足度

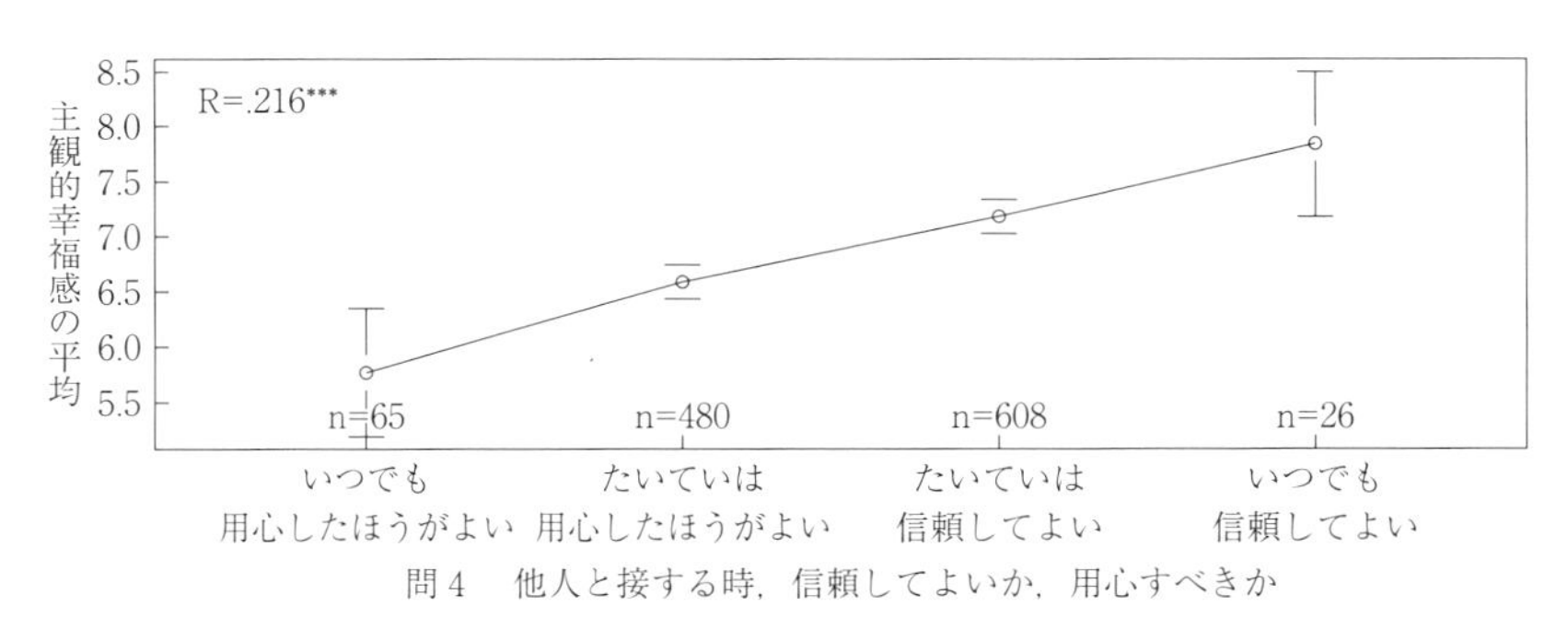
R=.216***
主観的幸福感の平均
8.5
8.0
7.5
7.0
6.5
6.0
5.5
n=65
n=480
n=608
n=26
いつでも 用心したほうがよい
たいていは 用心したほうがよい
たいていは 信頼してよい
いつでも 信頼してよい
問4　他人と接する時，信頼してよいか，用心すべきか

図6-19　他者への信頼と主観的幸福感

他人と接するときには、相手の人を信頼してよいと思いますか。それとも、用心したほうがよいと思いますか。」および問一〇-B「困っているとき、近所の人は手助けしてくれると思いますか」という質問文でたずねた。

図6-19（他者への信頼と主観的幸福感）で示したように信頼してよいと考える人の方が用心した方がいいと考える人よりも主観的幸福感が高いことがわかる。ただし、「いつでも信頼してよい」という人は二・二パーセント、「いつでも用心した方がよい」という人も五・四パーセントと少数であり、「たいていは信頼した方がよい」が五〇・七パーセント、「たいてい

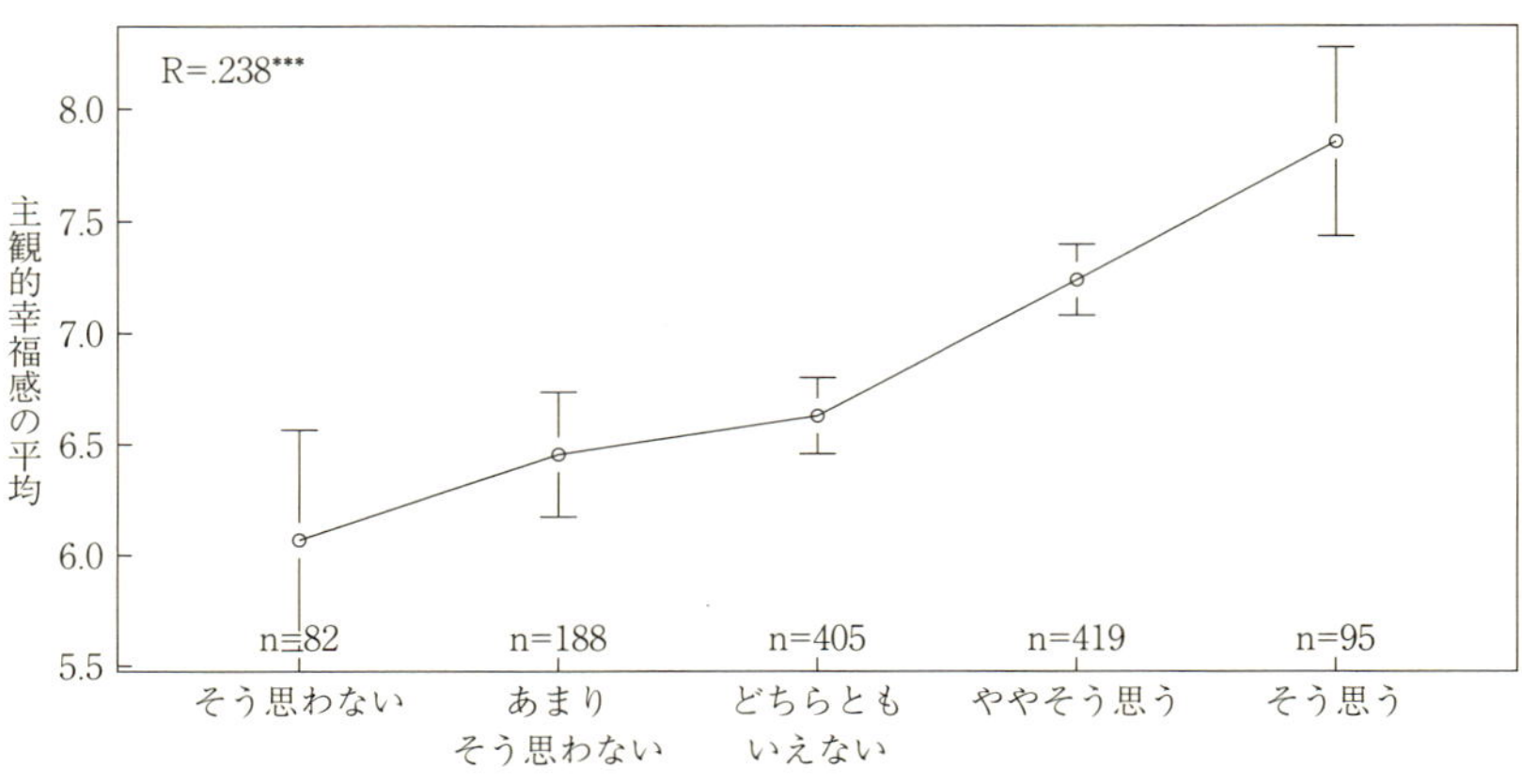
R=.238***
主観的幸福感の平均
8.0
7.5
7.0
6.5
6.0
5.5
n=82
n=188
n=405
n=419
n=95
そう思わない
あまり
そう思わない
どちらとも
いえない
ややそう思う
そう思う
問10B　困っているとき，近所の人は手助けしてくれる

図6-20　近隣関係への信頼と主観的幸福感

は用心した方がよい」が四〇パーセントとほぼ拮抗した考え方であることがわかる。また、図6-20（近隣関係への信頼と主観的幸福感）からも、近所の人から困ったときに支援を受けることができると考える人の方が主観的幸福感は高い。ここでもどちらとも言えないという人が三分の一、ややそう思うが三分の一、あまりそう思わないが一六パーセント、そう思わないとそう思うはそれぞれ七パーセント、八パーセント程度であった。人間関係に恵まれている方が主観的幸福感は高くなると既に確認しているが、ここでも一般的な信頼や近隣のおたがいさま的な助け合いへの期待が主観的幸福感に寄与していることが読み取れる。

では、ソーシャル・キャピタルがないという認知、すなわち社会的孤立感や疎外感は主観的幸福感を低下させるのだろうか。このことを問一二-C「社会に属していると感じられない」問一二-D「私は人から必要とされていないと感じる」で回答者の状況にどの程度当てはまるかをたずねた。ややあてはまるとあてはまるを合わせた割合は、孤立感で一〇・六パーセント、疎外感で九・一パーセントと全体の一割ほどである。図6-21（孤立感と主観的幸福感）、図6-22（疎外感と主観的幸福感）の

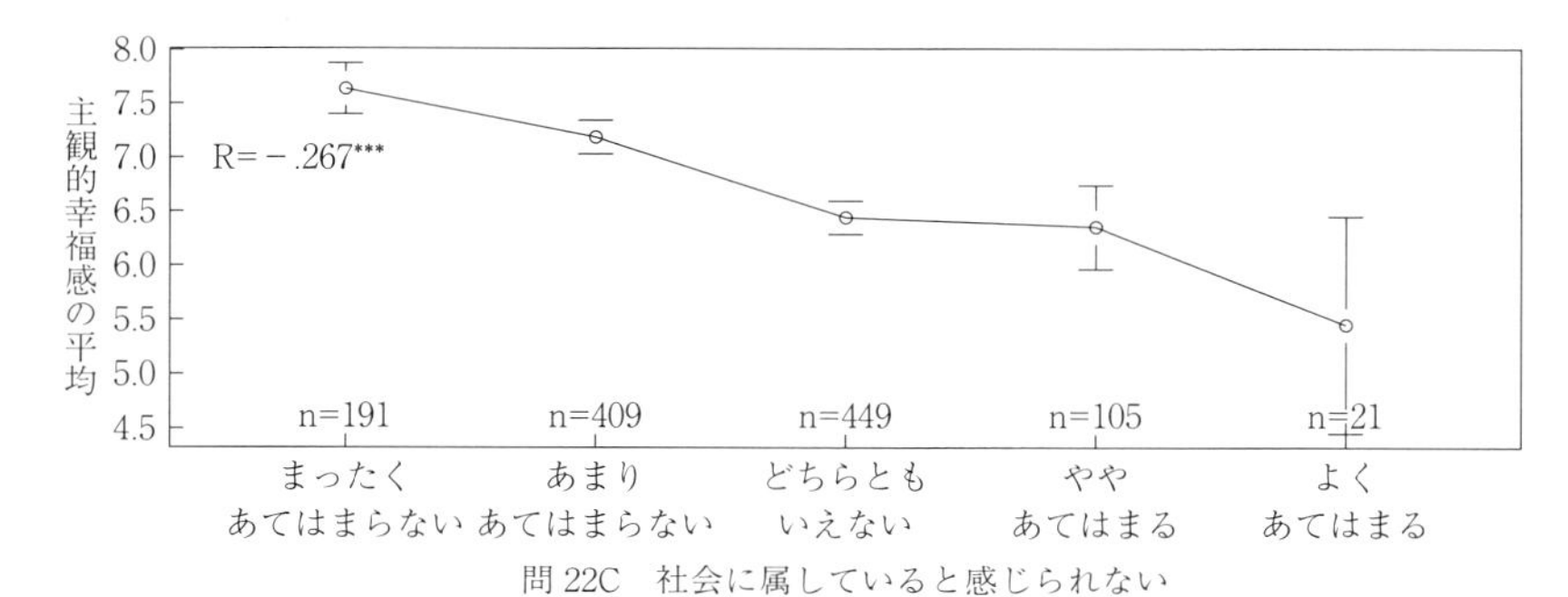
主観的幸福感の平均
8.0
7.5
7.0
6.5
6.0
5.5
5.0
4.5
R=－.267***
n=191
n=409
n=449
n=105
n=21
まったく
あてはまらない
あまり
あてはまらない
どちらとも
いえない
やや
あてはまる
よく
あてはまる
問22C　社会に属していると感じられない

図6-21　孤立感と主観的幸福感

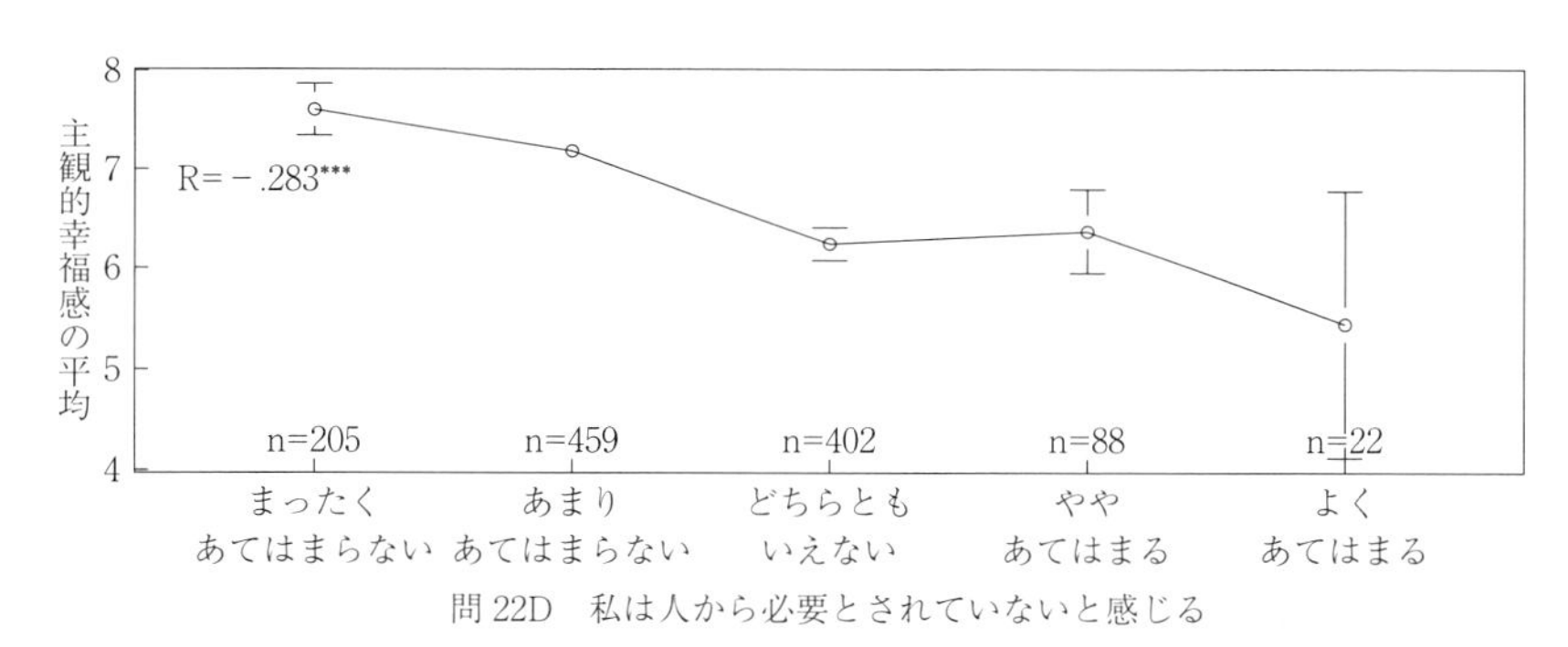
主観的幸福感の平均
8
7
6
5
4
R=－.283***
n=205
n=459
n=402
n=88
n=22
まったく
あてはまらない
あまり
あてはまらない
どちらとも
いえない
やや
あてはまる
よく
あてはまる
問22D　私は人から必要とされていないと感じる

図6-22　疎外感と主観的幸福感

ように孤立感や疎外感をまったく感じていない人の主観的幸福感が高いことがわかる。

ソーシャル・キャピタルの社会的側面は、ネットワークや人間関係を資源として活用することだが、心理的側面としては、そのような人間関係から自己の存在についての承認を得られるということがある。人は、自分が誰かにとって有用な存在でありたい、意味のある人間でありたいと思うものである。そのような社会的承認は肩書きや社会的地位で得られないこともないが、具体的で温かい人間関係において認めてもらえることの方が心理的には嬉しいことだろう。この嬉しさの感覚と主観的幸福感はかなり近いものと思われる。

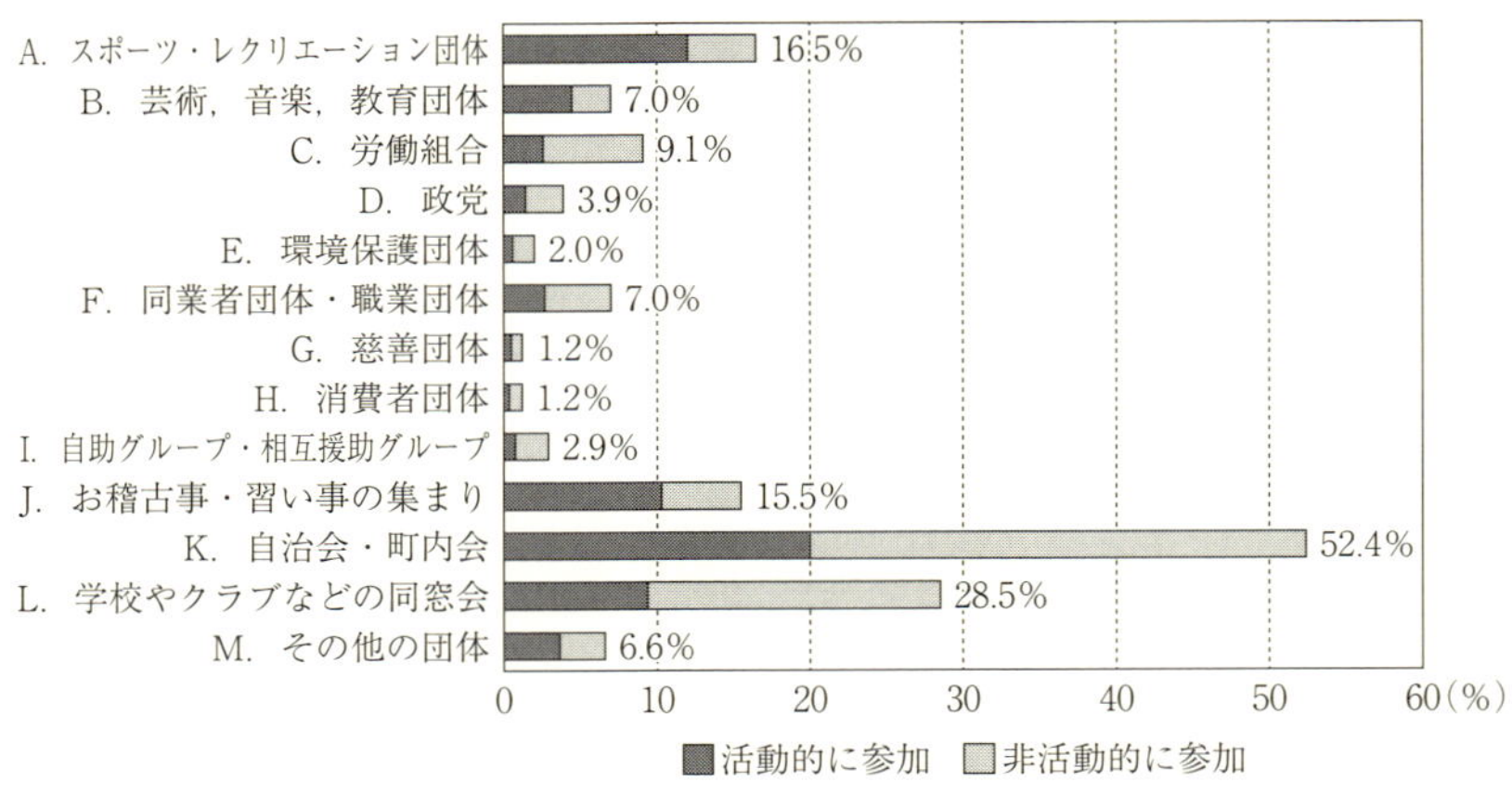
A. スポーツ・レクリエーション団体
B. 芸術，音楽，教育団体
C. 労働組合
D. 政党
E. 環境保護団体
F. 同業者団体・職業団体
G. 慈善団体
H. 消費者団体
I. 自助グループ・相互援助グループ
J. お稽古事・習い事の集まり
K. 自治会・町内会
L. 学校やクラブなどの同窓会
M. その他の団体
16.5%
7.0%
9.1%
3.9%
2.0%
7.0%
1.2%
1.2%
2.9%
15.5%
52.4%
28.5%
6.6%
0
10
20
30
40
50
60（%）
活動的に参加
非活動的に参加

図 6-23　所属団体と活動の有無

二―七　所属団体と主観的幸福感

次に、具体的な諸団体への加入や活動の有無と主観的幸福感の関係を見るが、質問項目ごとの参加の割合は図6-23（所属団体と活動の有無）の通りである。自治会・町内会、同窓会、習い事、スポーツなどの順で活動、参加の度合いが高いが、概して組織への所属と活動は低調と言える。このうち、統計的に有意とは言えないが、主観的幸福感との関連が見られるのは自治会・町内会と同窓会への参加であった（図6-24　町内会活動と主観的幸福感）。自治会・町内会への参加が、公園掃除や花壇整備などの共同作業を伴ったり、祭礼時の共飲共食、プロジェクトの実施などの充実感を伴うものであれば、やりがいがかなりの程度伴うかもしれない。それは居住地域や居住形態にも関連するので、町内会への参加それ自体の効果がないのかもしれない。同窓会に出るということも出身校のある地に生活の基盤を持ち、ある程度の暮らし向きと付き合いをできる環境にあることを示唆しているのだろう（図6-25　同窓会活動と主観的幸福感）。それゆえの主観的幸福感である。

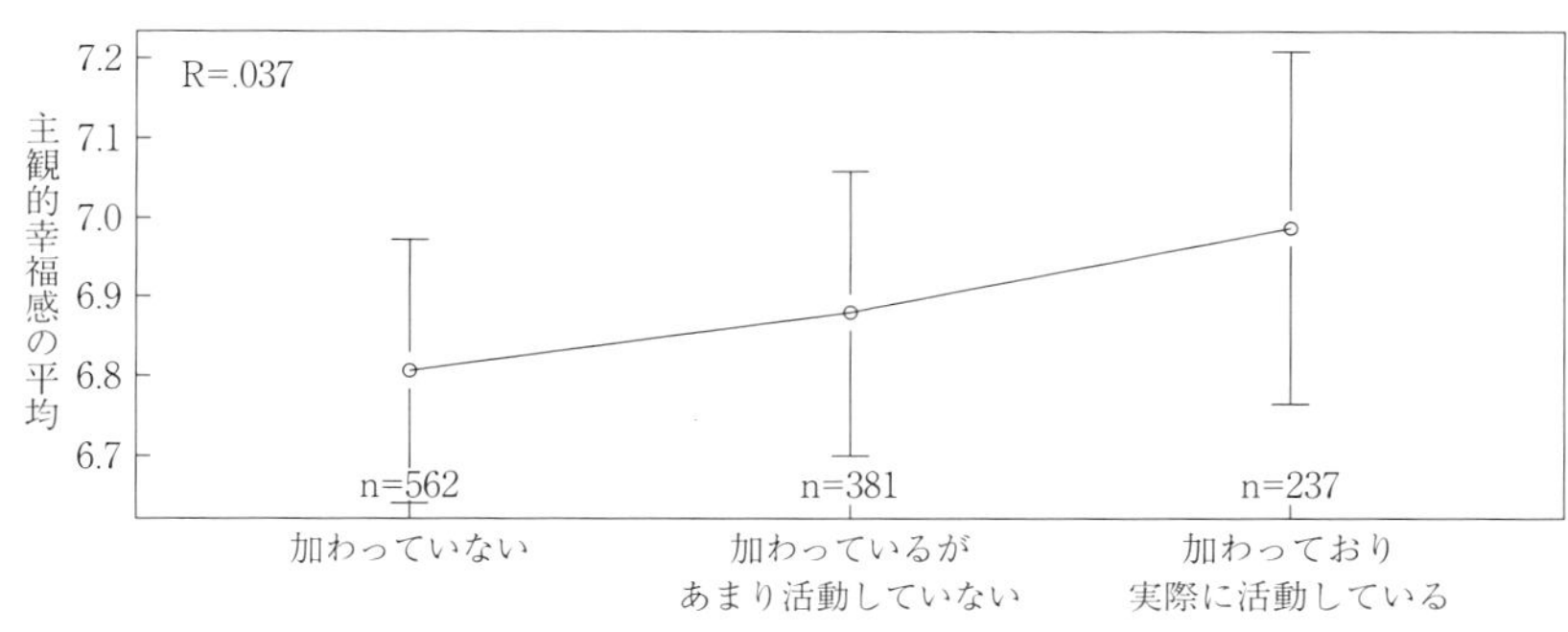
R=.037
主観的幸福感の平均
7.2
7.1
7.0
6.9
6.8
6.7
n=562
n=381
n=237
加わっていない
加わっているが
あまり活動していない
加わっており
実際に活動している
問17K　所属団体と活動の有無：自治会・町内会

図6-24　町内会活動と主観的幸福感

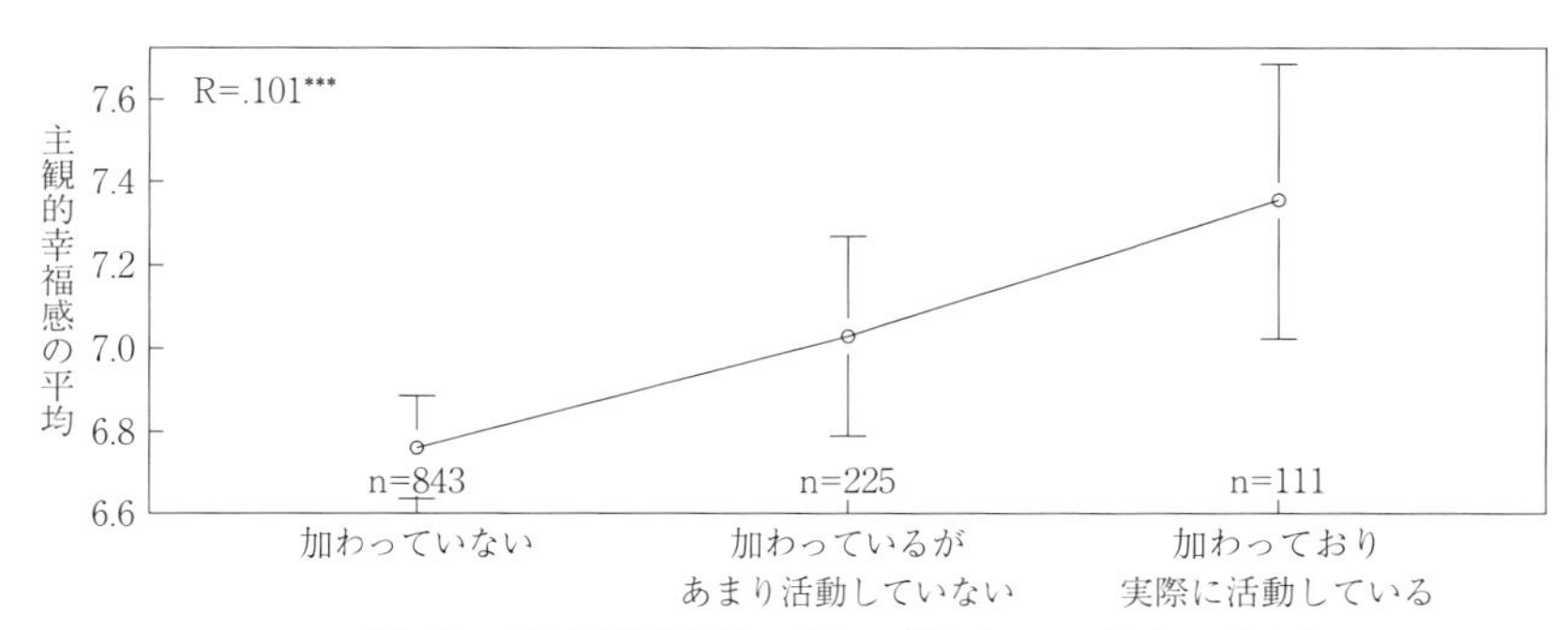
R=.101***
主観的幸福感の平均
7.6
7.4
7.2
7.0
6.8
6.6
n=843
n=225
n=111
加わっていない
加わっているが
あまり活動していない
加わっており
実際に活動している
問17L　所属団体と活動の有無：学校やクラブなどの同窓会

図6-25　同窓会活動と主観的幸福感

以上、先行研究の知見に基づきながら、主観的幸福感を構成する諸要素と関係する項目として個人的・身体的属性としての健康・年齢・性別、社会的属性としての学歴・年収・職種・階層意識や家族構成、ソーシャル・キャピタルの認知や保有量との関連を見てきた。ほぼ従来通りの知見を裏付けるものとなっていることがわかる。

三　宗教意識・宗教実践の構成

三―一　宗教団体への所属と活動

宗教団体への所属を見たのが、図6‐26(宗教団体への所属)である。日本では七割方の人々が無宗教を自認しているという一般論の通り、七〇・八パーセントの人が宗教団体に所属していない。氏子の自覚がある人が六・一パーセント、神道系新宗教信者が〇・五パーセントという数値は、宗教年鑑に記載された神道系宗教の信者総数約八四七三万人(二〇一六年時点、文化庁編 二〇一七、以下同じ)からすると少なすぎである。しかしそもそも日本全体に約八万社ある神社において氏子は地域人口とほとんど同じものとみなされていることから、実質的な氏子や崇敬者はこの程度のものだろうと思われる。同様に、全国約七万七千ヶ寺、仏教系信者数約八七七〇万人の教勢からして檀家と回答した数が一五・九パーセントというのも少なすぎる。しかし、実際に寺の檀家となっている世帯の数から考えると妥当な数値と思われる。仏教系新宗教には創価学会、立正佼成会他大規模な教団の信者数が含まれ、三・九パーセントという数値は、創価学会だけでも公称七二一万世帯(衆議院総選挙における公明党の得票率は約七〇〇―八〇〇万票)あることからするとやや低めに出ていると考えられる。キリスト教が〇・七パーセントというのは一九一万人の信者人口からすると半分以下であるが、これでも実質的な信者人口を反映している。このうち二つ以上の複数の宗教への所属を回答したものは全体の四・五パーセントである(そのため、図6‐26の合計は百パーセントにならない)。

また、図６-27（宗教施設へ通う頻度）から明らかなように、所属していると答えた回答者三〇〇名中週に一度以上施設に通う人は九パーセントであり、本調査対象者全体のわずか二・三パーセントであった。要するに、宗教団体への所属から推察する限り、日本の宗教人口は約三割に満たず、そのうち熱心に活動している信者人口は三パーセントに満たないということになり、従前の総合的社会調査の結果と齟齬はない。

ここで、宗教というものを教団宗教から考えるという前提に立てば、たちまち次のような問題に直面することになる。本研究は、日本のわずか数パーセントの人たちを対象にしたウェルビーイングの研究にならざるをえないのかという問題である。これはこれで重要な課題ではあるのだが、宗教団体への所属の有無と主観的幸福感との関連を見たときに、教団宗教からのアプローチはこの時点で頓挫してしまう。図６-28（宗教団体への所属と主観的幸福感）が示すことは、宗教団体に所属している人（所属していない―非該当）の平均的な主観的幸福感は所属していない人のそれとほぼ同じであることである。

主観的幸福感を所属団体ごとに見ると、氏子・檀家は幸福度の平均値が低いが、仏教系新宗

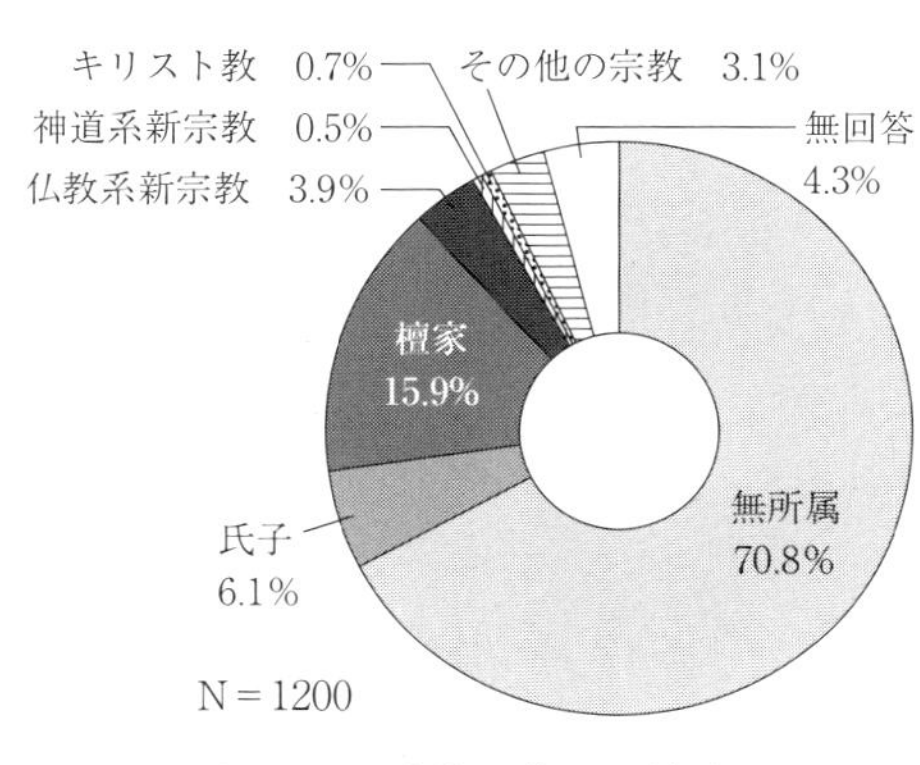
キリスト教　0.7%
神道系新宗教　0.5%
仏教系新宗教　3.9%
その他の宗教　3.1%
無回答
4.3%
檀家
15.9%
氏子
6.1%
無所属
70.8%
N＝1200

図 6-26　宗教団体への所属

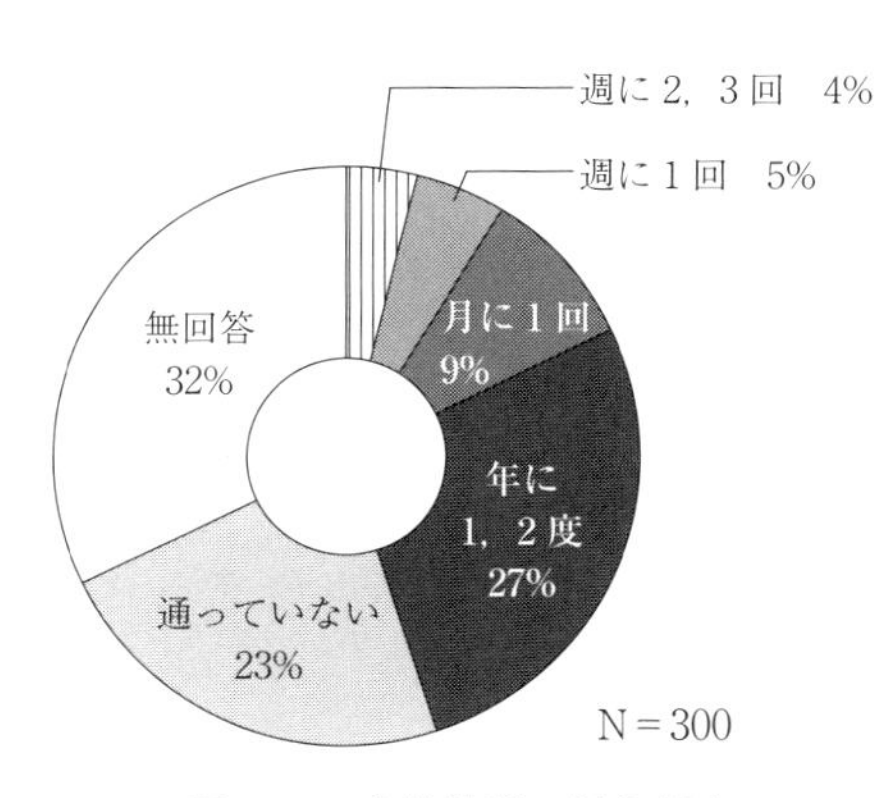
週に２，３回　4%
週に１回　5%
月に１回
9%
年に
1，２度
27%
通っていない
23%
無回答
32%
N＝300

図 6-27　宗教施設へ通う頻度

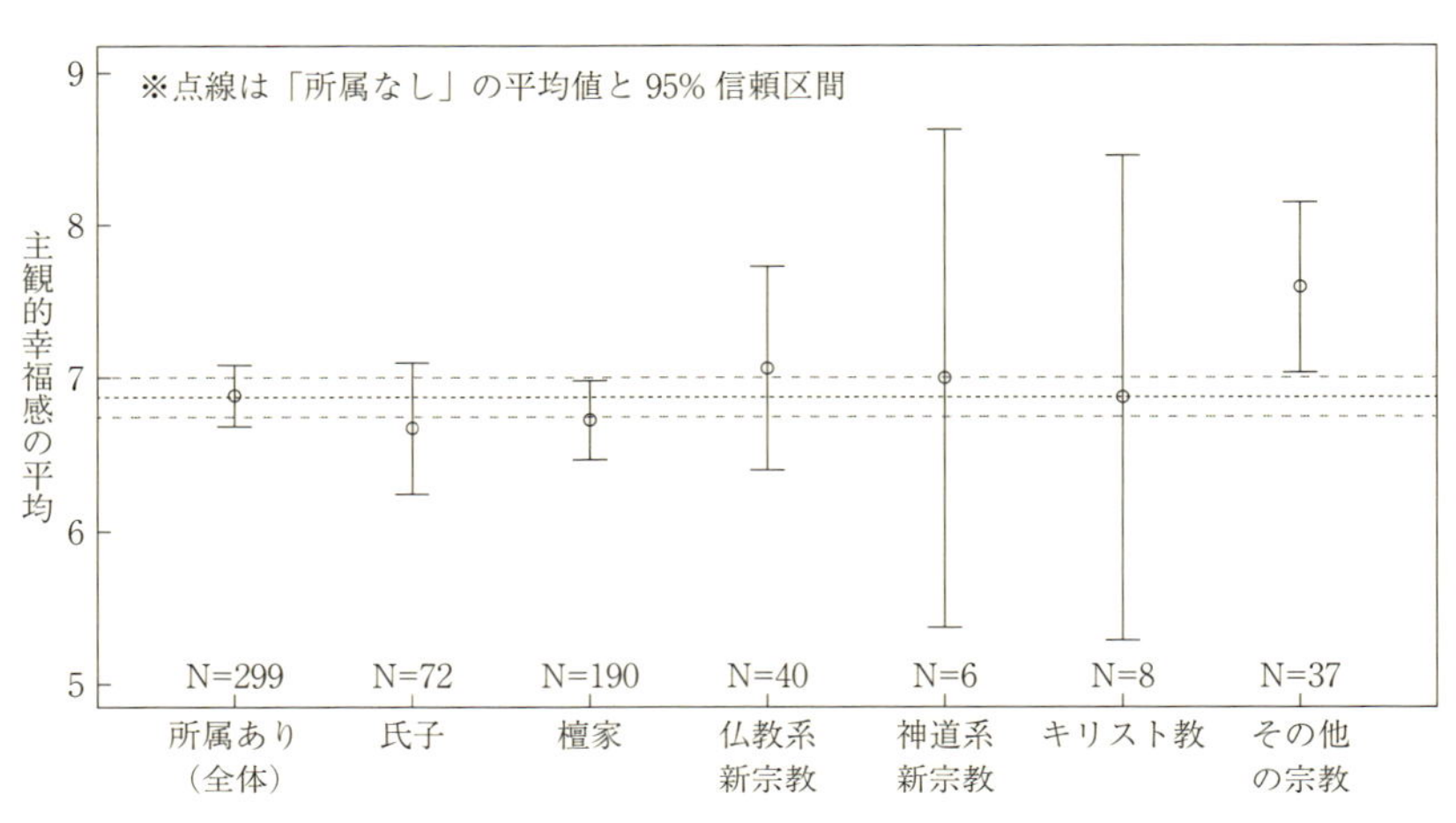
※点線は「所属なし」の平均値と95% 信頼区間
主観的幸福感の平均
9
8
7
6
5
N=299
N=72
N=190
N=40
N=6
N=8
N=37
所属あり（全体）
氏子
檀家
仏教系新宗教
神道系新宗教
キリスト教
その他の宗教
図 6-28　宗教団体への所属と主観的幸福感

教とその他の新宗教団体では逆に高く、神道系新宗教とキリスト教ではほとんど変わらないことが見て取れる。それぞれの該当する項目の信者人口が非信者と比べて圧倒的に少ないので一般化しにくいのだが、日本の伝統宗教においては、宗教団体への所属が幸福感を高めているとは言えないことがわかる。そして、それは本章の冒頭で予測したように、日本の宗教文化において教団への所属の有無で主観的幸福感の変化を予測することは実態に即していない。

そこで、教団への所属とは関係なく、宗教や信仰という自覚なしに認識している宗教文化や、慣習的に行っている宗教実践と主観的幸福感との関連を見て行くアプローチを試す必要性が出てくるのである。

三―二　宗教意識・宗教実践の諸項目

図6-29（宗教意識の項目と信じる度合い）を見ると、神仏や来世の存在、神々や先祖の守護力や御利益を信じる人たちは半数近くに達している。宗教団体に所属していなくとも、信じているのである。他方で、姓名判断を信じている人の割合は比較

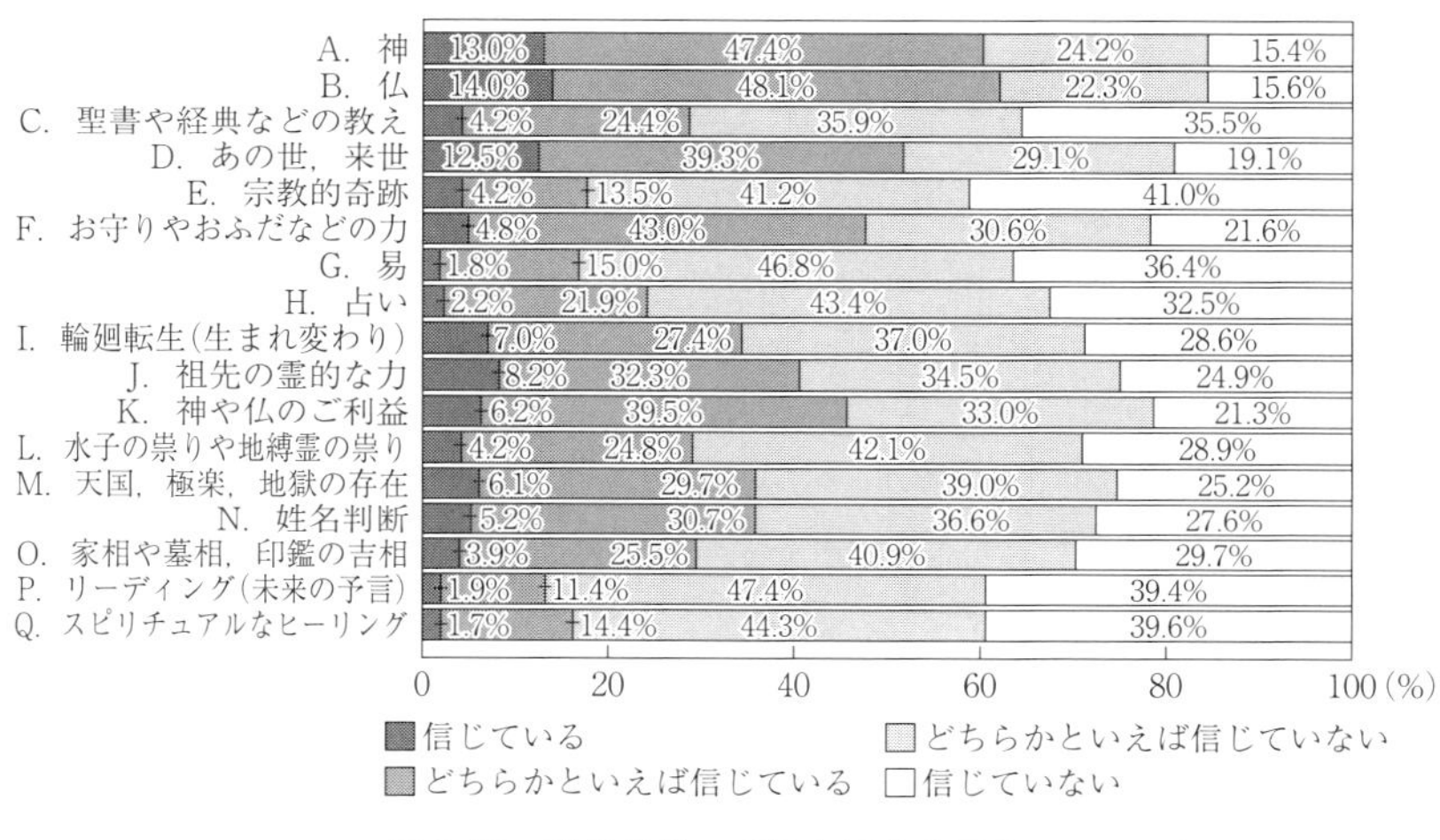
A. 神　13.0%　47.4%　24.2%　15.4%
B. 仏　14.0%　48.1%　22.3%　15.6%
C. 聖書や経典などの教え　4.2%　24.4%　35.9%　35.5%
D. あの世，来世　12.5%　39.3%　29.1%　19.1%
E. 宗教的奇跡　4.2%　13.5%　41.2%　41.0%
F. お守りやおふだなどの力　4.8%　43.0%　30.6%　21.6%
G. 易　1.8%　15.0%　46.8%　36.4%
H. 占い　2.2%　21.9%　43.4%　32.5%
I. 輪廻転生(生まれ変わり)　7.0%　27.4%　37.0%　28.6%
J. 祖先の霊的な力　8.2%　32.3%　34.5%　24.9%
K. 神や仏のご利益　6.2%　39.5%　33.0%　21.3%
L. 水子の祟りや地縛霊の祟り　4.2%　24.8%　42.1%　28.9%
M. 天国，極楽，地獄の存在　6.1%　29.7%　39.0%　25.2%
N. 姓名判断　5.2%　30.7%　36.6%　27.6%
O. 家相や墓相，印鑑の吉相　3.9%　25.5%　40.9%　29.7%
P. リーディング(未来の予言)　1.9%　11.4%　47.4%　39.4%
Q. スピリチュアルなヒーリング　1.7%　14.4%　44.3%　39.6%
0　20　40　60　80　100(%)
信じている
どちらかといえば信じている
どちらかといえば信じていない
信じていない

図 6-29　宗教意識の項目と信じる度合い

的高いものの、占い、易、スピリチュアル系（リーディングやヒーリング）に対する信憑性は二〇パーセント前後と高くはない。教団所属と宗教意識は必ずしも一致していないというのが日本の宗教文化の特徴だろう。

ここで本調査において用いるスピリチュアル、スピリチュアリティ概念について一言しておきたい。近年、日本の医療・教育他の領域で用いられるスピリチュアリティの概念は、その人をその人たらしめる精神や霊性とでも言うべきもので、超越的実在との関わりや自己の魂の成長と関連させる宗教的用法もありうる。欧米の宗教研究で用いられるスピリチュアリティ概念においても、宗教制度や団体への関連で言及される宗教性（religiosity）に対して、制度や組織に拘束されず個人を覚醒させ解放するものとしての霊性（spirituality）として用いられている。しかしながら、日本で人口に膾炙しているスピリチュアリティやスピリチュアルという概念は、科学では説明がつかない精神的・霊性的な力の働きに関連させて用いられることが多く、スピリチュアルな占いや癒やしと言えば、霊感や霊視による鑑定や医療や精神療法において公認されていない各種療法を連想させる（櫻井 二〇〇九）。本調査において、スピリチュアルなヒー

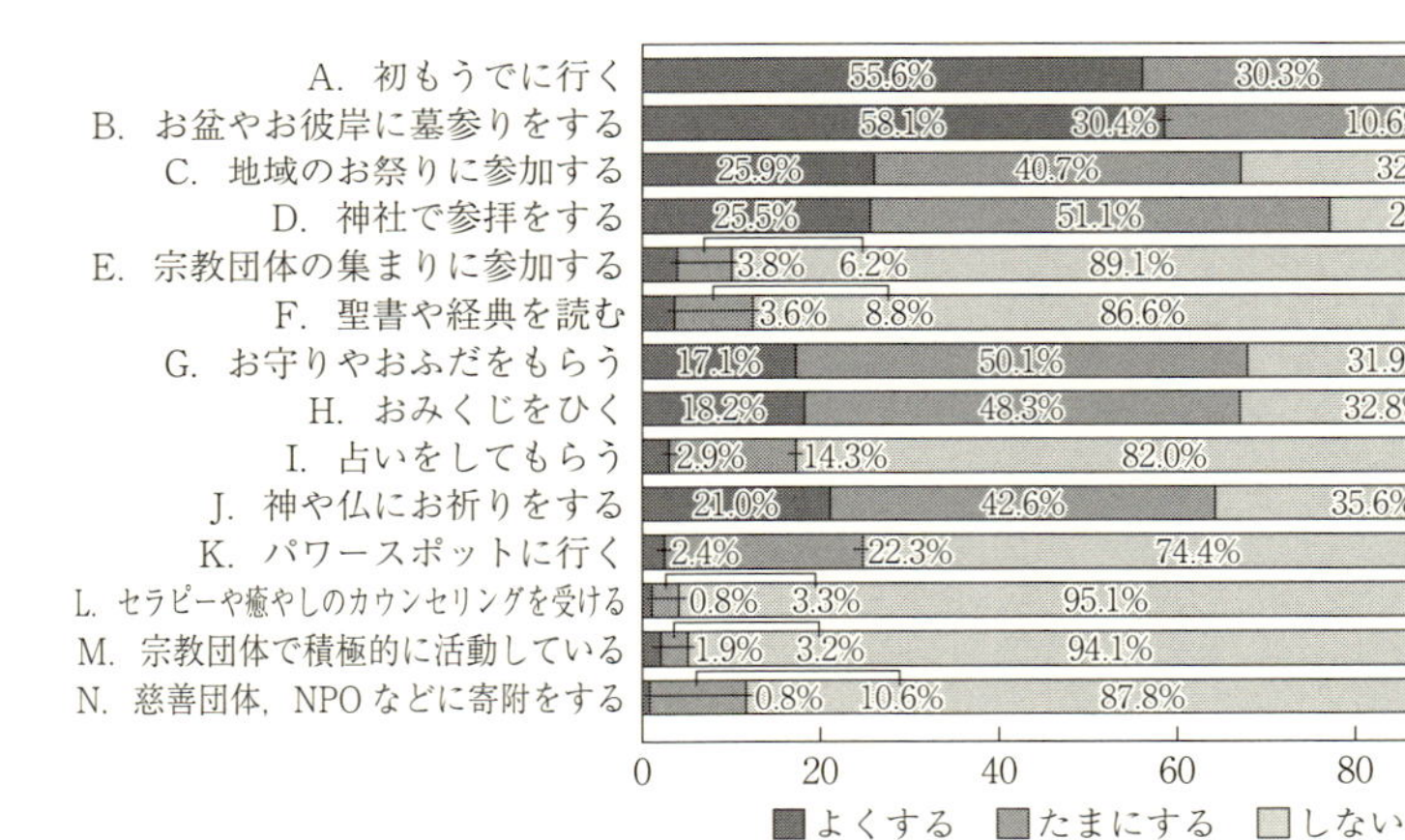
A. 初もうでに行く
B. お盆やお彼岸に墓参りをする
C. 地域のお祭りに参加する
D. 神社で参拝をする
E. 宗教団体の集まりに参加する
F. 聖書や経典を読む
G. お守りやおふだをもらう
H. おみくじをひく
I. 占いをしてもらう
J. 神や仏にお祈りをする
K. パワースポットに行く
L. セラピーや癒やしのカウンセリングを受ける
M. 宗教団体で積極的に活動している
N. 慈善団体，NPO などに寄附をする
55.6% 30.3% 13.3%
58.1% 30.4% 10.6%
25.9% 40.7% 32.5%
25.5% 51.1% 22.7%
3.8% 6.2% 89.1%
3.6% 8.8% 86.6%
17.1% 50.1% 31.9%
18.2% 48.3% 32.8%
2.9% 14.3% 82.0%
21.0% 42.6% 35.6%
2.4% 22.3% 74.4%
0.8% 3.3% 95.1%
1.9% 3.2% 94.1%
0.8% 10.6% 87.8%
0
20
40
60
80
100（%）
よくする
たまにする
しない

図 6-30　宗教実践の項目と実行の度合い

リングと質問した事項をキリスト教における霊的癒やしや、終末期医療で用いられるスピリチュアルケアの文脈で理解されることはなかったものと考えている。また、後段において、宗教類型としてのスピリチュアル系宗教意識・行為というカテゴリーを操作概念として用いるが、このカテゴリーにおいても学術的な用法や西欧の用法ではなく、占い、メディアに登場する霊能者の言動や霊感商法とも関連する霊能を用いたカウンセリングなどの用法を中心に用いることになる。

図6-30（宗教実践の項目と実行の度合い）を見ると、宗教実践も初詣や盆・彼岸の墓参りは九割方の人々が行っており、地域の祭に参加し、寺社でおみくじをひき、必要に応じて参拝やお祈りをするといった慣習的な宗教実践の項目は六、七割の実施率である。これらの諸行事は家族のライフサイクルに関わるものであり、子供の誕生や成長に伴って神社での初宮参りや七五三を済ませ、高齢者が亡くなれば葬儀・法要を行い寺院との関係を持つことになる。単身者であっても家族・親族との付き合いがあれば、冠婚葬祭に関わることになる。その意味では、意識的な宗教実践ではない。そして、意識的に信仰を深めるべく教典・経典を学習する、宗教施設の集会に参加する人の割合は二割に達しないし、パワー

スポット訪問や癒やしのカウンセリングを受ける人も少数であることがわかる。いわゆる宗教意識を持つ人は少ないのである。

なお、宗教意識と宗教実践との相関を見ると、「宗教意識（一七項目）×宗教実践項目（一四項目）＝全二三八通り」のうち、一九三通り（八一・八パーセント）が〇・一パーセント水準となり有意でかなり高い。

四　宗教実践と主観的幸福感との関連

四―一　一般的な宗教意識と主観的幸福感

欧米の調査研究では、宗教性が幸福感にプラスに作用するということがよく知られている。幸福感に関する研究論文・知見の蒐集を行なっている世界幸福感データベースでは、宗教と幸福感の関係について四三一件の知見がまとめられており（Veenhoven, R. 2018）、その大多数は両者の間に正の相関関係があることを報告している。日本において「宗教的な心は大切だ」という意識が、国際調査における宗教的信仰と等価な変数になるという指摘が横井・川端から出されている（横井・川端 二〇一三）。この調査でも、宗教的な心は大切だという回答者の主観的幸福感は高いことが、図6-31（宗教的な心の大切さと主観的幸福感）からわかる。[3]

もっとも、宗教意識をたずねた下記の質問に対しても主観的幸福感の差異が見られた。すなわち、神社・仏閣における現世利益の信憑性（図6-32）、宗教的なこころのよりどころへの願望（図6-33）、先祖のおかげといった感覚（図6-34）である。それに比べると、道徳や宗教的情操の重要性への意識（図6-35）という認知的側面は、主

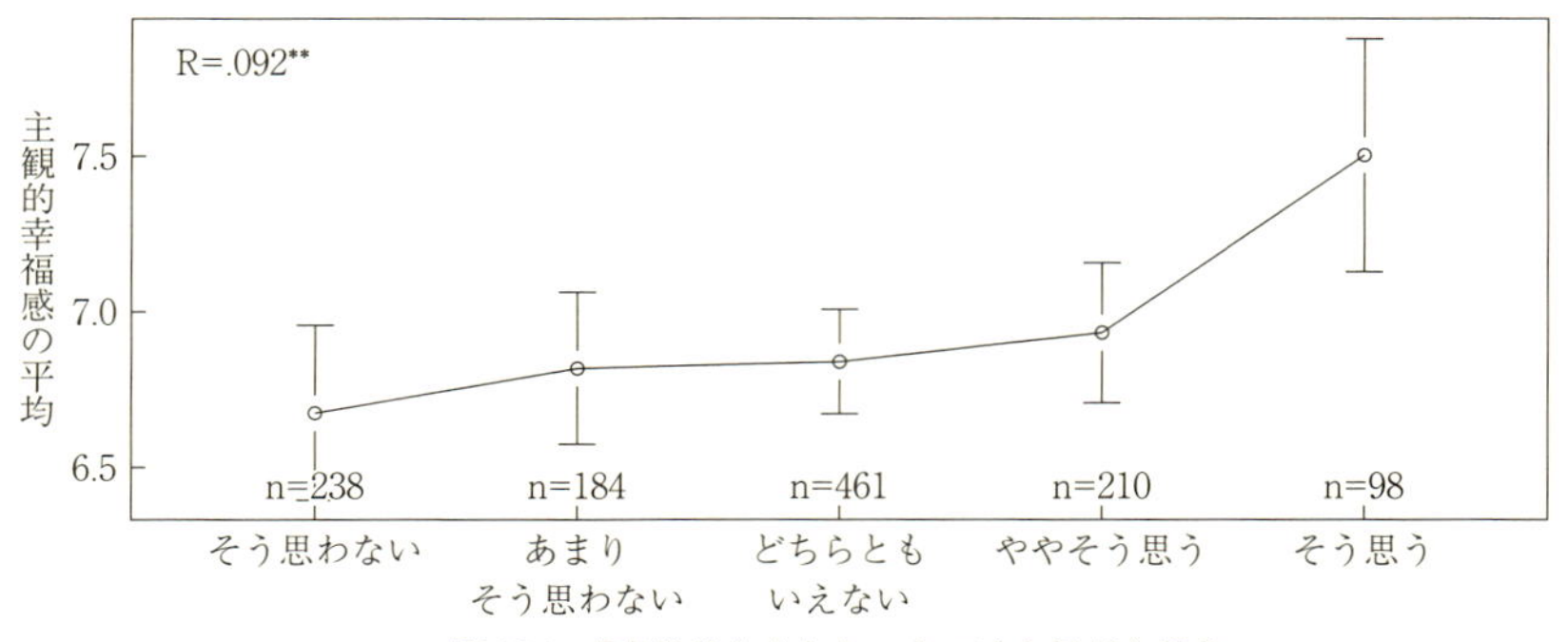
R=.092**
主観的幸福感の平均
7.5
7.0
6.5
n=238
n=184
n=461
n=210
n=98
そう思わない
あまり
そう思わない
どちらとも
いえない
ややそう思う
そう思う
問 10A 「宗教的な心」というのは大切だと思う

図 6-31　宗教的な心の大切さと主観的幸福感

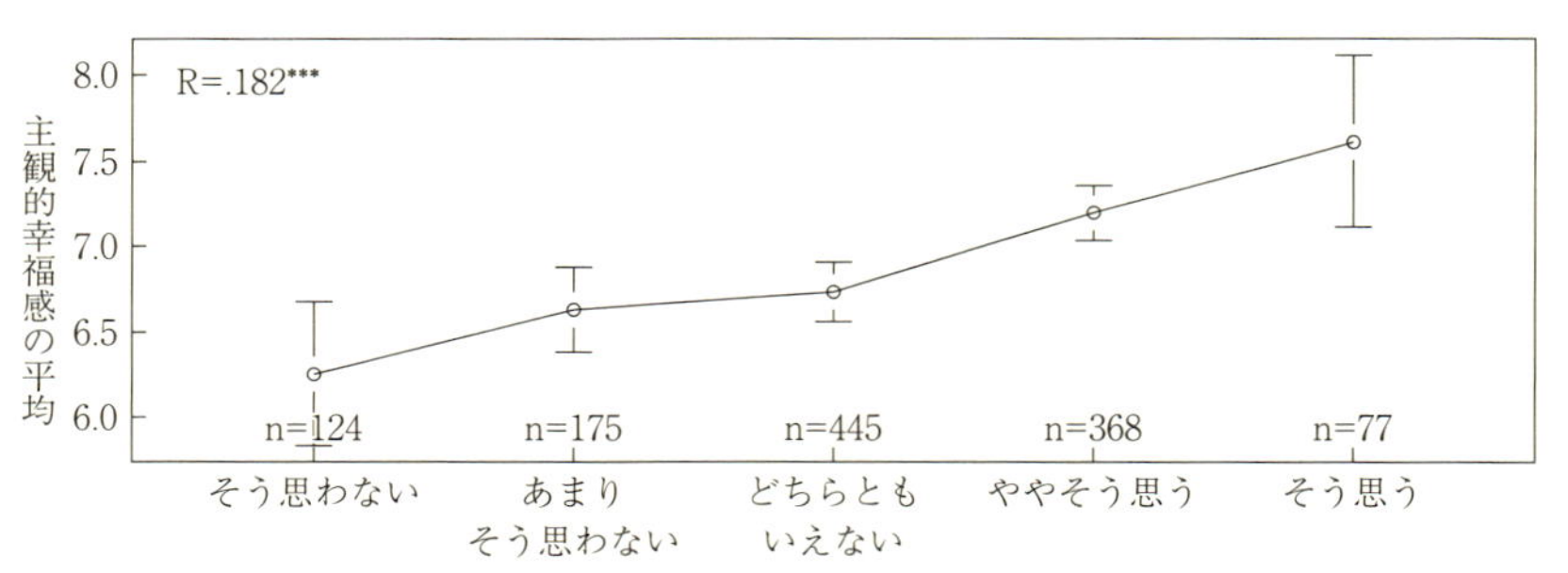
R=.182***
主観的幸福感の平均
8.0
7.5
7.0
6.5
6.0
n=124
n=175
n=445
n=368
n=77
そう思わない
あまり
そう思わない
どちらとも
いえない
ややそう思う
そう思う
問 10E 神社に参拝等すると願い事が叶いそうな気がする

図 6-32　神社・仏閣における現世利益の信憑性と主観的幸福感

観的幸福感に明確な影響はないように思われる。

神社での祈願の効用を信じる気持ちや心のよりどころを神仏に求める気持ちがなぜ主観的幸福感を高めているのだろうか。それこそ、宗教的な求める心こそがしあわせ感を生むという説明もあるだろうが、もう少し世俗的な説明を試みたい。健康や人間関係、仕事など自分だけの力ではどうにもならないことがあり、それが悩みの種である場合、自分を超えるものにすがり、頼めるのであれば、安心・安寧の心境になろう。そのうえ、解決するかもしれないという希望を持つことは、これまた精神衛生上いいことである。もっとも、ただ単に現世利益を求めるのか、人

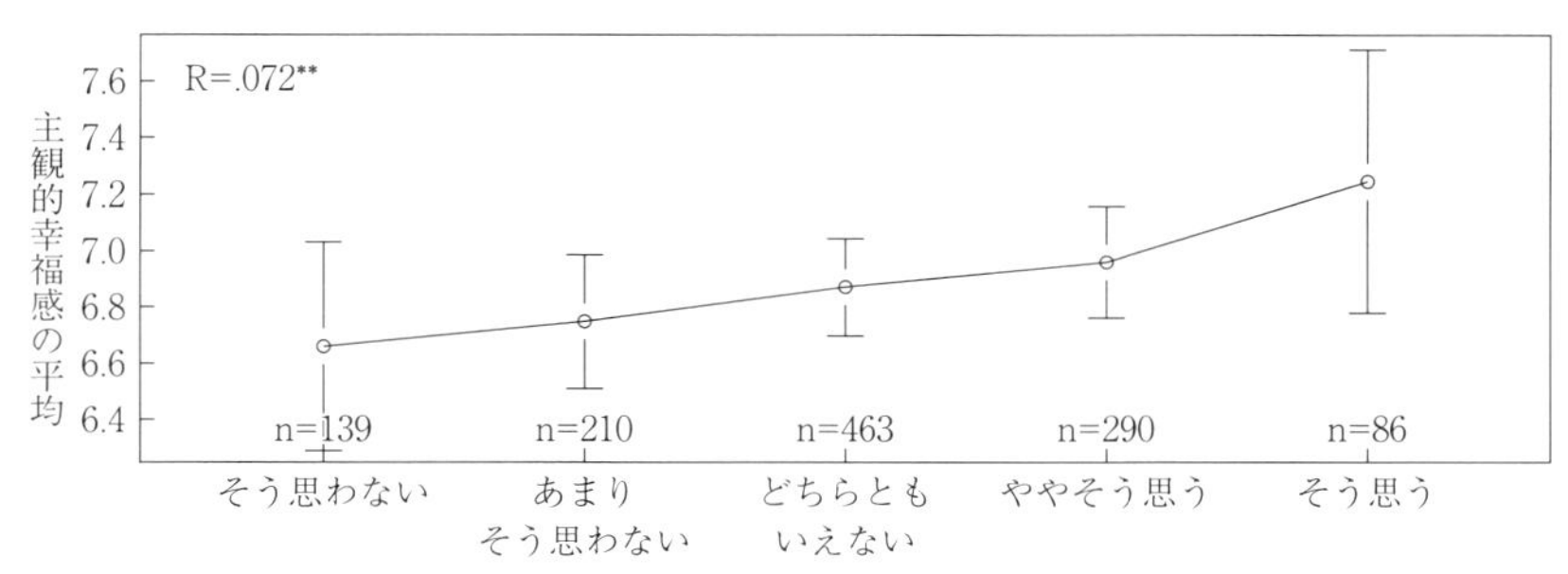
R=.072**
主観的幸福感の平均
7.6
7.4
7.2
7.0
6.8
6.6
6.4
n=139
n=210
n=463
n=290
n=86
そう思わない
あまり
そう思わない
どちらとも
いえない
ややそう思う
そう思う
問10F　神でも仏でも、心のよりどころになるものが欲しい

図6-33　宗教的なこころのよりどころへの願望と主観的幸福感

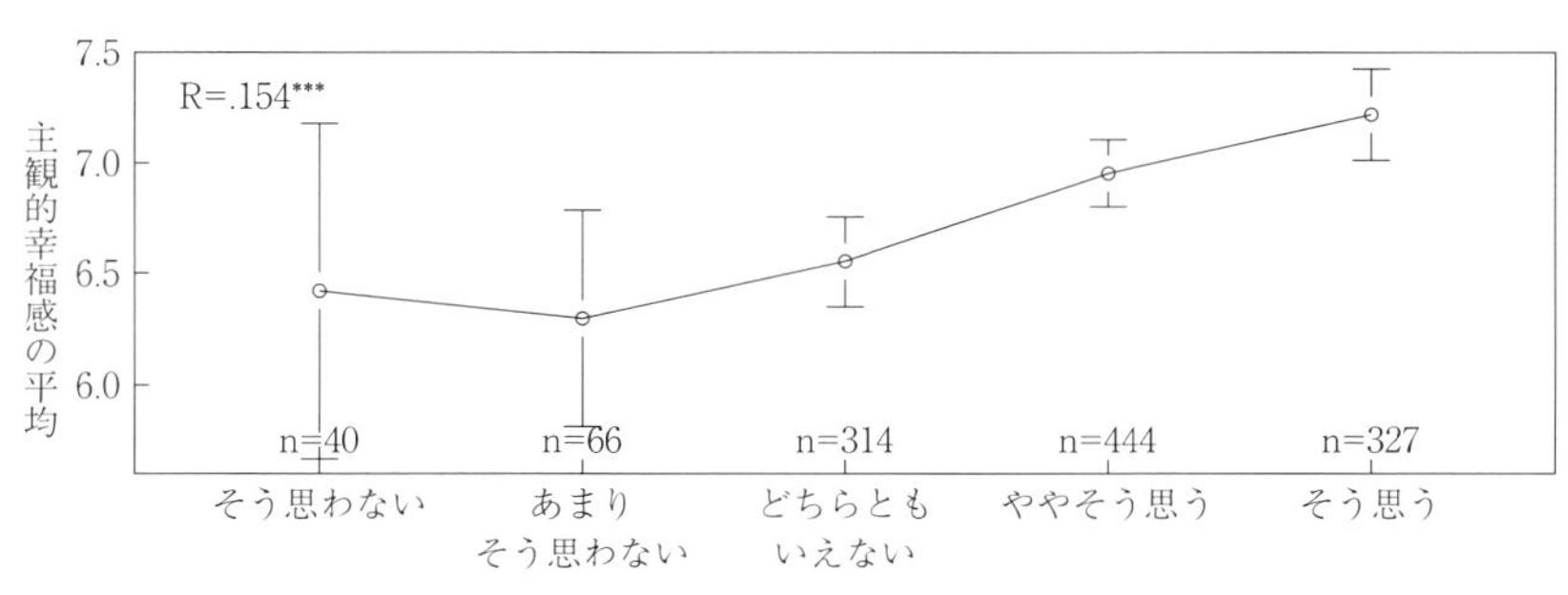
R=.154***
主観的幸福感の平均
7.5
7.0
6.5
6.0
n=40
n=66
n=314
n=444
n=327
そう思わない
あまり
そう思わない
どちらとも
いえない
ややそう思う
そう思う
問10K　現在の私があるのは先祖のおかげである

図6-34　先祖のおかげという感覚と主観的幸福感

事を尽くして天命を待つのか、依り頼む心のあり方には差異がある。おそらく宗教的なコーピングの機能は同じであっても、安寧の質的な差異があるだろう。

先祖のおかげという感覚は、今ある自分を親、祖父母、曾祖父母といった系譜や血族でたどり、いのちのつながりに思いをいたし、同時に親族的な人間関係に支えられている今の自己を確認することである。おかげを感じ、感謝する気持ちが、その人の幸福感を高めていることは想像に難くない。

ところが、道徳や倫理において宗教的情操を持ち出す宗教的かつ保守的な見解と主観的幸福感との関係はU字型に近いグラフとなり、賛成か反対か見解が明確な方が、どちらと

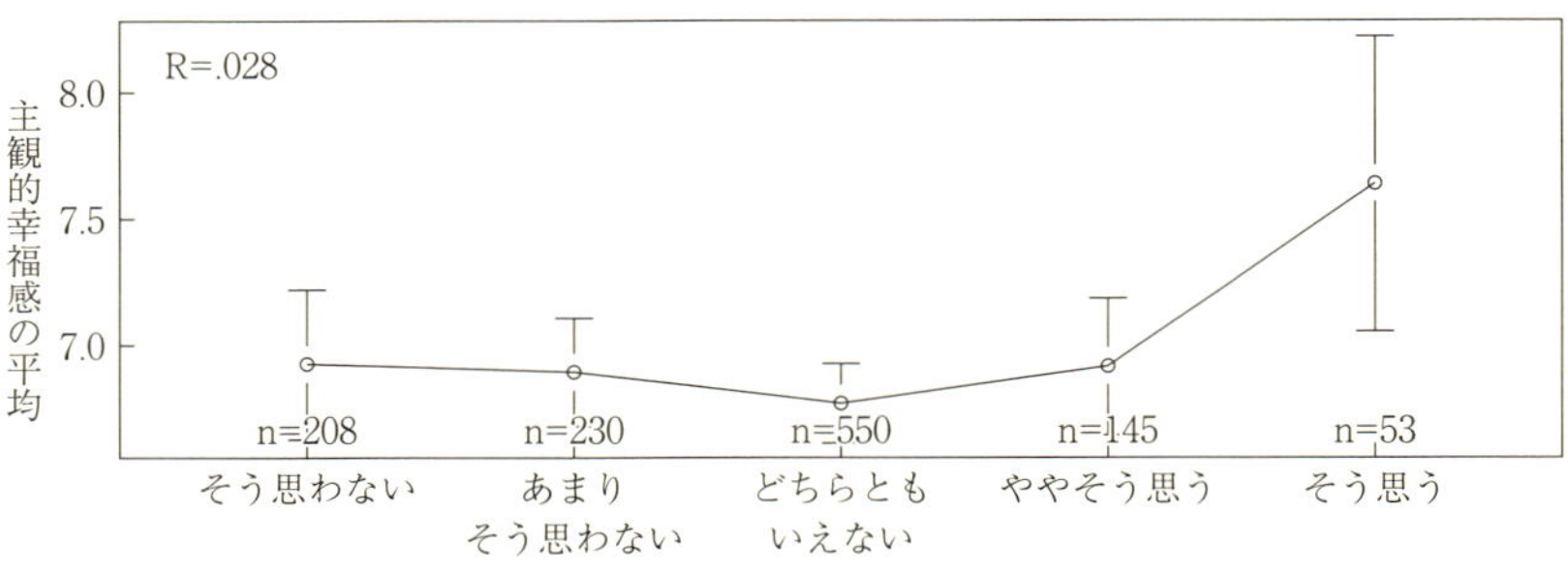
R=.028
主観的幸福感の平均
8.0
7.5
7.0
n=208
n=230
n=550
n=145
n=53
そう思わない
あまり
そう思わない
どちらとも
いえない
ややそう思う
そう思う
問 10L　道徳や倫理を教育するには宗教的情操が必要だ

図 6-35　道徳や宗教的情操の重要性の意識と主観的幸福感

も言いがたいという人よりも少し主観的幸福感が高いということになっている。日本では公教育において宗教を教えることに躊躇があり、ミッション系の学校以外ではほぼ宗教は教えられていない。そのような状況をも反映した回答の傾向と言えようか。

これら四つの項目は一般的な宗教意識であるが、個別的な宗教意識との関連はどうなっているだろうか。

四―二　宗教意識の項目と主観的幸福感との関連

宗教意識や宗教実践として調べた項目ごとに主観的幸福感との関連を表6-3（宗教項目と主観的幸福感の相関係数）としてまとめた。また、信じる度合いと主観的幸福感の関連を図6-36（宗教項目に対する信じる度合いと主観的幸福感）に示しておいた。

どの宗教意識項目もより強く信じている人の主観的幸福感が高くなっているように見えるが、あえてパターン化すれば、①信憑性に応じて主観的幸福感が徐々に高くなってくるパターンと、②強く信じている人の主観的幸福感だけが高くなってくるパターンである。①は神、仏、来世、天国・地獄、生まれ変わりの存在、お守りやお札、先祖や神仏の守護力に関する伝統的・慣習的な意識であり、②は宗教的奇跡、易、占い、水子・地縛霊

表6-3　宗教項目と主観的幸福感の相関係数

宗教意識	相関係数	宗教実践	相関係数
A．神	.13***	A．初もうでに行く	.105***
B．仏	.091**	B．お盆やお彼岸に墓参りをする	.065*
C．聖書や経典などの教え	.084**	C．地域のお祭りに参加する	.131***
D．あの世，来世	.141***	D．神社で参拝をする	.046†
E．宗教的奇跡	.079*	E．宗教団体の集まりに参加する	.086**
F．お守りやおふだなどの力	.141***	F．聖書や経典を読む	.043
G．易	.056*	G．お守りやおふだをもらう	.046
H．占い	.052†	H．おみくじをひく	.061*
I．輪廻転生（生まれ変わり）	.148***	I．占いをしてもらう	−.003
J．祖先の霊的な力	.117***	J．神や仏にお祈りをする	.052†
K．神や仏のご利益	.147***	K．パワースポットに行く	−.003
L．水子の祟りや地縛霊の祟り	.051*	L．セラピーや癒やしのカウンセリングを受ける	−.023
M．天国，極楽，地獄の存在	.135***	M．宗教団体で積極的に活動している	.107***
N．姓名判断	.131***	N．慈善団体，NPOなどに寄附をする	.068*
O．家相や墓相，印鑑の吉相	.092**		
P．リーディング（未来の予言）	.025		
Q．スピリチュアルなヒーリング	.025		

***$p<.001$，**$p<.01$，*$p<.05$　†$p<.1$（ペアワイズによる欠損値処理）

の祟り、姓名判断、吉相鑑定、予言やヒーリングといったスピリチュアル系の意識である。

要するに、宗教的信念はかなりの程度主観的幸福感と相関があり、スピリチュアルなものを信じる気持ちであっても強く信じる人たちの主観的幸福感は高い。

次に宗教的実践を見て行くことになるが、ここでも同じパターンが現れてくることになる。

四―三　宗教実践の項目と主観的幸福感

まず、宗教実践に関して宗教団体に所属している人の場合に限定して、宗教施設に通う頻度と主観的幸福感との関連を見たのが図6-37（宗教施設に通う頻度と主観的幸福感）である。週に一度以上施

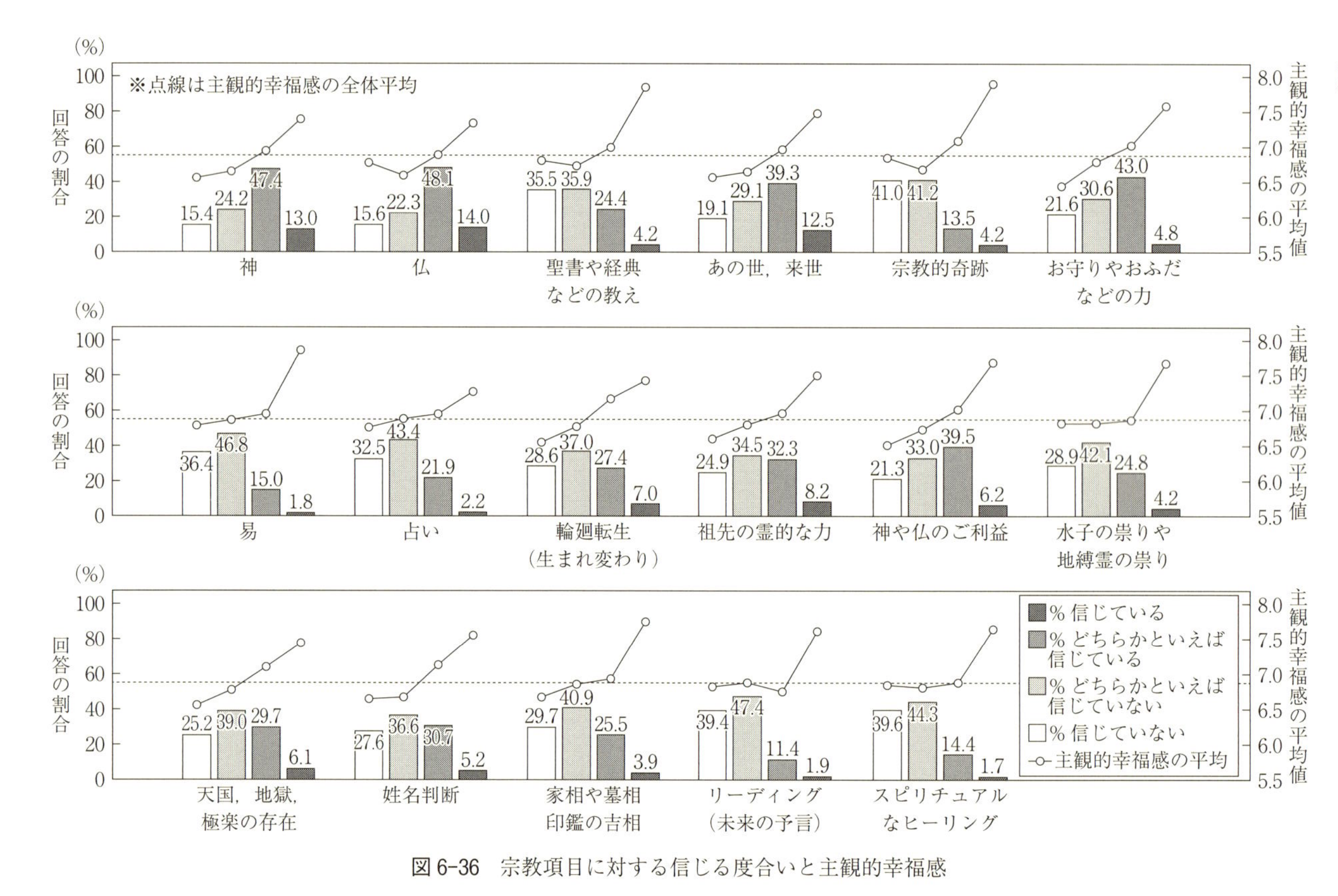
(%)
100
80
60
40
20
0
回答の割合
主観的幸福感の平均値
8.0
7.5
7.0
6.5
6.0
5.5
※点線は主観的幸福感の全体平均
15.4
24.2
47.4
13.0
神
15.6
22.3
48.1
14.0
仏
35.5
35.9
24.4
4.2
聖書や経典などの教え
19.1
29.1
39.3
12.5
あの世，来世
41.0
41.2
13.5
4.2
宗教的奇跡
21.6
30.6
43.0
4.8
お守りやおふだなどの力
36.4
46.8
15.0
1.8
易
32.5
43.4
21.9
2.2
占い
28.6
37.0
27.4
7.0
輪廻転生（生まれ変わり）
24.9
34.5
32.3
8.2
祖先の霊的な力
21.3
33.0
39.5
6.2
神や仏のご利益
28.9
42.1
24.8
4.2
水子の祟りや地縛霊の祟り
25.2
39.0
29.7
6.1
天国，地獄，極楽の存在
27.6
36.6
30.7
5.2
姓名判断
29.7
40.9
25.5
3.9
家相や墓相印鑑の吉相
39.4
47.4
11.4
1.9
リーディング（未来の予言）
39.6
44.3
14.4
1.7
スピリチュアルなヒーリング
%信じている
%どちらかといえば信じている
%どちらかといえば信じていない
%信じていない
主観的幸福感の平均

図 6-36　宗教項目に対する信じる度合いと主観的幸福感

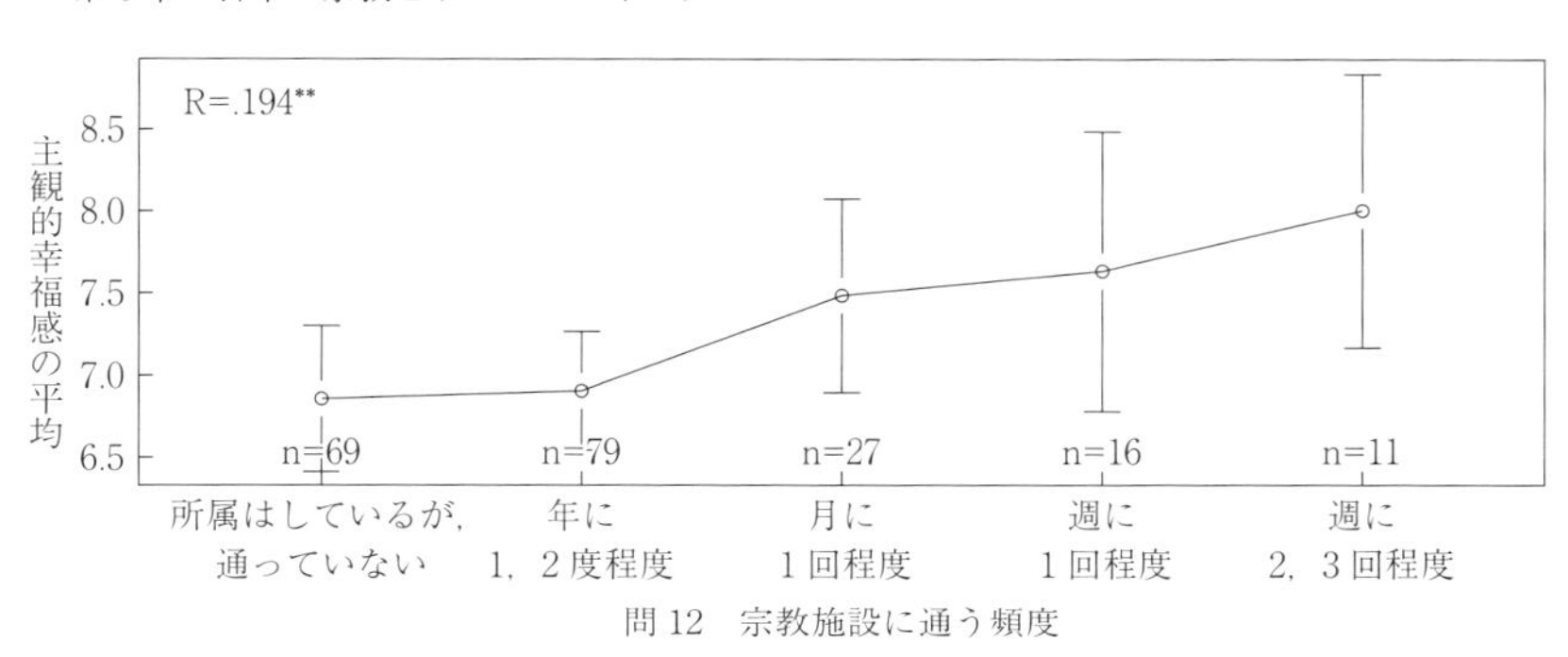
R=.194**
主観的幸福感の平均
8.5
8.0
7.5
7.0
6.5
n=69
n=79
n=27
n=16
n=11
所属はしているが，通っていない
年に１，２度程度
月に１回程度
週に１回程度
週に２，３回程度
問12　宗教施設に通う頻度

図6-37　宗教施設に通う頻度と主観的幸福感

設に通う人の方がそうではない人よりも主観的幸福感が高いことがわかる。この知見は、キリスト教型宗教におけるソーシャル・キャピタルとコーピングの議論が妥当すると思われる。

次に、各宗教実践の項目ごとの実施度合いと主観的幸福感との関連を見ていく（図6-38　宗教実践の項目ごとの実施度合いと主観的幸福感）。ここでは四つのパターンが観察される。

まず、第一のパターンである。初詣や盆・彼岸の墓参りだが、たまにする人の主観的幸福感はしない人より低いことに注意したい。これは本来するべきという規範意識を持っているのにしていないことに対してある種の後ろめたさを感じて主観的幸福感が下がっているのか、あるいはそれを行いたいのにできない状況にあることから主観的幸福感が下がっているのか、その要因が興味深い。このU字型の関係は、中国・台湾の民間信仰においても見られ、中途半端にする人はしない人と頻繁にする人と比べて主観的幸福感が低いのである。その理由は、民間信仰の信者の社会層がそもそも低いことに加えて、たまにする程度では主観的幸福感が高まらないという問題が考えられた（Eric 2009）。しかし、日本の場合、初詣や盆・彼岸の墓参りは社会階層の高低に関係なく実践されている慣習的宗教実践なので、なぜ、そうなのかについてはさらに考察を必要とする。

第二のパターンが、実践の度合いと主観的幸福感の関係が比例している

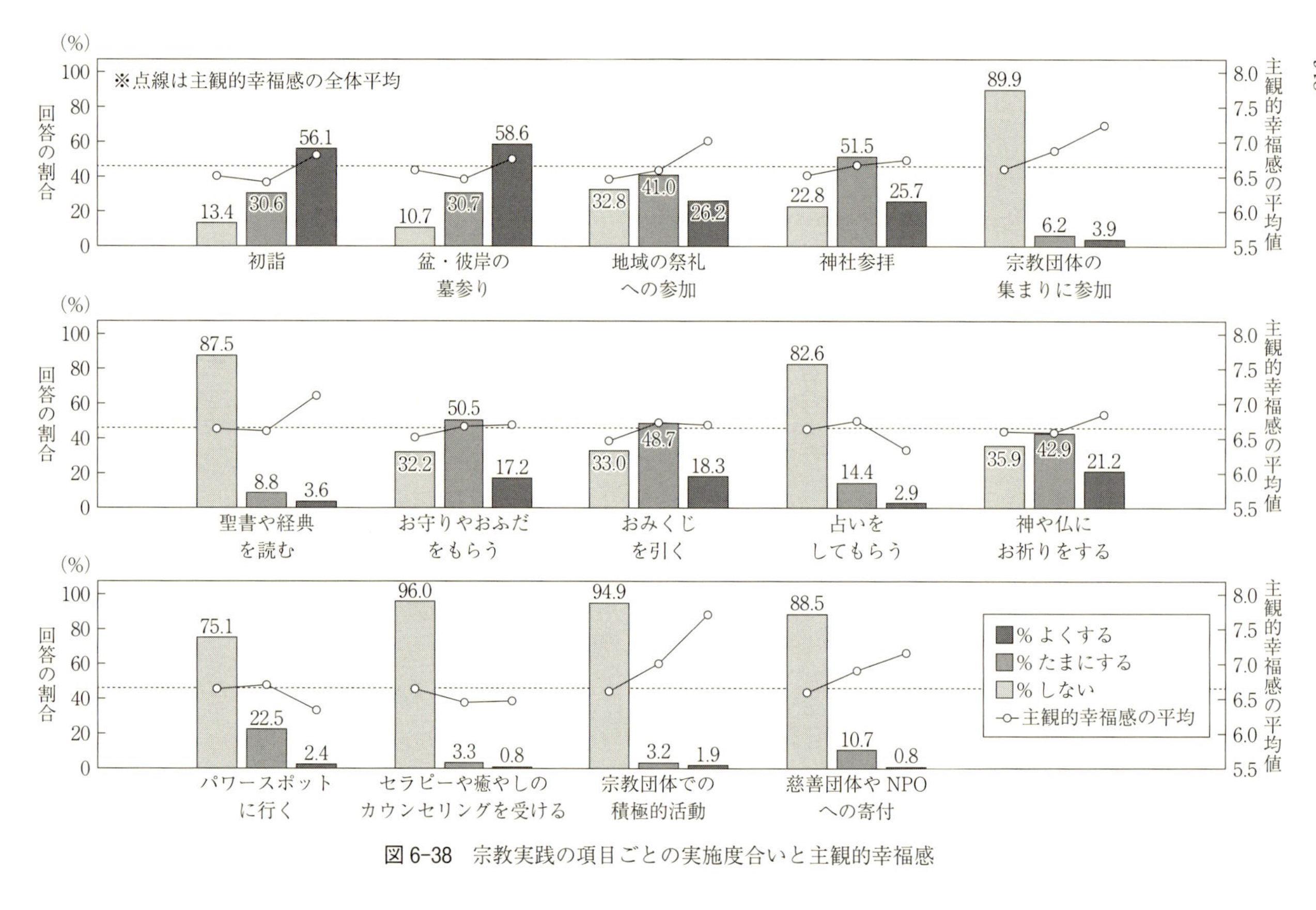

(%)
回答の割合
主観的幸福感の平均値
※点線は主観的幸福感の全体平均
13.4
30.6
56.1
初詣
10.7
30.7
58.6
盆・彼岸の墓参り
32.8
41.0
26.2
地域の祭礼への参加
22.8
51.5
25.7
神社参拝
89.9
6.2
3.9
宗教団体の集まりに参加
87.5
8.8
3.6
聖書や経典を読む
32.2
50.5
17.2
お守りやおふだをもらう
33.0
48.7
18.3
おみくじを引く
82.6
14.4
2.9
占いをしてもらう
35.9
42.9
21.2
神や仏にお祈りをする
75.1
22.5
2.4
パワースポットに行く
96.0
3.3
0.8
セラピーや癒やしのカウンセリングを受ける
94.9
3.2
1.9
宗教団体での積極的活動
88.5
10.7
0.8
慈善団体や NPOへの寄付
% よくする
% たまにする
% しない
主観的幸福感の平均

図 6-38 宗教実践の項目ごとの実施度合いと主観的幸福感

ものである。地域の祭礼への参加、神社参拝、宗教団体の集まりへの参加、宗教団体の活動に積極的に参加という諸項目が該当する。ここはソーシャル・キャピタル論、および宗教的救済にかかわるコーピングから説明が可能だろう。

第三のパターンは、しない人とたまにする人の主観的幸福感が同程度か、たまにする人とよくする人の主観的幸福感が同程度に留まるものである。教典・経典を読むかどうかと、神仏に祈願するの二つの項目は、よくする人に限って主観的幸福感が高くなり、これは信者の人を想定すればわかりやすい。お守りやお札をもらう、おみくじを引くという行為は、たまにしてもよくしても主観的幸福感を高めることはないパターンである。これも、この種の行為は、いわゆる慣習的行為であり、宗教的信念との強い関係は想定できないので、宗教的救済とは関連しないものと考えられる。

第四のパターンは、やることで主観的幸福感が下がるものである。占いとパワースポットに行くという二つの項目では、よくする人の主観的幸福感はたまにする人の主観的幸福感よりも低い。しない人の主観的幸福感はたまにする人と同等である。よくすると回答している人の生活環境や心理的状態が、いわゆる運頼みになっているのであれば、あまりよい状態ではないことが想定されよう。しかし、回答者数が少ないので、このパターンと解釈については暫定的なものとならざるをえない。また、セラピーや癒やしのカウンセリングを受ける人においては、たまにする人とよくする人よりもしない人の方が、いくぶん主観的幸福感が高い。しかし、ここも回答者が九名と少ないので関連は安定していない。

慈善団体やＮＰＯへの寄付行為については、たまにするとよくする人の主観的幸福感が若干高いにように見えるが、サンプル数の少なさから統計的に意味のある差とは言えないだろう。

以上、宗教的行為と主観的幸福感との関連を四つのパターンに分けてみたが、宗教行為自体を見るのであれば、慣習的宗教実践、制度的宗教実践、スピリチュアルな実践に区分できよう。慣習的宗教実践は先祖祭祀や祭礼への参加といった行為については主観的幸福感を高めているが、特に自身の身内の慰霊や地域の祭礼であればそれらに関わる行為と精神的状態は大いに関連すると思われるし、家族や地域の人たちとの関係性も確認できるだろう。他面、年中行事としての関わり程度ではそれほど精神的安定や人との関係とは関連しないのではないだろうか。

聖書や経典の教えを信じる制度的宗教実践は、これも熱心であれば精神的安定にも寄与することが理解される。スピリチュアリティ関連の行為は、主観的幸福感を高めることはないか、むしろ、それが低い人が行う可能性も示唆している。

五　宗教意識・宗教実践の正味の寄与率

五―一　宗教意識・宗教実践のカテゴリー化

ここまですでに性別、年齢、学歴、婚姻状況といった社会経済的属性、自身の健康状態や社会階層所属の認知、ソーシャル・キャピタル(一般的信頼感と助け合える人間関係、孤立感の度合い)と主観的幸福感との関係を個別に見てきた。では、そうした諸側面をすべて含めて考えた上で、宗教意識・宗教実践がどの程度人びとの主観的幸福感に寄与しているのかを分析していくことにしたい。

具体的には、第一段階の作業として多様な構成要素を持つ宗教意識・宗教実践を特性ごとにカテゴリー化(操作概念化）して合成変数とし、計量分析に使えるよう数値化する。第二段階では、種々の統制変数（個人の社会経済的属性と現在の自身の状況に関する認知や主観的評価）の数値化を行う。そして、第三段階として主観的幸福感を従属変数として統制変数を加えた上で、宗教意識・宗教実践の合成変数の寄与率を重回帰分析によって測定する。

まず、前項で確認してきた宗教意識・宗教実践と主観的幸福感の関わりのパターンをもとに項目を大別し、操作概念として宗教意識については二つの次元、宗教実践については三つの次元を想定してみた。宗教意識・宗教実践の変数の操作化を次の図6‐39（宗教意識に関する変数の操作化）と図6‐40（宗教実践に関する変数の操作化）に示した。

操作化の手続きにおいて、基本的には、宗教意識の場合、「信じていない」という回答を〇点、「どちらかといえば信じていない」を一点、「どちらかといえば信じている」を二点、「信じている」を三点として、それぞれの項目に対する点数の平均点をこの意識の指標とする。宗教実践の場合は、単純に「しない」を〇点、「たまにする」を一点、「よくする」を二点として得点化した。そして、スピリチュアル系の意識や実践は信じる、よくする人が極めて少なく、信じるか信じないか、するかしないかが平均点の差になっていることが認められるのでカテゴリーを二つに簡略化した。スピリチュアル系の意識については「信じている」と答えた場合を一点、それ以外の場合を〇点とし、スピリチュアルな実践については「たまにする」と「よくする」をまとめて一点、「しない」を〇点とした。

この操作化によって導き出されたカテゴリーが、ある程度同一の対象を捉えることに成功しているかどうか（内的整合性の問題）の確認には、変数間の相関係数やクロンバックのアルファ係数（あるいは信頼性係数）を用いた。対象の属性が統制されていない総合社会調査の場合、相関係数は〇・三以上あれば非常に強い相関があると

宗教意識に関する分析

主観的幸福感との間に観察されるパターン		具体的な変数		操作概念	操作化の手続き
第一のパターン	信憑性に応じて主観的幸福感が徐々に高くなる	神を信じる	→	伝統的・慣習的な意識	「信じていない」を0点,「どちらかといえば信じていない」を1点,「どちらかといえば信じている」を2点,「信じている」を3点として平均値を得点化
		仏を信じる	→		
		あの世・来世を信じる	→		
		天国・極楽・地獄の存在を信じる	→		
		輪廻転生(生まれ変わり)を信じる	→		
		お守りやおふだなどの力を信じる	→		
		祖先の霊的な力を信じる	→		
		神や仏のご利益を信じる	→		
第二のパターン	強く信じている人の主観的幸福感だけが高くなる	宗教的奇跡を信じる	→	強いスピリチュアル系の意識	「信じている」を1点, それ以外を0点として平均値を得点化
		易を信じる	→		
		占いを信じる	→		
		水子の祟りや地縛霊の祟りを信じる	→		
		姓名判断を信じる	→		
		家相や墓相, 印鑑の吉相を信じる	→		
		リーディング(未来の予言を信じる)	→		
		スピリチュアルなヒーリングを信じる	→		
		聖書や経典の教えを信じる	→	制度的宗教実践	「どちらかといえば信じている」を1点,「信じている」を2点, それ以外を0点として平均値を得点化

図 6-39　宗教意識に関する変数の操作化

宗教実践に関する分析

主観的幸福感との間に観察されるパターン		小分類	具体的な変数		操作概念	操作化の手続き
第一のパターン	「よくする」人の主観的幸福感がもっとも高いが「たまにする」人の方が「しない」人よりも低い	慣習的宗教実践	初もうでに行く	→	慣習的宗教実践	「しない」を0点，「たまにする」を1点，「よくする」を2点として平均値を得点化
			お盆やお彼岸に墓参りをする	→		
第二のパターン	実践の度合いと主観的幸福感が比例している	祭礼への参加	地域のお祭りに参加する	→		
			神社で参拝をする	→		
		宗教活動	宗教団体の集まりに参加する	→	制度的宗教実践	
			宗教団体で積極的に活動している	→		
第三のパターン	「よくする」人に限って主観的幸福感が高い	宗教的信念	聖書や経典を読む	→		
			神や仏にお祈りをする	→		
	「たまにする」と「よくする」で主観的幸福感に違いがない	慣習的宗教実践	お守りやおふだをもらう	→	慣習的宗教実践	
			おみくじをひく	→		
第四のパターン	やることで主観的幸福感が下がる	スピリチュアル	占いをしてもらう	→	スピリチュアルな実践	「しない」を0点，「たまにする」および「よくする」を1点として平均値を得点化
			パワースポットに行く	→		
			セラピーや癒しのカウンセリングを受ける	→		

図6-40　宗教実践に関する変数の操作化

表6-4 「伝統的・慣習的な意識」項目間の相関係数

	神	仏	あの世 来世	天国，極楽 地獄の存在	輪廻転生 生まれ変わり	祖先の 霊的な力	神や仏の ご利益
神	–						
仏	.795***	–					
あの世・来世	.507***	.530***	–				
天国，極楽，地獄の存在	.502***	.468***	.686***	–			
輪廻転生(生まれ変わり)	.430***	.438***	.681***	.651***	–		
祖先の霊的な力	.513***	.552***	.613***	.639***	.657***	–	
神や仏のご利益	.607***	.645***	.603***	.633***	.604***	.735***	–

$^{***}p<.001$, $^{**}p<.01$, $^{*}p<.05$, N=1159

される。また、アルファ係数については場合にもよるが、通常は〇・七か〇・八以上で十分な内的整合性が認められるとされる。伝統的・慣習的な意識にカテゴリー化された項目について見ると、項目間の相関係数は〇・四三〇から〇・七九五の範囲内で非常に高い相関を有しており、アルファ係数も〇・九二六で高度な内的整合性が確認された(表6-4 「伝統的・慣習的な意識」項目間の相関係数)。

以下、強いスピリチュアル系の意識についても、宗教実践における三つのカテゴリー(慣習的宗教実践、制度的宗教実践、スピリチュアルな実践)についても同じ作業によって内的整合性を確認した[4]。

五―二 社会的属性・個人的特性の統制

ここでは幸福感に影響を及ぼす社会的属性として性別、年齢、世帯年収、最終学歴、婚姻状況の五つをとり上げたい。また、個人的特性としては、健康状態（主観的な健康状態への評価）、社会階層（主観的な自身の社会階層評価）、ソーシャル・キャピタル（他者への信頼感、互酬性の感覚、孤独感）といった変数を採用する（表6‒5分析に使用する変数とその平均値、標準偏差、幸福感との相関係数）。他の変数についてはここまですでに紹介してきた通りだが、孤独感については複数の項目を使用した合成尺度を採用している。これは「社会とのつながりを失うのが心配だ」「社会から取り残されているという不安がある」「社会に属していると感じられない」「私は人から必要とされていないと感じる」の四項目について「まったくあてはまらない（〇点）」「あまりあてはまらない（一点）」「どちらともいえない（二点）」「ややあてはまる（三点）」「よくあてはまる（四点）」の五段階で回答をしてもらい、その平均値を指標としたものである（Hommerich & Tiefenbach 2017）。これら四項目のアルファ係数は〇・八五九であり高い内的整合性を有している。

社会的属性について見ると、性別は女性の方が、年齢は若い方が、世帯年収と学歴は高い方が、婚姻状況は既婚者の方が主観的幸福感が高い。特に、世帯年収と婚姻状況と幸福感の相関係数が相対的に大きいようである。また、個人的特性については、健康状態と社会階層が強く主観的幸福感に影響しており、ソーシャル・キャピタルの諸指標も有意に関連している。相関係数の大きさに注目する限りは、社会的属性よりも個人的属性の方が高い関連を有しているようにみえる。

宗教意識・宗教実践については、スピリチュアルな実践を除いてすべての変数が主観的幸福感と有意な正の相関関係にある。特に伝統・慣習的な意識との相関が高く、健康状態、社会階層、ソーシャル・キャピタルほどではないが、他の社会的属性よりも大きな影響を有しているようである。

表 6-5　分析に使用する変数とその平均値，標準偏差，幸福感との相関係数

			平均	標準偏差	幸福感との相関係数
社会的属性	性別	0：男性，1：女性	0.47	0.50	.062†
	年齢	実年齢	47.77	17.25	− .082*
	世帯年収	1：200 万円未満　2：200〜300 万円　3：300〜400 万円 4：400〜500 万円　5：500〜600 万円　6：600〜700 万円 7：700〜800 万円　8：800〜900 万円　9：900〜1000 万円 10：1000〜1200 万円　11：1200 万円以上	5.05	2.68	.108***
	最終学歴	1：小学校・中学校　2：高等学校　3：各種専門学校 4：短大　5：大学・大学院	3.10	1.36	.082*
	婚姻状況	0：未婚・別居・死別・離婚　1：既婚	0.72	0.45	.117***
個人的特性	自身への主観的評価				
	健康状態	0：よくない　1：あまりよくない　2：まあよい　3：非常によい	2.91	0.62	.361***
	社会階層	1：下の下　2：下の上　3：中の下　4：中の上　5：上	2.92	0.80	.312***
	ソーシャル・キャピタル				
	他者信頼感	1：いつでも用心した方がよい　2：たいていは用心した方がよい 3：たいていは信頼してよい　4：いつでも信頼してよい	2.51	0.62	.205***
	互酬性の感覚	1：そう思わない　2：あまりそう思わない　3：どちらともいえない 4：ややそう思う　5：そう思う	3.19	1.03	.218***
	孤独感	合成尺度	1.50	0.80	− .266***
宗教意識	伝統・慣習的な意識		1.33	0.73	.161***
	強いスピリチュアルな意識		0.03	0.11	.108***
宗教実践	慣習的宗教実践		1.10	0.47	.098**
	制度的宗教実践		0.30	0.34	.095**
	スピリチュアルな実践		0.16	0.25	− .006

***$p<.001$，**$p<.01$，*$p<.05$，†$p<.1$，N=959

五―三　個人・社会的属性の統制と分析結果

分析は二段階にわけて行った。最初に、社会的属性だけを統制変数として入れた重回帰分析の結果をモデル1～7として示した（表6-6　重回帰分析の結果（モデル1～7））。表内の数値は標準化回帰係数（ベータ係数）であり、係数の高さからどの変数が主観的幸福感に高く寄与しているかを見ることができる。係数についているアスタリ

表6-6　重回帰分析の結果（モデル1～7）

		モデル1	モデル2	モデル3	モデル4	モデル5	モデル6	モデル7
		β	β	β	β	β	β	β
社会的属性	性別	.070*	.048	.064*	.062†	.060†	.074*	.054†
	年齢	−.123***	−.126***	−.119***	−.119***	−.149***	−.126***	−.147***
	世帯年収	.065†	.061†	.065†	.059†	.067*	.067*	.067*
	最終学歴	.053	.044	.047	.054	.043	.054	.039
	婚姻状況	.163***	.164***	.160***	.155***	.169***	.162***	.159***
宗教意識	伝統・慣習的な意識		.150***					.126**
	強いスピリチュアルな意識			.091**				.044
宗教実践	慣習的宗教実践				.065*			.025
	制度的宗教実践					.116***		.067†
	スピリチュアルな実践						−.029	−.099**
調整済み R^2		.040	.061	.047	.043	.052	.040	.069

***p<.001, **p<.01, *p<.05, †p<.1, N=959

スク＊は統計的有意差を示す。調整済みR^2（決定係数）は、そのモデルで従属変数の分散をどの程度説明できているかを示す目安になる。

モデル1では社会的属性だけで主観的幸福感を説明しようとしており、モデル2からモデル7まで順に宗教意識・宗教実践の項目を足している。モデル7は宗教意識・宗教実践をすべて投入し、社会的属性によって統制したときに主観的幸福感がどの程度説明されるかをみたものである。基本的に年齢と婚姻状況の寄与度が高い。伝統・慣習的な意識が寄与度としてはプラスで有意であり、スピリチュアルな実践はマイナスで有意である。ただし、モデル7でも決定係数は・〇六九と低い（このモデルでは主観的幸福感の六・九パーセントの分散しか説明できない）ので、モデルとしての精度が高いとは言えない。

なお、モデル3と4において強いスピリチュアルな意識と慣習的宗教実践は単独では統計的有意差が出るものの、モデル7において有意差が消えていることにも注目したい。

続いて、個人的属性も統制変数として投入し、同様にモデル8からモデル14まで順に宗教意識・宗教実践の項目を足している（表6-7　重回帰分析の結果（モデル8～14））。モデル14は宗教意識・宗教実践をすべて投入し、社会的属性と個人的属性によって統制したときに主観的幸福感がどの程度説明されるかをみたものである。まず、個人的属性を統制変数として入れることによってモデルの決定係数が格段に上昇したことがわかり、健康状態や社会階層、互酬性の感覚といったプラスの寄与と孤独感のマイナスの寄与が大きいことがわかる。そして、モデル14によって、最終的に伝統・宗教的な意識のプラスの寄与とスピリチュアルな行為のマイナスの寄与が統計的に有意なものとして示された。

なお、モデル10と12において単独では寄与度を若干示していた強いスピリチュアルな意識と制度的宗教実践について付言しておきたい。強いスピリチュアルな意識は孤独感と有意に相関しており、強いスピリチュアルな意識の効果は孤独感の効果を経た間接的な効果であった可能性がある。また、制度的宗教実践も互酬性の感覚と強い相関があり、初詣や地域の祭礼参加は、家族・親族や地域社会における互酬的人間関係を経た間接的効果であった可能性も示唆される。(5)(6)

表 6-7　重回帰分析の結果(モデル 8～14)

		モデル 8	モデル 9	モデル 10	モデル 11	モデル 12	モデル 13	モデル 14
		β	β	β	β	β	β	β
社会的属性	性別	.028	.015	.025	.025	.024	.033	.022
	年齢	−.096**	−.096**	−.094**	−.094**	−.107**	−.099**	−.106**
	世帯年収	−.027	−.027	−.026	−.029	−.024	−.024	−.020
	最終学歴	.002	−.004	−.001	.002	−.002	.003	−.005
	婚姻状況	.139***	.140***	.138***	.136***	.143***	.138***	.138***
個人的特性	健康状態	.250***	.251***	.248***	.249***	.248***	.251***	.252***
	社会階層	.196***	.189***	.193***	.195***	.192***	.194***	.181***
	他者信頼感	.093**	.090**	.097***	.094**	.091**	.094**	.092**
	互酬性の感覚	.123***	.107***	.120***	.119***	.118***	.125***	.106***
	孤独感	−.166***	−.169***	−.163***	−.167***	−.167***	−.166***	−.166***
宗教意識	伝統・慣習的な意識		.102***					.108**
	強いスピリチュアルな意識			.053†				.025
宗教実践	慣習的宗教実践				.028			.002
	制度的宗教実践					.053†		.019
	スピリチュアルな実践						−.034	−.077*
調整済み R^2		.257	.266	.259	.257	.259	.257	.268

***p<.001, **p<.01, *p<.05, †p<.1, N=959

以上の分析をまとめると、社会的属性と個人的属性を統制した場合、伝統・慣習的な意識は主観的幸福感に寄与し、スピリチュアルな宗教実践がマイナスの寄与をすることが確認された。

六　考察と課題

六―一　主観的幸福感を高める宗教実践

本研究では、大要次のような結論を得た。

現代日本人の宗教行為は、自覚的宗教者であれ無自覚的な慣習的宗教の実践者であっても、およそ、次の三つのカテゴリーに分けられる。①慣習的宗教実践の意識や行為、②教団・制度宗教に所属して信仰し活動する意識や行為、③スピリチュアル(超自然的・霊感的)な意識や行為の次元である。これらの宗教類型は、それぞれ特徴的な仕方で主観的幸福感との関わりを示していた。それらの関係には二つのパターンがあり、慣習的宗教と教団・制度宗教に関わる意識と行為は、主観的幸福感を増加させ、スピリチュアルな宗教行為は、宗教行為をなす人の幸福感をむしろ減少させる効果が見られた。ただし、個人的属性と社会的属性で統制すると、伝統・慣習的な宗教意識が主観的幸福感にプラスに寄与し、スピリチュアルな宗教実践がマイナスの寄与をすることのみ確認された。

なぜ、このような結果になったのかについては次のような説明が可能である。

第一に、日本における慣習的宗教実践は家族の冠婚葬祭や地域の祭礼との関連が強い。あまり簡略化せずに年中行事や通過儀礼を行える家族というのは、子供の小さい核家族や三世代家族、地方在住である人が多い。地域の祭礼への参加も、自治会・町内会への参加や地域に足場や人間関係を持っている人の参加とも言え、慣習的宗教に対する意識や実践はこうした社会的安定性やソーシャル・キャピタルを反映している。その意味で、慣習的宗教実践が主観的幸福感を高めたというよりも、背景にある家族と地域社会の足場こそが主観的幸福感の源ではないかと推測することもできる。同時に、慣習的宗教実践を行い続けることが、こうした足場を頑健にする機能を果たしているとも言える。そうであれば、慣習的宗教実践に大きく関わってきた神社や寺院の機能は、まさに家族を大事にし、地域の人間関係を大切にするような心がけとそこから安堵や満足感を得られることを、伝統の中で伝承してきたところにあるのかもしれない。氏子や檀家として自覚的な人たちは、宗教性の次元においても心の安堵や安らぎを得られる次元にまで主観的幸福感を高めたともいえよう。

また、教団宗教における宗教活動、具体的には施設における行事参加・活動や教えの学びは回答者のソーシャル・キャピタルやコーピングを豊かにしてくれていることが推察される。キリスト教会だろうと新宗教だろうと宗教の中身にかかわらず、活動していることと宗教的認知を有していることが、日常生活を意味と意義あるものにしている。ただし、宗教団体への所属の有無それ自体では主観的幸福感は変わらないので、名義的な所属ではなく、具体的な宗教団体内部の人間関係や宗教的認知を促す宗教実践を伴っている人のみが主観的幸福感を高めていると言えるだろう。実際、本調査のような総合的社会調査では、自覚的宗教者の数が極めて少なくなり、その特性を分析することが難しい。宗教団体に所属していても集会に参加しない人が約七割、積極的に活動していない人が約八割に達し、教典・経典を読まない人も約七割である。回答者の大半が氏子・檀家で占められているのではないかとも推察される。

第二に、日本におけるスピリチュアリティの次元である。占い、祈願・祈祷、ヒーリングやパワースポットめぐりなどは、エンタテインメントのレベルを超えてのめり込んでしまうと主観的幸福感を下げてしまうという知見だった。この点は、逆に、主観的幸福感の低い人たちがこのような行為に吉兆加福を願うのではないかという逆の因果関係を推認することも可能である。貧病争に悩まされている状況では、布教・勧誘の働きかけ次第でスピリチュアルな行為を求める強い動機付けが生じる。そのような人の主観的幸福感は概して低いものだろうとも言えるし、そのような行為によって達成可能と思われる客観的幸福の次元、すなわち豊かになる、病が治る、平和になるという状態との比較において、いやがおうにも現状への評価が低いものとならざるをえない。

なお、スピリチュアリティとは、本来、個人を既成概念や世俗的な束縛から解放するものであり、解放されて自律性を取り戻した心境を指す言葉として用いられている。それは往々にして超越的実在や神秘的な存在との関係において自己を相対化するために、霊的なものとならざるをえないのだが、日本ではことさら霊的次元のみ強調され、結局は現是利益や霊験そのものと誤解されてしまうことになる。本調査では、本来的なスピリチュアリティの次元を測定する質問項目は用意されていなかったので、この点については何も言えず、通俗的なスピリチュアリティの用例に従っていることを再度お断りしておきたい。

六―二　主観的幸福感を高めない宗教実践

教団宗教では、救済論的教えにより苦難への意味づけや困難に直面したときの心構えを宗教的認知として形成することを重視する。そして、信者を教団内人間関係に包摂することによってソーシャル・サポートを提供する。もちろん、信者の組織に対するコミットメントなしにソーシャル・キャピタルは機能しないのだが、個人としても集団としても苦境に対するレジリアンスを高めることは、高い主観的幸福感を維持する上で有益なやり方といえる。この点は教団・制度宗教的な認知・行動と主観的幸福感との直接的な関連において確認された。

そして、非教団型宗教もしくは民間信仰的な特徴として、宗教的認知や実践への過度のコミットメントが主観的幸福感を低下させる側面についても確認することができた。この点は、中国本土や台湾においても見られた傾向である。ある種の宗教的認知や宗教的行為において逆U字型の効果が認められ、また異なる種類の認知や実践ではU字型の効果が発生している。前者には過度なコミットメント（スピリチュアルな行為）、後者には中途半端なコミットメント（初詣や盆・彼岸の墓参り）が該当した。もっとも、どこからどこまでが適切なコミットメントで、何をもって過度や中途半端なコミットメントとするのかは難しい問題である。教説に則れば、正しいコミットメントのあり方が示されるだろうが、可能であれば一般的な説明を加えたい。

過度なコミットメントを事例から考えるというのであれば、自己破産を辞さずに献金をしてしまう（もしくは強要する）統一教会、あるいは宗教的救いのために人を殺めることを辞さない（もしくは強要した）オウム真理教やＩＳのようなカルト、過激主義が相当しよう。しかし、これらは本調査のサンプルに入るような事例ではなく、極めて限定的な事例である。もう少し卑近な例で言えば、霊能師やネット占いに数百万円を払ってしまう人たちがいる。幸せになることが目的であった入信行為や占いであったのに、それで健康を害したり資産をすべて失ってしまったりしては元も子もない。その限度がいわゆる適度なコミットメントということになるだろうか。

その一方で中途半端なコミットメントが主観的幸福感を低下させるという現象はどのように説明可能だろうか。適度と中途半端はどのように違うのだろうか。何をやるにしても人はわかっているのにやらなかった、やれなかったという時、後悔する。それをやっていれば、現在より利得を得られたかいい気分でいられたのではないかという認知である。しかし、それを実際にやってみたらどの程度の利得を得られ実際に気分がよくなるのか、本当は何らかのコミットメントを求められるのではないかといった事柄に関する予測はしておらず、ひたすら自身にとっての利得のみを最大化して気分を高ぶらせたり落ち込んだりしている可能性もある。その意味で、中途半端なというのは行為者による認知でしかなく、現実には、適度なコミットメントであった可能性もある。その意味で、初詣や盆・彼岸の墓参りなどは、やらなかったことで何かうまくいかなかったことの原因にするなど認知的な帰属の錯誤が生じやすいのかもしれない。

もっとも、初詣は手近な神社に行けば初詣となるが、墓参りは場所が定まっているだけに盆・彼岸欠かさずに行うということは相当な努力を必要とする。自宅から遠いふるさとなどであればご無沙汰しても当然なのだが、そうは思えないところに何か負い目や罪責感を感じるのが人情である。人の移動にともなってふるさとの先祖の墓を移動する(菩提寺にとっては墓じまい)のは、そうした心情を反映したものかもしれない。また、墓を託す子がいない、子がいても迷惑をかけたくないという気持ちなどは、墓参りという慣習それ自体が精神的重荷になっている可能性もある。

六―三　宗教がウェルビーイングを純粋に高めるとき

本研究では、教会型宗教とは異なるタイプの宗教類型、すなわち、主観的幸福感を高める慣習的宗教の意識や宗教文化の役割を確認した。このことは、宗教には人を幸せにする力があるといった直接的な関連に言及することなく、宗教文化や宗教実践の持続・継続こそが人々の幸せ感を支える足場(ソーシャル・キャピタル)を提供することを明確にしたということでもある。同時に、スピリチュアルな宗教意識や実践と強い相関を持つ孤立感や社会的信頼の欠如が主観的幸福感を低下させることも確認した。占いやヒーリングそれ自体が人を幸せにしないというよりも、この種の意識を強化し、実践に耽溺することで現実的な問題の解決を遅らせ、具体的な人間関係の諸問題を解決しない傾向が強まった結果　主観的幸福感が低下するのかもしれない。教団・制度宗教に所属していたとしても、適切な宗教上のアドバイスを得られなければ、教団特有の独善的な教説や神秘体験に囚われる宗教意識を保持してしまうことになる。宗教文化や宗教行為がポジティブな人生観と結びつくか、それとも受動的な人生観や行動を生み出してしまうかの微妙な境目は、総合的社会調査ではわからない。

ところで、宗教とウェルビーイングの研究において、社会学的分析は宗教固有の働きをどうしても後景に追いやり、人々の人生を豊かにする社会経済的状況や、それが生み出す機会、ストレスを緩和し慰めを与える人間関係にのみ重点を置きすぎるきらいがある。人の一生において社会学的な常識がものをいう時代はせいぜい壮年期までである。老病死に直面した人の主観的幸福感を高める要因は、財や機会ではない。過剰な人間関係や饒舌すぎる言葉でもないだろう。人生の最終段階において宗教的教説は、老いや病いにさいなまれる人生を死ぬまで生きなければならないことについて、人生の意味や意義について重要な示唆を与える。このような主観的幸福感の局面は、総合的社会調査では把握が難しい。個別の事例研究や臨床的研究において注意深い観察やナラティブを拾い上げることでしかわからないことであるかもしれない。

総合的社会調査が把握していない部分にも、宗教とウェルビーイングにかかわる重要な課題がありそうだという予測だけ示しておいて、とりあえず本章を締めることにしたい。

注

（1）同プログラムは、複数の調査主体が各々の調査票を作成したものを合わせて、一冊の厚めの調査票を完成させ、調査会社がそのサンプリング・実査を請け負ってくれるというものである。いわば「乗合式の質問紙調査」と言っても良いが、データの利用が可能なのは、自分たちで作成した調査票の部分に対する回答データのみである（ただし、一部の属性項目については全体で共通の質問項目が用意されており、利用することができる）。

（2）協力を承諾してくれた対象者には、謝礼として千円分の図書カードが進呈された。また、一地点につき六人を対象とした調査を二〇〇地点で実施することで、計一二〇〇人の回答を納品するという調査プログラムの仕様上、各地点において目標数に到達するまで調査依頼が続けられる仕様となっており、そのため有効回収率については計算できないかたちとなっている。他方、調査の協力を取り付けて調査票を留置することができた対象者については、ほぼ百パーセント調査票を回収することができた。

（3）「宗教的な心」の質問項目は、もともと統計数理研究所の「日本人の国民性調査」の第二回調査（一九五八年）に収録されたのがはじめである。当時は信仰や信心を持っているという人のみに尋ねられたものであったが、一九八三年の第七回調査以降全員を対象として尋ねる項目として改変され、その後「日米欧七カ国調査（一九八七―一九九三年）」「東アジア価値観調査（二〇〇二―二〇〇四年）」などの国際比較調査にも収録されている（林文 二〇〇六、二〇一〇）。「日本人の国民性調査」の企画・実施を行なってきた林知己夫（一九九五）は、この項目からキリスト教などのような所属排他的な宗教観にとらわれない日本人の宗教心が見て取れるとしている。

（4）「強いスピリチュアル系の意識」項目間の相関係数（表6-8）、「慣習的宗教実践」項目間の相関係数（表6-9）、「制度的宗教実践」項目間の相関係数（表6-10）、「スピリチュアルな実践」項目間の相関係数（表6-11）は次頁以降に示した。

（5）重回帰分析においては、独立変数間に非常に高い相関関係が認められる場合、分析の結果が不当に歪められてしまうことがあり、多重共線性の問題と呼ばれている。一般にＶＩＦ（Variance Inflation Factor）と呼ばれる指標が一〇以下であれば、多重共線性の問題はないとされているが、モデル1から14にかけてＶＩＦは最大でも一・五七となり多重共線性の問題は生じていないことが確認された。

（6）独立変数間の相関係数（表6-12）は二三七頁に示した。

表 6-8 「強いスピリチュアル系の意識」項目間の相関係数

	宗教的奇跡	易	占い	水子・地縛霊の祟り	姓名判断	家相　墓相　印鑑の吉相	リーディング　未来の予言	スピリチュアルなヒーリング
宗教的奇跡	–							
易	.334***	–						
占い	.323***	.756***	–					
水子・地縛霊の祟り	.370***	.376***	.391***	–				
姓名判断	.241***	.358***	.394***	.406***	–			
家相，墓相，印鑑の吉相	.326***	.435***	.512***	.428***	.622***	–		
リーディング(未来の予言)	.254***	.467***	.458***	.420***	.453***	.481***	–	
スピリチュアルなヒーリング	.269***	.389***	.391***	.376***	.418***	.435***	.613***	–

***p＜.001，**p＜.01，*p＜.05，N＝1162

表 6-9 「慣習的宗教実践」項目間の相関係数

	初もうでに行く	お盆やお彼岸に墓参りをする	地域のお祭りに参加する	神社で参拝をする	お守りやおふだをもらう	おみくじをひく
初もうでに行く	–					
お盆やお彼岸に墓参りをする	.275***	–				
地域のお祭りに参加する	.309***	.291***	–			
神社で参拝をする	.429***	.389***	.418***	–		
お守りやおふだをもらう	.387***	.229***	.273***	.473***	–	
おみくじをひく	.352***	.111***	.271***	.303***	.465***	–

***p＜.001，**p＜.01，*p＜.05，N＝1180

表 6-10 「制度的宗教実践」項目間の相関係数

	宗教団体の集まりに参加する	宗教団体で積極的に活動している	聖書や経典を読む	神や仏にお祈りをする	聖書や経典の教えを信じる
宗教団体の集まりに参加する	–				
宗教団体で積極的に活動している	.750***	–			
聖書や経典を読む	.624***	.515***	–		
神や仏にお祈りをする	.217***	.173***	.249***	–	
聖書や経典の教えを信じる	.366***	.267***	.466***	.279***	–

***p＜.001, **p＜.01, *p＜.05, N＝1174

表 6-11 「スピリチュアルな実践」項目間の相関係数

	占いをしてもらう	パワースポットに行く	セラピーや癒しのカウンセリングを受ける
占いをしてもらう	–		
パワースポットに行く	.285***	–	
セラピーや癒しのカウンセリングを受ける	.307***	.274***	–

***p＜.001, **p＜.01, *p＜.05, N＝1186

表6-12　独立変数間の相関係数

	社会的属性					個人的特性					宗教意識・宗教実践				
	性別	年齢	世帯年収	最終学歴	婚姻状況	健康状態	社会階層	他者信頼感	互酬性の感覚	孤独感	伝統・慣習的な意識	強いスピリチュアルな意識	慣習的宗教実践	制度的宗教実践	スピリチュアルな実践
性別	−														
年齢	.006	−													
世帯年収	−.065*	−.212***	−												
最終学歴	−.093**	−.177***	.277***	−											
婚姻状況	.013	.394***	.042	−.026	−										
健康状態	.028	−.232***	.098**	.090**	−.094**	−									
社会階層	.005	−.002	.310***	.201***	.083**	.226***	−								
他者信頼感	.056†	.069*	.088**	.071*	.048	.154***	.172***	−							
互酬性の感覚	.109***	.040	.030	−.035	.050	.132***	.125***	.199***	−						
孤独感	−.031	−.003	−.080*	−.075*	−.076*	−.172***	−.145***	−.094**	−.083*	−					
伝統・慣習的な意識	.142***	.003	.030	.053	.005	.037	.104**	.084**	.179***	−.010	−				
強いスピリチュアルな意識	.057†	−.042	.032	.066*	.019	.063†	.078*	−.041	.061†	−.087**	.382***	−			
慣習的宗教実践	.122***	−.026	.099**	.013	.101**	.056†	.092**	.022	.161***	−.007	.391***	.164***	−		
制度的宗教実践	.080*	.193***	−.050	.037	.032	.027	.099**	.104**	.137***	−.028	.41***	.273***	.168***	−	
スピリチュアルな実践	.135***	−.129***	.083**	.045	−.071*	.062†	−.011	.028	.052	−.001	.316***	.237***	.286***	.188***	−

***p＜.001, **p＜.01, *p＜.05, †p＜.1, N＝959

参考文献

Delhey J. & Leonie C. Steckermeier, 2016, "The Good Life, Affluence, and Self-reported Happiness: Introducing the Good Life Index and Debunking Two Popular Myths," *World Development* Vol.88, 50-66.

Eric. Y. Liu, 2009, "Beyond the West: Religiosity and the Sense of Mastery in Modern Taiwan," *JSSR*48-4: 774-788.
Ellison, C. G., 1991, "Religious Involvement and Subjective Well-Being," *Journal of Health and Social Behavior*, 32(1): 80-99.
Hall, E. T., 1966, *The Hidden Dimension*, Doubleday & Company.（＝一九七〇、日高敏隆・佐藤信行訳『かくれた次元』みすず書房）
Hommerich, C. & T. Tiefenbach, 2017, "Analyzing the Relationship Between Social Capital and Subjective Well-Being: The Mediating Role of Social Affiliation," *Journal of Happiness Studies*, 19(4): 1091-1114.
Lim, C. & R. D. Putnam, 2010, "Religion, Social Networks, and Life Satisfaction," *American Sociological Review*, 75(6): 915-33.
Veenhoven, R. *Correlational Findings on Happiness and RELIGION (Correlational Findings, Subject Code: R10)*, World Database of Happiness. (https://worlddatabaseofhappiness.eur.nl/hap_cor/top_sub.php?code = R10, 二〇一八年一二月二〇日閲覧)
飽戸弘、一九八七、『社会調査ハンドブック』日本経済新聞社。
金児曉嗣、一九九三、「日本人の民俗宗教性とその伝播」『心理学評論』三六（三）：四六〇―九六頁。
金児曉嗣、一九九七、『日本人の宗教性――オカゲとタタリの社会心理学』新曜社。
厚生労働省、二〇一七、『国民生活基礎調査の概況』。(https://www.mhlw.go.jp/toukei/saikin/hw/k-tyosa/k-tyosa17/index.html 二〇一八年一二月二〇日閲覧)
櫻井義秀、二〇〇九、『カルトとスピリチュアリティ　現代日本における「救い」と「癒し」のゆくえ』ミネルヴァ書房。
櫻井義秀、二〇一七、「人は宗教で幸せになれるのか：ウェル・ビーイングと宗教の分析」『理論と方法』三二（一）：八〇―九三頁。
林文、二〇〇六、「宗教と素朴な宗教的感情」『行動計量学』三三（一）：一三―二四頁。
林文、二〇〇七、『身近な生活における伝統文化意識に関する調査：二〇〇六年横浜市四区郵送調査報告書』東洋英和女学院大学。
林文、二〇一〇、「現代日本人にとっての信仰の有無と宗教的な心――日本人の国民性調査と国際比較調査から」『統計数理』五八（一）：三九―五九頁。
林知己夫、一九九五、『数字からみた日本人のこころ』徳間書店。
文化庁編、二〇一七、『宗教年鑑』平成二九年版。

真鍋一史、二〇〇九、「『宗教意識』の構造：日本とドイツにおける国際比較」『関西学院大学社会学部紀要』一〇七：二九―七一頁。

横井桃子・川端亮、二〇一三、「宗教性の測定：国際比較研究を目指して」『宗教と社会』一九：七九―九五頁。

渡辺光一・黒崎浩行・弓山達也、二〇一一、「日米の宗教概念の構造とその幸福度への効果――両国の共通性が示唆する普遍宗教性」『宗教と社会』一七：四七―六六頁。

第Ⅲ部　宗教と女性・高齢者・移民のウェルビーイング

第七章　水子供養は何を癒すのか

猪瀬優理

水子供養は、人工妊娠中絶・流産・死産などで命を落とすことになった子どもたちに対する慰霊・追悼を目的とした宗教的儀礼である。この儀礼は一九七〇年代、マスメディア等の話題にのぼることによって、広く社会に知られることになった。供養の対象となる「水子」にかかわりを持つ人びとすべてが実施するわけではなく、あくまでもそのうちの一部が実施する儀礼ではあるが、今後も一定期間はこの儀礼を必要とする人びとによって「民俗宗教の一つの新しい形として」維持され、継続されていくとみられている(星野 一九九九：八〇)。

水子供養のような比較的目的が明確な宗教儀礼は、ある一定の必要や要求から提供され、受容されているものと考えられる。人びとの必要や要求に応えて行われる儀礼であるならば、基本的には人びとのウェルビーイングに寄与するはずであり、確かにそのような評価もされている(Smith 1991, LaFleur 1992=2006, Harrison 1996, 星野 一九九九、高橋 一九九九、松浦 二〇〇六など)。しかし、この儀礼の成り立ちにはそのような単純な評価には収まらない部分も多く、特に男性中心主義的な日本社会において女性に犠牲を強いるものであるとの非難は根強い(落合 一九八三、荻野 一九九一、溝口 一九九四、一九九六、森栗 一九九五、門真 一九九六、中野 一九九七、Hardacre 1997=2017 など)。

ここで、本章におけるウェルビーイングの定義を簡単に確認しておこう。一般的な辞典では、ウェルビーイングとは幸福、福利、健康、身体的・精神的・社会的に良好な状態、満足できる生活の状態などと説明される。このうち健康の定義に関して、世界保健機関（World Health Organization：WHO）は、一九四六年に出された憲章前文において「健康とは、完全な肉体的、精神的及び社会的福祉の状態であり、單に疾病又は病弱の存在しないことではない（政府公定訳）。Health is a state of complete physical, mental and social well-being and not merely the absence of disease or infirmity.」と定義している。改訂には至っていないが、WHOでは一九九八年にこの定義を「a dynamic state of complete physical, mental, spiritual and social well-being（下線部筆者）」と改める議論もあった。

以上の健康の定義には「ウェルビーイング」という語が用いられている。政府公定訳では福祉と訳されているが、ここでは「良好な状態」という意味に捉える。特に宗教という観点からウェルビーイングについて考えるうえで、スピリチュアルに関わる状態について考慮することは非常に重要であり、また、それを動的（dynamic）なものとしてとらえる一九九八年の改定案との親和性は高い。そこで、本章ではウェルビーイングをWHOの一九九八年改定案に倣い「肉体的、精神的、霊的、社会的に良好な状態」と定義し、この状態を動的なものであると捉える。

水子供養の文脈では、人生を享受できる可能性があった小さな生命がその機会を失ってしまったことを目の当たりにすることによって、人びとがウェルビーイング（良好な状態）を損なわれる可能性が想定される。看護などの分野では身近な人と死別した悲しみを癒すことを目的としたグリーフケアに注目が近年集まっており、流産、死産（人工死産含む）[1]、新生児死亡についてもペリネイタル・ロス（周産期喪失）として捉えられている。ペリネイタル・ロスは誕生と死を同時に経験するという点、また、母親にとっては対象喪失であると同時に自己喪失[2]の側面もあるという点で、特に特徴的なケアを必要とすることが指摘されている（太田 二〇一五など）。

適切な社会的支援を受けていない場合にはグリーフが複雑化しやすいという指摘もあるが、この認識が共有されつつあり、現状としてはペリネイタル・ロスのケアは広く普及しつつある。また、父親もPTSDを発症する事例があることや経験の受け止め方のズレが夫婦関係の悪化につながる例もあることなども知られており、両親中心のケアが重要であるとの指摘もある（太田 二〇一五：一九〇）。つまり、二〇〇〇年代以降、周産期医療の現場では、適切なケアを受けられればペリネイタル・ロスによって得たダメージは複雑化せず一定の癒しを得ることが可能との見方が浸透しつつあり、医療関係者にケアの必要性やその適切な方法が認知されていくことによって、ケアの提供のあり方も充実しつつある状況だと考えられる。

このような中で、水子供養は、子を失った悲嘆（grief）を癒すケアの一つとなりえているのだろうか。また、医療機関におけるケアの概念が浸透しつつある中、充分なケアが医療機関等を通して提供されるようになれば、この儀礼は不要なものとなるのだろうか。あるいは、宗教的行為である水子供養にしか回復できないウェルビーイングというものはあるのだろうか。

一　水子供養とは

一—一　水子の定義

水子供養における「水子」は「みずこ」と読む。一部の仏教宗派では、同様に「水子」と書いて「すいじ」と読み、死産した子や生まれて間もなく亡くなった子に対する戒名として用いている。

清水（二〇一一）は「水子」の意味を「①生後あまり日を経てない子、②生後間もなく死亡した子（堕胎・間引き等で死亡した場合を含む）、③中絶・死産等によって死亡した胎児」とまとめている（清水 二〇一一：四五）。このまとめは、特に人工妊娠中絶によって死亡した胎児と自然流産によって死亡した胎児、死産した子とを区別していない。

水子供養の実際の儀礼においても、供養の対象としては中絶胎児だけではなく、自然流産や死産の例も含まれている。近年では、不妊治療の普及により、体外受精による受精卵に対しても何らかの供養意識が生まれている（例えば、hasunoha 二〇一六）。にもかかわらず、水子供養に関する先行研究を参照すると、「水子」を人工妊娠中絶された胎児に限定してとらえている例は少なくない（荻野 二〇〇三：二四〇、溝口 一九九四：一四三、星野 一九九六：一〇一、高橋 一九九九：二四、二五ほか）。

一方で、水子供養を実施している寺院や霊能者[3]に対する調査によれば、「水子」の定義として「人工中絶・流産したものをいう」という回答が全体一五二件のうち五二・六パーセントを占めており、次いで「人工中絶・流産・生後死したものをいう」が二五・〇パーセントである。「人工中絶したもののみをいう」との回答は一件しかない（新田 一九九九：一八〇―一八二）。

水子供養の対象となる「水子」が「人工妊娠中絶された胎児のみ」を指すのか、「死産を含まない自然流産・人工妊娠中絶の胎児」を指すのか、「自然流産・人工妊娠中絶の胎児および死産児」を指すのかは、実際に水子供養という儀礼を求める人びとと水子供養の儀礼提供者との相互作用のなかで定まるものである。不妊治療技術等の普及により、流産の経験や人工妊娠中絶という経験も多様化している（白井 二〇一二）。今後は「水子」の定義の中に受精卵も含められていくことになるだろう。

一―二　水子供養の儀礼

水子供養の担い手は、次の四つのタイプに分けられる（猪瀬 二〇一六）。

第一に、水子供養の提供を明示し、積極的に行う寺社・教団・霊能者。

第二に、水子供養に積極的ではないが、依頼があれば受ける寺社・教団・霊能者。

第三に、寺社・教団・霊能者ではない民間人や業者（森栗 一九九五、鈴木 二〇〇九）。民間企業が供養提供の主体であるが宗教的正当性を担保するために寺院等を介する場合もここに含まれる。

第四として、インターネット上のサービス（松浦 二〇〇七）。インターネットの普及につれて、第一のタイプの提供者が行っている場合もあるが、既存の宗教伝統とは全く異なる形での「水子」（「天使」と表現されることも多い）との交流が行われている事例もある。[4]

水子供養において提供される儀礼の種類も当然ながら多様である。

第一の供養形態として、成人の死者と同様の葬儀の提供、あるいは成人よりは簡易な法要など、儀礼の提供がある。

第二の供養形態として、お菓子や玩具など供物を献ずる場所と機会の提供も多く行われているようである。合わせて法話・説教などの提供を行うことで、水子供養をきっかけに信仰の大切さを説く場とする場合もある。

第三に、水子のためのメッセージ・音楽・詩などの作成・提供、水子供養実施者に対するカウンセリング的時間・場の提供をすることもある。

第四に、水子供養実施者同士が交流する場の設置があげられる。

儀礼を提供・受容する論理についても、多様なものがある。

新田(一九九九：一八五―一九六)は、「水子供養」提供者の水子供養に対する態度を肯定的なものとして(一)「生命主義」、(二)「死者供養重視」、(三)「たたり鎮め」、否定的なものとして(四)「死者供養否定」、(五)「生命=神の意思」、(六)「再生復活」の六タイプに分類している[5]。

「たたり信仰」を信じる立場からすれば、現時点で抱えている諸問題を水子のたたりと捉え、これを解消するために、異常死した霊の鎮魂を行うことが選択される。「先祖供養」の一環として考える立場からすれば、水子を供養の対象となる先祖に含める儀式をすることで、自分を守護してくれる存在へと転換することが目的である。また、亡くした胎児との精神的・象徴的つながりを保つため、という目的や効果も考えられる(Lafleur 1992=2006, 松浦 二〇〇七など)。さらに、亡くした胎児に配慮することで、自らの親性あるいは人間性を確保するという癒しの効果を得るという側面もある(Lafleur 1992=2006 など)。水子供養を行うことを通して、同じ経験をした人びととのつながりを得るためにも用いられている(Smith 1991, 松浦 二〇〇七など)。

わが子を亡くした人びとだけでなく、産婦人科医や助産師など人工妊娠中絶に関わる医療従事者、また、死産胎児処理業者など胎児の遺体を直接目にする機会の多い人びとのなかには、遺体を通して胎児の「生命」を実感したために何らかの「痛み」を得たことによって、水子供養を必要とする人もいる。これらの人びとによって水子供養が始められたことを示唆する研究もある（鈴木 二〇〇九、二〇一七）。超音波検査など医療技術の進展によって、胎児写真が比較的手軽に多くの人びとの目に触れるようになったことで、胎児の人権を母体となる女性の人権よりも重視する胎児中心主義も生まれてきた（Hardacre 1997=2017）。政治的な観点と密接に関連した宗教的観点から、水子供養を必要だと考える政治家や宗教者の存在もある（落合 一九八三、Hardacre 1997=2017 などの指摘）。胎児を亡くした経験がなくとも、身に降りかかる不幸や苦難の原因と解決を「先祖のたたりによる霊障」といった信念体系のもとで理解する人びとも水子供養の需要者である。

二　水子供養についての諸議論

どのような立場・経験を持つ人が「供養」の必要を感じるか、また、その目的や得られる効果についても、おそらく水子供養の提供媒体や担い手の性質によって一様ではないが、先行研究では水子供養と人工妊娠中絶との関係が強調されてきた。

人工妊娠中絶は、人間社会において長らく生殖コントロールの手段として用いられてきた。それぞれの人間社会の持つ価値観、ルールに基づいて、胎児の生存の可否が判断されてきた、ということである[6]。人口の増減は社会の存続や勢力の維持・管理にとっても、個人や家族にとってみても重要な課題である。そのため、実際の社会生活上の必要から人工妊娠中絶は広く行われてきた。しかし、「ヒトのいのち」を奪うという側面があることから、どの社会においても真正面から正当化することが難しい行為である。このジレンマへの対処の仕方はその社会におけるジェンダーや宗教によって多様である。この点で、人工妊娠中絶はそれぞれの社会における性や生殖に関わる「文化」として位置付けられるものである(ポッツ他 一九八五)。多くの文化・社会の中で人工妊娠中絶はタブーとされてきた。日本社会も例外でなく、刑法堕胎罪による堕胎の禁止として法的にも維持されているが、医療の現場では人工妊娠中絶に対する罪悪視が適切な医療的ケアの提供を妨げてきたとの指摘がある(塚原 二〇一四)[7]。

人工妊娠中絶が実際には社会にとっても個人にとっても必要とされているのに、その行為自体は社会的にタブー視されるという矛盾は世界共通の課題でもある。そのため、水子供養という宗教儀礼に対しては、他国の研究者からの関心もよせられてきた。本章では水子供養におけるウェルビーイングの問題を考える手掛かりを得るため、ウィリアム・ラフルーア(LaFleur 1992=2006)、ヘレン・ハーデカー(Hardacre 1997=2017)、バードウェル・スミス(Smith 1991, 2013)の議論を簡単に紹介したい。以下、著作の目次をコラムで示してある。

二―一 ウィリアム・ラフルーアの議論

ラフルーアは、アメリカ合衆国で人工妊娠中絶をめぐって国を二分する対立状態が起きていることを踏まえ、「日本人はどんな知恵をめぐらせて、中絶問題が日本社会を二分する対立状態に陥らないようにしてきたのか(傍点著者)」という問題意識と「日本人は仏教の伝統に則って生きている」という観点からこの研究を行っている(LaFleur 1992=2006: Ⅹ-Ⅻ)。

考察の枠組みとしては、ジェフリー・スタウト『バベルの塔以後の倫理』(一九八八)における、クロード・レ

ウィリアム・ラフルーア（LaFleur 1992=2006）【目次】

ヴィ＝ストロースが『野生の思考』で示した「ブリコラージュ」という概念を道徳や倫理の形成と実践に適用する議論を援用している。人びとが「倫理的思考」と呼ぶものは、利用可能な伝統や思想などの断片や破片を寄せ集め、取捨選択して再構成することにより受け入れ可能で〈有用な〉作品に形成されるとみており、水子供養はその実例だとする（LaFleur 1992=2006: 12-13, Stout 1988: 74-75）。

ラフルーアは、日本における中絶と宗教に関わる価値観の対立を、「解放論者」、「新神道家」、「仏教徒」という三つの立場に整理し、仏教徒の立場にスタウトの議論「道徳的ブリコラージュ」の実例、プラグマティズムの実践を見て取っている。

「解放論者」は、合法的な中絶の必

要性を重視し、水子供養のような宗教と中絶を結び付ける見解には否定的な立場、その反対に「新神道家」は中絶を罪悪として否定し、たたり信仰に基づく水子供養を推奨する立場である。[8]「仏教徒」は前二者の間に位置する。不殺生戒の観点から中絶自体を肯定することはできなくても、望まない妊娠をした女性への同情を示し、道徳的許容の場を設けている。たたりについては否定的であることが多いが、水子供養の儀礼に対しては癒しや救いを与える効果があるとみて肯定的な立場である。

ここから仏教徒の態度は、イデオロギーの極端化と社会の分断を防ぐ立場であり、水子供養はこのような人工妊娠中絶がもたらす社会的ジレンマ・対立を「癒す」装置であるとみるのである。[9]

この立場のいくつかの利点はすでに明白なはずである。この見解では、中絶は許されると同時に、生命でありまさに一人の子どもである胎児について、女性が自然に抱くであろう強い感情を否定する必要はない。要するに、「侵しがたい生命」と「望まない妊娠」のどちらか一方に選択肢を絞る必要はないのだ。第三の、おそらくはそれらのあいだの中道にある選択肢が開かれている。つまり、女性は自分の内部で発達した胎児との絆の感情を認める自由がある。このような感情があるからと言って、女性が中絶を決断することは必ずしも妨げられない(LaFleur 1992=2006: 283)。

二―二　ヘレン・ハーデカーの議論

ハーデカー(一九九七=二〇一七)自身は、研究の基本的な部分はラフルーア(一九九二=二〇〇六)と一致しており、その研究を補うものとしている一方で、ハーデカー(一九九七=二〇一七)はラフルーア(一九九二=二〇〇六)

ヘレン・ハーデカー（Hardacre 1997=2017）【目次】

を批判した書と受け止められている。ラフルーアの議論は、「水子のたたり」という脅しを金儲けに利用して、主に女性たちから搾取を行う構造について十分に考慮していないという批判である。

ハーデカー自身が指摘している、ラフルーア（一九九二＝二〇〇六）との違いは次の点である。一つは、ラフルーアが仏教のみに着目しているのに対して、新宗教や神道、修験道、現代の霊能者たちも重要な担い手とみなしている点。また、ラフルーアは日本仏教を単一のものとして取り扱い、各宗派間の違いに着目していないのに対して、宗派や地域、各寺の水子供養へのスタンスの違いにも着目している点である。さらに、ラフルーアが過去の仏教と現代の水子供養に密接なかかわりを見るのに対して、ハーデカーがこの二つの間に大きな断絶があり、一九七〇年代以降の水子供養は、徹底的な商業化、大衆メディアの活用、そして超宗派的な性格という現代の水子供養に特有の特徴を持つとみる点である。

最も重要な違いは、ハーデカー(一九九七＝二〇一七)がジェンダー論の観点から、水子供養が提示する価値観の中に男性中心主義が色濃いこと、その商業主義を批判していることである。また、水子供養を近年新しく登場した胎児中心主義的レトリックの上に成り立つ儀礼とみる観点も重要である。

胎児中心主義的レトリックとは、胎児に人格があるとみなし、胎児はすでに生まれた人間と同じ道徳的価値、人権を有するという主張を含んだ胎児に対する見方である。この言説によって中絶を行う女性たちに対して「胎児の人権」を害したものとして強い非難をすることが可能になる。

ハーデカー(一九九七＝二〇一七)は、「中絶とそれをめぐる儀式は――断固として徹底的に――ジェンダー化された現象である」(同上:三六)と述べ、水子供養を論じるには、性・生殖、特に中絶の持つ意味の問題を抜きには語れない、というスタンスを徹底している。そして、水子供養がもたらすものについては、一貫して批判的な視線を向けており、その社会的な癒しの効果についてよりも、女性に犠牲を強いる社会的な抑圧の効果をより重視している。

水子供養「ブーム」の立役者であるマスコミという一大産業を検討してきた結果、この現象を集団的宗教意識の「自然な」流れとみなすにはあまりにも単純すぎるという事が明らかになった。同様に、江戸期からの連続性を根拠として、水子供養を「日本人なりの中絶対応策」だと単純に決めつけるべきでもない。水子供養は、中絶を受けた女性の大半や宗教法人の大半が拒絶している少数派の行為なのである(Hardacra 1997=2017: 160)。

バードウェル・スミス（Smith 2013）【目次】

二―三　バードウェル・スミスの議論

スミス（二〇一三）は、中絶に焦点を当てたラフルーアやハーデカーとは少し異なる視点から水子供養を捉える。[10]スミス（二〇一三）の問題設定において、最も重要な点は、『悲嘆と尊厳のナラティブ―日本女性、妊娠喪失（pregnancy loss）と近代的悲しみの儀礼』というタイトルにも現れているように、水子供養を流産や死産を含めた「妊娠喪失」にかかわる現象、「悲しみの儀礼」ととらえて、儀礼を実施する女性の感情に焦点を当てている点である。

スミス（二〇一三）は、望まない妊娠の結果として中絶した場合においても、子を失った強い悲嘆の感情を持ち、喪（mourning）の作業や周囲からの支援を必要とすることを確認し、水子供養にかかわる人びとの語りを通して、悲嘆と喪のあり方について、異文化論的視点から捉えている。[11]

水子供養の現場では罪や恐れ以上に悲しみや後悔の意識が大きく表れていることに注意し、女性たちが中絶や流産の際に持つ感情についてより大きな社会的背景と関連付けて検討する必要があることを示唆する。

この点を明らかにするため、スミス（二〇一三）は、歴史学、文化人類学、人口学、ライフコース研究、文学、ジェンダー学など多様なアプローチを用い、特に一九世紀後半以降の母役割に焦点を当てて、近代日本における女性に関わる社会規範や女性の社会的地位、現代日本における女性の社会的地位の変化を明らかにしている。「母親としての女性」というパラダイムは、日本の女性たちに理不尽な責任を押し付けてくる側面を持つ。スミス（二〇一三）は、日本人女性が社会的期待に従順であることで、逆にそれらへの抵抗を示してきたと解釈し、水子供養という現象は、そのような「穏やかな抵抗」の一形態であり、子どもを失うという経験をした後にケアが必要であることを表現している行為であるとみなしている。

このようにスミス（二〇一三）は、水子供養を現代日本における女性を取り巻くジェンダーの問題から生じたものと捉える一方で、女性たち自身の悲嘆を癒すためにも有効な儀礼であるとも捉えている[12]。フェミニストの批判や商業主義や政治的立場の押し付けなどの問題性によって本来得られるべき「癒し」が得られない可能性を指摘しつつも、水子供養を生者と死者の間を取り持つ儀礼であり、鬼子母神信仰や地蔵信仰、観音信仰が持つ子どもに関わる願いと信仰（安産祈願、健やかな成長、子を失った悲しみに対する癒し）に連なる（悪魔祓い的要素が追加された）儀礼であり、妊娠喪失を経験した女性（時には男性）たちの苦しみを取り除く儀式となりうるものとしてみている。

三　水子供養によって癒されうるウェルビーイング

ラフルーア、ハーデカー、スミスの三者それぞれに水子供養に対する評価を参考にして、水子供養によって何が癒されているのか考えてみよう。ラフルーアは水子供養を価値観の対立を先鋭化させない道徳的ブリコラージュの体現として評価しているため、水子供養によって「癒し」を得るのは対立を表面化させないで済んだ社会である。ハーデカーは水子供養を女性の性行動を非難・抑圧するための装置となっているとして批判していることから、弱みに付け込んで金銭を得、道徳的・政治的優位に立つことのできた供養提供者が「癒し」を得たことになるだろうか。スミスの議論によれば、水子供養は女性に対して抑圧的に働く文化に対抗するための力を得る、女性たちにとっての「癒し」の儀式となりうるものということになろう。[13]

ここで水子供養が担っている社会的機能をとらえる視点について、あえて二つの立場にまとめてみよう。

第一の立場は、水子供養は、人工妊娠中絶や流産・死産の経験に傷ついている人びと、主に女性、に対して、その悩み苦しみを軽減する癒しや償いの機能を果たすとみる。あるいは、中絶を選択した場合でも道徳的・倫理的態度を保つことを可能にする、と考える立場である(Smith 1991, LaFleur 1992=2006, Harrison 1996, 星野　一九九九、高橋　一九九九、松浦　二〇〇六など)。

第二の立場は、水子供養は、人工妊娠中絶や流産・死産の経験に傷ついている人びと、主に女性、の弱みにつけこみ、恫喝することによって商業的宗教者・宗教団体に利益をもたらす機能を果たすとみる。あるいは、男性中心主義的な近代社会システムに都合よく女性の性・生殖に関わる行動を支配・統制するための支配の論理・装置の機能を果たす、と考える立場である（落合 一九八三、荻野 一九九一、溝口 一九九四、一九九六、森栗 一九九五、門真 一九九六、中野 一九九七、Hardacre 1997=2017 など）。

第一の立場からは、女性に対するエンパワメント機能が着目される一方で、第二の立場からは、女性のみを加害者として糾弾する社会的機能が着目される。女性に対する捉え方も、第一の立場では、中絶や水子供養という選択を行った「女性の主体性・自立性」を強調する傾向があり、第二の立場では、男性中心主義に支配された社会における「女性の無力さ」「女性の不利な立場」を強調する傾向がある。

とはいえ、第一の観点を重視するにせよ、「水子供養」提供者の主張の中に、責任を主に女性に負わせる論理の存在や商業主義的な側面があることは指摘されている。また、第二の観点を重視する場合でも、実際に水子供養を実施した人がそこから「癒し」や「救い」を得ている場合があることを否定しているわけではない。

どちらか一方の立場のみを強調してしまうと、水子供養の全体像を見誤ることになる。このため、この二つの両極端の間を取るという立場を取ることが水子供養という現象の全体像を捉える上では必要な視点かもしれない（荻野 二〇〇三：二四六）。

水子供養を行わなければならないような事態になった背景には男性中心的な社会構造があることはラフルーア、ハーデカー、スミスらの議論からも改めて確認される。女性にのみ出産・育児に関わる重い責任が課されている一方で、女性の力だけで子どもを育てるための支援が不十分な社会構造であるため、望まない妊娠や胎児異常があった際に、結果的に人工妊娠中絶を選ばざるを得ない例が少なくない。女性のエンパワメントや主体性を強調する議論が必要である背景には、「産む」ことや「育てる」ことについて女性にのみ責任を転嫁する社会構造・社会規範の存在がある。

女性に対して母役割を強調することで、妊娠・出産・育児といった一連の流れに対する責任を女性のみに転嫁する社会構造・社会規範は、本人の意思に関係なく生じる流産・死産であっても、女性に過度の「罪」の意識を芽生えさせる。さらに、世俗社会やあるいは一般に提供されるサービスには、宗教的サービスを含めて、社会規範のプレッシャーから罪の意識にさいなまれる女性たちを救済する手段はそれほど提供されていない。

このような中で、「胎児の生命」を盾に生命尊重を訴え、人工妊娠中絶の責任を全て女性のみに転嫁することを通じて、「女性の権利」を否定しようとする道徳的な正当化を伴った政治的圧力が日本社会において厳然と存在している（溝口　一九九四、一九九六、荻野　二〇〇三など）。

以前に宗教におけるウェルビーイングを考えるために必要な視点として、フェミニストの視点からケイパビリティ・アプローチを提唱しているヌスバウムの議論を参照した（猪瀬　二〇一八）。この議論では、「女性はいつも他人の目的に奉仕する存在として扱われ、自分自身のために自分自身を目的として生きてこなかった」とし、これを解消するための原理として「ひとりひとりのケイパビリティの原理（a principle of each person's capability）」を重視している（ヌスバウム　二〇〇五）。

水子供養は一人一人のケイパビリティ（可能性・能力）を尊重し、ウェルビーイング（良好な状態）を実現する結果をもたらす儀礼となっているだろうか。水子供養が、スミス（二〇一三）が示唆するように受け手にとって癒しや自己再生の契機となっているのであれば、そのケイパビリティを促進する力となりうる。反対に、ハーデカー（一九九七＝二〇一七）が示唆するように受け手の罪悪感に付け込み脅すことによって金品を収奪し、さらに精神を苛むことにつながるのであれば、そのケイパビリティを阻害することにつながる。

もしラフルーア（一九九二―二〇〇六）の示唆するように日本社会において中絶論争を引き起こさせない効果を水子供養がもたらしているのであれば、ハーデカー（一九九七＝二〇一七）が示唆するように水子供養は女性たちにその責任を押し付けるような効果を持つのかもしれない。その場合、水子供養の受け手にとっては単純にウェルビーイングをもたらすとはいえない。

水子供養には、子を失った悲嘆(grief)を癒すケアの一つとなりえている側面もあるのだろう。しかし、医療機関におけるケアの概念が浸透しつつある中、充分なケアが医療機関等を通して提供されるようになれば、この儀礼は子を亡くした女性にとっては多くの部分で不要なものとなる可能性がある。

一方で、出生前診断による胎児異常を理由に中絶した女性は、処置の後も後悔や喪失感、罪悪感など負の感情のなかで過ごしているとの報告や、「望まない妊娠」による人工妊娠中絶であっても、迷いなくその選択をできる人は少数派であり、子どもを亡くしたという実感を持った悲嘆を得ているとの報告もある。流産や死産も他者に話しにくい事柄であるが、人工妊娠中絶は他者から責められる可能性があるために、さらに話すことへの抵抗感が強い(山中・吉野・堀内 二〇一四)。このような隠されがちな痛み、悲しみ、苦しみは、癒しを得ることに困難が伴う。

妊娠喪失の経験により、ウェルビーイング、すなわち「肉体的・精神的・社会的・霊的に良好な状態」が損なわれた時、宗教的行為である水子供養にしか回復できないウェルビーイングというものはあるのだろうか。特に隠されがちな人工妊娠中絶の経験を癒す効果があるのだろうか。

水子供養には、日本におけるジェンダー・セクシュアリティのあり方が反映されていることを考えると、完全にはその癒しの効果を首肯できない面が残される。水子供養によって癒されているのは、当事者である子を失った女性やその周辺の人びとだけでなく、そのジェンダーやセクシュアリティの在り方自体を責められないで済まされる「社会」でもある。そして、供養提供者が利益を得るためにその痛みや悲嘆を意図的に利用している側面もある。

生殖医療の発展によって生命倫理に関する議論の必要性が高まっている中、より多くの人びとに共有される価値観や問題意識のもとで医療・看護の現場でペリネイタル・ロスのケアが普及され、当事者が妊娠喪失によって損なわれた肉体的・精神的・社会的・霊的な良好な状態を回復できる適切な機会、「癒し」を得られるようになる社会となることが水子供養の普及よりも必要であろう。

「水子」には葬儀が行われない場合も多いが、喪の作業は葬送儀礼においてなされてきたのであり、宗教的儀礼が喪失による悲嘆を癒す可能性は高いはずである。だが、人びとの宗教的需要を水子供養実践者たちが意図的に作り出してきた側面を鑑みると、水子供養は宗教的儀礼のみが癒せる問題領域が現代社会において狭まってきていることを示す事例の一つといえるのかもしれない。

注

（1）　自発的な妊娠の中断に伴う処置について従来は「人工妊娠中絶」という語が用いられてきたが、周産期医療でペリネイタル・ロスについて考察を深めている研究者たちにおいては、近年、この語の利用を避ける傾向があるようである。例えば、二〇一四年発刊の山中美智子・吉野美紀子・堀内成子「第六章　人工流産を経験した女性の悲嘆」においては、妊娠二二週未満で妊娠が終了することを「流産」ということから、「人工妊娠中絶」ではなく「人工流産」という語とすると明記している（自発的な妊娠の中断に伴う措置は「通常妊娠二二週未満」に行われる）。また、二〇一五年発行『助産雑誌』「特集　ペリネイタル・ロスのケアを考える」（堀内成子氏も寄稿）では、一貫して「人工死産」の語が用いられている。定義から考えると「人工流産」の語が最も適切と思われるが、本章においては基本的には一般によく用いられている「人工妊娠中絶」の語を利用し、引用文献の文脈に即して「人工死産」「人工流産」の語も利用することとする。

（2）　胎児は一定期間母体の一部をなしているという点でも自己喪失であり、また象徴的には子どもがいてこそ成立する「母親としての自己」が失われる（損なわれる）という側面もある。

（3）　水子供養に関わる霊能者の具体的事例については、藤田（一九九〇）など参照。森下（二〇一一）は修験道等で修業を積んで自ら水子供養の提供を中核とした寺を立てているが、霊能力をもとにした相談などにも応じており、霊能者的側面がある。

ハーデカー(一九九七=二〇一七)の第四章で取り上げられている森田愚幼も同様の特徴を持つ人物である。

(4) 例えば、石井(二〇一五)は自らの子を失った経験をもとに二〇〇三年から流産・死産・新生児死体験者のセルフヘルプグループ「お空の天使パパ&ママの会(WAIS)」を立ち上げ、医療従事者や助産学研究者とともに二〇〇四年から「聖路加国際大学　天使の保護者ルカの会」を開設している。

(5) (一)「生命主義」とは、胎児に人の生命を認め、何よりも失われた尊い生命のために水子供養しなければならないという立場である。(二)「死者供養重視」とは、水子供養を先祖供養と同列に見なす立場である。(三)「たたり鎮め」とは、儀礼による鎮魂とそれによって何らかの効果が得られることを強調する立場である。(四)「死者供養否定」は、浄土真宗に代表されるもので、死者に対する供養そのものを否定する立場である。浄土真宗寺院でも水子供養を実施する場合はあるが、基本的にはその要求を機にその人に仏縁を作るためと解釈されている。(五)「生命＝神の意思」は、キリスト教系の教団、天理教、PL教団に代表されるもので、「生命は人間の計らいを超越したものだ」という観点から水子供養の効果を否定する立場である。(六)「再生復活」とは、非常に幼くして亡くなった子どもの葬儀は大人のそれとは異なるものとして、生まれ変わりを期待する立場である。

(6) 不妊治療の浸透により子を設けるか否かの判断も複雑化しているが、医療技術の発達によって人間の終末期における在り方も「文化」としての人間社会の価値観やルールに基づいた判断によって選び取られなければならない状況になってきている。

(7) 適切な性教育が行われておらず、性に関わる適切な知識が浸透していないということも人工妊娠中絶という結果をもたらす大きな要因である。成人した人であっても、正しい性情報を持っていない例が少なくない。性教育が不十分な背景には、この問題が中絶論争と同様に「文化戦争」の主戦場の一つであり、適切な教育の提供が妨げられてきたことがある。例えば、保守的な立場から包括的な性教育を否定する動きが生じている(猪瀬 二〇〇八、具体例として金崎 二〇〇五など)。

(8) 「新神道家」は、日本人の「純潔性」を重視し、外国人が日本に居住することに対して否定的な立場でもある。

(9) もちろん、個人的な癒しにも着目している。「水子供養がかくも熱心に過去に向かい、供養の多重な意味層のすべてにおいて、親と亡き子との間に〈情緒的な親密さの絆〉があることを重ねて言明しようと努めている」(LaFleur 1992=2006: 204)のは、「親が中絶をすることと、人間的で思いやりのある存在だという自我像(ママ)を持つこととの両方を可能にしてくれる」((LaFleur 1992=2006: 204)からであると説明し、中絶を行った人が水子供養によって亡くなった子に思いをはせることによって「親」となり、「癒し」を得ることを可能にしているとみている。

(10)　一九九〇年代に水子供養が人工妊娠中絶や流産・死産を経験した女性たち同士の関係性を作り出し、癒しをもたらす可能性を指摘していた(Smith 1991)。

(11)　山本(二〇一四)の用語解説によると、「悲しみを乗り越えていく内的営みやその対処過程にはモーニングという用語がふさわしく、死別後の精神の状態にはグリーフが適切である。なお、モーニングの訳語については、小此木が二つの用語を当てている。つまり、死別後の内的営みの場合は「喪」と呼び、生別(離別・失恋)後の内的営みは「悲哀」と訳し分けている」(一九〇頁)。坂口(二〇一〇)は、mourning は日本では「悲哀」と訳されるが、「悲嘆の公の表明であり、社会や文化の中で宗教的信念や慣習に基づき形成された悲嘆を表す表現あるいは行動である」として、基本的に「喪」の語を当て、混乱を避けるため「悲哀」の語は用いないとしている(八―九頁)。「喪の作業(mourning work)」は、フロイトに端を発する対象喪失論の中心的な概念で、喪失経験に伴うつらい感情を消化し、その経験に対応していくための心理・社会的な対処作業を意味する。具体的な行動レベルでは悲嘆ストレスへのコーピング(対処行動)と軌を一にする概念であるが、「喪の作業」は「関係論的な精神内界の営み」を意味する用語である(山本 二〇一四：一九二)。

(12)　子を亡くした悲嘆に対する対処が文化を超えて必要であるということについても、アメリカにおいて水子供養の実践をしている人の事例やその手記を掲載するなどして提示しているが、日本におけるジェンダーが女性たちに水子供養を必要とするような状況を起こさせているという指摘は、本書を通して繰り返しなされている。

(13)　ここでいう対抗は、物理的に抗うとのみを意味するのではなく、女性たちが単に搾取され利用されるだけでなく、水子供養で得た儀礼や関係性の中で抵抗が表面化しない形で、「癒し」を含めた一定の力が得られるよう交渉・調整することも含まれている。

参考文献

石井慶子、二〇一五、「「家族が望むペリネイタル・ロスのグリーフケア」グリーフケアにおける姿勢(言葉と態度)――母親・セルフヘルプグループの視点から」『助産雑誌』六九(三)、二〇二―二〇七頁。

猪瀬優理、二〇〇八、「性教育をめぐる政治と文化」『北海道大学文学研究科紀要』一二五、一三五―一六八頁。

猪瀬優理、二〇一六、「ジェンダーの観点からみる水子供養」『龍谷大学社会学部紀要』(四八)、一九―三一頁。

猪瀬優理、二〇一八、「「幸せ」をつなぐ――宗教にみるジェンダーとケイパビリティ」櫻井義秀編『しあわせの宗教学』法藏館、一五九―一八八頁。

太田尚子、二〇一五、「ペリネイタル・ロスのケアの基盤となるもの」『助産雑誌』六九(三)、一八六―一九〇頁。

荻野美穂、一九九一、「人工妊娠中絶と女性の自己決定権」、原ひろ子・舘かおる編『母性から次世代育成力へ』新曜社、一〇九―一四三頁。

荻野美穂、二〇〇三、「堕胎・間引きから水子供養まで」、赤坂憲雄・中村生雄・原田信男・三浦佑之編、『いくつもの日本Ⅵ 女の領域・男の領域』岩波書店、二二五―二五一頁。

落合誓子、一九八三、「水子供養と霊魂教――生命尊重の旗印のかげで」社会評論社編集部編、『女の性と中絶――優生保護法の背景』社会評論社、五九―七〇頁。

門馬幸夫、一九九六、「「水子供養」について(二)」『宗学研究』(三八)、二九七―三〇二頁。

金崎満、二〇〇五、『検証 七生養護学校事件――性教育攻撃と教員大量処分の真実』群青社。

坂口幸弘、二〇一〇、『悲嘆学入門――死別の悲しみを学ぶ』昭和堂。

清水邦彦、二〇一一、「水子供養から見る日本人の生命観」『倫理学』(二七)、四五―五七頁。

白井千晶、二〇一二、『不妊を語る――一九人のライフストーリー』海鳴社。

鈴木由利子、二〇〇九、「水子供養にみる生命観の変遷」『女性と経験』(三四)、四一―五二頁。

鈴木由利子、二〇一七、「水子供養にみる胎児観の変遷(民俗儀礼の変容に関する資料論的研究)」『国立歴史民俗博物館研究報告』二〇五、一五七―二〇九頁。

高橋三郎編、一九九九、『水子供養――現代社会の不安と癒し』行路社。

塚原久美、二〇一四、『中絶技術とリプロダクティヴ・ライツ――フェミニスト倫理の視点から』勁草書房。

中野優子、一九九七、「仏教の生命倫理観と女性の権利――「水子供養」との関連で」『印度學佛教學研究』四五(二)、六八二―六八五頁。

新田光子、一九九九、「日本の宗教と水子供養」高橋三郎編、『水子供養――現代社会の不安と癒し』行路社、一七三―二〇六頁。

ヌスバウム、マーサ、二〇〇五、『女性と人間開発――潜在能力アプローチ』池本幸生・田口さつき・坪井ひろみ訳、岩波書店。

藤田庄市、一九九〇、『拝み屋さん――霊能祈祷師の世界』弘文堂。

星野智子、一九九六、「水子供養の社会学的考察」『佛大社会学』二一、一〇一―一一一頁。

星野智子、一九九九、「危機管理装置としての水子供養」、宗教社会学の会編『神々宿りし都市』創元社、六〇―八三頁。

ポッツ、マルコム、ピーター・ディゴリイ、ジョン・ピール、一九八五、『文化としての妊娠中絶』池上千寿子、根岸悦子訳、勁草書房。

松浦由美子、二〇〇六、「「弔い」のポリティクス――イデオロギーとしての水子供養」『多元文化』（六）、二九―四二頁。

松浦由美子、二〇〇七、「電子水子――インターネット空間における新たな水子供養の展開」『多元文化』（七）、一―一四頁。

溝口明代、一九九四、「「男性」の思想と社会の形成――仕組まれた「水子信仰」のルーツと展開（上）」『女性学』二、一四〇―一六六頁。

溝口明代、一九九六、「仕組まれた「水子信仰」のルーツと展開――「男制」の思想と社会の形成（下）」、『女性学』四、一八〇―二〇六頁。

森栗茂一、一九九五、『不思議谷の子供たち』新人物往来社。

森下永敏、二〇一一、『愛と癒しが心に目覚める　水子のお葬式』現代書林。

山中美智子・吉野美紀子・堀内成子、二〇一四、「第六章　中絶を経験した女性の悲嘆」高木慶子・山本佳世子編『悲嘆の中にある人に心を寄せて』上智大学出版、一一四―一三一頁。

山本力、二〇一四、『喪失と悲嘆の心理臨床学――様態モデルとモーニングワーク』誠信書房。

Hardacre, Helen. 1997, *Marketing the Menacing Fetus in Japan*. University of California Press.（ハーデカー、ヘレン、二〇一七、『水子供養　商品としての儀式――近代日本のジェンダー／セクシュアリティと宗教』塚原久美監訳・清水邦彦監修・猪瀬優理・前川健一訳、明石書店）

Harrison, Elizabeth G. 1996, "Mizuko kuyo: the re-production of the dead in contemporary Japan", Peter F. Kornicki, McMullen, I. J. editors, *Religion in Japan: Arrows to Heaven and Earth*, Cambridge University Press.

LaFleur, William. 1992, *Liquid Life: Abortion and Buddhism in Japan*, Princeton UP.（ラフルーア、ウィリアム・R、二〇〇六、『水子――〈中絶〉をめぐる日本文化の底流』森下直貴・遠藤幸英・清水邦彦・塚原久美訳、青木書店）

Smith, Bardwell. 1991, "The Social Contexts of Healing: Research on Abortion and Grieving in Japan." Collett Cox and Michael A. Williams, editors. *Innovation in Religious Traditions: Essays in the Interpretations of Religious Change*. N.Y.: Mouton de Gruyter,

285–318.
Smith, Bardwell, 2013, *Narratives of Sorrow and Dignity: Japanese Women, Pregnancy Loss,* and Modern Rituals of Grieving, Oxford Ritual Studies, Oxford University Press.
Stout, Jeffery, 1988, Ethics after Babel: The Languages of Morals and Their Discontents, Beacon Press.

第八章　高齢女性の主観的ウェルビーイングと装い

――人生の危機と自己の再帰的確認

片桐資津子

一　目的、方法、対象設定

主観的ウェルビーイングが保持されている高齢女性の装い認識[1]とはどのようなものか。これを探るため、本章では、生涯にわたる自己の連続性と再帰性の観点に注目する。

まず言葉の定義を説明することから始めたい。ウェルビーイング（Well-being）とは、健康とは何かを説明するために世界保健機構（ＷＨＯ）憲章で用いられた概念であり、身体的、精神的、社会的に良好な状態を意味する。他方で、この概念 Well-being の語源にさかのぼると Well は満足、being は本質、という解釈がある（石川 二〇一七）。これを踏まえて本研究ではウェルビーイングを「満足の本質」ととらえたい。満足という言葉のニュアンスは主観的な意味合いが濃厚である。この点を強調するため「主観的ウェルビーイング」と表現している。

主観的ウェルビーイングという自己認識を議論するのに、なぜ装いに焦点を当てる必要があるのか。ひょっとしたら唐突に聞こえるという読者もいるかもしれない。しかし実は高齢女性にとって、装いは外見だけの問題ではない。内面や行動にも影響を与えることがわかっている（平松 二〇一五、片桐 二〇一一）。高齢女性に化粧や衣服で装いを施すことによって気持ちが明るくなり笑顔が増えるという心理的効果が認められることに加え、他者に話しかけたり好奇心が強くなったりするという社会的効果も確認されている（山岸 二〇〇〇）。

つぎに生涯にわたる装い認識についても触れておく。それは二つある。一つは幼少期から高齢期までの自らの装い――これまでに着てきた衣服、身につけてきた小物等――に焦点を当てた連続的な自己認識である（Twigg 2010: 227）。もう一つは装い歴から、自分自身によって再帰的に理解された自己認識である（Giddens 1991＝2005: 57）。

これら二つのうち、後者の再帰的な自己認識については補足説明が必要であろう。まず再帰性とは「社会の実際の営みが、まさしくその営みに関して新たに得た情報によってつねに吟味、改善され、その結果、その営み自体の特性を本質的に変えていく」（Giddens 1990＝1993: 55）ことであり、再帰的な自己認識とは、自分自身に対する何らかの言及が、その自分自身に影響を与えるという特徴をもつ自己認識を意味する。

再帰性について、この定義は分かりにくいかもしれない。より噛み砕いていえばつぎのようになる。これまで自分にとって当たり前だった事柄について、新しい事態に直面することによって、本当にこれでよいかどうかを自分で意識的に確認する。そして、その事柄をよりよいものへと変化させる。その結果、これまで当たり前だった事柄とは全く異なるような、新しい事柄へと変化していく。そういった性質を意味する。本章において、高齢女性の再帰性に着目するのは、統御が難しいと思われる病気や老衰、すなわち新しい事態としての「人生の危機」(2)に直面したとき、その後、その事態にどうやって対処していくのかということに注目したいからだ（片桐 二〇一六）。

なぜ装いそのものではなく、装い認識に着目する必要があるのか。それはウェルビーイングを主観的に捉えようとする場合、言葉でわかりやすく説明できるような論理的な側面だけでなく、言葉では説明できない感覚的な側面もまた重要となるからだ。われわれが人のしあわせを説明し尽くせないのは、あるいは、われわれが人の満足を説明し尽くせないのは、この後者の側面——非言語的で感覚的側面——を有するからではないか。つまり、装い認識に着目すると、言語的に表現できる"装い把握"のみならず、言語的に表現しにくい"装い感覚"の一端にも迫れると考えられる。

さて、高齢期における病気、老衰、介護、死といった人生の危機は統御不能であるため、主観的ウェルビーイングの維持は困難であると想像されるが、本当にそうなのだろうか。

そういった人生の危機的状況のなかにあっても、高齢期において、高齢女性のAさんとZさんは、身近な他者から、装いを通して主観的ウェルビーイングを保持していると認識されていた。しかしAさんとZさんは年齢も身体状態も宗教も、すべてが対照的である。たとえばインタビュー時、Aさんは六〇歳代の活動的高齢女性で無宗教であったのに対し、Zさんは九〇歳代の要介護高齢女性でS会の信者であった。

この対照的な二人を研究対象とする理由は、いかなる装い認識によって主観的ウェルビーイングを保持し続けてきたのか、そういった装い認識のバリエーションを理論的に抽出したいからだ。ここで強調したいのは、AさんとZさんの装い認識を比較することが本章の研究方法ではないということだ。分析の途中で両者を比較することはあるが、それは重要ではない。むしろ大きく異なるAさんとZさんの装い認識には、より多くのバリエーションが存在しているとの立場から、より多くの理念型を抽出することを重視する。これにより装い認識について包括的な理論化が可能となると考えるからだ。

本章の構成は以下のとおりである。主観的ウェルビーイングを保持する高齢女性の装い歴に着目して、制御不能な人生の危機に対処する装い認識のバリエーションを明らかにするため、まずは、先行研究を参照しながら、分析枠組みを提示する(二節)。続いて、調査の概要として、生活歴インタビューの方法やデータの特徴について説明する(三節)。つぎに、二人の高齢女性の生活歴を、装い関連の事柄に限定するかたちで再構成したものを装い歴データとして提示し、AさんとZさんの装い認識について、それぞれ分析(四節、五節)と考察(六節)をおこなう。最後に、暫定的結論と課題をまとめる(七節)。

二 分析枠組み

研究対象となるAさんとZさんは高齢期において、病気や老衰といった統御不能な人生の危機に直面しているにもかかわらず、主観的ウェルビーイングが維持されている。本節ではその内実を説明するための分析枠組みを提示したい。それは生涯にわたる装い認識の変化を説明するための分析枠組みである。

ここで再び、研究の問いを示しておこう。主観的ウェルビーイングが保持されているような高齢女性の装い認識には、いかなるバリエーションがあるのか[3]。

分析枠組みの構成要素として、装いを再帰性との関連で確認しておこう。「非再帰的な装い」とは、何の気なしに日常的に身なりを整えたり、無意識のうちに身につけたりすることと定義した。これに対して、「再帰的な装い」とは、流行やモード、あるいは年齢や性別といったステレオタイプ(Friedan 1963, Rosenthal ed. 1990, Simmel 1957)を意識しておしゃれをすることとした。本章で注目する装い認識は、高齢女性の装い認識の分析枠組みとして両者を含んだ包括的な概念として用いている。両者とは「再帰的な装い」(=言語的で論理的な側面)と「非再帰的な装い」(=非言語的で感覚的な側面)をさす。

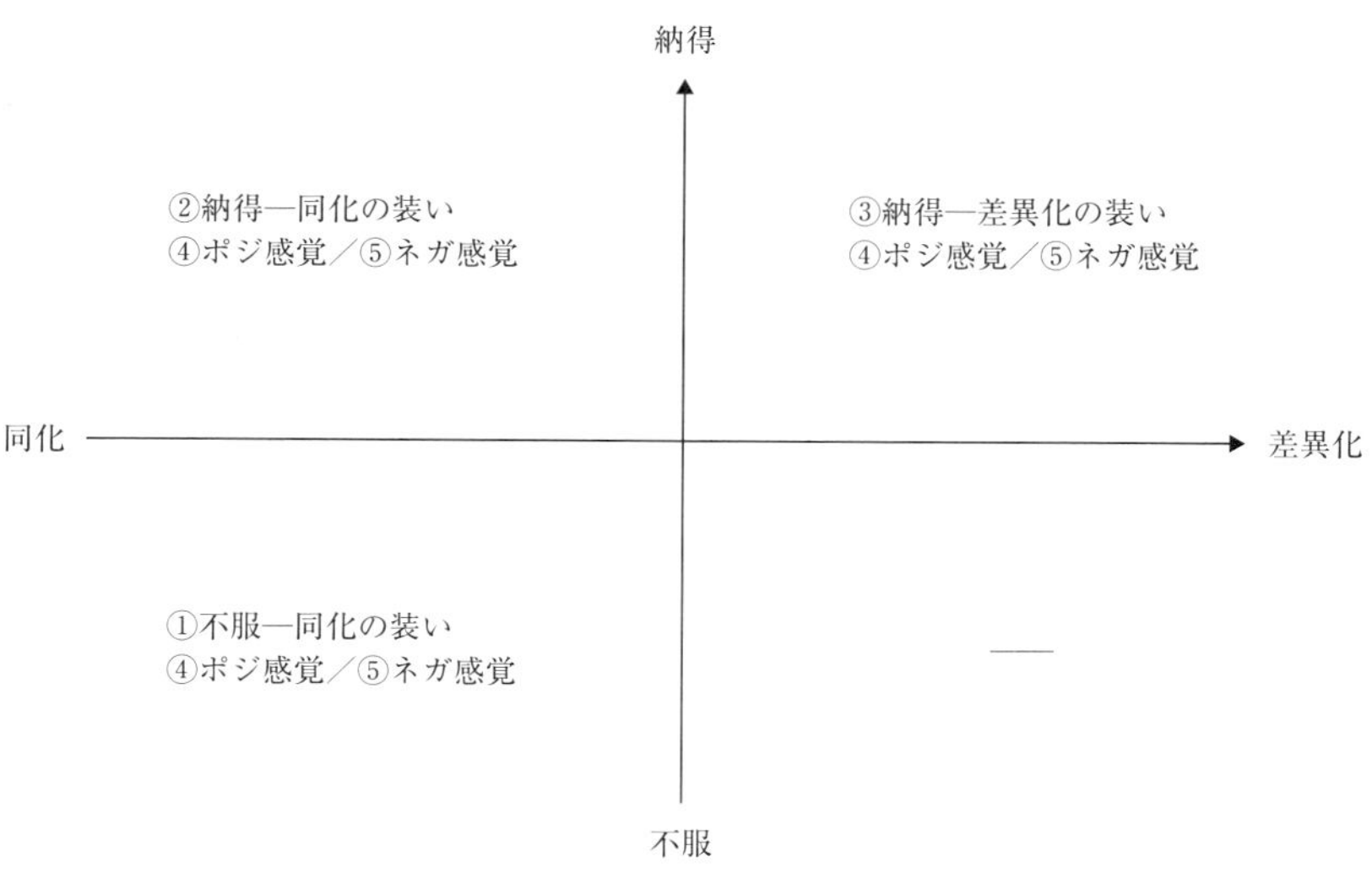
納得
②納得―同化の装い
④ポジ感覚／⑤ネガ感覚
③納得―差異化の装い
④ポジ感覚／⑤ネガ感覚
同化
差異化
①不服―同化の装い
④ポジ感覚／⑤ネガ感覚
―
不服

図 8-1　装いの理念型

（出典）片桐（2011）を踏まえて筆者が作成した。ただし，①から③までは再帰的な装い，④と⑤は非再帰的な装いである。

装い歴は、インタビュー時を起点として、過去から現在まで――幼少期から高齢期まで――を振り返ったときの、装い認識における連続性、すなわち「自己連続性の感覚」（Twigg 2010, 2013）ととらえることができる。要するに、装い歴は「個人が経験してきた事実としての装い」（Twigg 2010, 2013）の認識の個人史なのである。

つぎに高齢女性の装い認識に関する先行研究（片桐二〇一一）を紹介する。この研究において装い認識は、現在と過去に分けて考察されている。現在の装い認識については、「不服―同化」「納得―同化」「異化」という三つの装い認識の理念型が抽出された。過去の装い認識については「肯定的認識」と「否定的認識」の二つのタイプが、高齢女性の装い歴の質的データから抽出された(4)。

現在の装い認識に関する装い理念型については補足説明が必要であろう。まず「不服―同化」の装いとは、本当は身につけたくないのだが、周囲の環境のせいで不本意ながら、ときには我慢してなされる装いである。

つぎに「納得―同化」の装いとは、周囲の環境に調和するかたちで、あるいは状況に合わせてなされる装いである。最後に「異化」の装いとは、他者との差異化を志向し、アイデンティティや生き方を支える装いである。

ただしこれらの理念型には課題がある。第一に「異化」の内容がわかりにくい。第二に、連続しているはずの現在と過去の装い認識が別々に扱われている。

そこで本章では、過去も現在も、両方の装い認識を説明できるような分析枠組みを提案したい。そのため「異化」の概念を他者との差異というニュアンスをもたせるため「差異化」と言い換えたうえで、その理念型については、「納得―同化」に対応させるかたちで「納得―差異化」という表現にする。図8-1に示したように、五つの装いの理念型――①不服―同化、②納得―同化、③納得―差異化、④ポジ感覚、⑤ネガ感覚――を本研究の分析枠組みの構成要素としたい[5]。第四象限として「不服―差異化」も理論的にはあり得るが、現実に存在しないため、この理念型は除外した。

まとめよう。本研究の分析枠組みは、「再帰的な装い」(＝言語的で論理的な側面)と「非再帰的な装い」(＝非言語的で感覚的な側面)から構成される。前者は、①不服―同化、②納得―同化、③納得―差異化からなり、後者は、④ポジ感覚、⑤ネガ感覚からなる。

以下では、統御不能な人生の危機との対峙に際して、高齢女性のいかなる装い認識が主観的ウェルビーイングの保持につながっていたのか、分析枠組みに依拠して検討していく。

三　調査の概要

三―一　調査の方法と対象

調査方法は、生活歴のインタビューである。この調査は一九九八年に実施された。今回の対象者として取り上げるのは、AさんとZさんである。当時、活動的高齢女性であったAさんは、北海道S市のある介護施設においてボランティア活動に従事していた。これに対して要介護状態だったZさんは、北海道S市近郊に立地する特別養護老人ホーム（以下、特養と表記）に入居していた。介護保険制度が始まる前の一九九〇年代後半に焦点を当てるのは、いわゆる措置制度の古い体質が残る特養生活のなかで、入居者が「自己の無力化」（Goffman 1961＝1984）に陥らず、生活や人生を統御する感覚をもち続けながら、いかにして主観的ウェルビーイングを保持していたのか、探りたいからである。(6)

(7)

調査対象者として二人の高齢女性を選定した。その理由は施設の介護現場に詳しい責任者の協力を得て、装いにこだわりのある高齢女性を紹介して欲しいと依頼した際、先方から推薦してもらったためである。

二人に関して共通点と相違点について、以下にまとめた。まず共通点は、対象者の選定でも紹介したように、周囲から「おしゃれにこだわりがある」という評判を得ていたことと、主観的ウェルビーイングが保持されていると自己認識していたことが挙げられる。

つぎに相違点は健康状態、年齢層、宗教観、そして装い認識である。最初に健康状態だが、Aさんは、老衰していく状態にあったものの、生涯にわたって概して健康であり、高齢期も自立的な生活を送りながらボランティア活動をしていた。これに対しZさんは、生涯にわたって心臓病を患ってきたため健康であったとはいえない。インタビューを実施した一九九八年の時点において、Zさんは要介護状態で特養に入居していた。第二の相違点は年齢層である。インタビューを実施した一九九八年の時点で、Aさんは一九三一年生まれの六七歳、Zさんは一九〇四年生まれの九四歳で、二七歳の年齢差があった。

第三の違いは宗教観である。Aさんは宗教に関わりがなかった。しかしZさんはS会に加入しており、高齢期の特養生活のなかで宗教は日常的に必要不可欠なものであった。

最後に、両者の相違点は装い認識である。Aさんは、幼少期の母親の影響で、マクロレベルにおける流行やモード等を意識する傾向が見受けられた。これに対しZさんは、Aさんに比べるとそうでもなかった。つまり理念型として、Aさんは「再帰的な装い」を、Zさんは「非再帰的な装い」を、中心的におこなっていたといえる。尤も身近な他者や準拠集団といったようなメゾレベルにおける対他関係を意識していた点は、両者に共通していたのだが。

つまり両対象者とも装いにこだわりがあり、主観的ウェルビーイングを保持しているという共通点をもちながら、他方で、健康状態、年齢層、宗教観、そして装い認識において相違点が存在した。統御不能な事柄と装い認識のバリエーションを浮き彫りにするため、大きく異なるタイプの二人の対象者を選定した意味はここにある。

三―二　写真誘発インタビュー

本調査では「写真誘発インタビュー」(Flick 2007=2011: 191)を実施した。その目的とするところは、視覚的資料としての写真をインタビュー実施の補助として利用することである。本調査においては、対象者のAさんとZさんに事前に準備してもらった写真を補助的なツールとして活用した。準備できる写真が実際に存在しなくても、対象者がはっきりと認識できる場合には、その写真のイメージをもとに、装いのことを中心に話題を提供してくれた。これにより対象者から装いを含む生活歴を円滑に引き出すことができた。

三―三　データの特徴

続いて、データの特徴を紹介したい。対象者から聞き取った生活歴の全データは、Aさんが四二字×四七行×一三・七頁、Zさんが四二字×四七行×八・八頁、平均で二二、二〇八字程度であった。これらの生活歴を、装いの観点から、装い歴データとして再構成し、以下、四節と五節で示した。その際、分析において筆者が注目した箇所については太字で表記し、さらに宗教や信仰について言及された箇所には、傍点を付した。なお、Aさんは【A―一】～【A―一〇】、Zさんは【Z―一】～【Z―一一】として番号をふり、考察の節で用いる表8-1と関連させた。

対象者が調査者に対して自らの生活歴を語ること自体が、対象者の「自己の再帰的プロジェクト」となっているとの見方ができる。別言すれば、主観的ウェルビーイングとは「自己の再帰的プロジェクト」における「個人的変化と社会的変化を結びつける再帰的な過程」(Giddens 1991=2005: 36)を含む肯定的な自己認識である。とはいえ「自己の再帰的プロジェクト」には、生活歴のなかで再帰性が取りこぼしてしまう感覚的な部分――いかに内省しようとしても発生してしまう「語り得なさ」(浅野 二〇〇一)や「忘却された矛盾」(片桐 二〇一六)――も存在する。装い認識に着目する理由は、本人が必ずしも明確に把握しているわけではない“好き／嫌い”や“快／不快”といった感覚的要素が、主観的ウェルビーイングにつながっている可能性に注目したいからだ。

とりわけ装いの観点からは、言語化される装い自体だけでなく、それに付随する“感覚的な何か”についても、対象者により表出された質的データになっている。その“感覚的な何か”というのは、対他関係(身近な他者や準拠集団）や対自関係（内省）といった自己における内外の相互作用から生起する非言語的なものをさす。

四　活動的高齢女性の装い認識

この節では、活動的高齢女性Aさんの装い歴をデータとして、二節で提示した分析枠組みを使って主観的ウェルビーイングを検討していく。注目するのは、①統御不能な事柄（＝軽微なものから人生の危機まで含む）、②装い認識、③生きる意味（＝生きがい）である。すなわちAさんがどのような統御不能な事柄を乗り越え、どのような装い認識をもって、生きる意味を得ていたのか、自己の連続性と再帰性の観点から分析していく。

【A―一】実家は農家だったので、戦時中でも食べることに困らなかった。しかし**貧しかった**ことは確かだ。そんなとき、どんなに生活が苦しくても、**しみったらしい格好はしたくない**と強く感じた。……〔中略〕……両親の影響だった。ひもじい時代で、そういう生活だったが、そんななかにも、**何か夢というもの**があった。

【A―二】母はとても厳しい人だったが、何かあるときは、寝なくても、できる限り服を縫ってくれた。母は**婦人雑誌**に出ているものを参考に作り直した。他の家の親とは違うという自負があった。**母が縫ってくれた服**は**個性的なもの**だった。それを着たときは嬉しかった。大変な時代だったが両親の**感性**を引き継いだ。女の子一人だったから**母の手作りの服**を独占できた。

【A―三】一九四五年、一四歳のとき、**和裁**を習い始めた。高等科二年のときで、ちょうど制度の変わり目だった。一七歳のとき本格的に**洋裁**を習いだした。女だからという理由で**進学を断念**した。勉強が大好きで読書ばかりしていたから悔しかった。……〔中略〕……一六歳のとき**父が急死**した。父がいる安心感があったのに。この先、生きるってどういうことだろうと思った。洋裁を仕事につなげるつもりだった。洋裁をやりながら、長女として母を助けるため、家事や家業の酪農を手伝った。洋裁を通じて、指を動かしさえすれば、自分の**好きな洋服が作れる喜び**を学んだ。

幼少期におけるＡさんの統御不能な事柄は、「貧しさ」「進学断念」「父の急死」であった。「母が縫ってくれた服」により、Ａさんはこれらの統御不能な事柄を乗り越えていったと考えられる。

ここで着目したいのは「感性」という表現である。この表現には、同級生や友人といった対他関係における装いに対する優越感がみてとれる。さらにこの「母が縫ってくれた服」は「婦人雑誌」を参考にして作られたもの、すなわち「再帰的な装い」であったといえる。同時にまた「感性」は言葉では説明しきれないような「非再帰的な装い」をも意味する。

Ａさんは女であるため進学を断念するという統御不能な事柄に見舞われ、確かに悔しい思いをしていた。しかし、女であったからこそ「母が縫ってくれた服」を独占できたのも事実であった。さらには「母が縫ってくれた服」を自分も作れるという喜びも感じていた。ここにＡさんが女であることのポジ・ネガの両義性もみてとれる。

つまりＡさんの装い認識は、本研究の分析枠組みでいえば、再帰的な「③納得―差異化」と非再帰的な「④ポジ感覚」であると解釈した。「母が縫ってくれた服」により、Ａさんは、対他関係のなかで優越感に浸りながら、「どんなに貧しくてもしみったらしい格好はしたくない」と感じ、自分自身の将来の「夢の実現」という希望を重ね合わせていったからだ。

【A―四】結婚生活は**地獄のよう**であった。姑からはいつも怒鳴られていた。義母にこんこんと言われ、ここ〔嫁ぎ先〕の生活様式に合わせようとした。着るものも姑に気を使って、なるべく目立たないような、**擦り切れたもの**を着るようにした。

【A―五】だが自分を殺すことに対して気が狂いそうになった。一生、この人たちに合わせていたら、どこまで落ちていくんだろう。……〔中略〕……もう姑に何と言われようと、**自分が着るものは納得のできるもの**を選んだ。**子ども達に着せる洋服**も、**納得のできるもの**を選んだ。自分を殺しているうちに、人の三倍働こうという哲学を学んだ。そうしないと娘二人の夢を叶えてやることができないと思った。……〔中略〕……仲人からも勧められて離婚を考えたこともあったが、子ども達のことを考えると母子家庭にはなれない。運命だと思ってあきらめ、夫や姑に**ボランティア精神**で尽くした。

【A―六】三三歳のとき、保険の営業を始めた。姑にはめられ断れなかった。本当はデザイン関係の仕事がしたかった。……〔中略〕……入社して三年くらい経って、上司が転勤してきた。仕事ができたのですぐに目にとまり、えこひいきされ、トップに据えられた。すると以前からいた男性から**嫉妬**された。男性の情けなさを多く経験した。……〔中略〕……家庭や職場のつらさをわかってくれたのは四柱推命をみる人や印鑑を作る人だけだった。**占い**師には救われた。**子どもがいたので宗教にはいかなかった**。すべて**ボランティア精神**で向き合った。

この時期のAさんにとって統御不能な事柄は、「地獄の結婚生活」と「職場での嫉妬」であった。「納得のできる装い」は、Aさんが家庭と職場の二つの領域で統御不能な事柄を克服するための原動力になっていたと考えられる。この原動力は、Aさんが一度は「納得のできる装い」を捨て、自分を殺して「擦り切れた装い」を強いられたからこそ明確化されたとみてとれる。「納得のできる装い」は「③納得―差異化」「④ポジ感覚」、これに対して「擦り切れた装い」は「①不服―同化」「⑤ネガ感覚」という装い認識であると判断した。

まず家庭においては、「地獄の結婚生活」を「納得のできる装い」により克服していこうとした。具体的には、自分自身が着るものだけでなく、娘二人に着せる洋服にも適用された。「納得のできる装い」のため、「子ども達の洋服作り」がAさんの生きる意味となり、結局、Aさんは「ボランティア精神」で家庭に尽くすことができた。

つぎに職場においてはどうだったか。男性による「職場での嫉妬」に対して、「納得のできる装い」で乗り切っていこうとしたが、うまく機能しなかったようだ。統御不能となり人生の危機に直面したAさんは「占い師」に救われた。そのおかげで、職場に尽くすことができた。そうして「保険の営業」はAさんの生きがいになっていったと考えられる。

ここで占い師に注目したい。なぜ占いだったのか。Aさん本人は再帰的な理由で占いを選んだのである。しかし宗教との関係で注目したいのは「子どもがいたので宗教にはいかなかった」というAさんのコメントだ。人生の危機に際して、Aさんは子どもがいたから宗教家ではなく占い師に救いを求めたわけだ。宗教には新しい意味体系や救済と引き換えに、全面的な奉仕や献金等がある。子育てで必要となる時間や費用を考えると、お金がかかる宗教に救いを求められなかった[8]。占いと宗教は確かに違う。しかし人生の危機に出くわしたとき、救いを求めるという機能に注目すると、占いと宗教は共通していた。

つまりAさんが「ボランティア精神」で家庭や職場に尽くすことができたのは、占い師のおかげである。「納得のできる装い」が、これまでのようにAさんの主観的ウェルビーイングにうまく寄与しなくなったとき、救いとなったのは「占い」であった。

つまり「納得のできる装い」は、確かにAさんにポジティヴな感覚をもたらし、成人期から中年期の統御不能な事柄を克服することに寄与した。しかし、その「納得のできる装い」が機能しなくなると、Aさんの主観的ウェルビーイング保持ぎりぎりのところで、「占い」が「納得のできる装い」の機能を復活させたと解釈できるだろう。

【A―七】感性はいくら年をとっても衰えない。ファッションはずっと夢だった。今六〇歳代になってもそうだ。もし七〇歳代になって**変なおばあさんみたいな格好**をして歩きなさいと言われても**絶対にできない**。最近は体型が変わって、昔着ていたものが合わなくなってきている。これが最大の悩み。どうしても**年には勝てない現実**である。

【A―八】年をとってくると**体型が変わり**、服が合わなくなる。だからスリットにして少しラインを変えたり、縫い直したり、ちょこちょこ直す。自分の装いをそのときの状況に合わせる。たとえば**水泳**に行くときはボーイッシュな格好をする。趣味の**英会話**や**コーラス**に行くときも**TPOに合わせる**。

【A―九】大勢の人のなかで行われる講演会で、ふっと目がいくような人間になるのが理想だ。いい意味で**目立ちたかった**。わざわざ新しい洋服を買ってというのではなく、ある洋服のなかで自己を表現するというものだ。**既存のものを活かしながら、時と場合によって、自分のアイデアをちょっと人とは違うかたちで出す**。

【A―一〇】最近の装いで心がけていることは、**あるもののなかでアレンジして今風な感じにすること**だ。**洋服でうまく自分を表現できないとき気分がよくない**。面白くない。納得がいっていないからだ。人は何とも思っていないかもしれない。でも自分がすっきりしない。

高齢期の現在、Ａさんにおける統御不能な事柄は「体型の変化」と「年には勝てない現実」、すなわち老衰であった。これを統御するため、Ａさんは「スイミング」と「コーラス」、そして戦時中に学べなかった「英会話」を生きがいとしていた。

こういった高齢期の入り口において統御不能な事柄を何とか統御しようとする動機は、Ａさんの生きる意味（＝生きがい）である「装い」そのものにあったと解釈した。たとえば再帰的な装いである「変なおばあさんみたいな装い」については「絶対にできない」と彼女は考えていた。この装いが強制される場合、Ａさんの装い認識は「①不服―同化」「⑤ネガ感覚」となると考えられる。

しかし実際のところ、Ａさんは確実に年齢を重ねており、そのため「体型の変化」という統御不能な事柄に直面していた。これはＡさんが「納得のできる装い」をすることを妨げる危険性がある。ゆえに、高齢期のＡさんは、「体型の変化」と両立可能な装い、すなわち「ＴＰＯに合った装い」「気分よい装い」「目立つ装い」をおこなっていた。

まず「ＴＰＯに合った装い」はＡさんが生きがいである「スイミング」「コーラス」「英会話」に取り組む際の装いである。この装い認識は「②納得―同化」「④ポジ感覚」と解釈した。シーンに合った装いを統御しているとＡさんが考えているからだ。

つぎに「気分のよい装い」と「目立つ装い」は、Ａさんが「既存のものを活かしつつ自分の感性を人とは違うかたちで出す」装いである。この装い認識は「③納得―差異」「④ポジ感覚」であるとした。この装いは、Ａさんが幼少期に体験した「母が縫ってくれた感性ある装い」や成人期／中年期にたどり着いた「納得のできる装い」から連続するものとして、高齢期にも受け継がれている。これはＡさんに「自己連続性の感覚」（Twigg 2010, 2013）をもたらしていると考えられるだろう。

以上、Aさんの装い認識について、統御不能な事柄と生きる意味を連動させながら幼少期から高齢期まで検討してきた。分析枠組みとの関連でいえば、そのバリエーションはつぎのようにまとめられる。

第一に「擦り切れた装い」「変なおばあさんみたいな装い」は「①不服―同化」「⑤ネガ感覚」(＝①⑤型)、第二に「TPOに合った装い」は「②納得―同化」「④ポジ感覚」(＝②④型)、そして第三に「母が縫ってくれた服」「自分で作る好きな洋服」「納得のできる装い」「気分のよい装い」「目立つ装い」は「③納得―差異化」「④ポジ感覚」(＝③④型)である。

これらの結果から、第一に、生きる意味をもった主観的ウェルビーイングから遠ざかるのは、自らの装いに不服で周囲に同化するようなネガティヴな感覚をもつ場合であった。第二に、これを受動的に達成しているのは自らの装いに納得し周囲に同化するようなポジティヴな感覚をもつ場合であり、そして第三に、これを能動的に実行するのは、自らの装いに納得し差異化するようなポジティヴな感覚をもつ場合となっていた。第四に、主観的ウェルビーイングの成立に際しては、ポジティヴな感覚をもつ装いがAさんにとって重要であったことがデータから示された。

五　要介護高齢女性の装い認識

つづいて要介護高齢女性Zさんの装い認識について、Aさんの場合と同様に、統御不能な事柄と生きる意味を含めて、自己の連続性と再帰性の観点から分析していく。

【Z―一】父が**酒乱**だったので母はいつも苦労していた。自分は**身体が弱かった**ため、父からたたかれなかった。早く成長して母を安心させたかった。着るものは和服だった。学校でも着物と袴だった。母がなんとか手に入れてくれた。**いやでも好きでもなかった**。母のことを考えると**自分の好みを言えなかった**。**大好きな母が服を作ってくれた**。

【Z―二】母と兄のおかげで高等小学校に進学した。**将来の夢**は、一つは健康であること、二つ目は母を早く安心させて楽をさせること、三つ目は**和裁**で生計を立てることだった。卒業後、和裁を習い始めた。和裁をしているときは**体調を忘れるほど夢中**になれた。

幼少期のZさんにとって統御不能な事柄は、「父が酒乱だった」ことと自らの「身体が弱かった」ことであった。Zさんの装いについては、「母が作る服」で、これは「いやでも好きでもない」「自分の好みが言えない」ものとしてZさんに認識されていた。この装いは流行やモードを意識していないと想像されるため、再帰的な装いというよりも、非再帰的な装いであり、しかもZさんにおいて「④ポジ感覚」「⑤ネガ感覚」の両義性がみてとれる。なぜなら大好きな母が作ってくれた服なので「④ポジ感覚」をもっていたが、加えて服自体の好みが言えないという「⑤ネガ感覚」ももっていたと考えられるからだ。

この時期のZさんが再帰的な装いに関心をもっていた可能性もあるが、データから判断できない。あるいは級友や近所の知人といった対他関係のなかで、彼女の装いの好みに方向性が出てきた可能性もある。いずれにせよ、統御不能な事柄に苦悩しながらも、Zさんが、将来、「体調を忘れるほど夢中になれた」という「和裁」で生計を立てることを夢みていたことは確かだ。Zさんの場合、Aさんのように再帰的な装いの要素が確認できないものの、統御不能な事柄に向き合う際、Zさんの装い認識が「夢の実現」につながっていた点はAさんと共通しているといえよう。

【Z―三】作るのが難しい帯に挑戦した。**よそ行きの着物**をこしらえた。自分で作った着物を自分で着た。**好きな装い**は、年にふさわしい、地味でもなく派手でもないものだった。生地はあまり硬くもなく柔らかくもないものが好きだった。薄い色が好きだった。

【Z―四】一九歳のとき**心臓が悪くなった**。困ったと思って泣いた。それで結婚も遅れた。二六歳のとき結婚した。嫁ぎ先は貧しく、生活費が足りなかった。よその仕立てものをして、幾分でもお小遣いを稼ぎ、姑さんにあげていた。実家の母までは手がまわらなかった。結婚してから楽しいと思ったことは一度もなかった。結婚して半年後に死別した。子どもはいなかった。……〔中略〕……三二歳のとき、**父と兄が相次いで亡くなった**。兄は心臓発作だった。……〔中略〕……四〇歳のとき**母が脳溢血で亡くなった**。死に目には会えなかった。ショックで泣きはらした。身寄りがいなくなった。

【Z―五】四〇歳代と五〇歳代、**和裁**と**つきそい婦**の仕事で生計を立てた。心臓が悪かったおかげで、つきそうときの患者さんの気持ちがすごく理解できた。回復した患者さんとは家族を含め、文通などで交流を続けていた。その関係でS会の信仰にふれた。**六三歳で正式に信仰の道に入った**。S会の幹部のご夫婦と**家族同様のつきあい**をしている。お墓も買った。

成人期／中年期におけるZさんの統御不能な事柄は「心臓病」「兄と父の死」「母の死」であり、生きる意味（＝生きがい）は「つきそい婦」「和裁」であったとみてとれる。Zさんはいかにして統御不能な事柄を乗り越えてきたのだろうか。

Zさんの装いとして注目したいのは「よそ行きの着物」「好きな装い」である。前者はハレ（＝非日常）、後者はケ（＝日常）の装いとして機能していたと考えられる。なぜならZさんは「よそ行きの着物」については得意の和裁で作って身につけたのに対し、「好きな装い」については自分の好みである「地味でも派手でもないもの」、「薄い色」のものを普段身につけていたからだ。Zさんは装いによりハレとケを切り替えることが感覚的にできていたのではないだろうか。

装い認識についても検討しておきたい。まずハレ（＝非日常）の装いである「よそ行きの着物」は「③納得―差異」「④ポジ感覚」、これに対し、ケ（＝日常）の装いと思われる「好きな装い」は「②納得―同化」「④ポジ感覚」であると判断した。「よそ行きの着物」を作るときは、対他関係を強く意識して、その当時の流行やモードを、何らかのかたちで参考にしていたと思われる。これに対して「好きな装い」をするときは、対他関係よりも対自関係において、「自己連続性の感覚」（Twigg 2010, 2013）、別言すれば「存在論的安心感」（Giddens 1991=2005: 39）を得ていたと考えられる。こういった感覚は、家族など身寄りが亡くなり、自分も心臓病を患いながら生きていかねばならない状況において必要不可欠だったと推察される。

こういった統御不能な事柄に対して、Zさんは「よそ行きの着物」と「好きな装い」、すなわちハレとケの装いを切り替えながら、「つきそい婦」に従事していた。

つきそい婦の仕事については、最初は必要に迫られて従事した可能性がある。しかしながら次第にこの仕事はZさんにとって生きる意味（＝生きがい）になっていったと考えられる。それは家族全員を亡くしていたZさんにとって、この仕事を通して知り合った対他関係――「家族同様のつきあい」――が付随していたからだ。さらにZさんが心臓病であったことが、つきそい婦の仕事に有利だったとも考えられるだろう。

【Z―六】施設で暮らしているので朝六時前に起きることができない。朝食前まで声を出さずに読経する。周囲に迷惑をかけないため黙読してお参りしている。朝と夜、それぞれ一時間ずつ毎日読経している。一日に何回も深呼吸をしている。よく歩き、くよくよと考えないようにしている。

【Z―七】特に気に入っているのは**薄紫色のカーディガン**。施設に売店が来て、そのときに自分で選んで買った。人からは「似合うね」って言われる。嬉しい。**家族同然のS会の信者夫婦**に自分が入る予定のお墓にお花見を兼ねて連れていってもらったとき、この服を着ていった。みんなに「いいね、いいね」と言われた。これは**おしゃれ着**。

【Z―八】ズボンよりスカートのほうが好きだ。**動作がしやすい**から。年をとるとトイレが近くなる。ズボンだと面倒くさくて不自由だ。スカートをはいていると**気分がいい**。ストレスもなくなる。

【Z―九】着るものは、もう何年もあるもので間に合わせている。若い頃から着ているものなので派手になったりする。**年にふさわしい、ちょうどいいもの**を買うことができない。地味なものを持っていない。しょっちゅう買えない。我慢している。洋服はすべて既製品である。着物を着ることはない。たくさん持ってはいる。和服を着たいとは思わない。

【Z―一〇】**信仰のおかげ**で**九〇歳のとき心臓病が治った**。精神的な強さのせいだと思った。身寄りがなく何でも自分一人でやらなくちゃならないという気持ちが強かった。お医者さんもびっくりしていた。でも、今度は**足が痛み出した**。それで手術した。歩行器があれば歩ける。**耳も聞こえない**。補聴器が必要だ。聞こえないと憂うつだ。目も悪い。**白内障**で二回手術した。眼鏡があれば見える。あちこち故障が出てきた。

【Z―一一】体調が悪くても、**好きな服**を着ると、気持ちがシャンとする。やる気が出てくる。病気に負けていられないと思える。S会の人からはおしゃれで若々しいと言われる。

高齢期現在のＺさんにとって統御不能な事柄は「足の痛み」「難聴」「白内障」である。とりわけ、身体的な痛みはＺさんの主観的ウェルビーイングにとって負の要因となっていると想像される。しかし周囲からはＺさんの主観的ウェルビーイングは保持されていると認識されていた。Ｚさんはいかにして統御不能な身体的な痛みに対処していたのか。

最大の原動力は、Ｓ会の「信仰」であるとデータから解釈できるだろう。それはＺさんが「九〇歳のとき心臓病が治った」のは「信仰のおかげ」だと述べたことからもわかる。Ｚさんの生きる意味は、装い歴データから示されるように、必ずしも装いだけではない。この点はＡさんと異なっている。あくまでもＳ会の信仰が中心で、装いは脇役としてＺさんの生きがいを支えていたと考えられる。たとえばＳ会の信仰と深く関連する「お墓」や、世話になっている施設でのおしぼりたたみもＺさんの生きる意味となっていた。

つまり、Ｚさんにとって宗教は再帰的なものであり、装いは非再帰的なものであったとの見方ができるかもしれない。言い換えると、言語的で論理的な側面をもつ「再帰的な宗教」と、非言語的で感覚的な側面をもつ「非再帰的な装い」が、本質的なところで、Ｚさんに自己肯定感を、そして満足感をもたらし、主観的ウェルビーイングの保持につながっていたと説明できるだろう。これを踏まえると、Ａさんの場合はどのように説明できるか。言語的で論理的な側面をもつ「再帰的な装い」「再帰的な占い」と、非言語的で感覚的な側面をもつ「非再帰的な装い」「非再帰的な宗教」が、Ａさんの主観的ウェルビーイングの保持につながっていたと説明できるだろう。

Ｚさんの装い認識についても、Ａさんと同様に、統御不能な事柄と生きる意味との関連で検討したい。Ｚさんの装い認識のバリエーションはつぎのようにまとめられる。

第一に「年齢にふさわしくない装い」は「①不服―同化」「⑤ネガ感覚」（＝①⑤型）、第二に「大好きな母が作る装い」は「④ポジ感覚」「⑤ネガ感覚」(＝④⑤型)、第三に「動作がしやすい装い」「好きな装い」は「②納得―同化」「④ポジ感覚」(＝②④型)、第四に「よそ行きの着物」「おしゃれ着」は「③納得―差異化」「④ポジ感覚」(＝③④型)、そして第五に「好きな服」は「④ポジ感覚」(＝④型)である。

これらの結果から、第一に、生きがいをもった主観的ウェルビーイングから遠ざかるのは、自らの装いに不服で周囲に同化するようなネガティヴな感覚をもつ場合に加え、いかなる装いであれポジティヴな感覚とネガティヴな感覚が同居するような場合であることが判明した。第二に、主観的ウェルビーイングを受動的に支えるのは、自らの装いに納得し周囲に同化するようなポジティヴな感覚をもつ場合となっていた。第三に、主観的ウェルビーイングに能動的に働きかけるのは、自らの装いに納得し差異化するようなポジティヴな感覚をもつ場合であった。第四に、主観的ウェルビーイングが非再帰的に成立するのは、ポジティヴな感覚の場合であり、第五に、その主観的ウェルビーイングを保持するのは、ポジティヴな感覚をもつ装いが重要であることが質的データからも確認された。

六　考　察

本章では、病気や老衰といった統御不能な人生の危機に直面しているにもかかわらず、主観的ウェルビーイングが保たれている高齢女性に焦点を当て、自己の連続性と再帰性の観点から装い認識のパターンを探索した。別言すれば、人生や生活に満足しており、かつ大きく異なる二人の高齢女性の装い歴を分析し、いかなる装い認識をもって、制御不能な事柄に対処してきているのか、そのバリエーションを含めて検討してきた。

表 8-1　装い認識に関する分析結果

対象者	Aさん	Zさん
幼少期	**「母が縫ってくれた服」【A-2】** ＝夢の実現：④ ＝しみったらしい格好はしたくない：③④	**「大好きな母が作る服」【Z-1】** ＝いやでも好きでもない：④⑤ ＝自分の好みが言えない：⑤
	統御不能：貧しさ・進学断念・父の急死 生きる意味：読書・和裁・洋裁	統御不能：酒乱の父・身体が弱かったこと 生きる意味：和裁
成人期〜中年期	**「自分で作る好きな洋服」【A-3】** ＝人生を統御する感覚：③④ **「擦り切れた装い」【A-4】** ＝自分を殺す：①⑤ **「納得のできる装い」【A-5】** ＝夢の実現：④ ＝職場や家庭にボランティア精神で尽くす：③④	**「よそ行きの着物」【Z-3】** ＝自分でこしらえたい：③④ **「好きな装い」【Z-3】** ＝地味でも派手でもないもの：② ＝薄い色が好み：④
	統御不能：地獄の結婚生活・職場での嫉妬 生きる意味：子ども達の洋服作り・保険の営業・占い	統御不能：心臓病・兄と父の死・母の死 生きる意味：つきそい婦・和裁
高齢期現在	**「変なおばあさんみたいな装い」【A-7】** →絶対にできない：①⑤ **「TPOに合った装い」【A-8】** →うまくいかないとすっきりしない：②④ **「気分よい装い」【A-10】** →既存のものを活かしつつ自分の感性を人とは違うかたちで出す：③④ **「目立つ装い」【A-9】** →大勢のなかで注目される：③④ →女としての喜び：④	**「おしゃれ着」【Z-7】** →薄紫色のカーディガン：③④ →自分で選んで買った：③④ **「動作がしやすい装い」【Z-8】** →ストレスがなく気分がいい：②④ **「年齢にふさわしくない装い」【Z-9】** →買えないので我慢している：①⑤ **「好きな服」【Z-11】** →気持ちがシャンとする：④ →やる気が出てくる：④ →病気に負けていられない：④
	統御不能：体型の変化・年には勝てない現実 生きる意味：装い・英会話・スイミング・コーラス	統御不能：足の痛み・難聴・白内障 生きる意味：信仰・お墓・おしぼりたたみ

(出典)調査結果を踏まえて筆者が作成した。ただし，分析枠組みの装い認識の理念型はつぎの５つである。再帰的な装いとしては，①不服―同化，②納得―同化，③納得―差異化，非再帰的な装いとしては，④ポジ感覚，⑤ネガ感覚とする。

分析結果については表8-1に示した。まず、幼児期における両者の装い認識において、ポジティヴな感覚をもっていたことは両者に共通していたが、その内実は異なっていた。それは着るものを作ってくれた母親という身近な他者との良好な関係のなかで育まれたものであり、これが高齢期の現在の両者に「自己連続性の感覚」や「存在論的安心感」を与え続けていると考えられる。これが主観的ウェルビーイング(=安心の本質)の根幹をなすといえよう。

しかし両者が幼児期に出合った装いの内実は再帰性の観点から大きく異なっていた。Aさんは、流行やモードを意識したセンスのいい母親が作る装いが幼児期の装い基盤であったと認識していたのに対して、Zさんは、母親が作る装いはあまり自分の好きなものではなかったと認識していた。

また、両者ともネガティヴな感覚を経験して、ポジティヴな感覚に辿りついた点が共通していた。別言すれば、両者の共通性は、装い認識のバリエーションが、成人期以降に、ネガティヴな感覚を経て、自らの装いに納得し差異化するようなポジティヴな感覚をもつ場合に収束していく過程であったといえる。

たとえばAさんは成人期に自分を殺しておこなった「擦り切れた装い」(①⑤型：自らの装いに不服で周囲に同化するようなネガティヴな感覚をもつ場合)を経て、「納得のできる装い」(③④型：自らの装いに納得し差異化するようなポジティヴな感覚をもつ場合)に至った。

Zさんも幼少期に「大好きな母が作る服」(④⑤型：いかなる装いであれポジティヴな感覚とネガティヴな感覚が同居するような場合)を経て、ハレの装いとしての「よそ行きの着物」(③④型：自らの装いに納得し差異化するようなポジティヴな感覚をもつ場合)とケの装いとしての「好きな装い」(②④型：自らの装いに納得し周囲に同化するようなポジティヴな感覚をもつ場合)の切り替えスタイルを身につけるに至った。

これは高齢期の現在に至っても類似している。すなわちAさんの場合、再帰的な装いとしてポジティヴな感覚があり、Zさんの場合、非再帰的な装いとしてポジティヴな感覚があった。

つまり装いの中身が再帰的であれ非再帰的であれ、主観的ウェルビーイングの保持のための装い認識として「②④型：自らの装いに納得し周囲に同化するようなポジティヴな感覚をもつ場合」、「③④型：自らの装いに納得し差異化するようなポジティヴな感覚をもつ場合」、「④型：いかなる装いであれポジティヴな感覚をもつ場合」という三つの装い認識バリエーションが確認され、これらにはすべてポジティヴな感覚が含まれていた。

七　まとめ、残された課題

本章のまとめに入りたい。Aさんの主観的ウェルビーイングが維持されていたのは、第一に、統御不能な事柄を再帰的な装いにより統御できていると認識し、その結果Aさん自身がポジティヴな感覚をもっていたためであった。言い換えると、Aさんの装い認識は、言語的で論理的側面をもっていた。これに対し、Zさんのそれが維持されていたのは、非再帰的な装いにより統御不能な事柄を非再帰的なままにすることによってポジティヴな感覚をもっていたためであった。つまりZさんの装い認識は非言語的で感覚的側面をもっていたといえよう。

第二に、宗教と主観的ウェルビーイングの研究における発見があった。それは、中年期のAさんのように、再帰的な装いが主観的ウェルビーイングに貢献することが困難な事態に直面したとき、研究対象の高齢女性たちはいずれも宗教的なものに救われていたという事実であった。それは言語的で論理的な側面をもつ「再帰的な占い」「再帰的な宗教」であり、非言語的で感覚的な側面をもつ「非再帰的な宗教」であった。

宗教家に救いを求めることに抵抗感があるAさんは占い師にそれを求めていた。この事実は興味深い。なぜなら自覚してS会の信仰をもっているZさんとは違い、Aさんは自覚せずに宗教的な拠り所を「占い」に求め、それによって人生の危機を乗り越えていたからだ。Aさんの自己の連続性が途切れそうになったときに、それをつないだのが「再帰的な占い」であり、「非再帰的な宗教」であったとまとめておきたい。

残された課題もある。第一に、高齢女性による装い認識における、このポジティヴな感覚、すなわち言語化できない感覚的な要素をいかにして分析していくか。この点を探索するため、今後は、再帰的な装いが困難であると想像される認知症の高齢女性に焦点を当てたフィールドワークを実施していくことが求められる。第二に、高齢男性の主観的ウェルビーイングがどうなっているのか、研究する必要がある。第三に、「再帰的近代化」(Beck Giddens and Lash 1994=1997)の理論との関連で、非言語的で感覚的な要素の視点を盛り込んだかたちでの理論生成に貢献することが大きな課題として残されている。

注

(1) 本稿では、便宜上「認識」という概念を「把握」と「感覚」の両者を包括する意味で用いている。すなわち、言語化できるものに対する認識を「把握」と呼び、言語化しにくい要素を含むものに対する認識を「感覚」と呼ぶ。これについては理論的な検討が十分であるとはいえない。しかし今後、認知症高齢者の主観的ウェルビーイングを質的に分析する際に、装い認識(装い把握と装い感覚)は重要な概念になると想像される。

(2) 確かに、幼少期、青年期、中年期までは、常に変化し続けてきた自己の外部――時代変化や他者関係――を統御できていたかもしれない。しかしながら高齢期になり、病気、老衰、介護、死については、統御が難しくなると考えられる。ゆえにそれは主観的ウェルビーイングを揺るがすような人生の危機といえよう。

(3) 主観的ウェルビーイングとは、満足の本質であり、それは第一に、生涯にわたって自己連続性を確保しつつ、生きる意味を認識している状態とする。第二には、その生きる意味が、他者との関係――身近な他者や準拠集団との関係――において役割遂行がなされているということを、自己との関係――内省（Reflection）や再帰性（Reflexivity）――において、本人が認識していることであると定義しておく。前者を対他関係、後者を対自関係と呼んでおく（片桐 二〇一六）。

（4）これら三つの理念型には、第一に「他人と同じにしようとする契機（同化意志）」と「他人と異なろうとする契機（異化意志）」（北山 一九九六：一一二）、すなわち「同化」と「異化」の軸が盛り込まれている。第二に同化といっても、本人がその同化に不服なのか、それとも納得しているのか、「不服」と「納得」の軸も含まれている。第三にインタビュー時を起点として過去の装い歴の認識の仕方については「肯定」と「否定」の軸が導入された。

（5）この分析枠組みにより、過去と現在といった生涯にわたる装い歴レベルだけでなく、流行やモード等のマクロレベル、対他関係（身近な他者や準拠集団）のメゾレベル、対自関係（内省）のミクロレベルからも対象者の装い認識を検討することができる。

（6）高齢女性の生活歴とは、生まれてから現在までの人生を振り返りながら、聞き手に向かって語られる「自己物語」（浅野 二〇〇一）である。この意味で、高齢女性の生活歴には「自己の再帰的プロジェクト」（Giddens 1991=2005）が観察される。

（7）本章で使用した装い歴データは、筆者の修士論文の執筆のために収集された。

（8）占いと宗教に関する分析については、本書の編者である櫻井義秀教授から助言を受けた。

参考文献

浅野智彦、二〇〇一、『自己への物語論的接近――家族療法から社会学へ』勁草書房。

石川善樹、二〇一七、「ウェルビーイングへのアプローチ――日本的ウェルビーイングの可能性」amu ホームページ　http://www.a-m-u.jp/report/201703_wellbeing3.html（二〇一八年一一月三〇日閲覧）

片桐資津子、二〇一一、「要介護高齢女性における装いの自己認識に関する探索的研究――生活歴から立ち現れる装いに着目して」ソシオロゴス編集委員会編『ソシオロゴス』三五：二二―三八頁。

片桐資津子、二〇一六、「活動的高齢女性の生きがい獲得とその変遷過程――内省と創発に注目して」ソシオロゴス編集委員会編『ソシオロゴス』四〇：一七―四〇頁。

北山晴一、一九九六、「モードの権力」井上俊ほか編『デザイン・モード・ファッション』岩波書店、一〇一―一二二頁。

平松隆円、二〇一五、「ひとは、なぜ化粧をするのだろう?」『循環とくらし』No・六：一四―二〇。
山岸裕美子、二〇〇〇、「特別養護老人ホームにおける装いの工夫の働きかけ――自然感情を中心とした試み」『繊維機械学会誌』五三(六)：二三七―二四三頁。
Beck Ulrich, Anthony Giddens and Scott Lash, 1994, *Reflexive Modernization: Politics Tradition and Aesthetics in the Modern Social Order*, Polity Press.(=一九九七、松尾精文・小幡正敏・叶堂隆三訳、『再帰的近代化――近現代における政治、伝統、美的原理』両而書房)
Flick Uwe, 2007, *Qualitative Sozialforschung: Eine Einführung Reinbek bei*, Rowohlt.(=二〇一一、小田博志監訳、『新版　質的研究入門――〈人間の科学〉のための方法論』春秋社)
Friedan Betty, 1963, *The Feminine Mystique*, Norton.
Giddens A., 1990, *The Consequences of Modernity*, Cambridge, Polity Press.(=一九九三、松尾精文・小幡正敏訳、『近代とはいかなる時代か?』両而書房)
Giddens A., 1991, *Modernity and Self-Identity: Self and Society in the Late Modern Age*, Cambridge, Polity Press.(=二〇〇五、秋吉美都・安藤太郎・筒井淳也訳、『モダニティと自己アイデンティティ――後期近代における自己と社会』ハーベスト社)
Goffman E, 1961, *Asylums: Essays on the Social Situation of Mental Patients and Other Inmates*, New York, Doubleday.(=一九八四、石黒毅訳、『アサイラム――施設収容者の日常世界』誠信書房)
Luhmann Niklas, 1990 *Essays on Self-Reference New York*, Columbia University Press.(=一九九六、土方透・大澤善信訳、『自己言及性について』国文社)
Rosenthal Evelyn R. ed., 1990, *Women Aging and Ageism*, New York, Harrington Park Press.
Simmel Georg, 1957, "Fashion", *The American Journal of Sociology* 62(6): 541-558.
Twigg Julia, 2010, "Clothing and Dementia: A Neglected Dimension?", *Journal of Aging Studies* 24: 223-230.
Twigg Julia, 2013, *Fashion and Age: Dress the Body and Later Life*, London, Bloomsbury Academic.

第九章　限界集落における祭礼の維持がコミュニティ持続に及ぼす影響
――旧仁淀村別枝地区の単身帰郷者に着目して

冬月　律

一　はじめに

「〔別枝に〕帰ってくる人はね、たぶんね、ここでねぽっくりで〔死んでも〕かまわんと思う人が帰ってきっちゅうしね〔帰ってくるからね〕。だからね、そんなにね、〔高齢になって〕介護で、都会に行って老人ホームに入らないかんとか、そんなことまでは考えていないと思う。そうじゃのうて〔なくて〕、こういうところ〔限界集落〕に長いことおるとね、まぁ極論でいえば死ぬのが怖いというよりは、〔生活の〕不安になると〔の〕ですよ。だから、〔都会暮らしの帰郷や移住を考える人が先々の〕生活の不安とかを考えると絶対に田舎〔限界集落〕には帰れないんです。だって、〔都会に比べて田舎は〕不便じゃん。わざわざ不便な、生活も不便、健康的にも不便なところ。わざわざ〔帰郷して〕ここで〔生涯を終えるなら〕、それこそ一番ええが〔良いの〕は、ここで元気でね、ピンピンコロリやね。それが一番。僕、たぶんそう思いますよ。だから、そんなに、介護とか病気になったらとかはね、それは優先順位で考えたら結構何番目かのへんじゃないです？　そうそう、それこそ都会的な考え方ではないです?」

これは、地元を離れ都会で暮らしていたが、過疎化が進み限界集落と化した故郷を想い、帰郷した住民とのインタビューで、筆者がもっとも記憶に残った発言である。この発言からは、日常生活における不便さの程度が帰郷または田舎暮らし(移住)を考えている人にとっては重要であっても、地元住民にしてみれば日常生活に不便を感じるのはごく当たり前のことであるといった、田舎暮らしに対する考え方(心得)の違いがうかがえる。この話は、負の側面にフォーカスされがちな限界集落論を考え直す契機となった。

限界集落の問題は、本章で取り上げる高知県の旧仁淀村(現仁淀川町)の別枝地区のみならず、人口減少社会に突入した日本全国の中山間地域が抱える共通問題であり、集落維持または再生問題に加え、地域神社の維持・継承も重大な課題となっている[(1)]。詳細は後述するが、別枝地区は住民が一〇人未満の集落から、大きくても二〇人を超えない小規模集落で形成されており、いずれも六五歳以上の人口が集落人口の半数以上を占める限界集落なのである[(2)]。「限界集落」を提唱した大野晃は、山村集落を過疎地域の要件とは異なった、四つの区分——存続集落、準限界集落、限界集落、消滅集落——をもって説明している[(3)]。一般的には、集落構成員のほとんどが高齢者で、共同体がうまく機能しない集落は「限界集落」と呼ばれているが、それに至るまでの過程を「準限界」と位置づけている。存続集落から準限界を経て限界に至ると、最後は消滅に至る可能性があるというのである。大野の区分に準じれば、別枝地区のいずれの集落も「限界集落」となり、本章で取り上げる別枝地区の上区をなす集落のほとんどは消滅可能性が最も高い集落である。それらの集落住民の間では、限界集落や消滅集落を連想するような「ここは一〇年以内には確実に消える」といった表現が日常的会話でも交わされていることから、集落の人々に集落が消滅に向かっている認識は以前から共有されていることがわかる。

本章のねらい

さて、本章では、過疎化現象が著しい高知県の旧仁淀村（現仁淀川町）別枝地区の限界集落を取り上げる。住民の暮らしにあらわれるウェルビーイングの諸相を、神社を中心とした信仰活動と単身帰郷者による活動から創出される「生き甲斐」の観点から論述していく。

限界集落が抱える諸問題は、基幹産業がない、公共交通機関などのインフラが整っておらず日常生活が不便である、放棄地および災害リスクが増加している、などが挙げられる。そのうち、より深刻な問題として、日常生活上の共同作業や交流といったコミュニケーション不足によるつながりの希薄化が挙げられよう。全集落が限界集落化した別枝地区では、現在、コミュニケーション不足を解消し、集落を活性化させるための挑戦が始まっている。本章はそこに焦点を当てている。

具体的には、集落ごとに古くから継承されてきた神社（お宮）に加え、仁淀川町別枝地区の総鎮守の秋葉神社とそこで行われる祭礼「秋葉まつり」などの信仰生活と、近年「単身帰郷者」による新たな活動が、地域において生き甲斐の創出に貢献していることである。それら二点に注目し、筆者が実施した調査[4]に基づいて、その詳細を概観し、ウェルビーイングとの関わりについて論じていく。なお、本章における「ウェルビーイング」は、集落で日常・非日常の行事を繰り返すなかで住民の一人ひとりが感じる主観的幸福感を指し、筆者はそれを「生き甲斐」と捉える。

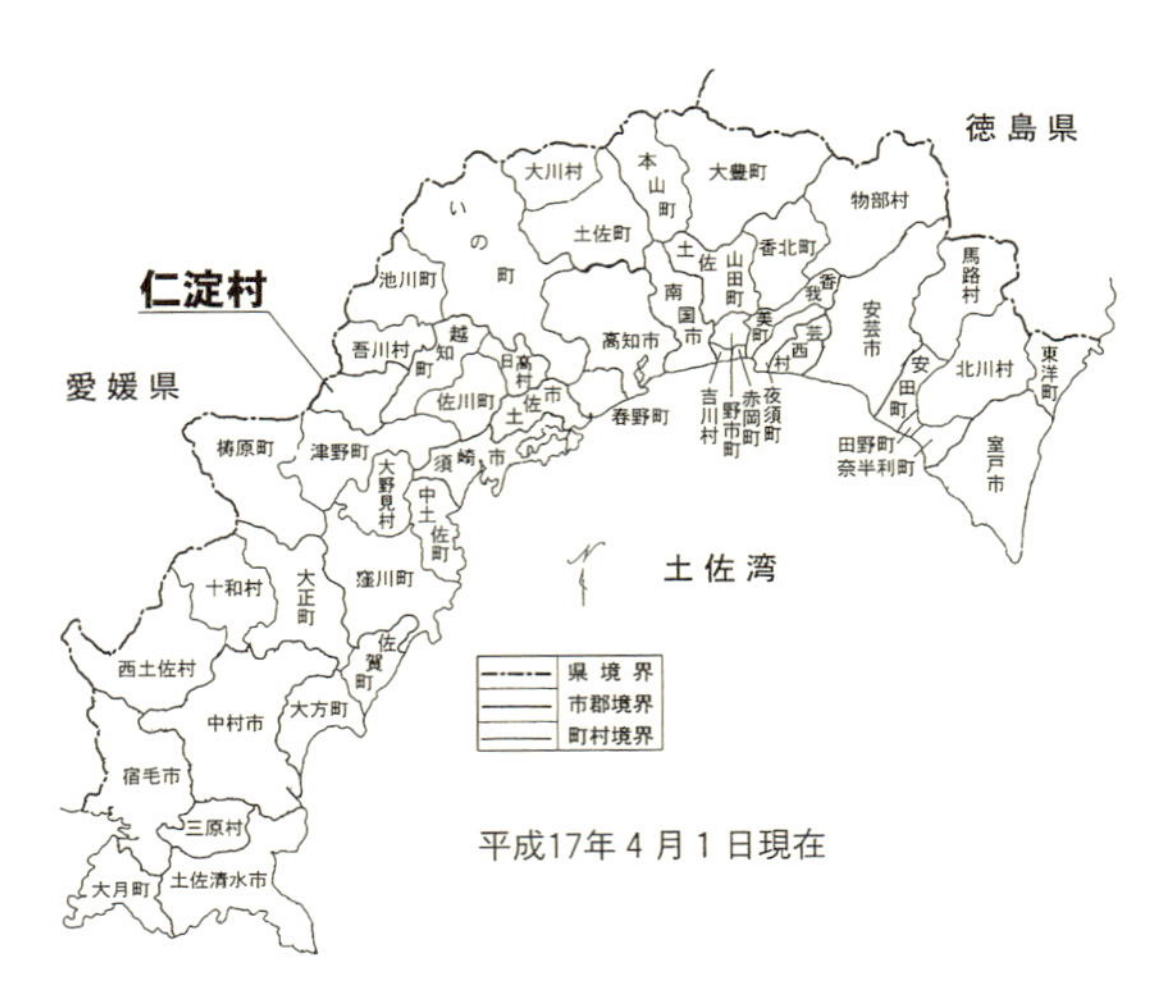
徳島県
大川村
本山町
大豊町
物部村
いの町
土佐町
土佐山田町
香北町
馬路村
仁淀村
池川町
南国市
香我美町
安芸市
吾川村
越知町
高知市
芸西村
日高村
土佐市
佐川町
夜須町
赤岡町
野市町
吉川村
安田町
北川村
東洋町
愛媛県
梼原町
津野町
須崎市
春野町
田野町
奈半利町
室戸市
大野見村
中土佐町
土佐湾
十和村
大正町
窪川町
佐賀町
西土佐村
大方町
中村市
宿毛市
三原村
大月町
土佐清水市
県境界
市郡境界
町村境界
平成17年4月1日現在

図 9-1　旧仁淀村
出典：『仁淀村史追補』(2005 年)。2005 年 4 月 1 日現在の高知県の自治体

二　旧仁淀村の暮らし

先述のように、本章では旧仁淀村をなす六五集落[5]のうち、とりわけ地区の全集落が限界集落である別枝地区を取り上げる。

まずは別枝地区が属する旧仁淀村について概観したい。

二―一　地勢・産業・人口について

『仁淀村史追補』（二〇〇五年）によると、旧仁淀村は、一九五四（昭和二九）年に長者村と別府村が合併して誕生した。高知市からは国道三三号線を車で一時間半ほどのところに位置し、高知県の三町村と愛媛県久万高原町に囲まれた村である（図9-1）。村の総面積は、高知県の面積の四・九パーセントにあたる一〇六・一六平方キロメートルであり、当時の県内四七市町村の中で二五番目の広さを有していた。

産業別就業構造は、一九七〇（昭和四五）年以降に第一次

産業は大幅に減少し、第二次や第三次の産業へ一部移行していったが、いずれも産業別就業者数は全体的に減少している。基幹産業の不振は住民の村外流出を誘い、過疎化を進行させ、残された住民の高齢化も産業就業者の減少につながっている。特に沢渡での製茶業は県下でも有数の生産高を誇り、今も茶どころの地域として知られているが、高齢化の進行、後継者不足などで遅々として振興できない現状である。

旧仁淀村の人口は、一九五四年の合併発足時点の八九三四人(世帯数一七〇〇)から二〇〇五年には二四九九人(世帯数一〇六九)まで減少した。五〇年で約七二パーセントの減少(世帯数は約三七パーセント)となる。さらに、その状況は少子高齢化と相まって、集落の多くの住民が六五歳以上で高齢化しており、旧仁淀村の多くの集落では、集落存続そのものが喫緊の問題となっている。

今回の調査で取り上げる別枝地区も、そのような集落の存続が危険視されている地域である。別枝地区は、仁淀村の西部に位置し、地勢はおおむね険しく、海抜四〇〇メートルから八〇〇メートルの間の高地に、人家が散在している。

表 9-1　別枝地区の人口と世帯数(2016年現在)

区分	集落名	人口	世帯数
上地区	別枝本村	18	14
	霧之窪	12	8
	芋生野	18	14
	中村	8	7
	生芋	0	0
	都	5	3
下地区	沢渡	27	17
	大見槍	8	7
	道芝	9	6
	岩屋	5	3
	太田	4	4
合計		114	83

旧仁淀川村の中でも、とくに人口減少が著しい別枝地区の人口は、一九六〇年の一二五二人(世帯数二七二)が、二〇一六年には、九割以上減少した(人口一一四人、世帯数八三)。また、別枝地区をなす一一の集落は無人集落の生芋を除き、いずれも六五歳以上が占める割合が非常に高く、表９-１に示すように、単身世帯率も高い。

現在、別枝地区には製茶以外の基盤産業もなく、住民のほとんどは年金暮らしのなかで、介護施設通い、地域行事

（祭りやイベント）、畑仕事などの生活を送っている。普段の買い物は、集落間でのコミュニティバスや定期的にやってくる移動スーパー（販売車）で生鮮食品や生活必需品を購入できるほか、車で二〇分程度の距離にある街では、大型量販店や役場、病院などもあるため、高齢者が多い地域であるが、住民にとって普段の生活に大きな支障はないと聞く。とはいえ、住民間のコミュニケーションをとる機会が減り、孤立する高齢者が増えつつあることを（いわゆる「たこつぼ的生活」[6]）は、地域の存続にかかわる重大な問題である。

二―二　信仰生活について

高知県立図書館所蔵の「神社明細帳」（一八八二（明治一五）年）によれば、旧仁淀村には（旧社格制度の）旧郷社三社、旧村社一二社、無格社四〇社の合計五五の神社が鎮座していたことが確認できる。その後も増建されたが、明治期の神社統合を経て、現在、旧仁淀村には神社四九、寺院一、堂宇祠堂（伽藍）四五があり、ほかにも、黒住教、天理教、創価学会などの諸宗教も信者は少ないが、根強く信仰されている。

現在の地域の宗教施設（主に社寺）の概要を表9-2から概観しよう。

集落ごとに祀られ、住民の信仰生活の中心となる神社は、超高齢集落となった現在も、毎年の祭礼は神職と氏子によって執り行われている。また、別枝地区の集落の住民は、自分たちの神社（お宮・氏神様と呼ばれている）、上区と下区の総鎮守、さらには秋葉神社の氏子といった三重氏子として、それぞれの神社の祭りに積極的にかかわっている。また、集落唯一の仏教寺院として瑞応山法泉寺（臨済宗妙心寺派正泉寺の隠居寺）がある[7]。法泉寺は、かつてはご祭神が祀られていたこともあり、秋葉神社の大祭の時期が近づくと、踊り組みのお稽古の場としての重要な役割を担いながら、現在も地域住民に親しまれている。ただし、常駐する住職はおらず、お寺への参拝も

表 9-2　旧仁淀川村別枝地区の宗教施設一覧

地域区分※1	所在地	施設名	施設区分	春例祭	秋例祭	備考
上区	別枝本村（池ノ峠※2）	神明宮	神社	7月海の日前の日曜日	—	本来は旧6月17日であった祭日を変更。
		秋葉神社	神社	2月11日	10月11日	別枝地区の総鎮守，現在地への鎮座に諸説あり。秋例大祭の秋葉まつりでは，鳥毛，練り（オナバレ・御神幸），太刀踊りの三つの奉納行事が行われる。祭りが岩屋神社からはじまると同時に，別枝本村・霧の窪・沢渡の三つの奉納組によって，これらの奉納行事が岩屋神社・市川家・法泉寺・中越家の屋敷などで披露される。
		春日神社	神社	7月24日	11月24日	上区の総鎮守
		法泉寺	寺院	—	—	
	霧之窪	清正神社	神社	7月24日	11月24日	当神社には霧山神社ともう一つの神社（神社名不詳）が合祀されている。また，古くから霧之窪開祖を祀ってきた若宮八幡を，明治17年4月1日に岩屋集落に祠を設けて，「若宮神社」として祀っている。ほかにも，「大師塚」（通称，お大師様）がある。
	芋生野	芋生野薬師堂	伽藍	不詳	旧8月15日	八幡宮の例祭は両集落合同で行っている。
	中村	八幡宮	神社	—		
	生芋	—	—	—	—	住人の完全転出により消滅。
	都	白王神社	神社	7月23日	11月23日	ほかにも当集落には，乳母，大神宮，焼野権現，御宝釜所，主家屋敷（西森家），大祖山内神助墓，主家川（開都之水），観音様，乳母屋敷跡，柴吸の峰，青葉の笛（笹葉大明神），鳥帽子岩などがある
下区	沢渡	三島神社	神社	7月25日	11月25日	下区の総鎮守 摂社に海神神社，末社に星神社あり。
		沢渡大師堂	伽藍	不詳		
	大見檜	金比羅神社	神社	4月10日	10月10日	
	道芝	蟻道宮（非法人）	神社	7月25日	11月25日	境内に杉本神社（非法人）あり。
	岩屋	岩屋神社	神社	7月25日	旧9月20日	
	太田	太田神社	神社	不詳		山の神様あり（明治初年に太田神社に合祀）。 古くは金光寺あり。
		太田地蔵堂	伽藍	不詳		

上表の一覧はあくまでも調査時における資料に基づいて作成しており，神社も法人格を有するものに限定している。
※1 『仁淀村史追補』によると，1915年頃，別枝村の各集落を上区と下区に分割したと述べられており，今に至っている。
※2 村史または行政区分による11集落には入っていないが，現地では本村とは別の集落として認識されている。

ほとんど行われていない。

他方、別枝地区の集落に多く見られるのが、山の神様とそこで行われる伝統行事の「日待祭（ひまちさい）」である。日待祭（日月祭（にちげつさい）ともいう）は、古くは旧仁淀村の全集落が毎年旧暦一月と九月に神職を雇って祭りを行っていたとされ、今でも年に一回行っている集落は多い。この日は集落の人々が山の神様を祭る場所に集まって、収穫のトウモロコシ、甘藷を供え、五穀豊穣と天下泰平、家内安全、悪魔退散などを祈願している(8)。

このように、集落の人は一年を通して神社を中心とした信仰生活を営み、そこで行われる祭礼は宗教活動としてのみならず、地域の行事として認識されている。

三　お宮と氏子――集落の信仰生活の諸相

本節では、これまで述べてきた別枝地区のうち、これまでに筆者が実態調査を実施した上区の別枝本村、霧之窪、都の三つの集落を取り上げ、集落状況と信仰生活について詳述していく。なお、三つの集落を選定した理由は次のとおりである。まず別枝本村は、上区の中心的集落であり、別枝地区総鎮守の秋葉神社があると同時に、そこの宮司で、後述する「単身帰郷者」の一人であるNさんはここの出身者である。次に、霧之窪はもっとも高齢化が進んでいる集落ではあるが、旧仁淀村の象徴と誇りである秋葉まつりの継承において重要な位置を占めている。最後に、都は住民がわずか三世帯（五人）の集落であるが、安徳天皇を守った人の子孫としての誇りが高く、集落に多数ある信仰の場の世話をはじめ、古くからの伝統芸能「都踊り」をも継承している。以下ではそれぞれ、別枝本村を秋葉神社と秋葉まつり、霧之窪は限界集落における信仰生活、都は伝統芸能の継承の観点から詳述していく。

三―一　別枝本村――秋葉まつりの中心として

別枝本村は東北に岩屋、西南に霧之窪をひかえ、東向きに段々畑が開け、人家がその中に点在している。当集落は藩政時代、長宗我部時代において政治、経済、文化の中心地であった。現在の別枝地区は高齢者が総人口の半数以上を占める限界集落となっており、戦後までは林業町として栄えたが、その面影はどこにもない。

集落の信仰生活の概観に先立ち、別枝地区の総鎮守である秋葉神社と祭礼「秋葉まつり」[9]について押さえておきたい。秋葉まつりは地域神社振興としての「成功事例」であり、仁淀川町別枝に伝わって以来、今では土佐三大祭と称され、年間約一万人が集まる。その秋葉神社と祭礼との関わりからは、全集落が限界集落である別枝地区の住民に「誇り」と「生き甲斐」を与えてくれる重要な存在であることを知ることができる。そのことが示されているものとして、以下の記述を挙げてみよう。

〔前略〕過疎・高齢化の当節、祭りは地元だけではもはや到底維持できなくなっています。全国に散った出身者や縁者、仁淀村全体の力も借り、それぞれがパーツを受け持ち、本番に向けて足並みをそろえていく。裏方も含めたそれら総力の結晶が「秋葉まつり」なのです。しだれ桜の下の華やかな鳥毛ひねりは、おびただしい汗が支えているのです。〔後略〕（『写真集土佐秋葉まつり練り』「まえがき」より抜粋）

この文章は、過疎地域の神社では共通課題とされる祭りの衰退に関して、この旧仁淀村も例外なく深刻な問題となっている様子が如実に表われている。

秋葉まつりについて

秋葉まつりの由来については、『写真集土佐秋葉まつり練り』によれば、寛政六(一七九四)年、ご祭神が岩屋の市川家から現在の場所に遷座されたときに始まるとされている。秋葉神社のご祭神は、土佐と伊予との国境関所の番所役であった市川家で祭られていたが、別枝地区の人たちの要請に対し、当主の市川平太兵衛は「年に一度はご神幸を仰ぐ」との約束で快く応じたという。この時の約束で、毎年旧一月一七日にはご祭神の御分霊が市川家で一夜を過ごし、翌日、ゆかりの地を巡りながら神社に帰ってくる[10]。その遷御の御神幸(オナバレ)が秋葉まつりである。ちなみに、秋葉神社大祭の最終日の一八日、御旅所の市川家から秋葉神社に帰る時の御神幸では、長い行列をつくって、鳥毛などを奉納しながら練り歩くことから、この祭りを「練り」と呼んでいる。

一九六六(昭和四一)年に発足した「秋葉神社祭礼練り保存会」によって始まって以来、続けられてきた秋葉神社「秋葉まつり」は、今や中土佐町の久礼八幡宮「久礼八幡宮大祭(御神穀様)」、高知市の土佐一ノ宮土佐神社の「志那祢祭(しなね祭)」と並ぶ土佐三大祭りと称され、毎年二月一一日になると全国各地から一万人を優に超える観光客が押し寄せ、賑やかさを見せている。県の助成金を受けて、この秋葉祭りをテーマにした研究成果や祭りの一部始終をおさめた映像などが作られ、そのおかげでメディアに紹介され、認知度も上がっている。このため、一部の報道では、この秋葉祭りを成功に導いたことで町の振興の見通しが立ったとも報じられている。

三―二　霧之窪――「限界神社」祭祀の原風景

別枝地区をなす一〇集落はいずれも限界集落であるが、それぞれの集落には氏神様としての「お宮」が鎮座しており、お宮の祭典は昔と比べるとずいぶんと寂しく感じるとされるが、今でも神職と氏子によって毎年滞りなく執り行われている。ここでは、先述した秋葉まつりと深いかかわりをもち、「限界神社」(神社運営がギリギリの状態で保たれている神社)の代表例として、霧之窪の清正神社での神祭(神事としての祭典と直会のこと)を取

写真 9‒1　霧之窪集落(筆者撮影)

写真 9‒2　直会の様子(筆者撮影)

り上げることにしたい。

N宮司の自宅がある別枝本村から車でつづらおれの農道を一〇分ほど走ると、集落がひょこんと現れる。ここが霧之窪である(写真9-1)。海抜六〇〇メートル余の高地に三〇軒ほどの家が密集しているが、かつては一世帯七、八人家族で二〇〇人ほどの住民が暮らしていた。現在も家は三〇軒ほどあるが、ほとんどが空き家となっており、住民はわずか五世帯、全員六五歳以上の高齢者一〇人ほどの限界集落となっている。そして、この集落の一番高いところに祀られているのが、当集落の氏神様(お宮)の清正神社である。

祭典は境内社の岩倉に鎮座する藤崎神社から、山田神社、若宮八幡宮、清正神社の順に執り行われる。二〇一六年の祭りには毎年参列される氏子二名のほかに、N宮司の甥で今年神主として初デビューしたY権禰宜と、長老の息子が応援に駆けつけてくれたおかげで、普段よりも多い人が集まる中での祭典となった。祭典が終わったあとは、集落の集会場で直会が行われた(写真9-2)。直会では婦人部が用意した集落でとれたトマトとゆで卵、スナック菓子とともにお酒が振舞われた。それらを頂きながら、住民とともに集落での生活をはじめ、まだ先のことではあるが、翌年二月の秋葉まつりの段取りの確認などがなされた。秋葉まつりにおいて、別枝本村・沢渡とともに奉納組を継承してきた中心集落としての誇りと、「練り」当日はどの集落よりも早く(早朝四時頃)出発する集落であることを誇らしげに語る住民からは、秋葉まつりに対する関心の高さをうかがうことができる。

写真 9-3　都踊りの様子(筆者撮影)

三―三　都――集落を守り、伝統継承とともに生きる

都は別枝の最南端の集落である。鳥形山の西北側の中腹に集落が発達し、西向きで海抜七〇〇～八〇〇メートルの高地に位置している。

当集落には、氏神様としての白王神社（白王八幡宮）が祀られている。また、白王神社には安徳天皇の従者であり、都開拓の大祖とされる山内神助を祀る都神社と、その山内神助にまつわる伝承と関係のある焼野権現が合祀されている。

当集落は、讃岐八島の戦いに敗れた平家一門が、阿波の祖谷から土佐の山中に入り、都へ落ち延びたと伝えられる、いわゆる平家落ちの伝説地としても有名である。当集落に伝わる「都踊り」は、その安徳天皇の御霊を案じ奉るために奉納する踊りで、数百年前より絶えることなく行われている（写真９‐３）。人口減少や住民の転出により、現在は五人しかいないが、旧暦八月二二日になると地元出身者が一斉に帰省し、袴姿に着替えて男性は笠をかぶり、太鼓を鳴らし、女性は扇子を持って皇陵塚で円形になって都踊りを奉納する。地元を離れても都踊りの日は欠かさず参加する住民の姿からは、伝統芸能で固く結ばれた郷土愛が窺い知れる。

四　信仰の継承と地域活動によって創出される生き甲斐

本節ではこれまでに述べてきた集落と神社の現状とその営みを踏まえたうえで、現在いかにして別枝地区の人

びとの生き甲斐が創出されているのかについて考察を試みたい。具体的には、①集落存続、集落活性化のための信仰継承の位置付けに関する集落内での議論、②集落の活性化を目的に、近年新たに始まった「単身帰郷者」を中心とした様々な取り組みの二点を取り上げ、その効果と展望を中心に詳述していく。

四―一　継承の本義は信仰の高揚か地域の振興か

筆者の調査中に「秋葉神社祭礼練り保存会」の方々を交えての地域懇談会に参加する機会を得た。集落存続に関する諸問題が話題となった際に、住民の発言のなかに「神祭がなければ、この地区はとっくになくなってい る」というものがあり、全員がうなずいたことを今でも覚えている。この発言からは、秋葉まつりを含め、集落神社に対する別枝地区の住民の高い関心と、特別な想いが込められていることがうかがえる。もう一つ、それに関連する発言を挙げてみよう。

「神社いうのは、その宗教だけじゃのうて〔ではなくて〕、僕らも行って最近特に思いだしたのは、やっぱりその高齢者が多いところは、そのコミュニティよね。人と人とが会うところはね、神祭ですよ。だから、お年寄り、そんなに出てこん〔来ない〕ですよ。会議も出てこんしね、けんど〔けれども〕、神祭には出てくるわけよ。やっぱり神社の役割というものが、〔中略〕神様を拝むことの共通意識をもって地域が集まると。そのときには色んな話をしていくと。これがね、過疎地域では非常に大事なところですよね。それがないと個別になってしまうもん。ほんまにね〔本当に〕、近所でも言うもんね。」（Nさん、五九歳）

この秋葉神社宮司のNさんは、新たな活動を展開していくには大前提があるという。古くから集落に鎮座し、信仰生活や意思決定の場を担ってきた神社の存在意義は、まさに「祭礼」(お祭り)にあり、地域活性化はまず神社に集落住民(氏子)が参拝してもらうことから始めないと、他の活動は長続きしないというのである。実際に、神社の祭礼が難しくなっている地域では、他の活動の展開もうまくいかない傾向にあるという。やはり、神社が別枝地区の集落を維持するうえで欠かせない存在であると言えそうである。

他方で、それぞれの集落神社の運営面に目を向けると、どのようなことがみえてくるのだろうか。ここでは具体例として総鎮守である秋葉神社の維持継承についてみていこう。

前節で述べたような秋葉まつりの華やかさとは裏腹に、実際は毎年赤字運営となり、運営面において厳しい問題を抱えている。現在の秋葉まつりは、県からの助成金や神社からの援助がないと運営できない、いわゆる自転車操業の仕組みで毎年運営されている。とくに、祭りの華となる「練り」には総勢二〇〇人以上の動員が必要である。しかし、当然ながら総人口百人ほどの別枝地区の住民だけでは到底担いきれない。さらに、高齢化した集落から実際の祭りに動員される人数は半分に満たない。それゆえに、秋葉まつりに動員する役者の多くは集落外の人に頼っている(有償で依頼している)のである。そして、その中心となるのが「秋葉神社祭礼練り保存会」である。この保存会は一九六六年に発足して以来、秋葉まつりの運営を担ってきた。秋葉神社のN宮司(Nさんと同人物)は、今後自主的かつ継続的、安定的な運営のためには、おみくじをはじめとする神宮大麻などのお札の頒布、結婚式、七五三などの年中行事(通過儀礼)の活性化といった、直接神社の運営にかかわるような仕組みの必要性(自助努力の強化)を提案している。しかし、普段数人が参加する集落神社の祭りとは違って、あまりにも規模が大きすぎるこの秋葉祭りの現状を維持するだけでも精一杯の保存会にとっては、新たな要素を加えるほどの体力的・精神的余裕がないのも事実である。Nさんが秋葉神社宮司の立場として初めて保存会のほうに、先に述べたような提案をした際は、なかなか賛同してもらえなかったようである。それでもNさんは焦らず、前向きな姿勢で説得し続けている。

実は、そのような運営面のことよりも、Nさんが問題視しているのは、そういった神社を介した地域振興が必ずしも信仰の高揚・継承にはコミットしていないことである。というのも、毎年一万人を超える集客を誇るのは、秋葉神社ではなく、秋葉まつりである。一二月九日から三日間に亘って行われる例祭のうち、最後の一一日に行われる「練り」のみに一万人以上が集まる。朝から夕方まで続く行事を楽しんだお客さんは、秋葉まつり終了とともに慌ただしく観光バスや乗用車に乗って、神社を立ち去る。神社と地域から人が引いていく様子はまるで引き潮のようであるという。別枝地区には定期的に運行される交通便もなく、宿泊施設や商業施設もまったくない。住民たちも、そのことは仕方ないと認識しながらも、せっかく地域を訪れた人たちの足を留まらせるものがないことには悔しさを覚えるという。ところが、Nさんの心配は別にある。秋葉まつりは歴とした神事であり、観光客は参拝客でもあるが、境内で行われる鳥毛奉納を一目見ようとして集まった大勢の観客のほとんどは拝殿に参拝しない。Nさんは神社神道の一宗教者として、地域に継承されてきた伝統的な神事が近年の観光化にともない、信仰心が薄れていく現象を深刻な問題であると指摘する。

祭りのイベント化については、すでに薗田稔、松平誠、小松和彦、芦田徹郎らによって、現代の都市祭礼の変容に関する論考としてまとまった研究の蓄積がある(11)。これらの先行研究に見られるように、戦後の近代化と都市化によって、祭りからは神事を中心とする伝統的要素が薄れ、徐々にイベント化するところが増えている様子が、現代の祭りの特徴である(現代の都市祭礼において一般的に見られる現象である)との指摘がなされている。本研究で取り上げる秋葉まつりは過疎地域の祭礼が、都市の祭りで見られるような「イベント化」する事例と通底するところがある。この秋葉まつりは、過疎地域、とくに伝統的村落型集落における神社祭礼がもはや都会と同様の「神なき時代」に向かっている（変容している）ことを端的に示していると考える[12]。

そうしたイベント化する祭礼を問題視する秋葉神社のＮ宮司は「いつまでも国や県の助成に頼っていては、本当の継承にはならず、いつまでたっても自立することはできない」と述べている。つまり、伝統文化の継承と発展における役割の三要素とされる公助（行政）・共助（地域団体）・自助のバランスを保ち、将来は自助努力による継承が重要であることを強調しているのである。それに対して保存会からは「神社で行っているから、神社もある程度（お金を）負担するのは当然である」といった、批判的な声も一部出ており、そのような人たちに対して、宮司就任直後のＮさんの提案は受け入れられなかった時代もあったという。

そのようなＮさんと保存会との間で起きた葛藤はしばらく続いた。Ｎさんは、話し合いでしばしば意見の食違いが生じ、想いがうまく伝わらない要因の一つとして、宮司不在期間との関係を指摘している。秋葉神社の宮司は代々Ｎ家が宮司を司り、現在のＮさんは三代目宮司にあたる。Ｎさんが正式に三代目宮司に就任したのは、五五歳のときで、高知市で別の仕事に就いていた二〇年ほどの間は、親戚が宮司代務者を務めていた。Ｎさんは高知市に移住してからも、例祭の時は助勤として神社に帰ってきた。「小さい時、ここ（別枝）は変わらないと思ったもん」といい、地元を離れ、再び神職として帰ってきた時に、これまで経験したことのないプレッシャー（重圧感）を感じたという。そのことを、Ｎさんは「やはり離れていた三三年の空白は大きかったんでしょうね」とやや悔しげに語った。

こうしてみると、Ｎさんは、宮司不在中に地域や秋葉神社を守ってくれた氏子への感謝と期待に応えようと、先述の秋葉まつりが抱える問題に対する保存会の消極的な姿勢を指摘し、「今後お宮（秋葉神社）を信仰の場として再建したい」との強い意気込みが、保存会では批判的（自分たちの努力が否定された）に捉えられてしまった。そのことが、衝突の主要因であるとみていいだろう。Ｎさんは、その後も秋葉まつりの運営をはじめ、各集落と神社が抱えている諸問題の改善に向けて保存会と議論を重ねた結果、今では両者の間に協力体制が築かれ、集落の活性化に向けて共に歩み出している。また、それをより強固なものにしたのが次に述べる単身帰郷者らの働きであった。ちなみに、失いつつあった宮司の信頼回復を可能にしたことには、地元出身者として、また秋葉神社の宮司としてNさんが自ら決断した「単身帰郷」の影響も大きいとされる。その点についても後述する。

四―二　単身帰郷者を中心とした集落活性化活動

(1)別枝地区の単身帰郷者について

旧仁淀村にはここ数年の間、定年後の帰郷者が増えてきたが、別枝地区にはそれとは形式が異なる帰郷者がいる。定年後などに地元に帰ってきた人を一般的にはUターンと呼ぶが、別枝地区に帰郷した人は、妻や子どもは転出先に残したままで、夫だけが先に地元に帰って暮らすといった特徴がある。そのような新たな現象を筆者は「単身帰郷」と呼ぶことにする。「単身帰郷」は、行政や民間団体のような外部の力とは無関係に、本人の意思によって旧仁淀村全域に亘って起きている。なぜそのような現象が起きているのかを究明するためには、T型集落点検[13]や実態調査が必要となるが、ここでは筆者の調査結果に基づいて、その詳細をみていくことにしたい。

現在、単身帰郷による帰郷者は、別枝地区に三人いる。それぞれの帰郷の動機については後述するが、もはや事業所もなく、基幹産業も衰退した地域に、一家全員で帰郷しても、将来の人口増加の望みは低い。故郷に実家や祖父母の家は残っているものの、手入れがされておらず、実際の生活は困難であるために、「一家でのUターンは考えられない」というのは三人とも共通意識として持っていた。そのため、とりあえず夫が早期退職または

表9-3　単身帰郷者概要

Sさん(69歳) 芋生野在中	・中学校卒業後大阪の会社に勤務(長期の海外勤務を含む)し，定年後(61歳)に地元の芋生野に帰郷。帰郷後は集落活性化のために環境整備に尽力しており，主な活動として景浦神公園で春(5月)，夏(8月)の「景浦神公園イベント」を企画・開催している(年に2回，今年の夏で16回目)。 ・担当：機械(重機)操縦，農地開墾，イベント企画，情報発信
Oさん(61歳) 別枝本村在中	・地元本村の中学卒業後，高知市の高校に進学，その後高知市の会社に就職し，2009年に地元に帰郷。帰郷後，町内の介護施設で勤務しながら住民を巻き込んだ地域活動を複数展開中(町を元気にするNPO設立を構想中)。 ・担当：イベント運営，集落パトロール，消防団
Nさん(59歳) 別枝本村在中	・旧別枝村の庄屋生まれ(社家)。高知市で会社員を務め，55で早期退職し，地元の宮司に就任。その後高知市と地元を行き来しながら地域活動を展開。2017年に完全単身帰郷。帰郷後は地域資源を活用した「しだれ桜の下で聞くフルートの調べ」イベントを企画・開催している(今年で2回目)。 ・担当：別枝地区唯一の神職，福祉・高齢者ケア，イベント企画，集落内外のネットワーク構築

筆者が2017年に実施したインタビュー内容をもとに作成。

退職後に生活環境を整えるために先に帰郷し、ある程度の生活基盤ができた時点で家族と同居するといった計画をもとに実行したのが「単身帰郷」であるという。

(2)地域活性化活動が編み出す生き甲斐

現在、単身帰郷者の新入りであるNさんを含め、三人の単身帰郷者が中心となって、地域活性化を目的に様々な活動実践を展開している(表9-3)。

表9-3に揚げた単身帰郷者のうち、比較的に帰郷が早かったSさんとOさんは、今では地域活動の中心的存在としての位置を占めている。新たな仲間として、五五歳の時から高知市と故郷を行き来しながらの生活から、二〇一七年(五八歳の時)に、完全に単身帰郷を果たしたNさんは、別枝地区で最年少かつ宗教者であることから、地域からの期待も大きく、Nさん本人もそのことを肌で感じているという。

帰郷してまもなく、地域全体を巻き込んだ活動のアイディアを次々と生み出しているNさんだが、ほかの二人に比べて、帰郷決心までに数年がかかり、その過程も複雑であった。そのNさんについて、もう少し詳しくみていこう。

そもそも、Nさんは中学校卒業と同時に就学のために地元（別枝本村）を離れて高知市に出てから一度も地元に帰ることは考えていなかった。大学卒業後もそのまま高知市の医療関係の職に就き、結婚後も高知市に家を購入して暮らしを送っていた。神職の資格は取得していたため、秋葉神社の例祭や集落の神祭の時には手伝い（助勤）のために帰省しただけで、先代が亡くなった後も、帰郷する意思はなかったという[14]。そのN宮司が単身帰郷を決心した直接のきっかけは、先代宮司に代わって宮司代務者を勤めていた叔父の死であったが、すぐに帰郷を決心したわけではなかった。五〇歳の時に経験した突然の同級生の死を皮切りに、神職としての自覚と故郷への思いが高まり、悩んだ末に、まずは本人だけが神社をつぐための帰郷を決心したという。その後、五五歳のときに仕事を早期退職し、非常勤の形で続けるも、徐々に拠点を高知市から地元に移しての生活を送るが、それには理由があった。いざ帰郷を決心しても、居住空間（環境整備）の問題が浮上したのである。もともと庄屋であり家屋はあるが、すでに一二〇年以上経っており、父が亡くなってから数十年間まともな修繕を行わず、至る所が腐食していた。年に数回帰省するくらいでは、簡単な寝床や炊事設備程度で十分足りるし、別荘感覚でそれほど不便は感じないが、通常の生活を送るには適していなかったのである。そのため、Nさんが単身帰郷を決心してから最初の数年間は週に数日帰っては、自給自足のための準備を兼ねた、家周辺の草刈、森林の間伐、畑の開墾などの環境整備を行った。Nさんが帰郷のための準備を進めていた頃、「神官さんが帰ってくる」とのうわさを聞いた近所の住民たちが総出でNさんの家の大修繕に乗り出したという。そのことには、さすがにNさんも驚く一方で、神職としてより一層責任を感じたという。筆者が最初にNさんのところを訪れたときは、別枝村庄屋の面影を残しながらも快適な生活環境が整っており、Nさんのいう「数年前まで朽ち果てていた」様子はどこにも感じられなかった。

他方で、Nさんの帰郷過程において特筆すべきは、単独でかつ急に帰郷を決めたわけでなく、家族との会話を重ね、休日には家族みんなで環境整備を行うなど、最大の理解者である家族の協力なしでは単身帰郷は実現できなかった点である。現在、単身帰郷している人、そして将来に単身帰郷を予定している人は、全員が地元出身者である。郷土愛の濃淡が単身帰郷の意思決定と、将来そのような人を増やしていくための重要な動機付与（意味づけ）の決め手であると言えよう(15)。

「毎日が楽しい、今が最高に幸せ」

集落では消防団、（独居高齢者宅の）地域パトロール、神社の境内清掃などの地域活動と、それぞれの集落神社（お宮）の神祭が、従来通り住民たちによって現在も行われている。ただ、「それだけでは集落単位で完結してしまう」「上区・下区の総鎮守のお祭りには集落から参拝にきてくれる人は多いが、直会には参加しない人が多く、それだけでは集落間のコミュニケーションはとれない」といった問題改善のために、単身帰郷者たちは地域資源を活用した新たな活動を創出し、そこに住民の参加を促した。これまでに展開した活動として、「しだれ桜下で聞くフルートの調べ」「景浦神公園イベント（バーベキュー）」「キノコ栽培プロジェクト（「ＮＡＢＡファーム仁淀」、「ナバ」は「きのこ」の方言）」「春の花見（しだれ桜）」などがある。

まず「しだれ桜下で聞くフルートの調べ」は、言葉通り、フルート演奏を聴きながら花見を楽しむことを目的として、Ｎさんが高知市在住の時に知り合ったフルート演奏者と一緒に企画したイベントである。江戸時代に庄屋であったＮ家の庭には樹齢約二〇〇年、樹高一〇メートル、枝張り直径一五メートルにもなる見事なしだれ桜があり、かつての佐川領主、深尾公の休憩地として知られている。イベントは、しだれ桜が満開の頃の四月初旬にＮ家の庭で行われる。また、しだれ桜の表情が昼と夜で変わることも楽しめるよう、演奏も午後と夜の二回行っている。Nさんは「こんな立派なしだれ桜を集落だけのものにしておくのはもったいない。せっかく花見するなら音楽を聴きながらのほうが楽しいし、高齢者にとっても何らかの癒しとなる」と述べる。由緒ある桜を観光資源として活用したものであり、医療関係の仕事で、高齢者施設の事情にも詳しいNさんの経験があってこそ着想できた活動であろう。このイベントは今年で三年目となるが、毎回会場の庭が地域住民で埋められるほどの人気イベントになっている。

次に、「景浦神公園イベント」は、Sさんが中心となって企画したもので、年二回(五月と八月)、Sさん自ら開墾した景浦神公園でバーベキューを開催しており、二〇一八年八月で一八回目を迎えた。開催日当日はそれぞれの集落からボランティアで参加された高齢の女性たちは早朝からお握りや山菜やお惣菜の仕込みを担当し、思う存分腕を振るう。その一方で、男性たちは舞台設営、テント張り、食材調達など、青年にも後れを取らないほどの仕事ぶりをみせる。集落の人びとはそれぞれの役割をもって、お客たちをもてなすことに喜びを味わうという。最初は集落住民で始まったものが、今では百人を超える参加者が集い、なかには県外の人もいるなど、盛大さをみせ、メディアでも紹介されるなど、別枝地区の目玉イベントとなっている。

ほかにも、別枝地区だけでなく、隣接する長者村の人を巻き込んだ形で広域的な活動を目的として結成した団体「NABAファーム仁淀」も単身帰郷者らが企画したものである。現在は木耳(きくらげ)や椎茸の栽培・販売を目的とした「キノコ栽培プロジェクト」を進めている。また、仁淀川町の特産品であるお茶に加え、新たに地域で栽培した野菜やお惣菜などを高知市で販売する計画を立てており、すでに貸し店舗を確保し、開店準備が進められている。

これらの活動に共通して挙げられるのは、一つには、単身帰郷者がそれぞれ取得したスキルを活用している点である。単身帰郷者らのスキルは環境整備や高齢者ケア、情報発信、地域内外のネットワーク構築(仲間づくり)

などに活かされているのである（表９‐３参照）。もちろん、単身帰郷者らによる企画を実現させるには、地域住民の協力は不可欠である。そこにも帰郷者が地元出身者である「利点」が活かされている。それと同時に単身帰郷者たちにとっても身につけたスキルが地域に貢献できることで生き甲斐を感じるという。

そして、共通点のもう一つは、住民はイベントの参加者であると同時に、企画にも積極的に関与している点である。高齢や通院などを理由に普段のコミュニケーションがとれず、孤立しがちな高齢者に、それぞれの年齢、体力、能力などの事情を考慮しながら、無理のない範囲で決められた役割をもって、共に活動し、喜びを感じてもらうことを目的としているのである。

これまでに複数の地域活動を手がけ、別枝地区の各集落の高齢者に対しても積極的な参加を呼びかけてきたＯさんは、今後の活動に対する展望として「色々やってみると案外、年寄りは興味をもって賛同してくれることが分かったし、〔私は〕まだこの辺では若いので、これからも色々やってみたいですよね」と述べる。また、Ｎさんも「高齢者に少しでも体を動かしてもらう、それで地域がよくなる、それを繰り返していくことが大事だと思うんです。要は毎日が楽しい、今が最高に幸せですよ」と述べた。

五　おわりに

筆者の調査時点における別枝地区の人口一一四人は、二年が経過した二〇一八年一二月時点で、とうとう八〇人ほどにまで減少した。超高齢社会である当地区の人口減少は、今後も加速度的に進行することがもはや避けられない。かつて人口がゼロとなって消えた集落もあるため、集落消滅に対する住民の不安は大きい。ただ、消えた集落にはもともと神社（お宮）がなかったことが消滅の原因であるとする話も聞く。もちろん、神社の有無だけで集落存亡が決まるわけではないが、本章で述べてきたように、別枝地区の生活が、各集落の神社（お宮）や、秋葉神社（秋葉まつり）とのかかわりと密接に関係している点からすると、お宮の欠落が集落に与える負の影響は大きいことは言えそうである。

別枝地区では、日常生活での共同作業を含め、集落に鎮座するお宮の行事（例祭と集落独自の神事）の護持運営は困難であるという。それでも、集落の環境整備やお宮の世話は、神職と高齢化した住民の協力によって現在も何とか行われている。特筆すべきは、集落がそのように厳しい状況にあるなか、地元出身の単身帰郷者がそれらの集落活動の中心的役割を担っていることである。先に述べたように、現在、別枝地区（上区）には三名の単身帰郷者がおり、他の地区においても単身帰郷を予定している者がいる。帰郷者は積極的に集落とお宮の環境整備を行いながら、豊かな自然環境を活かした様々な活動を企画しており、集落住民を巻き込んだイベントを開催し、他の地域からの参加者も増えつつある。

また、本章で取り上げた単身帰郷者の中には神職がおり、他の集落住民の協力も容易となった点にも注目した。重要なのはそれらすべての活動が自助努力にこだわっている点である。つまり、単身帰郷者がそれぞれ身につけたスキルを集落再生に活かしているのである。

むろん、集落活性化を目的としたものに、秋葉神社の「秋葉まつり」もあるが、それだけでは集落の存続と住民の生き甲斐創出の両方により大きな効果を見出すには不十分であり、今後は自らが参加する機会を増やすこと、つまり自助努力が不可欠である、といった単身帰郷者らの主張と努力する姿に、住民の間では共感が広がっている。行政の過疎地域対策のような支援や、民間団体との協働による振興対策も、集落再生には有効である。それに対し、別枝地区の単身帰郷者の自助努力による活動は、公助や共助すなわち、外部の協力ありきの振興のケースが多く見受けられる中では、すでに集落機能が限界に来ている状況の中で起きた特殊な現象ともいえる。しかし、こうした単身帰郷者を中心にした活動は、集落機能を活性化させ、消滅の危機をしばらく遅らせることに一定の効果があることは事実である。それはすべての地域の特性を生かした対策構築が難しい「公助」がもつ弱点を補うほかに、外部との共助（協同）をより効果的なものにする役割も果たすとは考えられないだろうか。

謝辞　本研究においては、秋葉神社ほか宮司の中越八束氏をはじめ、別枝地区の住民の皆様に多大な協力とご教示をいただきました。ここに深く感謝いたします。また、本研究は科研費（15H03160、代表：櫻井義秀）の助成を受けたものです。

注

（1）人口減少社会が直面する現実問題についての詳細は、拙稿「過疎と宗教――三〇年をふりかえる」櫻井義秀・川又俊則編、二〇一六、『人口減少社会と寺院』法藏館、四一―六六頁、同、二〇一二、「宗教専門紙が報じる過疎問題――仏教系・神道系専門紙を手がかりに」『宗教と社会貢献』二（二）、大阪大学附属図書館、六九―八五頁を参照されたい。
（2）大野による限界集落論では、六五歳以上の高齢者が集落の半数を超え、独居老人世帯が増加すると、そのような集落は社会的共同生活（冠婚葬祭をはじめ田役、道役など）の維持が困難な「限界集落」となり、この状態がやがて限界を越えると、人口・戸数ゼロの集落消滅にいたると述べる。
（3）大野晃、二〇〇八、『限界集落と地域再生』高知新聞社、二一頁。
（4）調査は二〇一五年三月から二〇一八年八月までの間に、地元の神職と氏子を対象に三―五日間の短期間調査を複数回実施してきた。
（5）旧仁淀村をなす六五の集落のうち、二〇〇五年四月一日時点で人口構成が百人以上の集落は五ヵ集落、五〇～一〇〇未満が一六集落で、残りの四四集落はすべて五〇人未満の小規模集落である。
（6）大野晃は、『限界集落と地域再生』（二〇〇八、高知新聞社）において、「山村の高齢者は日常生活で相互交流に乏しく、テレビ相手の日々を送っている人が多い」（三四頁）ことを「たこつぼ的生活」と呼び、その要因として、林業不振や高齢化などによる農林業の社会的生産活動の停止や、集落の社会的共同生活の維持機能の低下を挙げている。

（7）秋葉神社祭礼練り保存会、二〇〇五、『写真集土佐秋葉まつり練り』によれば、法泉寺はもともと、佐川の青源寺（臨済宗妙心寺派）の末寺として四〇〇年以上前からこの地にあったが、明治維新の神仏判然令（廃仏毀釈）の影響で廃寺となった後、一九一五年（大正四年）に再建されたが、廃寺となっていた間、跡地に役場が置かれたことから、現在も「寺屋敷」または「役屋」とも呼ばれていることが記されている（六四頁）。

（8）仁淀村史編纂委員会、二〇〇五、『仁淀村史追補』九四二頁及び秋葉神社宮司の家に代々伝わる集落の祭典記録資料による。

（9）「秋葉神社御由緒記」によれば、秋葉神社のご祭神は火産霊命（火之迦具土大神）で、この地に祀られたのは今からおおよそ八〇〇年余り前のことである。源平の戦いに敗れた平氏一族が、安徳天皇とともに四国山中に逃れ、別枝の都にご在所の警備のために見張り番役を配置し、常陸国筑波城主であった佐藤清厳が、遠州（静岡）秋葉山より「秋葉大神」を勧請したとされている。

（10）『写真集土佐秋葉まつり練り』によれば秋葉神社の御神幸は、岩屋神社、市川家、法泉寺、中越家を巡って奉納行事を行い、秋葉神社に帰っていく順となっている。この順路については、佐藤清厳が遠州秋葉山から秋葉大神と目黒不動尊の二神を岩屋神社に勧請した後、たびたび不思議な事が起き、恐れた村人がご祭神を本村にある瑞王山法泉寺に遷すも、祟りが収まらず、旧関所番であった市川家に遷したところ、ようやく祟りが収まったと伝えられている。

（11）現代社会と祭りに関する研究の蓄積は多数あるが、本章に関連する研究を数点挙げておく。薗田稔、一九六九、「「天下祭」（神田祭・山王祭）調査報告（一）祭りと都市社会」『國學院大學日本文化研究所紀要』第二三号、同、一九八七、「祭りと現代文化」『神道と現代』（下巻）、小松和彦、一九九七、『祭りとイベント』小学館、芦田徹郎、二〇〇一、『祭りと宗教の現代社会学』世界思想社など。

（12）ただ、秋葉まつりの構造は、全国の地方や過疎地域においてしばしば見受けられる、神社を町興しの場（ソーシャル・キャピタル）として活用する事例としては有効である。

（13）T型集落点検は、農村社会学者の徳野貞雄が考案・提唱したもので、集落内の一〇戸くらいの単位を一組として、複数の組を作り、住民の協力をもとに組ごとの居住地図、家と家族を書いてもらう。現在居住する家族と集落外に住む家族の住み分けを行い、集落と家と家族の状況をしっかり把握し、集落の将来図を考えていくことをその狙いとしている。詳細は、徳野貞雄、柏尾珠紀、二〇一四、『T型集落点検とライフヒストリーでみえる家族・集落・女性の底力――限界集落論を超えて』（シリーズ地域の再生　一一）、農山漁村文化協会を参照されたい。

（14）別枝地区には、帰郷者のために、社殿の修理を含め、数十年使用してきた幟を新調した集落がある。地元出身者が一人帰ってくることを記念した共同購入が神社であった場合、帰郷者は、帰郷と同時に神社とかかわり続けるという責任（義務）を負う。こうした神社との関わりが地域の風習で、半強制的に負わされることを、代々神職家（社家）の出身であるNさんは若い頃にとっくに気づいていたのであろう。

（15）ただし、このような単身帰郷にも課題はある。子の世代は、郷土愛が親世代ほど強くない傾向にある。親と出身地が異なることで、感覚としては外部の人（よそ者）と同じである。働き先や医療施設などの不便さを、いかに地域の良さ（魅力）で補い、親の故郷に移住（定住）を促進させるかは、集落の存続にかかる重大な課題なのである。N宮司をはじめ、単身帰郷者らは、集落の神社で行われる行事を、親とともに経験することこそが郷土愛と氏神信仰の継承にとってカギとなるという。

参考文献

仁淀村史編纂委員会編、二〇〇五、『仁淀村史追補』
秋葉神社祭礼練り保存会、二〇〇五、『写真集土佐秋葉まつり練り』

第十章　現代農村の信仰継承
——日本基督教団丹波新生教会のウェルビーイング

川又俊則

一　はじめに

筆者にとって「キリスト教の伝播・定着・受容」というテーマは、大学院生時代からの関心事だった[1]。最初に学んだのは、師匠森岡清美、続いて兄弟子西山茂・磯岡哲也らの研究だった[2]。ただ、それらの調査研究は、主にプロテスタント・キリスト教と出会い、それを受け入れた人びとについてであり、その後、定着する過程が描かれるものの、衰退・消滅は視野になかった。幕末維新期後の数十年、あるいは昭和初期頃などを追った研究であり、当然ながら、衰退・消滅を視野に入れるのは難しかった。

他方、「人口減少」や「消滅可能性」などが一般社会においても広く語られる現代、宗教界も発展や増加ではなく、縮小や消滅などが現実問題として眼前に迫る[3]。「信仰継承」は、信者にとって、「希望」というより「切なる思い」となっている。

本書の基礎となる科学研究費補助金研究（人口減少社会におけるウェルビーイングの実現と現代宗教の役割」

（二〇一五―一七年、基盤B分担［代表櫻井義秀北海道大学大学院教授］）のなかで、筆者が扱うべきテーマを検討したとき、実は二つの対象が直ちに想起された。日本基督教団北海教区苫小牧地区八教会と京都教区丹波新生教会（以下、二地区）である。研究を志して以降、関心あるテーマの資料を細々と収集していたこともあり、一九九〇年代には、すでに両者とも知っていた(4)。だが、約二〇年近く、よく言えば「寝せて」、実際は「失念して」いた対象だった。その二〇年間、筆者は非常勤講師や高校教員を経て、関東から東海へ転居し、勤務先もキャンパス移転・所属変更など含め、校務に忙殺される日々を過ごしていた。そして、運命の出会いのように、この二地区と再会できた。……本論に入る前に縷々、私事を述べてしまったが、上記の背景のもと、本章は、筆者にとって研究生活のメルクマールになると思われる。

二　問題設定

二地区のことは、分担研究を始めた翌年（二〇一六年）に日本基督教団「伝道圏構想」（一九六二年）の成功例として口頭発表し、とくに「共同牧会」に関して、宗教界における可能性を指摘した(5)。その後、現地調査を重ね、苫小牧地区に関しては、現地調査や資料検討の後、「共同牧会」の光と影について考察した（川又二〇一八）。同地区は、地区内八教会における信者が、無牧師の教会をカバーするために様々な協力を、実に五〇年以上もし続けた地区である。上記発表の後、関心を寄せる方々から問い合わせも頂いた(6)。

ただし、同地区には特別な状況があったことも忘れてはならない。一九五〇年代に日本基督教団（以下、教団）において、北海道特別開拓伝道（北拓伝、厳密には一九五四～一九六三年までの一〇年間）があったという歴史的背景である(五味 二〇〇一(一九八七))。苫小牧地区八教会のうち、元浦河教会以外の七教会はその時期に成立していた。「共同牧会」を牽引してきた牧師五味一による「北拓伝」の総括によれば、「十分な事前準備と計画性のないまま」「農漁村か産炭地に集中していたため、自給独立の見通しは、はじめから見込めなかったはず」で、「この方式には相当の無理があり、これに従事した者への経済的、心理的圧迫は想像を越える」ものがあったという(五味 一九八二)。

新たな開拓という、それだけでもたいへんな事業に対し、教団からの経済的支えも乏しく(当初五年間のみ。初年度月一五万円から五年でゼロへ毎年縮減する「五ヵ年漸減方式」)、挫折した青年牧師が多数いた(半数がキリスト教界を離れたとすら言われている)。この結果を、改めて確認しておきたい。そして、同地区では、八教会で三人しか牧師がいない時期もあった一九七〇年、無牧師教会を周辺の教会(牧師・信徒)で支え合うことを決議した。五味一・岸本羊一・桜井義也・土橋修・岸本貞治らの牧師とG・マギー宣教師が推進した。教職が自分の教会の責任を果さないと共同牧会はできないとの理解により、地区牧師会は月一度、長時間の教会報告も行っている。そしてそれは、現代も続けられている。年に数回は所属教会以外でも交替で説教を行い、牧師の転任などで無牧師となった教会には、地区内の牧師が兼務し、一時期の代務者となることもあった。それらが功を奏し、二〇一八年現在、八教会全てに牧師もしくは兼務牧師がいる状態となった。

しかし、牧師だけが奮闘したのではない。牧師たちは、「たとえ信徒が一人になっても、教団の信徒がとだえ他教派の青年に会堂に住んでもらっても、その一つをも失うまいと」した(五味 一九八二)。その信徒自身も、信徒大会の会場を毎年変えて実施した。数年単位でペア教会を定めた交流も行われ、互いの教会へ出向いた礼拝も守った。このように、他教会との交流を通じて、他教会が抱える課題を八教会の信徒が皆で考えるようになったという(辻中 二〇〇五)。経済面でも、北海教区だけではなく、苫小牧地区内での特別献金も行っている。地区内

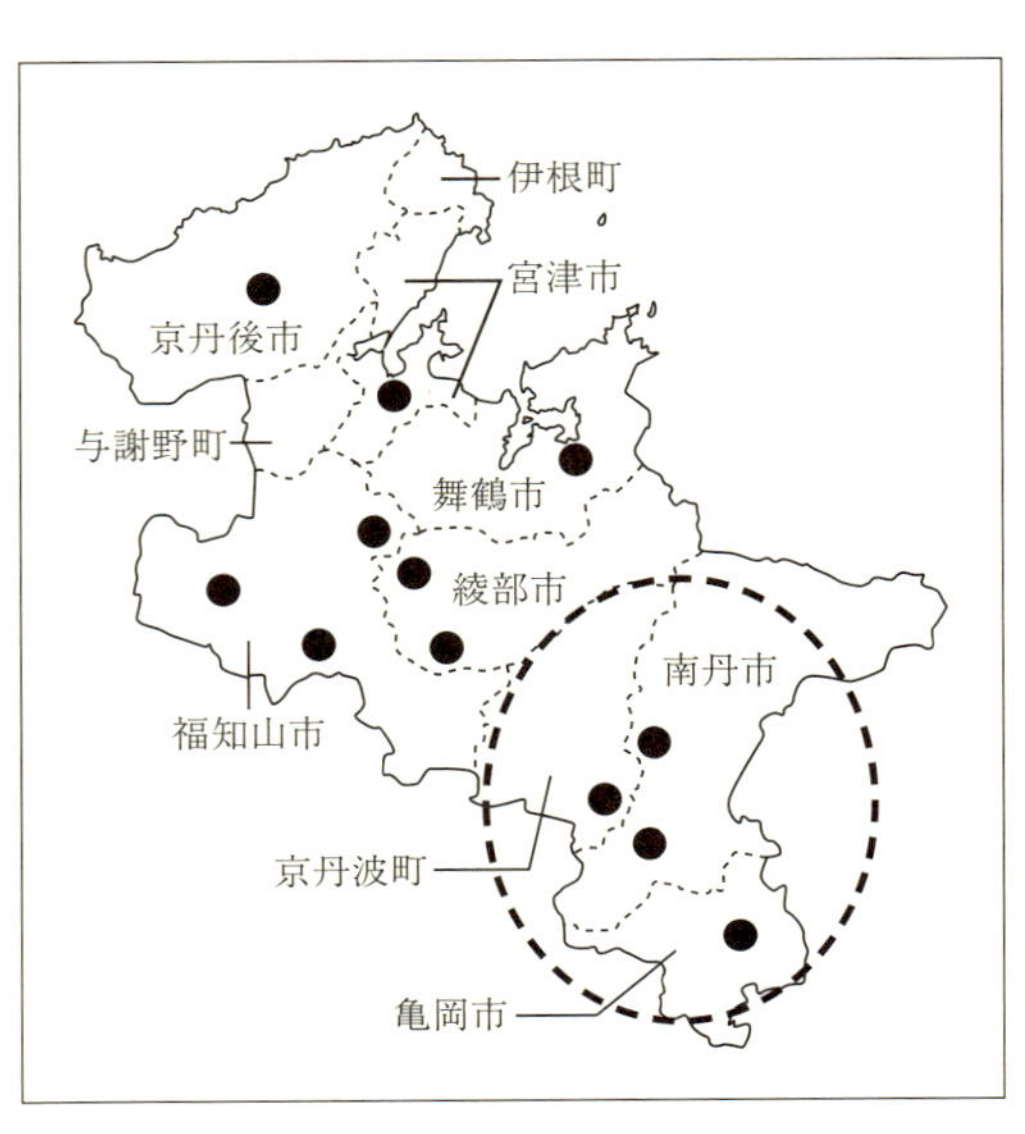
伊根町
宮津市
京丹後市
与謝野町
舞鶴市
綾部市
南丹市
福知山市
京丹波町
亀岡市

図 10-1　両丹地区教会所在地
（地図は京都府西北部）（丹波新生教会 4 会堂は点線内）

で人口変動の状況は異なっている。千歳市は若年層もいて、人口増加、定住促進に取り組んでいる。えりも町は一九五五（昭和三〇）年からほぼ減少し続け、二〇一五（平成二七）年には半減した。

その違いを超えて、他の教会のことも強く意識し、互いに結びつきながら進む「共同牧会」を志した。他教会・他地域のことを、同じ教区内の信者が思い続け、互いに献金をしあい、現在に至っている（川又二〇一八）。もちろん地区全体で高齢化や人口減少という課題を抱え、教会自体の存続は、今も決して安心できる状況ではない。しかし半世紀にわたる「共同牧会」による維持ができてきたことは、十分注目する価値があるだろう。

本章ではもう一つの地区、京都府の丹波新生教会で行われている複数牧師による四会堂運営を扱う[7]。後述するが、この対象を考察することは、結果的に、現代の農村における信仰継承の困難さを考えることになるだろう。

丹波新生教会は二教会（日本基督教団丹波教会（旧日本組合基督教会）、日本基督教団亀岡教会（旧日本伝道基督教団））が、戦後合併して一九七〇年代にできた教会である。歴史も元の教派も異なる二教会が、牧師・信徒の長年の話し合いの結果、合併した。京都駅から電車で三〇分〜一時間ほど離れた所に位置している。市を超えた広い範囲に、同教会が運営する会堂が四つある。そして、それらが維持されている（図10-1参照）。

一つの寺院、神社、教会などを一人の責任者が担当するのではなく、複数施設を一人で責任を持つ「兼務」という運営形態が、宗教界の現代的課題としてしばしば言及される。そのなかで、四つの会堂の維持は興味深い事例でもあるだろう。

かつて、丹波教会第一三代牧師岩井文男は、自らの教会に関する歴史研究を発表した（岩井 一九五七他）[8]。その論考のなかで、日本農村へのキリスト教伝道は、①自然宗教の傾向が強いなかで市民的宗教の性格をもつキリスト教を受け入れられない、②家父長的支配構造（祖先崇拝）・共同社会の支配構造（個性排除）などを指摘していた。その考察のなかで②を重視し、問題は媒介者の位置を持つ指導的パーソナリティにより解消可能と見なした。成功例は、優れた外国人宣教師の背後にいる日本人伝道者によるものが大きいと看破し、自身の教会で井上半介という教会役員かつ小中学校校長の存在が、それに該当すると述べていた（岩井 一九五七）。

さらに岩井の分析によれば、当時の伝道は、①都市的性格をもつ地域、②既存の求道者による依頼地という二つの主点があり、須知、綾部、福知山などが①、胡麻、氷所、田野、楢山などが②だという（岩井 一九五九ａ）。本章で主に取り上げる須知は①、胡麻は②と、ちょうど異なる特徴を持っていることになる。

本章は「伝播・定着・受容」の研究として、次節以降で論述するが、当然ながら、教団ライフコース論[9]における「樹立と確立、普及、定着と制度化」という段階のみならず、「衰退・消滅」の段階も視野に入っている。当事者たちにとって「衰退・消滅」は望ましくない結果だろう。ならば、信者にとって、所属教会の存続は、自らの信仰を守るという宗教的含意に加え、日常生活を支える一つの基盤が存続することにより、主観的幸福感が合致した意味で、「何よりウェルビーイングである」との前提が、本章のテーマである。

三　丹波新生教会の歴史

京都府の丹波地方南部は、かつて口丹波、現在は南丹と呼ばれている。行政区分でいうとほぼ京都府中央部の亀岡市、南丹市、船井郡京丹波町の三市町である。口丹波は「丹波国の入り口」を指し、山陰道の入り口にあたる。出雲や丹後などと畿内を結ぶ交通の要衝であった。実際、須知は江戸初期、山陰の要路の宿場町だった。火災や一揆などで衰微した時期もあるが、幕末には復旧し、明治期には、産物・消費品の集散地として栄え、一九〇二(明治三四)年の町制施行のときには、人口三四〇〇人、戸数七一〇余りの小都市となっていたという。だが、都市的様相の須知の町も、従来の封建的身分制度が残されていた。

三―一　丹波教会

明治初期、新島襄が京都に同志社を起こした後、西日本各地へ日本人による組織的な伝道が行われた[10]。その同志社に入学した堀貞一は、毎年夏期に出身地亀岡へ戻り伝道を続けた。一八七九(明治一二)年二月、二名の最初の受洗者が出る。そのうち村上太五平(後に第四代牧師となる)は、聖書販売者として巡回伝道をした。一八八五(明治一七)年六月、四一名の信徒で口丹波の北部に位置する船枝村(現南丹市八木町船枝)にて、教会設立式が挙行された。日本組合基督教会丹波教会のスタートである。翌一八八六(明治一八)年八月、会堂が建設されたとき、会員は一六名であった。

一八八四(明治一七)年、胡麻で医師をしていた芦田謙造ら一三名が同地最初の受洗者となり、その後求道者も一一名続いた。受洗者・求道者たちは、寺院中心に、村人から絶交され、罵詈誹謗などの恐喝もあったという。家庭集会用に芦田が提供した一軒の家屋は六月、放火に遭い全焼する。[11]その焼け跡で、聖書に「汝等の敵を愛し、汝等を呪う者を祝し、汝等を憎む者をよくし、なやめせむる者のために祈禱せよ」(マタイ五：四四)とあるからと、信者たちは熱烈な祈祷会を開き、一ヵ月後、船枝と同型の木造平屋建の会堂献堂式を挙げるに至った。

岩井によれば、この求道者たちは、村内の中下層の農民非知識層が中心だという。その一人に、後々まで「丹波ヨブ」と称えられた野林格蔵もいた。[12]旧約聖書の登場人物ヨブは、財産・こども・健康と次々に奪われ、不条理ともいえる試練が続いたにもかかわらず、篤信の姿勢を貫いたことで知られている。[13]癩病にかかっていた野林は、神仏を熱心に信心し、平癒を祈願してきたが、回復の兆しがなく、やがて妻は息子を残し、実家へ帰ってしまった。芦田の誘いで、野林は村上からキリスト教の教義を聞き、やがて、熱心な求道者として、宣教師ゴルドンより洗礼を受けるに至った。一八八九(明治二二)年、盲目となり、さらには実父母も死去、やがて村外に放逐される。そして一八九一(明治二四)年、彼を嫌う村人により、数度にわたる毒物混入を受け、ついには、逝去した。[14]当時の松井文弥牧師が末期に彼から聞いた、母から「今後どんな難儀があっても、信仰を落とすな」の一言を思い起こし、つまらぬ考えを起こしたときも心を取り戻したので、この言葉を、「私の形見として先生にお譲り申します」との話は、彼の篤い信仰を示すものとして、後々まで、他の信徒へ影響を与えた。

後に、芦田一家が須知に転じ、他の篤信者も転居し、地域の教勢は勢いを失った。

一八八七(明治一九)年以来、須知、田野、氷所でも家庭集会が行われ、信者が増えていった。とくに、須知では、受洗者が続々と現れ、翌年までに二〇名近くに信者が増加した。そして、丹波教会の中心的な存在となり、新たに会堂も建設された。すぐれた人材、新たな信仰的実践課題を探しえた。個人の内面的生活倫理の確立、地域社会への生活面からのキリスト教の浸透が進み、それは、一八八八(明治二〇)年に矯風会という組織が結成され、養蚕業など新しい産業の導入ともなった。

ただし、岩井によれば、倫理的クリスチャンは個人としては村民の尊敬の的になりながら、村民のなかに信仰は浸透せず、「耶蘇になれば皆貧乏する」との認識すらあったという。そして、一八九二(明治二四)年以降は、信徒の家族あるいは他からの移住者に新たな信徒は限られていった。岩井はこれらを分析し、外的要因として、都市的性格を持ちつつも、経済的基盤は農村にあり、封建的共同体性から、課題が残ったと指摘した(岩井 一九五九b)。

丹波教会は農村伝道の展開のなかで創立され、信徒が徐々に増え、園部会堂(現南丹市)を中心に、須知(現京丹波町)、胡麻(現南丹市)と三会堂を保持し、巡回伝道がなされた。一八九一~九二年には、綾部・福知山で集中伝道が行われ、成果を上げ、丹波第二教会として分離独立に至った。

丹波教会は当初から部制をとっていた。金岡、八木、園部、殿田、胡麻、須知、檜山の各部である。これらは家庭集会が発展したものであり、また、鉄道などの交通事情が必ずしもよくない山間・農村部において、それぞれの地域における吸引力が強い人びとを中心に展開していったと言える。その部の連合体が「丹波教会」と認識されていた。聖餐式はそれぞれの部が受け持っていた。

三―二　亀岡教会

亀岡教会は島根県松江で発祥した、イギリス聖公会のバクストンらが率いた日本伝道隊の流れに連なっている。一九二三(大正一二)年、柘植不知人が設立した基督伝道隊は開拓伝道を行っていた。一九二七(昭和二)年五月、高木四郎牧師を開拓伝道師と定めた天幕伝道が亀岡安町で一週間行われ、このとき二五〜三〇名の出席があり、その後、同地の民家で定期集会が持たれた。同年九月、一一名の受洗者を得た。そして、会堂建設が決議され、第二、第三回の洗礼式でもそれぞれ五名ずつの受洗者が出て、一九二九(昭和四)年六月、亀岡イエス・キリスト教会として設立された。同年九月、北町会堂献堂式が行われた。達常豊牧師が就任した。神戸の関西聖書神学校を拠点に、信徒や教師を派遣する形で教勢を拡大していた。

一九四一(昭和一六)年、日本伝道基督教団樹立の際、これに参加し、同年の日本基督教団結成に際しては、第七部に所属した。

一九四七(昭和二二)年五月、戦後初となる積極的な路傍伝道、集会が亀岡北町で行われた。やがて年間四回の集会となり、家庭集会も開かれるようになった。同年七月、保津川で二〇名の洗礼式、同年一一月は一一名の洗礼式が行われた。

一九五四(昭和二九)年には青年会も発足、男女二〇名が、日曜学校、子供伝道、従業員伝道など積極的な奉仕活動を行った。亀岡教会として発展した。

三―三　丹波新生教会

一九六二(昭和三七)年、日本基督教団の総会で、伝道一〇ヵ年計画として、教会の体質改善と、伝道圏伝道が決定された。その伝道圏候補として丹波伝道圏が挙げられた。

一九六三(昭和三八)年、丹波教会井上喜雄牧師と亀岡教会島田伸文牧師が、教会員・役員の支持を得て、月一回の交換講壇、年二回の合同聖餐式を実施した。翌年には、CS(教会学校)の合同夏期学校、合同婦人会も行われた。一九六五(昭和四〇)年には合同役員会、共通週報用紙の使用、合同伝道委員会発足へ進んだ。ちょうど亀岡教会では会堂改築を検討する時期となり、かつ、消防法の関係で移転も検討され、合同の会堂建設が計画された。亀岡教会では特別臨時総会で合同の建設が決議された。

一九六六(昭和四一)年、合同役員会で、「合同問題研究会」が組織された。教団からの資金援助(海外ミッションによる支援)で開拓伝道地に援助金提供という話があり、伝道基地建設推進委員会が立ち上げられたが、その話はなくなり、その後、独自に建設を決議する。やがてこれは、亀岡市の新興住宅地での新会堂・西つつじヶ丘会堂建設に結実した。だが、同時期、両教会で教会合同に対する意見相違も表面化し、決裂状態になった。

表 10-1　合併以降の略史

年月日	事項	会堂別
1970/1/18	献堂式	西つつじヶ丘
1973/11/3	献堂式(再建)	胡麻
1977/2/6	聖書の学びと祈り会発足	須知
1982/11/5	献堂式(改築)	須知
1985/4/5	合併登記完了	
1996/6/23	惜別礼拝	西つつじヶ丘
1996/9/29	献堂式(移転)	亀岡
1998/5/17	献堂式(移転)	園部
2002/3/31	牧師館献堂式(新築)	亀岡
2003/5/18	30 周年記念誌完成	

一九六八(昭和四三)年、丹波教会側から亀岡教会側へ「伝道費の一本化」「三人牧会を目指す」「合同問題研究会再開」が申し入れられ、ようやく話し合いが再開した。年末には募金決議まで進み、翌年には教団からの援助金も決定され、丹波教会では村上英司牧師へ交替の後、合同を決議した。

一九七〇(昭和四五)年一月、西つつじヶ丘会堂の献堂式が行われ、三月にはアメリカのJ・E・フランシス宣教師が着任、井上・村上両牧師と共に、三人による共同牧会体制で新たな牧会が進められた。丹波新生教会として宗教法人格を取得、その後、一九八五(昭和六〇)年に法的整理を行い、対等合併として、年常置委員会で合併を承認し、法人登記が完了した。主任牧師は一人で、複数教職による共同牧会の体制が確立した(表10-1参照)。

合同前も財政面や信仰面での疑義が提出されていたように、合同後、必ずしもすべてがスムーズに運営できたわけではない。合同の体制が整わず、一時期、無牧の時代もあった。代務者が一年間務め、当時の亀岡・西つつじヶ丘・園部会堂では京都市内在住の牧師が、須知・胡麻の夕拝には京都府下の牧師が協力することで、無牧という厳しい状況を乗り越えていった。

また、宗教法人の代表役員は一人、教団内の教会主任教師も一人しかなれない規則から、複数教師の扱いに関して、教団内で議論が長年繰り返された。教区総会の正議員としての資格は、主任教師のみが正議員であることに対し、本教会の特性を反映させる改革が認められ、一九九八(平成九)年からは主任教師ではない担任教師も推薦正議員となった。

表10-1にもあるように、一九九〇年代は、園部会堂の移転や、合併の象徴的存在でもある西つつじヶ丘会堂の土地売却・惜別礼拝、亀岡会堂の移転(北町会堂解体土地売却、現在地への新築)など、中心的な三会堂三牧師体制から、二会堂二牧師への移行する変動期でもあった。

だが、永眠者追悼記念合同礼拝、オルガンコンサート、合同婦人会、人形劇、信徒学習会、子どもの教会、平和主日集会、特別伝道集会など、数多くの行事を合同で行ってきている。二〇一〇(平成二二)年の四〇周年を経て、来る二〇二〇年には五〇周年を迎える。

四　丹波新生教会の現況

四―一　全体の状況

二〇一八(平成三〇)年現在、主任・担任の二人の牧師が、二地区(船南地区＝園部・須知・胡麻、亀岡地区)に分けて活動している。ただし、それぞれの地区の牧師ということではない。それぞれ役割分担はあるものの、丹波新生教会という一つの教会として、全体の責任を負っているという自覚が持たれている。ただ、この体制は常にそうだったということではなく、近年でも、二〇一六(平成二八)年までは一人の牧師と協力牧師の体制、二〇一四(平成二六)年までは二人牧師……と、合同以降、牧師確保に苦労しながら四会堂が維持されてきた。

四会堂共通の週報は、A五判四頁で作成されている(写真10-1参照)。表面は、地域の地図が描かれ、写真入りで四会堂の位置が示されている。折りたたんだ中のページには、各会堂での礼拝や集会日程が記されている。同時刻に開催される亀岡会堂と園部会堂の主日礼拝、胡麻会堂の夕拝、須知会堂の火曜主日礼拝も記載されている。

2017年度　2018年3月11日　受難節第4主日　Vol. 48 No.50

週　報

「羊は一人の羊飼いに導かれ、一つの群れになる。」
(ヨハネによる福音書 10:16)

須知会堂
京丹波町
胡麻会堂
南丹市
亀岡市
園部会堂
亀岡会堂

日本キリスト教団　丹波新生教会
事務所(亀岡会堂)　Tel.0771-23-0596、Fax0771-23-2475

写真 10-1　4会堂共通の週報

日曜午前に亀岡と園部会堂で、日曜夜に胡麻会堂で、第二・四火曜午前に須知会堂で礼拝を行っている。園部と胡麻では朝夕合同礼拝も行っている。農村地域にある両会堂は、日中ではなく夜の時間帯での礼拝希望があり、現在も数人ずつの礼拝だが、信徒たちがそれを守っている。

また、献金自体は各会堂で行われているが、最終的な会計は、丹波新生教会として一本化されて処理されている。

筆者は二〇一五(平成二七)年以降、現在まで四会堂全ての礼拝に参加し、それぞれで牧師・信者から、現況や歴史を伺ってきた。毎週の日曜礼拝を行っている亀岡や園部では、若い世代を含めた礼拝が行われている。他方、牧師が居住していない胡麻や須知の会堂では、七〇歳代〜九〇歳代の信者が会堂維持に尽力する様子が印象的だった(後述)。

丹波新生教会

写真10-2　亀岡会堂(2015年12月)

年数回は合同礼拝があり、四会堂で一つの教会であることを確認しあっている。二〇一七年度の合同礼拝は三・五・九月に実施された。また、役員は須知・胡麻から一名ずつ、園部三名、亀岡五名で構成され、役員会は園部と亀岡でひと月交替の開催となっている。

(1)亀岡会堂(亀岡市河原町)

一九九六(平成八)年、会堂を現在地に移転建築した。敷地内に牧師が在住している。主日礼拝は、日曜一〇時三〇分から行われている。

写真 10-3　園部会堂（2016 年 10 月）

特徴的なこととして、一九七二（昭和四七）年、社会福祉法人友愛会・亀岡友愛園（軽費老人ホーム友愛園、一九九七年～特別養護老人ホーム）の理事長が教会員であることから、クリスマスその他でのつながりが深いことが挙げられる。同時に、会員の一人が、一九九八年「青空ふれあい農園」を開設し、教会員の憩いのイベントも同農園で行われている。二階に充実した「ジュニアルーム」も設定されている。

（2）園部会堂（南丹市園部町）

道路拡張で一九九八（平成一〇）年、旧会堂があった道路の反対側へ移転したものが、現在の会堂である。ステンドグラスはかつての教会員の作品である。牧師は敷地内に在住している。日曜一〇時三〇分から礼拝がある。その後、集会所で茶話会なども行われている。また、一階に親子室も設けられた。

一一月の逝去者記念礼拝、一二月のクリスマスなどは、かつての教会員、逝去者の遺族なども参加し、ふだんより多く集まる。また現在は、インドネシア人が礼拝に来ている。

四―二　須知会堂（京丹波町須知本町）

戦後すぐは、月二回金曜夕拝（二〇時から二一時頃）だったが、第二・四火曜午前一一時礼拝に変更されて現在に至る。

戦前までの歴史は先述の通りだが、その後現代に至る歴史をたどると、ある医者の信者の影響力は大きく、患者などへも信仰の輪を広げた。一九五〇（昭和二五）年三月は、臨時洗礼聖餐式が挙行され、受洗三三名、転入五名という記録的な入信者となった。同時期に、鎌谷幸一伝道師が須知に定住していた。同年一〇月のデシェーザ氏伝道集会「私は日本の捕虜だった」は、須知小学校に須知以外からの聴衆も来訪し、七〇〇名を集めた。ただし、それから六〇年以上経過する中で、阪神・首都圏などへ他出してしまった若い世代は、信仰自体は継承されているが、この地域へ戻ってくる者がいないなかで、会堂の維持にはつながっていない現実がある。

写真 10-4　須知会堂（2017年6月）

二〇一八（平成三〇）年現在、九〇歳代と八〇歳代の元郵便局長夫妻が会堂を管理している。また、京都市内の教会所属で退職後移住した男性も、転会はせず、火曜の礼拝のみ来ている。筆者が参加した二〇一八（平成三〇）年三月の礼拝では三名、同年一一月は四名が参加していた。同会堂では、牧師を除くと平均四名ほどの礼拝参加があり、手紙や電話で牧師とつながっている求道者もいるという。

四―三　胡麻会堂（南丹市日吉町胡麻）

農業従事者家族が維持している会堂である。愛農学園農業高等学校（以下、愛農高校）の食堂で働いていたこともある夫婦が会堂を管理している。日曜夕拝は月二回、二〇時から行われている。二〇一七・一八年度は、月二～四回行われていた。筆者が参加した二〇一六（平成二八）年一〇月の礼拝は男一名女三名の合計四名、二〇一八（平成三〇）年三月の礼拝は男一名女四名の合計五名の参加だった。

写真 10-5　胡麻会堂（教会員提供：2018 年 10 月）

三世代で礼拝に参加している農園経営者家族もいる。愛農高校出身者の子がいる七〇歳代夫妻は、愛農会（愛農学園につながる農業者たちのグループ）に所属している。その義娘は綾部市のグンゼ（創業者波多野鶴吉は郡是製絲株式会社設立前に受洗）での勤務経験もあり、そこでキリスト教と出会ったという。[15] 息子はキリスト教に関心を寄せているが、未信者のまま農業を継承している。孫の一人は基督教独立学園高校を経て、関西の大学へ進学し、近々、胡麻へ戻ってきた。この農園では、かつて愛農高校一年生の夏の実習を受け入れていた。

会堂建て替えは、西つつじヶ丘会堂建設の後、献金を集めて実施された（表10-1参照）。

この会堂へ通っている信者たちのほとんどは農業従事者で、酪農を手広くしている信者もいた。したがって、朝集まるのは難しいことから、夕拝が選択された。先の農園経営者は、四〇年ほど前、檀家役員も経験している父の逝去にともない、「(父の意向に沿ってキリスト教で)させてもらいます」と断りをいれ、檀那寺の住職から承諾を得て、キリスト教式の葬儀を行った。そのおかげで、ムラの人びとに「あの家はキリスト教」と認められた。ただし、人びととの付き合い(寺院・神社を含む)は継続している。墓地は寺院の上にある共同墓地で、寺院住職が管理者になっている。この夫妻は、信仰とは別に、習慣として地域の寺院や神社へも行くという。

またその妻は舞鶴出身だったが、愛農高校で愛農学園創始者の小谷純一と出会ったことで、キリスト教に導かれたと述べている。

五　現在の葛藤

五―一　信者たち

愛農高校出身の農業従事者たちは、指導者として薫陶を受けた小谷純一の「根本的な信仰を持って農業をやれ」という姿勢を自らの信念としている[16]。そして、帰郷し、「身体のためになる」「安全な食品を作る」との方針で、無農薬農業に自信を持って進めてきた。彼ら彼女らは「キリスト教を信じていなければ、(愛農会で推奨されていた無農薬農業に)反対したかもしれない。お金が儲かる農業をしたいとか、偉くなる農業をしたいと思うかもしれない。だが、聖書のなかの言葉のおかげで、いまがある」「キリスト教は、食べ物にしても福祉にしても聖書にいっぱい書かれてある。いちばんは、農業が身近なこと」「農業の場で一生懸命努力していく、キリスト教の精神と合致」しているなどと述べていた。

まさに、キリスト教信仰にもとづく農業が実践されている。

ただし、現況は、「親が農業の自信を失っている。倅が(愛農高校に)行かない。成績のいい子から(他校に入学されて)とられたら、みんな非農家になるのではないか」「〇〇期で、こどもを愛農高校に進学させたのは、近江八幡(市)の××さんくらい」などと言われている。

本教会の周年記念誌を数冊見ると、例えば一九五〇年代や一九七〇年代の会堂建設の記念写真には、五〇人以上が写っていた。もちろん特別な記念日ではあるが、現在は礼拝参加人数を見ても、須知や胡麻などでは家庭集会のような規模になっている。これについては、「牧師先生が、小さい者と、か弱い者を見守ってくれる。そのありがたさ。こんな小さな集まりでも感謝です」「礼拝は人数が少ないけど、牧師先生とひざつき合わせて話ができる。私らは幸せ」「園部とか亀岡行っても、何かどういうところとか言いたいことを言えない……」という表現のなかに、少人数での集会の居心地の良さも伝わる。

だが、実際に会堂を少人数で管理運営していくことは、簡単なことではない。いずれの会堂でも毎回の礼拝前に、清掃や礼拝後のお茶などの準備もしている。教会員間の連絡ばかりではなく、遠方の方々との交流も続けている。特に冬場は時間をかけて暖房準備をしておく必要もある。会堂周りの草刈りや建物の修繕も定期的に行う。このような日常的なことだけではない。例えば、須知会堂では二〇一七(平成二九)年の秋、台風で大きな樅の木が倒れた。最終的に処分したが、その木があとわずかの差で会堂に倒れなかったのが幸いだった。改修・新築などの準備金など全く用意できていない現在、もし会堂が全壊や半壊していたら、直ちに会堂自体を閉鎖する判断となっていたかもしれない。

五―二　牧師の行動

この二会堂と園部会堂を主に担当しているのは宇田慧吾牧師である。二〇歳代後半のフットワークのいい、しかしながら思慮深いリーダーである。二〇一六(平成二八)年四月に着任した宇田牧師は、前任の東北地方での牧会経験を踏まえ、各会堂所属の信徒との交流を深め、それぞれにあった会堂運営を志している。他方、近隣の宗教者たちとも協力し、「坊主牧師ＢＡＲ」を年数回開催するなど、僧侶を含む地域の人びととのつながりを広げ、深める活動もしている。

四会堂の維持はたやすくはない。同教会では、近年も何度か会堂統合の件が話し合われてきた。だが、今見てきたように、各会堂にはそれぞれ歴史があり、また現在の信徒たちも思いを持っている。上記二会堂のように、高齢ではあるが十分奉仕できる信者たちが、それぞれ自らの役割を果たす形で、協力し合いつつ、「(せめて)自分たちが守れる間は守ろう」と、現在に至る。もちろん、これも今後どうなるかは未定だが、寺院と比べて歴史が浅くても、キリスト教会自体で、統廃合が簡単にできているわけでないことが理解できるであろう。

六　考　察

六―一　支えあいと世代継承

冒頭で述べたように、寺院や教会の兼務は教派・地域によっては二、三割やそれ以上が該当するような状況である。住職や牧師の経済状況を考えるとむしろ、複数担当することで宗教活動を中心に据えらえるという見方もあり、それは望ましい方向性だと主張することもあろう。筆者はしばしば「臨界点」という言葉により、寺院・神社・教会などの撤退可能性について言及してきた（川又 二〇一六a他）。一人の牧師がひとつの教会を、ではなく、複数の牧師が複数の教会を、となると、かかわる人びとは多くなる。先述の通り、丹波新生教会が合併に向かう途中でも、挫折や方向転換などの場面が多くあり、これに対して多世代の教会員が関わっていたと推察される。このような支えあいは宗教施設の維持の基本形だろう（川又 二〇一六b）。

胡麻会堂には新たな若い世代が顔を出していた。次世代や次々世代がいることで、高齢者の方々が元気になり、その集団全体が活気に満ちることはあるだろう。わずかでも、信者や牧師などで次を担って立つような人物が身近にいることが、教会を大いに活気づける。仏教寺院などでも同じような例を見た（川又 二〇一六a）。また、須知会堂の現在の管理者たちは、宇田牧師との懇談を繰り返すなかで、たとえ同会堂が存続し得なくても、自らの信仰を全うしていくつもりになった。また、丹波新生教会も存続していくということを理解する中で、むしろ、会堂維持という「プレッシャーから逃れた」という。建造物の維持ばかりではなく、確かな信仰継承の確信もウェルビーイングになり得るとの見方もできるだろう。

六―二　愛農学園農業高等学校との関連

胡麻会堂で言及されていた、三重県伊賀市にある学校法人愛農学園との関連を考えたい。

第二次世界大戦直後、「世界平和の祈りと愛と協同の村づくり」（村民の主体性確立）を目指し、小谷純一は愛農塾を創設した。その集会である愛農会が結成され、全国的な農民運動が始まった。当時は食糧難だったため、食糧増産運動を始めると短期間で全国に広がった。会発足一〇年の一九五五（昭和三〇）年には、本拠地を和歌山市から伊賀市（当事は青山町）へ移した。その後、三重県から農業高校を作って欲しいとの要請もあり、一九六四（昭和三九）年四月に、神と人と土を愛する三愛精神を教育の基本に据えた愛農高校が開校した[17]。

写真 10-6　愛農高校・朝拝（2016年10月）

一九七一（昭和四六）年に有機農業へ転換。その後、私学として運営を続けてきた愛農高校は、現在も、全寮制の農業高校として全国から生徒が集まってくる。一学年三〇名という少人数教育が続けられてきた。

二〇一五（平成二七）年に校舎を建て替え、ユニークさに賞が与えられた[18]。農業高校として生徒たちは、作物部、野菜部、果樹部、酪農部、養豚部、養鶏部のいずれかに所属する。一年生は全部を経験し、二、三年で専門的に学ぶ。一年で一週間の農家実習、二年で二週間の北海道実習、三年は学校農場での実習。

卒業後は農業以外を選択する者も若干いるが、大半は、農業もしくは農業関係の進学先へ進む。

キリスト教系の学校は全国に多数あるが、全寮制、あるいは無教会の関連校として、基督教独立学園高校(山形県)、キリスト教愛真高校(島根県)と愛農高校は、深く連携をしている。三校合同の教職員研修は、二〇一四(平成二六)年から続けている。

胡麻会堂を支えている四家族はいずれも、この愛農高校と結びつきが深く、自身か家族が出身者か、愛農高校勤務者だった。二〇一六(平成二八)年頃までは、農園経営者は愛農高校の実習を受け入れていた(現在は実習の時期が変わり、受け入れていない)。

愛農会では参加者たちが結婚に結び付くこともあった。女性向けには八月に「愛農花嫁短期大学講座」、男性向けには二月に「愛農短期大学講座」が行われていた[19]。一五〇名ほどが一緒に、お風呂の水を川からバケツリレーで運んだなどのエピソードも語られている。胡麻会堂の人びとは行っていないが、聖書研究会も毎年行われ、他所で近くに教会がなく、日常礼拝に行けていない人びとのうち、毎年行っている情報も得ているという。親子とも愛農高校というケースも珍しくない。

胡麻会堂の人びとは、自分たちは礼拝を守ることができる会堂が近くにあるのでたいへん恵まれていると思っている。近くに教会がないと、信仰を続けるのは難しいと認識している。それはそのような環境のため、教会からすっかり離れている彼ら・彼女らの友人たちを何人も知っているからである。なかには、毎年の聖書研究会(=愛農聖研)だけ出席している人がいることも知っており、普段、教会に通えていない人びとが、信仰自体は守り続けていることに対して、尊敬の念を持っている。自分たちは、教会につながっていないと信仰が続かず、堕落しているのかもしれないとも述べていた。

六―三　過疎教会信者の思い

須知会堂では「教会を持っているというのは、自慢でもなんでもないし、(牧師)先生のご負担になる。考えなければならない」との発言を聞いた。そして、牧師が来なくなれば、信者も「教会から足が遠のくだろう」とも、述べられている。それは当然のことだ。逆に、牧師が会堂に定住していた時期は、多くの受洗者もいた。そして、青年会や教会学校など、様々な活動が展開されていた。そしてそれを率いていたのは、牧師と共に教会を牽引する信者リーダーであった。現在、奉仕活動をし続けているのも、篤信の信者リーダーであることにかわりはない。毎週あるいは月二回の自宅近くの会堂への礼拝参加は、七〇歳代～九〇歳代の高齢信者たちにとって、大きな励みになっている。牧師の説教を熱心にメモしている姿を見た筆者は、「人生一〇〇年時代」に先がけている彼ら・彼女たちの意欲的な活動に大いに学ぶところがあった。

公共交通機関が便利でない地域で、自家用車を運転できる者ばかりではない。移動困難な高齢信者にとって、近隣に身近な宗教施設がある意義は大きい。所属教会以外と接点を持ち、多世代での交流があること、宗教施設自体の存続は、それ自体、信者にとってウェルビーイングと見なせよう。ただし、両会堂とも次世代への継承は困難である。その場合、建物ではなく確かな信仰継承の確信ということも、もう一つウェルビーイングとなる可能性があることも見出された。

本章で考察してきた事例について、筆者はキリスト教だけに通じるものだとは思わない。仏教・神道・他の宗教でも、同様に高齢化や過疎化のなかで対応している。この議論は敷衍させられるだろう。

ウェルビーイング(幸せ)を取り扱うには、さまざまな切り口が考えられる。本章では、継続と継承、信仰を守ることという観点でウェルビーイングを考察してきた。

拙稿(川又 二〇一八)では、独立した法人同士であっても、信者たちの努力に支えられ、また、牧師同士もそれを有効に機能させるための工夫をもとにした、「支えあい」の例を紹介し、「共同牧会」の可能性に言及した。キリスト教会の事例であったが、他宗教でも注目できる観点があった。本章は、歴史や教義背景が異なる複数の教会が一つの教会へ統合する過程や、その後の変容を経て、現在「臨界点」にあると思われる状況を描写した。そして、篤信者たちによる信仰継承自体は成功しても、人口移動(社会減)などを通じ、過疎地域の教会の継承はまさにぎりぎりの状態であることも見出した。

七 おわりに

教会の場所は変わらない。支えあいには限りがあり、自助努力は基本原則である。壮健な年代のメンバーがいないのであれば、いわゆる年金暮らしの人びとが、所属牧師の生活をどこまで支えあえるかが課題である。当然、幼稚園・保育所など関連施設の経営により教会の財政が潤うこともあるだろう。しかし、すべての教会でそれが可能というわけではない。だが、このような経済格差よりも、教会を支える人びとの存在の方が、教会としては大きいだろう。会員の人数が減れば「衰退」、いなくなれば「消滅」ということだろうが、そうならないための工夫は過去四〇年以上も、個々の会堂で実施されていた。そしていよいよ、本格的な対応が迫られている。二〇世紀後半、人口増加や経済成長を経験した私たちの世代全員が、初めて経験する人口減少や経済縮小。しかし、不安感だけを持つのではなく、広い意味での「信仰継承」も、その人にとってウェルビーイングと考えられるとの発想の転換は、広い視点での支えあいにつながることを示唆している。

謝辞　本章は、JSPS科研費15H03160および17K02243の助成を得た資料に基づいている。

注

（1）川又（一九九七、二〇〇〇）にその時代の成果の一部が示されている。
（2）森岡の研究は後に一冊の著作に収録された（森岡 二〇〇五）。その他、西山（一九七五）、磯岡（一九九九）などが代表的な関連書・論文である。さらに森岡論文を再考した寺田（二〇一一）も参照。
（3）この関連で筆者が著した論考として川又（二〇一六a、二〇一八）がある。
（4）『教団新報』三八六六号（一九七七年）で苫小牧地区が、『信徒の友』六三一号（一九九九年）で丹波新生教会が特集されている。
（5）以下で述べる日本基督教団の二つの事例は、二〇一六年九月の日本宗教学会パネル「宗教とウェルビーイングの比較宗教社会学」で、「多世代信者をつなぐ「協働」牧会――複数教会の支えあい」（『宗教研究』九〇巻別冊所収、二〇一七年三月）で初めて発表した。丹波新生教会の詳細は川又（二〇一七）で示した。
（6）仏教各派その他で研修会講師などをご依頼いただくとき、依頼者からは筆者が調査した「共同牧会」への言及についてしばしば切望された。
（7）日本基督教団丹波新生教会のウェブサイトはhttps://tambashinsei-church.net/であり、各会堂の礼拝などが掲載されている。（二〇一八年一二月八日最終閲覧）
（8）岩井文男牧師による四論文は岩井（一九五七、一九五九a、一九五九b、一九六五）である。また、教会の歴史については、坂本（一九六四）や注10に記載した周年記念誌も参照した。
（9）教団ライフサイクル論と教団ライフコース論を比較検討した近年の論考に猪瀬（二〇一五）がある。

(10) 以下の歴史は、谷(一九七〇)、船越(一九七〇)、竹ヶ原他(二〇一〇)などを参照してまとめた。

(11) 信者たちは、信仰的寛容の態度で原因の徹底追求に踏み切らなかったこと、真犯人が仏教徒との確証はなかったものの、仏教徒がキリスト信徒に熾烈なる迫害をしていたことが、松井牧師の記録から引用されている(岩井 一九六五)。

(12) 松井文弥牧師の記述した文章が、『丹波ヨブ』という冊子として配布されている(筆者はその簡易製本を入手)。この記述を岩井(一九六五)が引用して紹介している(注11)。本稿は、冊子及び論文引用箇所を参照した。

(13) 旧約聖書の「ヨブ記」についてはJung(一九八八)など多数の解説書がある。

(14) 毒物投与の真犯人も不明であった。

(15) グンゼの歴史のウェブサイト(http://www.gunze.co.jp/special/history/tsurukichi/)参照。拙著では、製糸工場での朝拝、聖書、讃美歌などの経験を経て、キリスト教信仰を持つに至った例を示したことがある(川又 二〇〇二)。若い時代の出会いは、未信者だった者が愛農高校でキリスト教の受洗に至る例も同様である。胡麻会堂のグンゼ出身者は、その朝礼(朝拝)で讃美歌を歌っていたという。グンゼは製糸工場で女性教育に力を入れ、寮生活などでも、履物や生活の仕方やしつけがしっかりしており、和裁・洋裁など、あるいは華道・茶道も学べたことを述べていた。

(16) 本章は、礼拝前後に行った信者・牧師へのインタビュー調査で得られた語りを引用している。現地調査は、二〇一五(平成二七)年一二月〜二〇一八(平成三〇)年一一月まで六回行った。本章は、調査で得られた資料について、牧師以外の方々はお名前を表記せず、会話内容も意図を損ねない形で編集し掲載した。

(17) 愛農高校の宗教教育について、拙稿では、他の宗教系学校と比して、全生徒持ち回り司会の朝拝や寮での夕拝、三学年とも行っている聖書の時間などを、参与観察を含めて記述した(川又 二〇〇九)。

(18) 保護者として、その後事務局長として校舎建替えにかかわった品田茂が単行本化し(品田 二〇一七)、そのなかで校舎建て替えのいきさつや、三年間での生徒の変化を端的に述べている。

(19) 配布されているチラシによれば、有機農業に関心ある人や就農希望者などを対象に、開催される合宿形式による農業講座。愛農高校卒業生は一〇〇〇人以上、愛農大学講座受講生も約八〇〇〇人だという。

参考文献

磯岡哲也、一九九九、『宗教的信念体系の伝播と変容』学文社。

猪瀬優理、二〇一五、「教団ライフサイクル論と教団ライフコース論」『龍谷大学社会学部紀要』四七。

岩井文男、一九五七「丹波地方に於ける基督教の受容――その教育面と井上半介翁」『基督教研究』三〇(三)。

岩井文男、一九五九a、「丹波地方に於ける基督教の受容(二)――須知部を中心として」『基督教研究』三一(一)。

岩井文男、一九五九b、「丹波地方に於ける基督教の受容(三)――氷所部を中心として」『基督教研究』三一(二・三)。

岩井文男、一九六五、「丹波地方に於ける基督教の受容(四)――胡麻部を中心として」『基督教研究』三四(二)。

川又俊則、一九九七、「教会墓地にみるキリスト教受容の問題――日本基督教団信夫教会の事例を中心に」『年報社会学論集』一一。

川又俊則、二〇〇〇、「キリスト教受容の現代的課題――死者儀礼、とくに墓地を中心に」『宗教研究』三二六。

川又俊則、二〇〇二、『ライフヒストリー研究の基礎――現代日本のキリスト教』創風社。

川又俊則、二〇〇九、「〈いのち〉と〈宗教〉の教育実践の考察――三重県内の学校を中心に」『宗教学論集』二八。

川又俊則、二〇一六a、「人口減少時代の教団生存戦略――三重県の伝統仏教とキリスト教の事例」寺田喜朗他編『現代日本の宗教変動』ハーベスト社。

川又俊則、二〇一六b、「超高齢社会を先導するキリスト教界――老年期牧師を中心に」『福音と世界』七一(九)。

川又俊則、二〇一七、「人口減少の中で寺院存続に必要な住職力と組織力」『月刊住職』二二八。

川又俊則、二〇一八、「信仰を支えあう幸せ――「協働」牧会による多世代地域間交流」櫻井義秀編『しあわせの宗教学』法藏館。

五味一、一九八二、「北拓伝の残したもの」『信徒の友』四二三。

五味一、二〇〇一(一九八七)、「日本基督教団北海教区『北海道特別開拓伝道』の研究」『宣教論集　一九八六年抜粋再版』日本基督教団北海教区宣教研究委員会。

坂本武人、一九六四、「丹波地方における基督教の受容(四)――田野村を中心として」『キリスト教問題研究』八。

品田茂、二〇一七、『日本一小さな農業高校の学校づくり――愛農高校、校舎たてかえ顛末記』岩波ジュニア新書。

竹ヶ原政輝他編、二〇一〇、『日本基督教団丹波新生教会創立(合同)四〇年史』日本基督教団丹波新生教会。

谷亮三編、一九七〇、『亀岡教会史――四三年の歩みが語る』日本ミッション印刷部。

辻中明子、二〇〇五、「多くの人の手を通して」『礼拝と音楽』一二五。

寺田喜朗、二〇一一、「我国における「地域社会と宗教」研究の成果と課題——村落社会におけるキリスト教の受容研究を中心に」『東洋学研究』四八。

西山茂、一九七五、「日本村落における基督教の定着と変容——千葉県下総福田聖公会の事例」『社会学評論』二六(一)。

船越基、一九七〇、『開拓者と使徒たち——或る地方教会の歩み』日本基督教団丹波教会。

森岡清美、二〇〇五、『明治キリスト教会形成の社会史』東京大学出版会。

Jung, Carl, Gustav, 一九八八、『ヨブへの答え』林道義訳、みすず書房。

第十一章　多文化化する韓国社会と移民の社会的包摂
――キリスト教団体の社会支援

李　賢京

一　はじめに

一―一　問題の所在

今日、韓国社会は、外国人移住労働や国際結婚などによって急速に多文化社会へ移行しつつある。また、民族的ルーツを同じくするが異なる政治体制や生活世界で暮らしてきた北朝鮮離脱住民[1]と在外同胞が、韓国社会の「新住民」として暮らしている。さらに、最近では難民申請者も急増している。こうした中、包摂と共生の対象として移住民と接する側と、韓国の伝統文化を強制したり、嫌悪や偏見をあからさまに表したりといった、彼らを排除・差別する側との対立が拡散している。とりわけ伝統的・保守的価値観をもつ既成世代においては、韓国社会の人口学的多様性が、文化的多様性と価値観の多様性へ結びつくまでには相当な期間がかかると予想され、かつその過程は決して容易なものではないだろうとみられている（ユン・インジン、ソン・ヨンホ 二〇一一：一八

○）。多様性が認められ、それによって差別や排除のない社会を実現するには、この双方の隔たりを縮めることが急務だが、これまで国民と民族を同一視してきた韓国の社会的通念による人種的偏見や固定観念は、周囲の環境が変わったからとはいえ簡単に変えることはできないかもしれない。

その端的な例として、二〇一八年四月、韓国・済州島（チェジュ）に五〇〇人を超えるイエメン難民が流入したことによって生じた世論の対立を挙げることができる。世論調査会社リアルメーターが六月二〇日に実施した世論調査結果では、イエメン難民受け入れに関し、反対四九・一パーセント、賛成三九パーセントであり[2]、七月五日の発表では、反対五三・四パーセント、賛成三七・四パーセントと[3]、難民受け入れに反対する側が増えている。また、難民申請者への生活保障を定めた難民法の廃止を求める声や、治安の悪化など不安をかき立てる噂がインターネットで拡散され、ソウルでは「国民ファースト」「偽難民追放」とプラカードを掲げた千人規模の集会が開かれるなど、難民受け入れを巡って韓国社会での葛藤は深まっている[4]。しかしながらその一方で、難民支援の輪も広がっている[5]。済州島のキリスト教関係者や人権運動家が支援団体をつくり、一時宿泊施設も提供している[6]。市民レベルにおいても、難民に食事を提供したり、自宅に泊めたりする様子が確認される。では、こうした多文化化を巡って対立状況にある韓国社会において、移住民への関心や支援を強調する宗教は、どのような役割を果たしているのだろうか。

一―二　本章のねらい

これまで、韓国における外国人関連政策と支援活動においては、国や地方自治体だけではなく、市民団体が重要な役割を担ってきた（チェ・ビョンドゥ、キム・ヨンギョン　二〇一一：三六七）。市民団体による移住民支援活動は、外国人移住民が急増した一九九〇年代からスタートしているが、そのきっかけになったのが一九九二年に市民・宗教団体（主にキリスト教）が中心となって行った「外国人労働者の人権のための集い」における移住労働者のための相談活動である。その中で宗教団体は、ミサや礼拝などの宗教活動と並行しながら、相談支援活動を始め、さらにはマスコミを通じて社会全体に問題の深刻性を伝えた。加えて、外国人移住民に対する差別や人権侵害問題の改善などを国に働きかける活動を行い、それら活動は次第に社会運動として展開されていった（同上）。

二〇〇〇年代以降、宗教団体による外国人移住民支援活動は、より活発に展開されるようになる。二〇〇〇年に活動した九〇団体のうち、市民団体五団体、医療奉仕四団体、法律サービス二団体以外は、すべてが宗教団体であったことからも、宗教団体による活動の活発さが見てとれる（同上）。こうした移住民に対する宗教団体の関心は、社会的弱者に対する宗教本来の関心の延長線上にあると理解できよう。

だが、支援活動への参加などを通じて、改宗や新たに「入信」に至るケースも実際ある。そのため、そもそも「多文化宣教」の一環として移住民支援活動を展開しはじめた団体も少なくない。とりわけ、プロテスタントは、近年海外宣教による教勢拡大が難しくなったことから、韓国内の外国人移住民へシフトする傾向にある（パク・ジョンス 二〇一六）。むろん、多くの人々にキリスト教の理念を広めようとする、キリスト教の宣教指向的性格からは当然の活動と思われるかもしれない。

しかし、宣教志向のもとで行われる支援活動には二つの問題があり、一点目は、外国人移住民信者の奪い合いといった宗教間・教会同士の競争・対立や、移住民を韓国社会やキリスト教に同化すべき対象として、ないしは他宗教信者の移住民を韓国社会に脅威をもたらす存在として敵対視するといった問題がある（同上）。二点目は、多くのキリスト教団体が行っている移住民支援活動は、政府や自治体からの委託運営がほとんどであることである。その点を考えると、政教分離原則もしくは公共性のあり方の問題を指摘せざるを得ない。つまり、宗教団体による移住民を対象とした諸支援活動は、その範囲や方法において、宗教団体としての性格（当該宗教の価値観や倫理など）が、どこまで許容されるのかという部分に関して、向き合うことを余儀なくされる。しかしながら、移住者にとって宗教は、移住先での定着を図る上で非常に重要な役割を担っており、宗教施設が当該移住民たちのコミュニティセンターとしても成り得ている状況を踏まえると、宗教が移住民のしあわせ（ウェルビーイング）[7]に貢献する点は大きい。そのため、国による補助金を受給していることによって、活動が限定されることの問題は検討する必要がある。

以上を踏まえ、本章では、近年、多文化化が進んでいる韓国社会において、韓国のキリスト教（プロテスタント、カトリック）が実施する移住民支援活動に焦点をあて、それら活動が、移住民の「しあわせ（ウェルビーイング）」に、どのように、どれだけ、貢献しているのかを明らかにし、外国人移住民支援に果たす韓国宗教の役割について検討する。

二　韓国における外国人移住民の現状と関連政策の動向

二―一　外国人移住民の現況

二〇一七年現在、韓国における滞留外国人数は二一八万四九八人で、総人口に占める割合は四・二一パーセントであり、年々増加している（出入国・外国人政策本部 二〇一七：三八―四七）（表11-1）。国籍・地域別には、いわゆる朝鮮族と呼ばれている「韓国(朝鮮)系中国人」を含む中国が一〇一万八〇七四人で最も多く、外国人全体のほぼ半分(四六・七パーセント)を占めている。続いて、ベトナム七・八パーセント(一六万九七三八人)、タイ七・〇パーセント(一五万三二五九人)、アメリカ六・六パーセント(一四万三五六八人)、ウズベキスタン二・九パーセント(六万二八七〇人)、フィリピン二・七パーセント(五万八四八〇人)が続いている(図11-1)。

図11-1にみるように、アジア出身の移住者が多く、とりわけ中国籍が最も多い。これは日本と同様の傾向である。ただし、韓国においては、外国人全体の半数を占める中国国籍者のうち、民族的ルーツを同じくする「韓国(朝鮮)系中国人」がそのおよそ七割を占めている点で、日本と異なっている。ただし、日本でブラジルやペルー出身者が外国人全体の約一割を占め、その中に日本人と民族的ルーツを同じくする日系ブラジル人や日系ペルー人が多く含まれている点、いずれも非専門労働者として働いているという点では共通している。(金兌恩 二〇一六：一六二)。このように、韓国における滞留外国人の多くは、同じ民族的ルーツをもつ人々(在外同胞)で占められており、日本あるいは欧米諸国における多民族・多文化状況とは相違を見せている(カン・ヨンシル 二〇一〇：一三九―一四一)。

一方、滞留資格別に見てみると、在外同胞が一九・〇パーセント(四一万一五二一人)で最も多く、非専門就業

表11-1　年度別滞留外国人数の推移(2007-2017)

区分	2007年	2008年	2009年	2010年	2011年	2012年	2013年	2014年	2015年	2016年	2017年
総人口(人)	49,268,928	49,540,367	49,773,145	50,515,666	50,734,284	50,948,272	51,141,463	51,327,916	51,529,338	51,696,216	51,778,544
滞留外国人(人)	1,066,273	1,158,866	1,168,477	1,261,415	1,395,077	1,445,103	1,576,034	1,797,618	1,899,519	2,049,441	2,180,498
割合(%)	2.16	2.34	2.35	2.5	2.75	2.84	3.08	3.5	3.69	3.96	4.21

(出典)出入国・外国人政策本部『出入国・外国人政策統計年報』各年度

モンゴル　2.1%
カンボジア　2.2%
日本　2.5%
フィリピン
2.7%
ウズベキスタン
2.9%
アメリカ　6.6%
その他
19.5%
中国
46.7%
タイ
7.0%
ベトナム
7.8%

図 11-1　国籍(地域)別滞留外国人の現況(%)

中国：韓国(朝鮮)系中国人 679,729 人を含む人数。
(出典)出入国・外国人政策本部『2017 出入国・外国人政策統計年報』46 頁

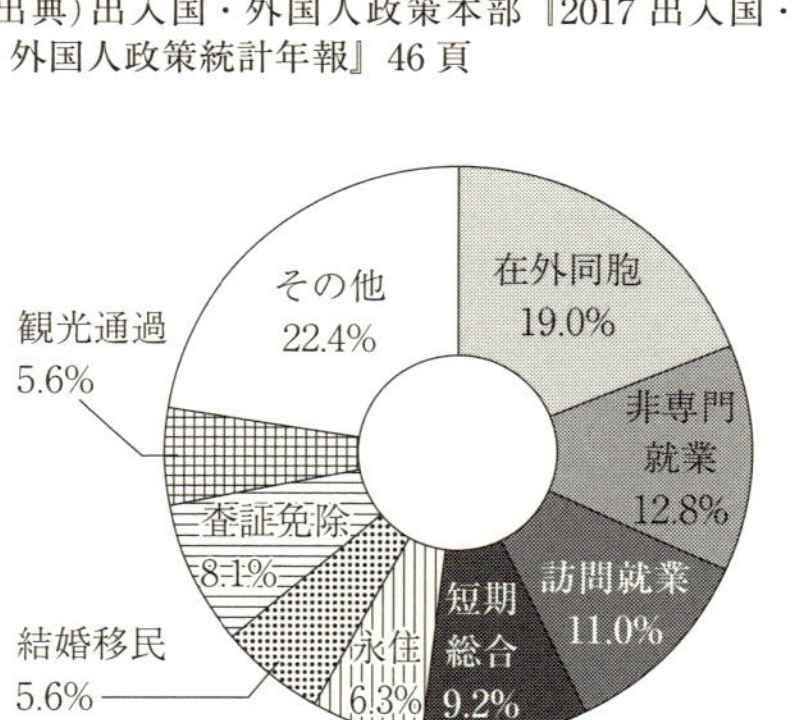
その他
22.4%
在外同胞
19.0%
観光通過
5.6%
非専門
就業
12.8%
査証免除
8.1%
訪問就業
11.0%
結婚移民
5.6%
永住
6.3%
短期
総合
9.2%

図 11-2　資格別滞留外国人の現況(2017 年現在)

(出典)出入国・外国人政策本部『2017 出入国・外国人政策統計年報』42 頁

一二・八パーセント・二七万九一二七人)、訪問就業(後述)一一・〇パーセント(二三万八八八〇人)、短期総合九・二パーセント(一九万九五一八人)、永住六・三パーセント(一三万六三三四人)、結婚移民五・六パーセント(一二万二五二三人)(8)の順となっている。ただし、二〇〇四年に「外国人雇用許可制」の施行によって新設された非専門職労働者(＝単純技能人力(労働者))に当たる「非専門就業」と「訪問就業」の滞留資格を合わせると、移住労働者は二三・八パーセント(五一万八〇〇七人)となり、外国人人口全体の約四分の一を占め、最も多い人数となる(図11-2)。

一方、二〇〇二年以降、毎年二八パーセント以上の高い増加率を見せていた結婚移民者は二〇一四年四月の「国際結婚健全化のための結婚移民査証発行審査強化」および「国際結婚案内プログラム履修義務化措置」などの開始によって、その後三年間の平均増加率は〇・九六パーセントに留まっている(出入国・外国人政策本部 二〇一七：五〇—五五)。九〇年代までは統一教会(9)を通じて入国した日本人女性が多数を占めていたが、二〇〇〇年代初め頃からは中国やフィリピン出身の結婚移民者が増加し、ベトナムやカンボジア、モンゴル、タイなど、出身国の多様化傾向を見せている。国籍別では、中国が三七・一パーセントで最も多く、ベトナム二七・一パーセント、日本八・六パーセント、フィリピン七・六パーセントなどの順となっている。性別では、女性が八三・八パーセント（一三万二二七人）で、結婚移民者のほとんどを占めており、男性は一六・二パーセント（二万五二三〇人）である。

他方、韓国（朝鮮）系中国人を除く韓国に定住している外国人住民の出身国は、ベトナム、タイ、フィリピンなどのアジア系が多い。また、彼らの多くは、国際結婚によって韓国社会に移住し、その数は年々増えている。これとは対照的に、外国人移住労働者として韓国に定住するのは制度上困難な状況にあるため、彼らのほとんどは単身で訪韓している。また、外国人同士から成る家庭はほとんど定住しておらず、彼らの多くは本国へ帰国している。家族形態で定住しているのは、韓国（朝鮮）系中国人もしくは韓国人と国際結婚した外国人による家族がほとんどである。

二―二　外国人をめぐる関連法律および政策の整備

韓国では本格的な多文化社会の到来に対応するために、多文化主義へと政策を転換してきた。とりわけ、外国人移住労働者の雇用等に関する法律や在韓外国人処遇基本法、多文化家族支援法において、韓国における外国人の中で多くを占める、外国人移住労働者と結婚移民女性に対する法整備が大きく前進したといえる。

まず、労働者確保のため、「海外投資企業技術研修制」（一九九一年）を導入し、その後、研修生として外国人を受け入れる「産業研修生制」（一九九三年）が施行された（松尾 二〇一七：一六〇）。これは、韓国国内で一九八〇年代末から3D(dirty, dangerous and demeaning)業種に対する韓国人労働者の就職回避現象とともに、国内労働市場の生産職の人手不足が本格化したことに起因する。しかし、ネパール人研修生たちによる産業研修生制反対デモ[10]が一九九五年にソウル明洞聖堂で起き、研修生への賃金未払いや労働災害をはじめ、外国人の人権をめぐる諸問題に対する関心が高まり、韓国政府はその解決策として、「外国人勤労者の雇用等に関する法律」(二〇〇三年)を制定し、「雇用許可制」(二〇〇四年)を施行した(同上：一六一―一六二)。雇用許可制とは、韓国人労働者の人材確保が困難な雇用主に雇用許可書を発行し、合法的に非専門外国人を雇用できる制度である。この制度は、二〇〇六年までは産業研修生制と並行していたが、二〇〇七年からは雇用許可制に統合された。

雇用許可制の施行は、韓国における外国人政策の最も大きな転機となった。その理由は、制度の導入に伴い、出入国管理法施行令なども改正され、従来、研修生扱いを受けていた外国人の単純労働者に「非専門就業」という滞留資格(新設)が付与されるようになったからだ。しかしながらその一方で、彼らの自由な職場移動や四年一〇ヵ月を超える在留は厳しく禁止されている。さらに、その後「誠実勤労者再入国就業制」が導入され、最長九年一〇ヵ月間在留可能になったが、条件があまりにも厳しく、利用率は極わずかである。

一方、雇用許可制の導入によって、在外同胞は増加した。二〇〇七年から「外国籍同胞訪問就業制」が施行され、中国及び旧ソ連地域に居住する二五歳以上の海外同胞に、韓国で就業活動ができる「訪問就業」という在留資格が新たに付与されるようになった。外国人移住労働者(在外同胞を除く)を対象とした雇用許可制(滞留資格は非専門就業)が、韓国(朝鮮)系中国人をはじめとする在外同胞へと拡大され、飲食店や清掃業、家事などのサービス分野および介護分野、建設業などにおける就業が可能になった。韓国(朝鮮)系中国人は、比較的に韓国語駆使能力に支障がない場合が多いため、移住労働者に比べて雇用機会や高賃金獲得において優遇されていると言われている(キム・ソンリュル、イ・ウォンシク 二〇一七)。

他方、一九九〇年代半ばからは韓国人（その多くは男性）と結婚する外国人（その多くはアジア出身の女性）が増加し始め、二〇〇〇年代にはさらに増えた。主に韓国農村地域の嫁不足などの対応策として多くの結婚移民者が流入するようになり、二〇〇一年の二万五一八二人から、二〇一〇年には一四万一六五四人となり、わずか一〇年間で五倍以上増加した。結婚移民者の急増は、韓国社会に「多文化家族（家庭）」という新しいカテゴリーを誕生させた。しかし、それと同時に、人身売買や家庭内暴力などの人権問題が浮上し、国が多文化家族を対象とした大規模調査を実施した。その結果をもとに、二〇〇六年には、「女性結婚移民者家族および混血者への社会統合を促す支援方策」が出され（松尾 二〇一七：一六二）、多文化家族に対して政府予算が投入され、二〇〇六年の一二億ウォンから、二〇一一年には八八七億ウォンに急増した（チュ・ソンフン 二〇一〇：二四）。また、二〇〇八年には、国際結婚による移民者に焦点を当てた法律として、「多文化家族支援法」が制定された。同法は「多文化家族の構成員が、安定的な家族生活を営むことができるようにすることで、これらの者の生活の質の向上及び社会統合に貢献すること」（第一条）を目的とし、同法により、同年から「多文化家族支援センター」が短期間で全国に百ヵ所以上設置され（オ・ユンジャ 二〇一二）、二〇一七年現在、全国に二一七箇所の多文化家族支援センターがある（女性家族部 二〇一七）。このセンターを中心に多文化家族を支援するための多様なサービスが提供されている。

以上みてきたように、韓国において多文化化が進む中、外国人移住民をめぐる法律や政策が次第に整備されてきた。それは二〇〇七年、外国人の社会統合をめざす政策の基本法として「在韓外国人処遇基本法」の制定・施行につながったことによく表れている。同法の目的は、「在韓外国人が韓国社会に適応して能力を充分に発揮し、国民と外国人の双方が理解し尊重し合う社会環境をつくることで、国の発展と社会統合に貢献すること」（第一条）である。移住民に対する社会的包摂（social inclusion）の側面が明記されたものの、「統合」の形であることが強調されている。また、関連政策は結婚移民者(とその子どもたち)を対象としたものが多く、それは言い換えれば結婚移民者とその他外国人移住民とを区別していることである。特に外国人移住労働者などに対する社会的排除(social exclusion)や経済的搾取の状況は否めない(キム・テス 二〇〇九)。その背景には、根強く残っている単一民族としての意識と結婚移民者から成る多文化家族の存在が、韓国社会では重要視されている点が指摘できる(金兌恩 二〇一六:一七〇)。

三 外国人移住民をめぐる社会的排除と包摂――「ウリ」と「ナム」のバウンダリー

韓国における外国人移住民関連政策の展開過程は、同化主義もしくは差別的排除から、次第に多文化主義へとシフトしているように見える(チェ・ビョンドゥ、キム・ヨンギョン 二〇一一:三六〇—三六一)。多文化主義を志向しているように見える政策のパラダイムシフトが、実際の外国人移住者政策にどのように反映されたのかは、「在韓外国人処遇基本法」の「第一次外国人政策基本計画(二〇〇八—二〇一二)」における「人権が尊重される成熟した多文化社会への発展」とともに「開放を通じての国家競争力の強化」「法と原則にもとづく滞留秩序の確立」という明記にうかがうことができる。つまり、韓国政府の多文化政策は、依然として外国人移住者を国家競争力強化のための手段としてみており、彼らの滞留秩序を確立することによって、彼らを監視・管理の対象として認識している(チェ・ビョンドゥ、キム・ヨンギョン 二〇一一:三六一)。

韓国政府が主導してきた多文化政策とは、主にその対象が多文化家族に限られるといっても過言ではない(パク・ジョンデ、パク・クジヘ 二〇一四:五二)ほど、手厚い支援が行われている一方、多くの外国人労働者は排除され、韓国語教育や文化適応教育といった社会福祉サービスがほとんど受けられない状況（パク・ジョンス 二〇一六：四一九）にある。つまり、結婚移民者を除く移住民グループに対しては、韓国での定住を否定もしくは最小限に留め、労働市場といった特定領域だけに接近を認め、福祉権などへのアクセスも制限する典型的な差別排除主義であることが確認できる（イ・ビョンリョル、キム・ヒジャ 二〇一一：三五〇）。

このように、移住民関連政策において、移住民を区別し、異なった政策を展開する背景には、韓国社会における人間関係の共同規範の存在が指摘できる。韓国社会では人間関係を、基本的に「ウリ（身内）」と「ナム（他人）」に区別する（宋錫源 二〇一四：一五七）。一般的に、ウリとは私たちを意味し、自分の意思では所属を変えられない家庭や世帯、親族を基盤としている（岡田 二〇一七：八八）。ただし、韓国社会における「ウリ」のバウンダリーは、家族や同族（親族）のバウンダリーを超え、主として地縁、学縁などを同じくする者同士の間まで拡大していくこともある。したがって、直接的に個別的な人間関係を持たなくとも、血筋、出身地域および学校などが同一であるということだけでも、多大な親密感、すなわち「ウリ」意識を感じ合うようになる。

これに対し、「ナム」は他人を意味し、一般的に血統を同じくしない異邦人のことを意味し、「ウリ」と「ナム」は先鋭に対立する（宋 二〇一四：一五八）。「ウリ」同士は、自己の目的や利益の確保あるいは強化のためなら、「ナム」に対しては一致結束して毅然とした対応をしようとする。つまり、自分の属する集団（内集団）とその枠外の集団（外集団）との区分が、きわめて厳しく、内集団に対しては限りなく寛大である一方、外集団に対しては敵対視もしくは排他性を顕にする。

「ウリ」と「ナム」の区分を基本とした共同規範や人間関係は、今なお韓国人・社会に大きく影響を与え続けている（岡田 二〇一七：七七）。とりわけ、人種、出身、階層にもとづく境界線が引かれ、自国民であるウリと、移住者であるナムに区分する。ウリとナムの間にある境界は、移住民を移住先である韓国に所属できない他者、異邦人に位置づけ、差別と排除を生み出している。つまり、排除・差別主義にもとづく多文化政策は、ウリとナムの二項対立を生み出し、移住者を社会周辺部に位置させる。その結果、これら関連政策が表面的に目指している社会統合を困難にし、彼らを永久的他者、つまり異邦人として残るしかないよう位置づけている。

儒教思想や父系中心の家父長的認識による韓国の家族や親族＝同族は、主として男性を中心として血統を同じくする集団であり、血筋は韓国の同族における有一無二の資格要件でもある。実際、韓国の同族団における親子は、必ず同一血縁でなければならない。すなわち、己のうちに親の生命の延長を認め、親のうちに己の生命の本源を認め、かくて両者を分け隔てなき一つの生命の連続と認めるのである。『礼儀』の「祭儀篇」にもあるように、まさに「我が身は、親の遺体」に他ならないからである（同上：一六〇）。

言い換えれば、多文化社会が進んでいる韓国社会における結婚移住女性の増加は、韓国社会の基本前提であったはずの単一民族意識を根本から揺るがすものである（宋 二〇一四：一六五）。少なくとも韓国の男性と結婚した外国の女性の存在は、血統を中心とした同族から段々広がっていく韓国社会の「ウリ」の特質を根本的に問い直さざるを得ないであろう（宋 二〇一四：一六六）。

こうした偏った認識は、学習の結果でもある（ソル・ドンフン 二〇〇七）。日本植民地支配期以降、脱植民地時代において民族の自負心を高めるための目的で、教育教科課程において「韓民族は檀君の末裔として、数千年間単一民族社会を維持してきた」と教育を受けていたからである。既存の教科課程において「ウリ民族」の優秀性を強調しながら、純血主義を過剰に強調してきた部分を反省しなければならない。

ところで、「ウリ」と「ナム」のバウンダリーは、今日、ネットを中心とした「反多文化情緒」の拡散として現れている。近年韓国社会における諸問題――経済的両極化、社会的不平等・疎外、失業、福祉など――の原因をすべて多文化化に起因するとし、新自由主義体制化の社会的・経済的不安や不満を、彼ら外国人移住民に集中させている。これは、一九九七年アジア金融危機以降の不安定な雇用状況や常に他者と競争しなければならない状況のもと、社会的弱者に対する包摂が減退したこと（オム・ハンジン 二〇〇八）、さらに外国人移住民への人種差別や排除を傍観もしくは量産してきた韓国の政策の退行に起因する（キム・ヒョンミ 二〇一四）。その結果、移住民をはじめとする他者に否定的な感情や嫌悪、敵対的な態度や暴力的な言行などが広まるようになったのである。

だが、「ウリ」と「ナム」とを区別する共同規範には例外も存在する。たとえば、「混血者も、ウリ民族だ」という認識の転換を韓国社会に与えたのが、元アメリカンフットボールのスターで韓国系アメリカ人のハインズ・ウォード（Hines E. Ward Jr.）の存在である（ソル・ドンフン 二〇〇七）。「民族」に対する愛着が強い韓国人は、「成功した」ウリ民族を通じて自負心を感じ、彼ら国籍が異なる外国人であれ、混血者であれ、「ウリ」として受け入れる。反対に言えば、純血主義を重視する韓国では、成功していない混血者は民族の一員として受け入れられない。こうした韓国社会における混血者に対する差別は、純血民族主義ないしは人種差別主義が重なり、民族の序列化として表出されている。

以上のように、韓国における移住民関連政策は移住民を区別し、それぞれ異なった政策を展開してきたことがわかる。それは、韓国社会の共同規範である「ウリ」と「ナム」のバウンダリーが徹底的に政策に反映されていることであるといえよう。こうした移住民をめぐる区別や排除が行われるなか、移住民への関心や支援を強調するキリスト教団体は、実際、移住民をどのように認識し、どのような活動を展開しているのだろうか。キリスト教では、聖書において移民に対する記述が多く、差異を乗り越え、差別化・序列化された存在をキリストの家族や信徒として、同じ者として受け入れることを教える。主の子としてのクリスチャンのアイデンティティは、困っている人へ慈悲と善意を分け合う時に現れ、完成するとされている。こうした教えを実践することこそ、真なる宗教、宗教者であるという。そのため、移住民支援活動におけるキリスト教団体の貢献は大きい。そこには、韓国の関連政策に見られるような、「ウリ」と「ナム」のバウンダリーが反映されているのだろうか。あるいは、宗教的価値観や倫理もしくは普遍主義・人道主義的特徴が表れているのだろうか。韓国のキリスト教は、多文化社会をどのように認識し、どのように対応しているのか、以下の三団体の活動を通して検討していきたい。

四　キリスト教の移住民支援活動の現状——三つの団体を中心に

四—一　カトリック教区による移住民支援——ソウル大教区移住司牧委員会を中心に

ローマ教皇を中心としたヒエラルキー構造から組織的体系をもつカトリックでは、移住民支援においても全世界で統合的体系を備えている。カトリックでは教皇庁移住・移動者司牧評議会指針（二〇〇四年五月三日）『移住者へのキリストの愛(Erga Migrantes Caritas Christi)』に、移住民に対する関心やその対応が明確に示されている。そこでは移住民を、キリストの母像として、人間の尊厳にもとづき、宗教的教えが強調する愛の対象として認識している。また、移住する人々との連帯や交流のため、司牧的関心やケアの必要性を強調している。

韓国カトリックにおいて移住民を対象とした活動が始まったのは、一九八一年主教会秋季定期総会において、それ以前の離郷信者司牧部、海外橋胞司牧部、国内外国人司牧部などの諸部署を「移住司牧委員会」に統合したことに始まる。とりわけ、九〇年代に入ってから、移住労働者に注目し、ソウル大教区は明洞聖堂に「外国人労働者相談所」を設置(一九九二年)し、市民団体「外国人労働者の人権のための集い」と共に移住労働者問題に本格的に対応していった。翌年(一九九三年)からは首都圏に移住労働者相談所のような支援団体が設立され、それ以降、各教区に拡大していった(キム・ウソン 二〇〇九：八三)。こうした相談・支援活動が拡大したことから、韓国主教会議では二〇〇三年に各教区で移住司牧代表司祭委員会を組織した。移住司牧代表司祭委員会は、各教区の移住司牧部の活動を共有し、実務者の教育支援や国内の外国人のための研究などを担当し、関連ノウハウの共有および組織的な活動において重要な役割を担っている(パク・ムンス 二〇一一：一四一―一四二)。カトリックは、教区を中心として運営されているため、個別聖堂で移住民支援活動を行うよりは、教区に関連委員会や部署を置く方式を採択している。この点は、後述するプロテスタント団体の動きとは大きく異なっている。

一方、ソウル大教区の移住司牧活動[11]は、当初、労働司牧委員会のもとで行われていた。労働司牧委員会は、一九七一年に発足された都市産業司牧研究会が八〇年に改称し、労働者問題に積極的に取り組んでいる組織である。二〇〇二年からは移住民のための国・地域別共同体を組織・支援し、二〇〇七年からは結婚移民女性のため、城北(ソンブク)区多文化家族支援センター(ソウル市城北区)を委託運営し、多文化家族支援活動も展開した。このように活動領域を拡大するにつれ、二〇一四年には労働司牧委員会から分離し、移住司牧委員会は独立した組織として運営されるようになった。

活動内容としては、①相談センターとして「移住労働者相談センター」と「ソウルカトリック相互文化センター」を運営するほか、②国家別共同体(フィリピン、ベトナム、南米、モンゴル、中国、タイ)への司牧的支援、③シェルター(ベタニア(Bethany)の家、友の家、ベツレヘム(Bethlehem)保育園、マゴネ(地域児童センター＝コンブバン)、愛の家)運営などがある(図11-3)。

以上のような支援活動は、ソウル大教区移住司牧委員会が九二年に外国人労働者相談所を開所して以来、韓国

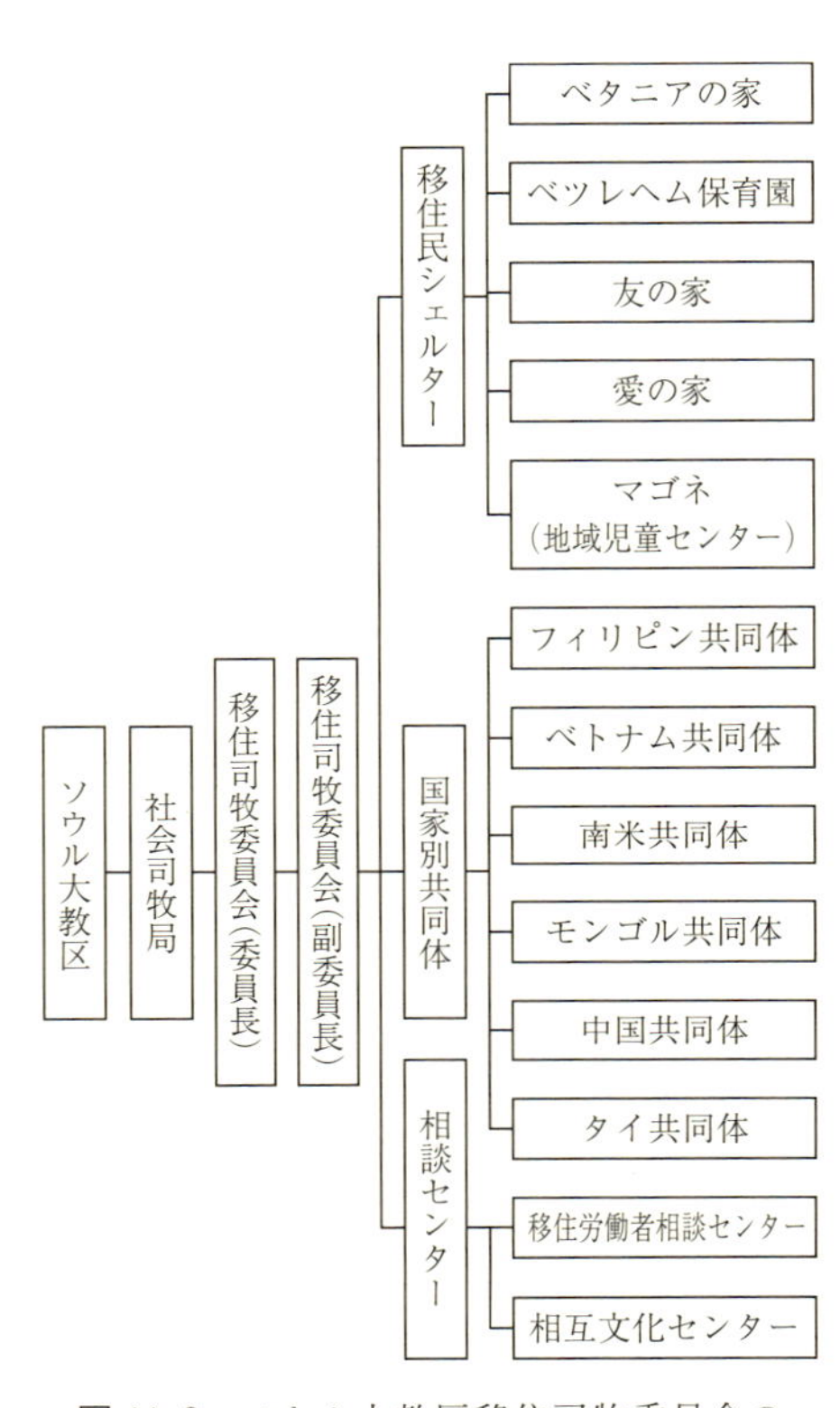
ソウル大教区
社会司牧局
移住司牧委員会（委員長）
移住司牧委員会（副委員長）
移住民シェルター
ベタニアの家
ベツレヘム保育園
友の家
愛の家
マゴネ
（地域児童センター）
国家別共同体
フィリピン共同体
ベトナム共同体
南米共同体
モンゴル共同体
中国共同体
タイ共同体
相談センター
移住労働者相談センター
相互文化センター

図 11-3　ソウル大教区移住司牧委員会の組織図

の社会的ニーズに対応する形で徐々に展開してきたところにその特徴がある。移住労働者相談センターは、当時賃金未払いや労災で苦しむ外国人の増加に応じる形でスタートし、当時一〇〇～二〇〇人程度の外国人労働者が相談所を訪れたという。労災事故で治療が必要な人や職場を失った人のためのシェルター（ベタニアの家）を設け、医療面での支援も展開していった。また、二〇〇〇年代初め頃、風俗で働くロシア人女性（芸能ビザ）が増え、労働搾取や強制売春の理由で人身売買業者から逃げ出した女性らを保護する目的で「友の家」を運営するようになった。その後、「友の家」は、ロシア人女性が減少したのと時期を同じくしてフィリピンやベトナム、カンボジアなどからの結婚移住女性が増え、家庭内暴力や様々な問題に直面した移住民女性たちの一時保護・支援の施設として運営されるようになり、現在に至っている。利用期間は基本的に六ヶ月であるが、状況によって利用延長も可能だ。二階には、保育施設があり、これは、家庭内暴力から子供を連れて出てきたフィリピン人女性の子どもたちをケア、教育することを目的に設置された。それが現在のベツレヘム保育園（多文化家庭の幼児のための二四時間保育・教育施設）の始まりとなっている。この施設は、〇～七歳までの子どもを二四時間体制でケアする施設で、現在二〇名程度が利用している。またベツレヘム保育園を卒園した子どもをケアするために、地域児童センター「マゴネ（コンブバン）」を設立し、長期的なケアにつなげている。

離婚した結婚移民女性の場合、経済的に住まいなどを借りることが困難であるため、これら女性をサポートする目的で設立された「愛の家」がある。ここでは、公共住宅などの手続きのサポートや、給料の五〇パーセントを自動積立するシステムを提供しており、子どもと一緒に韓国で長期的に居住できるよう、徹底した職業指導も行っている。

このように、ソウル大教区移住司牧委員会は、移住民のニーズに応える形で、支援活動の領域を広げてきていることがわかる。ただし、二〇一七年からは、委託運営施設である「多文化家族支援センター」の運営をやめ、同センターのあった空間に、「相互文化センター」を独自にオープンした。その理由として、多文化家族支援センターの従来の三年間の委託契約期間が一年に短くなったため、センター職員の安定した雇用の確保が難しくなったという点が挙げられるが、従来の一方的な多文化教育プログラムを実施するのではなく、移住民の母国文化について配偶者やその家族が一緒に学び、相互の文化を理解する施設を運営したいとの考えもある。現在は、二〇一八年二月～一一月まで毎週木曜日二時間、地域住民とベトナム出身結婚移民者の配偶者を対象に「文化で学ぶベトナム語」教育を実施している（「文化で学ぶベトナム語」教育は、区役所公募事業として実施されている）。

表11-2は、ソウル移住司牧委員会の二〇一八年六月後援金の使用内訳であるが、例月の収入・支出額ともにほぼ変わらなかった。なお、インタビュー調査でも確認しているが、ソウル大教区からの補助は無く、すべて後援会員による後援金で充当されている。ただし、ベツレヘム保育園を除くシェルターの職員の人件費や運営費用の一部に関しては、政府予算に頼っている現状である（パク・ムンス 二〇一一：一四二―一四三）。

表11-2　ソウル移住司牧委員会2018年6月後援金使用内訳書（ウォン）

			金額	内容	
収入内訳	収入総額		16,757,466	前月繰越金	45,000
	振替		1,988,966		
	振込		14,723,500	各銀行口座の合計金	
	教区補助		−		
支出内訳	団体賛助費	ベツレヘム保育園	6,500,000	人件費，食費，教育費，水道光熱費，生活用品費，医療費等	
		ベタニアの家	1,500,000	食費，水道光熱費，生活用品費，医療費等	
		友の家	925,000	食費，水道光熱費，イベント費用等	
		マゴネ	1,200,000	間食費，教育費等	
		愛の家	1,500,000	食費，水道光熱費，生活用品費，医療費等	
		モンゴル共同体	200,000	祭典費	
		南米共同体	300,000	祭典費	
		相互文化センター	700,000	ハングル班ほか運営プログラム費用等	
		小計	12,825,000		
	支援金	労働司牧委員会	3,450,000	長期修繕引当金等	
	運営費	移住司牧委員会	462,350	運営費等	
	支出総額		16,737,350	残高（繰越）	20,116

（出典）ソウル移住司牧委員会消息紙「良き隣人」第25号（2018年7月），4頁より筆者作成

一方、ソウル大教区には、フィリピン、ベトナム、南米、モンゴル、中国、タイ共同体が活動しており、これらコミュニティへの司牧的支援を行っている（表11-3）。とりわけ、フィリピン共同体は、日曜ミサに一五〇〇〜二〇〇〇人が参加しており、韓国内の移住民共同体のなかでもっとも活発な活動を展開している（キム・ソンイ

表11-3　移住司牧委員会の共同体別主日ミサ時間

共同体	ミサ時間	場所	担当司祭
フィリピン	第1土曜日 20：30	フィリピンセンター	Fr. アルフレッド
	毎週主日 13：30	惠化洞聖堂	
ベトナム	毎週土曜日 19：00	ベトナム共同体公所	Fr. ハオ
	毎週主日 12：00		
南米	第一・三主日 16：00	驛谷洞 Consolata 宣教修道会	Consolata 宣教修道会
	第二・四主日 11：00	普門洞労働司牧会館	Guadalupe 宣教会
モンゴル	毎月第三主日 12：00	普門洞労働司牧会館	Fr. ナム・チャンヒョン
中国	毎月第一主日 11：00	普門洞労働司牧会館	Fr. チョン・ジュンリ
タイ	＊タイ共同体は担当司祭の空席により現在ミサが行われていない。		

（出典）ソウル移住司牧委員会消息紙「良き隣人」第27号（2018年9月），2頁より筆者作成

ム 二〇一〇）。また、日曜の教会周辺には、フィリピン人たちによるマーケットが開かれ、日用品や食べ物などが販売され、約三〇〇〇人が集まる（同上：四九）。移住司牧委員会ではこれら共同体に対して、ミサの奉献をはじめ、祭典費の補助や司祭の派遣、ミサの通訳、母国司祭・宣教師の招待などを支援している。この他にも、移住労働者への医療、労災、賃金未払い、退職金、年金、人権侵害、健康などに関する相談サービス、外国人服役者のための刑務所訪問、外国人服役者と本国家族との文通へのサポートなど、多岐にわたって支援を行っている（文化体育観光部 二〇一二：六五―六七）。

以上のように、ソウル移住司牧委員会の支援活動を通して捉えられたカトリック教区による移住民支援は、従来の多文化政策の問題を明確に認識し、それを克服するための努力を展開しつつあることが見受けられる。また、宗教団体ならではの役割として、移住民の宗教コミュニティへの支援も行っている。これは、移住司牧委員会の設立目的「教会の福音宣布任務を効果的に遂行するために、移住と関連する司牧的問題に関して、教区長を諮問し、諸活動に対して教区長の承認を得て、聖書と社会教理の精神にもとづき、移住民を福音化することに、その活動の目的を置く。特に、移住民も我が社会における同じ構成員というアイデンティティと人間としての尊厳

性を自覚し、権益を擁護し、カトリック精神と社会正義の実現に貢献する」[12]にもよくうかがえる。

しかし、移住労働者を対象とした活動にみるような当初の社会運動としての性格は弱まり、支援対象も移住労働者から多文化家庭にシフトしていることが見受けられる。表11-2の後援金使用内訳書の支出内訳にみるように、結婚移民者やその子どもたちを対象とした支援に後援金がより多く使用されている点からも確認できる。また、与えるだけの一方的支援にとどまり、統合的福祉支援のレベルにまでには至っていないといえる。こうした活動内容からは、政府が行う多文化家庭を優遇する政策と同様に、同委員会の移住民に対する関心や支援活動における偏りが見て取れる。また、依然として移住民を受動的、支援の対象としてしか認識しておらず、韓国社会への統合、いわゆる同化主義を基盤としていることが伺える。

四―二　プロテスタント団体による移住民支援

韓国におけるプロテスタントの移住民支援活動が始まったのも、カトリックと同様に一九九〇年頃からである。韓国基督教会協議会は、一九九三年韓国教会外国人労働者宣教協議会を発足し、移住労働者を対象とした活動を本格的に展開していった。以降、プロテスタントによる移住民支援活動は多岐にわたり、移住民支援団体の中で宗教団体の約八割がプロテスタント系団体で占められているほど拡大していった（文化体育観光部 二〇一二：六八）。韓国におけるプロテスタント信者が、人口の約五分の一に相当することから、後援およびボランティアの確保が容易であったという点が、予算および人材面において積極的な活動につながったといえよう。

プロテスタント団体による移住民支援活動の特徴は、ヒエラルキー構造から組織的体系を備えるカトリックに比べ、基本的には、教団あるいは個別教会によってそれぞれ運営されていることにある。とりわけ当初は牧師個人により個別活動からスタートしている場合が多い。つまり、個別教会主義は、韓国プロテスタントの特徴の一つであるが、個々の教会が目標を設定し、それに合わせて活動を展開し、その際、教会内の人的・物的資源を用い、教会の維持や拡張を最優先することを意味する。ヒエラルキー構造下にあるカトリックの活動とは異なり、個別教会を中心とするプロテスタントの移住民支援活動は、必要に応じ早急に対応でき、予算や人的資源の動員においても独自に活動できるという点でメリットがある。だが、移住民支援において組織的対応や関連ノウハウの共有など、連携かつ統合的対応に欠けているという弱点を持つ（同上：六九）。こうした問題に対し、より組織的、効率的な活動を展開するために、二〇〇九年、五〇〇以上のプロテスタント系移住民支援団体が「多文化宣教のための韓国教会ネットワーク」という移住民支援団体を発足させた。なお、これは移住民支援にとどまらず、韓国プロテスタントの最大規模の連合体である。これを機に、プロテスタントにおいても、組織的な活動が展開できるようにはなったものの、教団・教派それぞれ独自に支援活動を行う傾向は依然として強く、活動の様子はさまざまである。

一方、韓国における移住民の増加は、プロテスタントの宣教活動にも大きく影響を与えた。具体的には各教団の宣教部や宣教団体、個別教会は移住民を対象とした宣教活動に力を注ぎ、移住労働者や結婚移民女性、多文化家族を対象としたいわゆる「多文化宣教」が新たな分野として生まれた（イ・ジング 二〇一一：一六四）[13]。今日、移住民を対象とした活動を展開している多くのプロテスタント団体では、多文化宣教の一環として行っている場合が多い。他方、設立主体がプロテスタント教団ではあるが、NGO団体として宗教とは関係なく運営されているケースもある。例えば、「安山（アンサン）移住民センター」は、一九九四年大韓イエス長老会（統合）ソウル西南老会と富川（プチョン）老会の支援によって設立された団体であるが、人類平和・人権保障など、普遍主義的立場から「国境なき村運動」を通じて移住民支援活動を展開している（文化体育観光部 二〇一二）。さらには、政府から委託運営を受け、政府関連機関と連帯して移住民支援を行うケースもある。また、「韓国外国人力支援センター」の場合、外国人労働者の雇用などに関する法律にもとづき、二〇〇四年外国人労働者の人権伸張や福祉増進のため「労働部」が設立し、「韓国産業人力公団」が管理監督し、プロテスタント団体「(社団)地球村サランナヌム(=愛の分かち合い)」が委託運営を行うというユニークな組織もある。

以上見てきたように、プロテスタント団体により多様な組織形態で支援活動が行われる一方、その支援の対象となっているのは、外国人移住民において多数を占める移住労働者ではなく、韓国政府や自治体の政策と同様、結婚移住女性に集中している現状がある。彼女らを支援すべき可哀そうな存在として見なす温情主義(paternalism)が韓国社会に固着化し、結果、施恵的支援に留まっていると指摘されている(ファン・ジョンミ 二〇一四)。ただし、近年では、従来の支援対象から、大多数を占める移住労働者や中途入国子女などへの積極的支援を行っている団体もある。また、宣教活動を並行しない団体も登場している。

(1)富川(プチョン)セナル学校(14)

京畿道富川市に位置する「富川セナル学校」は、大韓イエス長老会(改革)所属のソン・スジョン(パウロ、一九四四年生まれ)牧師によって、二〇一〇年に設立された多文化代案学校(alternative school)である。牧師が二〇〇五年から「韓国外国人宣教会」で運営する移住民センターにて宣教活動に携わったことを通じて、「中途入国子女」の教育問題の深刻性を知ったことがきっかけとなっている。中途入国子女とは、海外で生まれ成長し、両親の就職もしくは再婚(主に、韓国人男性と再婚した外国人女性)などにより、韓国に同伴入国した移住民の子女を指す。多くの中途入国子女(一三歳から二〇歳までが多い)は、韓国語が不自由なため、公教育への入学・編入が容易ではない。編入できたとしても、学校生活に適応できず、退学を希望する場合もある。その結果、行き場の失った子どもたちが、部屋にこもり韓国社会と断絶した生活を送っている。その状況を目の当たりにしたソン牧師は、彼らに韓国に関する基礎的知識を教えることで彼らのカルチャーショックを緩和し、公教育へとつなげることが必要だと判断し、公教育への編入のための踏み台（土台）のような役割を目指し、富川セナル学校の設立に至ったという。現在は、中途入国子女をはじめ、多文化家族の子どもたちや北朝鮮離脱住民、難民なども対象として含まれている。また、ソン牧師は、学生たちが韓国社会で正しいアイデンティティをもって韓国社会に適応することを願っており、人性教育（personality education）を担当する中で、中途入国子女の人格形成およびアイデンティティ教育に重点をおいている（文化体育観光部 二〇一二：七六—七七）。

この学校の運営は、支援によって運営されているが、女性家族部の「レインボー事業（＝中途入国青少年支援）」の補助金を一部受けている。利用者は、教材費と昼食代を除き、無料で教育を受けることができる。学校は、初等部、中等部、高等部があり、二〇一八年七月現在、一八名の学生が在学している。国籍別にみると、中国八名、台湾一名、ベトナム四名、イラン二名、マレーシア一名である。設立当初の講師は、韓国語講師およびネイティブ教師を合わせて三〇名を超えていたが、現在は韓国語講師とネイティブ教師を合わせて五名が働いている。主に韓国語教育、人性教育、アイデンティティ教育、検定試験（初等学校・中学校・高等学校卒業程度認定試験）対策などを実施している。表11-4にみるように、学校の教育理念をはじめ、目標、重点、カリキュラムに至るまで、キリスト教精神にもとづいていることがわかる(15)。

キリスト教精神に基づいた活動を展開していることから、開設当初は、礼拝室を設けて日曜日に礼拝を行っていた。礼拝参加は強制ではなく自発的に行われていたというが、在学生のほとんどが信仰を持っていなかったため、現在は実施していない。数年前に、信仰を持ちたいという学生がいて、講師の紹介で教会に出席し、入信したケースもあるというが、こうした事例はほとんどないという。それに対して、設立当初から現在まで韓国語講

表 11-4　セナル学校の教育理念・目標・カリキュラム

教育理念	大切な自分の生活のため，どのような価値や目的を持って生きていくべきかを知り，自分のアイデンティティを確立できるよう助け，未来に対する新しいビジョンを提示し，国際的人材になって疎外された者の隣人になってあげられる人になるよう，ハナニム(神様の韓国語)の愛より教育する。
教育目標	①世界を変化させる暮らし　②多文化を包容する暮らし ③仕えと分かち合いの暮らし　④ハナニムを敬畏する暮らし
教育重点	①多様な言語(母国語)を媒介に国際的な協力と発展に貢献する暮らしができるようにする ②音楽，美術など，多様な特技の適正教育を実施し，能力のある社会人を育成する ③善良で謙遜な生活を営むことのできる美しい心性を育てる ④ハナニムの召命を受け，ビジョンを持つ暮らしができるようにする。
カリキュラム	①全日制授業(初・中・高等学校) ②宗教修練活動および国内外国土巡礼と宣教地探訪 ③多様なサークル活動および特技適正活動とサークル祝祭 ④音楽，美術など，一人一特技をもつ ⑤両親の母国語の学び ⑥情報化教育 ⑦労作体験および産学協同体制の経験

師はすべてキリスト教信者である。ほぼボランティアに近いほど給料が低いため，キリスト教精神(信頼と犠牲)がないと継続しないのがその理由だという。低い給料でも宗教的情熱を持っているため，献身的に教鞭をとっているという。

このように，キリスト教理念にもとづき設立された富川セナル学校であったが，宣教活動の一環として行われていた活動は，途中から薄まっていった。これは，政府補助金を受けるようになったことが大きく影響しており，状況に合わせて当初の理念を転換させているためと思われる。

また，富川セナル学校では，他のプロテスタント団体の支援活動とは異なって，中途入国子女たちを対象としていることから，従来の結婚移住女性に集中していた支援活動の領域を超え，実際に移住民がかかえている問題へ対応し，結果として設立理念を転換させながら運営している。ただし，先にみたように，教育活動において，あくまでも彼らの韓国社会への適応が最終的目標とされている点から，統合，同化主義の特徴を有しているといえよう。この点からは、決して「ウリ」にはなれないが、「ナム」でもない存在として、移住民を捉えていると考えられる。

(2)牙山(アサン)移住労働者センター(16)

二〇〇一年に開設した非営利民間団体である牙山移住労働者センターの取り組みをみていこう。現在所長であるウ・サムヨル氏(牧師、一九七〇年生まれ)が、二〇〇八年から牙山ＹＭＣＡの一室にテーブルを置いて相談を開始した。牙山は、現代(Hyundai)自動車の下請け企業や製造工場などが集中しており、そこで働く外国人労働者が集住する地域としても知られている。当団体は、外国人労働者に対する賃金未払いや暴力といった問題に対して、労働者の基本権利を守るため、牙山市のプロテスタント牧師を中心に、医師会、薬師会、牧会者たちが集まって組織された。

同センターの特徴としては、センターの設立当初、プロテスタント牧師が中心的な役割を担い、現在も後援団体の一〇ヵ所のうち五ヵ所が教会である。また、理事長をはじめ、理事のなかにも牧師が少なくない。こうした状況にもかかわらず、移住民支援活動を宣教活動と並行している他プロテスタント団体とは異なり、宗教色を一切出さない活動を展開している。初代理事長は牧師が務めたが、現在、プロテスタントを超え、牙山市地域の有志が集まった団体となっている。

所長のウ氏は、二〇〇一年韓国メソジスト教会の牧師按手を受け、二〇〇八年からメソジスト教会本部から牧会活動の一環として派遣される形で当センターに務めている。ウ氏は、一九九八年から専任伝道師としての義務である三年間の伝道活動を、慶尚南道密陽(ミルヤン)、昌原(チャンウォン)、馬山(マサン)にて行った。その期間中に、慶尚南道昌原にある外国人労働者相談所で活躍する牧師との出会いを通じてボランティア活動をスタートし、平日は相談所で、土日は教

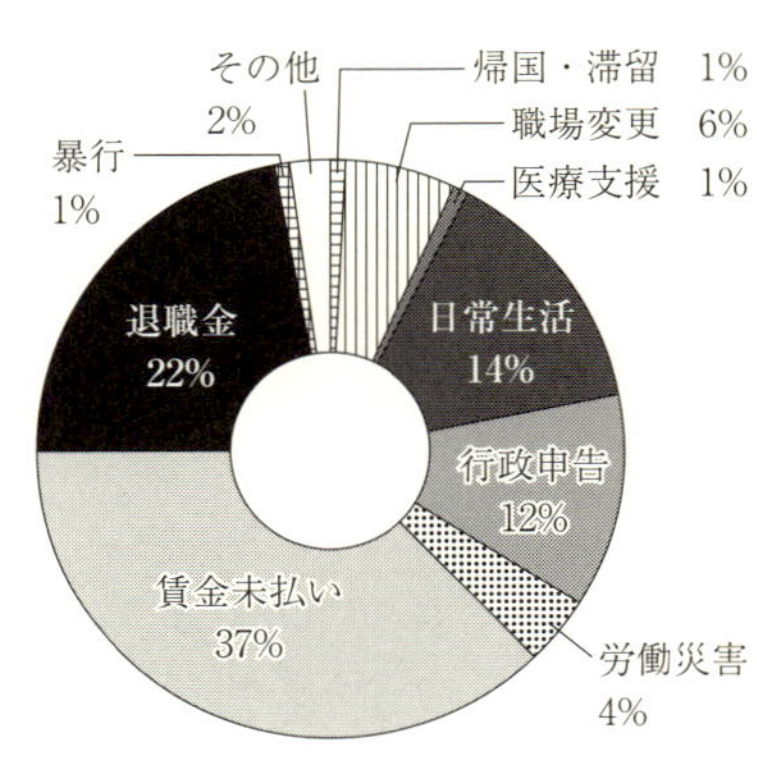
その他
2%
帰国・滞留　1%
職場変更　6%
医療支援　1%
暴行
1%
退職金
22%
日常生活
14%
行政申告
12%
賃金未払い
37%
労働災害
4%

図 11-4　牙山移住労働者センターの相談類型・件数（2017年1月～7月）

会の礼拝を執り行っていた。その後、釜山のロシア人共同体などで四年間の牧会活動を経て、ソウルにある外国人労働者協会本部の事務局長を二〇〇五年から二年務め、現職に至る。現在は、牧会活動は一切行っていない。なお、教団からの派遣とはいえ、補助金などの支援は一切ないという。

当センターでは、年間およそ六〇〇件にのぼる相談を受け、外国人労働者と雇用主の間での諸トラブルや人権問題への対応を行っている。二〇一七年一月~七月の相談内容をみてみると、賃金未払いが最も多く、次いで退職金の支払いといったような金銭面に関する相談が半分を占めている（図11-4）。日常生活や行政申告といった言語問題から生じる相談が多いことがわかる。相談者の出身地は、ネパールが一二六名で最も多く、フィリピン八〇名、ベトナム四五名、中国三二名、タイ二六名などである。

また、二〇一五年からは単身の女性労働者のシェルターを運営し、現在四名の女性が共同生活を行っている。個人および団体からの後援金や市・道からの事業費の一部支援はあるものの、人件費などで財政難が続いているという。常勤勤務は所長を含む三名で、タイ語とロシア語の非常勤が二名、週に二回出勤しており、外国人労働者の休日である日曜日は全員出勤している。政府や自治体の委託運営を受け補助金を受けると、活動が限定的になってしまうことから、活動の制限を避けるため、現在はNGOとしての活動を選択している。しかし、人件費を抑えなければならなかったり、活動場所が狭小であったりなどの問題があるため、今後の活動のために補助金を受けるか否かを真剣に検討しているという。

その他、移住労働者の最低賃金に関する情報提供イベント（最低賃金の案内とともに、残業手当、退職金などに対する基本教育）、世界人種差別撤廃の日記念イベント、韓国語教室、歴史文化探訪、各種スポーツ大会を開催し、移住労働者に関する韓国社会での理解を深めると同時に、移住労働者の人権意識を高める機会を提供するため努力している。とりわけ、近年では、韓国内の人種差別問題に関心をもち、移住労働者の多い地域にて関連チラシを配布したり、関連シンポジウムを開催し社会的関心を集めたり、関連機関と連携し国に働きかける活動も展開している。

ウ所長は、活動を通して見えてきた韓国内の外国人移住労働者関連政策の問題、矛盾を次のように指摘する。韓国政府や自治体では移民の支援に関しては、結婚移住女性に対する支援に集中する反面、移住労働者に対しては短期労働を前提とし、定住化を認めようとしない。そのため、彼らは韓国社会の法律、文化、制度を学びたくてもそのチャンスさえ与えられていない状況にある。重要なことは、彼らを単なる労働力としてみるのではなく、工場の外では「地域住民」として認識することであると主張する。センターは独自に牙山市に居住する外国人労働者を対象とし、関連教育（生活情報の提供や法律、制度の教育プログラムの実施）を実施しようと試みるが、自治体では彼らの居住地情報を把握していない（政府機関が一括管理）ため、センターは情報提供に苦労している。彼らが働いている工場に移住労働者が関連教育を受けられるよう雇用主に情報提供を求めても、個人情報保護を理由に、教えてもらえないという。ウ氏は、国際的人権基準に合わせて労働環境を提供することが重要であると認識し、政策に積極的に働きかける活動をすることが大切であると話す。

以上みてきたように、牙山移住労働者センターは、外国人移住労働者への相談支援を中心に、彼らの問題解決のために努力していることがわかる。また、近年では労働・人権侵害問題の改善を社会や国に働きかける活動も展開している。同センターは、外国人移住労働者への宗教団体による関心・活動が低迷していくなか、彼らを支援する数少ない宗教団体の一つである。だが、教団からウ氏が派遣される形で継続している活動にもかかわらず、宗教色（宗教団体ならではの活動）を出していない点、教団からの経済的支援がない点は、相談者の絶対多数が非クリスチャンであることへの配慮もしくは宗教活動を越えた公共性の確保として捉えることができよう。しかし注目すべき点は、あくまでも所長（牧師）個人レベルでの関心による活動であり、教団レベルでは移住労働者に全く関心がなく、かつ支援も行われていないところである。こうした状況は同センターのみならず、今日多くのプロテスタント団体においても見られ、移住労働者に対してほとんど無関心な傾向にある。外国人移住労働者をはじめとする移住民への支援活動は、個人や団体による後援金だけでは継続することができず、政府や自治体からの補助金もしくは教団レベルでの支援が欠かせない。外国人移住労働者への支援団体が少ないため、同センターの継続的な活動が何より重要だが、韓国社会・政策の関心の低さ、つまり移住民を区別する韓国社会の共同規範とそれによる政策が、この事例からも見て取れる。

五　むすびに代えて——移住民のしあわせ（ウェルビーイング）と宗教

以上みてきたように、近年、キリスト教においては、異邦人や客人の概念を移民たちにおきかえ、彼らを宣教の対象として認識し、積極的な活動を展開している場合が多い。こうした支援活動の展開は、キリスト教の影響力の拡張という道具主義的観点や、キリスト教精神の本来の発現という本質主義的観点から理解できる。だが、それだけでは活動の展開を説明できない。近年プロテスタントが、海外宣教地にて現地文化・住民との葛藤などの理由から海外宣教が困難になったこととそのイメージ刷新、そして、九〇年代以降の急激な多文化化が進んだ韓国社会内部の問題に対する教会の対応といった、二つの要因が相まって影響を与えたのである。

これまで移住民に対するキリスト教団体の支援活動は、相談、多文化家族支援、宗教活動支援、社会福祉サービスの提供といった形で行われてきた。移住民支援活動の初期活動においては、労働相談や移住労働者の危機状況に対する人道主義的支援活動が主だった（パク・ムンス 二〇一一：一四二―一四三）。だが、宗教・人種、国籍を超えて移住労働者たちの人権問題を法的・制度的に改善するための教会外部団体との連携協力活動はあまり積極的ではなかったといえる。むろん、移住労働者関連の法改正といった成果を達成したものの、移住労働者を支援する運動、さらには彼らが置かれている状況を構造的に解決しようとする九〇年代以降のアメリカにおけるキリスト教団体にみるような、社会運動にまでは拡大していかなかった（キム・ウソン 二〇〇九）。むろん、なかには牙山移住労働者センターのように、移住労働者の人権問題の法的・制度的改善のための活動を積極的に展開しているところもある。だが、多くの場合、キリスト教の移住民支援活動は、非・他信者移住民までを包括する普遍主義的性格や、人道主義的支援にまでには至らず、さらに移住民の社会的・経済的・政治的状況を構造的に向上させるための政策的改善を求める方向に進むことが出来ない状況にあるといえる。

他方、移住労働者への支援活動は、その後次第に多文化家族支援活動（主に結婚移民者とその子ども）へとシフトしていった。この現象は、韓国の移住民政策にみるような、「ウリ」と「ナム」とのバウンダリーが、依然としてキリスト教団体の支援活動においてもうかがえることからわかる。韓国の関連政策においては、少子高齢化という危機局面を打破するために、結婚移住女性と多文化家族の「統合」と、彼らの「力量強化」を目標に多様な政策を展開してきた。こうした政策は移住民に対する政府の介入、いわゆる「分割統治」といえるものであり（オ・ギョンソク 二〇〇七）、私的領域に対する国家権力の侵害として指摘できよう（チョン・ウィリョン 二〇一五：二五二―二五三）。言い換えれば、どのように「望ましい多文化」を実現できるかということばかりに集中し、政府の多文化政策を批判することなくそのまま受け入れてしまったといえる。「望ましい多文化」という言説は、多文化と単一文化を対立させ、ウリの中の画一主義(権威主義)から移住民問題をとらえる。つまり、韓国主流文化への同化、国家の発展主義的理解、それを規定する権力関係と互恵関係の中で、移住民という他者を、労働力不足を補い、韓国経済発展のために貢献する存在、いわゆる「善良な移住民」として規定する(同上)。移住民自らも、現実的な問題から、生存戦略として善良な移住民を内在化することとなるが、それ自体象徴的暴力の行使である。

しかしながら、注目すべき点は、したたかに生きる彼らの姿を、これまでの私たちは見落としているところにある。つまり、これまで関連法律や宗教団体による支援活動をみてみると、彼ら外国人移住民を資源の乏しい社会的弱者として見ており、主体的に生活を安定させようとしている存在としては捉えていないのである(三浦 二〇一五:四)。あるシンポジウムで「労働力を輸入したら人が来ました。安い賃金で、必要な時だけ活用し、あとで返せば終わりという、安易な考えから始めましたが、(韓国に)入ってきたのは人でした。使い道が終わって捨てればいい機械のような存在ではなく、同等な人格と、固有の文化的アイデンティティを持ち、社会の一部分を成しながら生きていく人々、正に彼らです。」(イ・ジヨン 二〇一五:二〇)」という発表がとても印象に残っている。社会的マイノリティや社会的弱者として見なす韓国の文化的風潮に挑戦しながら、彼らを受恵者ではなく、主体としてとらえる意識の転換が、いま必要である(チョン・ミョンス 二〇一一、二〇一三)。

エマニュエル・レヴィナスは、『時間と他者』(一九四八)において、私と他者の関係を「他者をもう一人の私――他我(alter ego)――」と見なして把捉し、「われわれが他者の場に身を置きつつ、他者を自分に似ているが自分の外にあるものとして認める」ものとして考えた(レヴィナス 一九八六)。つまり、他者がいるからこそ自分が存在するのである。しかし、伝統的な「ウリ」と異なる他者「ナム」との共生は、いままでの単一民族意識を固守するだけではできないはずである（宋 二〇一四：一六六）。民族的純粋性を強調することは、多民族に対する無視や混血者に対する蔑視という社会問題をもたらす人種差別や自民族中心主義へつながる恐れがある。また、ゼノフォビア（xenophobia：外国人に対する嫌悪）にもつながり得ることを注意しなければならない。韓国社会では、今なお外国人移住民に対する差別や偏見を克服していくことが迫られているのである（松尾 二〇一七：一六〇）。移住民が移住先で適応、定着する際に重要な役割を担ってきた宗教だからこそ、移住民への関心と支援を強調する宗教だからこそ、バウンダリーを超え、こうした理念にもとづいた支援活動を展開していく必要があると考える。その際、移住民のウェルビーイングに大きく貢献できるのではないだろうか。

注

（1） 北朝鮮（韓国では「北韓」と呼ばれている）離脱住民に関しては、多文化支援の対象とすべきか否か韓国国内では相当な意見の食い違いがある。多文化教育プログラムの対象として北朝鮮離脱住民を含める団体もあれば、「同じ民族である同胞を、外国人労働者や結婚移民者といった外国人と同一視するのは反対」とする団体もある。北朝鮮離脱住民に関しては、多文化対象としてまだ社会的合意に至っていない現状が見て取れる（キム・テス 二〇〇九）。朝鮮族と呼ばれている韓国（朝鮮）系中国人と北朝鮮離脱住民は、朝鮮半島にルーツを持つという点では「同じ民族」として見なすものの、一定期間以上、全く異なる文化や体制で暮らしていたことから、韓国（朝鮮）系中国人は「外国人」のカテゴリーに含まれている。また、各支援団体においても、北朝鮮離脱住民を対象としている場合と、対象としない場合とに分けられるため、以上の経緯から、本章では北朝鮮離脱住民を除く外国籍移住民を対象にすることを断っておきたい。

（2） イエメンでは長引く内戦（ハディ暫定政権と親イランの反体制派武装組織（フーシ）との対立）とコレラの蔓延から難民が急増した。こうした中で二〇一七年末にマレーシアのクアラルンプールと済州島間を結ぶ直行便が就航したが、済州島は観光客らを呼び込もうと二〇〇二年から、イエメンを含む約二〇〇カ国の人々に、三〇日以内の査証（ビザ）なし滞在を認めている。そのため、イエメンから査証なしで入国できるマレーシアを経由し、済州島に入国するルートができ、イエメンからの渡航者が急増したのだ。「イエメン難民、済州島にビザなしで入国、申請五〇〇人超」『朝日新聞』二〇一八年七月一日付朝刊。

(3) 「韓国も難民対応苦慮「ビザなし」済州島にイエメン人五〇〇人」『毎日新聞』二〇一八年六月三〇日付朝刊。

(4) 「イエメン難民、希望探す済州島」『朝日新聞』二〇一八年八月六日付朝刊。

(5) 「イエメン難民、済州島で苦境」『日本経済新聞』二〇一八年七月一二日付朝刊。

(6) 「韓国も難民対応苦慮「ビザなし」済州島にイエメン人五〇〇人」『毎日新聞』。

(7) ここでいう「しあわせ」は、移住先における社会生活基盤(健康や衣食住など)の確保だけではなく、当該社会の人々との連帯や共生、社会的役割や居場所などの確保によって得られる主観的幸福感までを含む広義な概念として用いることにしたい。

(8) 韓国での結婚移民者は、滞留資格が「結婚移民」だけではなく、「居住」「永住」の資格を持つ場合もある。そのため、これらを全部合わせた二〇一七年の実際の結婚移民者数は、一五万五四五七人となる。

(9) キリスト教団体のなかでも、統一教会が移住民に対する宣教戦略を最も早くから具体的に実施した(パク・ジョンス 二〇一六:四二一)。統一教会は韓国社会が本格的に多文化を議論する以前から国際結婚を通じて多文化家庭を形成していたものの、自発的な移住によるものというより、宗教的信念もしくは強制されたものという点から議論の余地がある。これに関しては、櫻井義秀・中西尋子『統一教会』(北海道大学出版会、二〇一〇年)が詳しい。

(10) 一九九五年ネパール人研修生一四名による「明洞聖堂デモ」を皮切りに、移住労働者問題の現状が明らかになった。研修生とは名ばかりで、人手不足を解消するためだけの「現代版奴隷契約」を訴えたのだ。その結果、同年「外国人労働者協議会」が結成された。以降、外国人移住労働者の相談支援センターが、全国各地に設立されるようになった。http://www.hani.co.kr/arti/society/society_general/839603.html 二〇一八年一〇月二四日閲覧。

(11) 以下の内容に関しては、二〇一八年七月五日に行ったソウル教区移住司牧委員会事務局担当者へのインタビュー調査に依拠している。

(12) 天主教ソウル大教区社会司牧局移住司牧委員会 http://seoulmigrant.net/ 二〇一八年一〇月二一日閲覧

(13) この多文化宣教は、二〇〇七年アフガニスタンで宣教師が殺害された事件以降、海外宣教における教勢拡大が難しくなった危機状況を回復するための方策として登場したものといえる(イ・ジング 二〇一一:一八五―一八六)。

(14) この内容に関しては、二〇一八年七月四日に行った富川セナル学校校長へのインタビュー調査に依拠している。

(15) 富川セナル学校公式ブログ https://cafe.naver.com/saenalschool 二〇一八年一〇月二三日閲覧

（16）この内容に関しては、二〇一八年七月六日に行った牙山移住労働者センター所長へのインタビュー調査に依拠している。

参考文献

〈日本語文献〉

岡田浩樹、二〇一七、「韓国社会における身体の商品化とフェティシズム——美容整形の流行と新生殖補助医療技術をつなぐもの」田中雅一編『侵犯する身体』京都大学学術出版会、七五—九四頁。

金兌恩、二〇一六、「社会の多文化化と政策の対応——日韓比較の視点から」『応用社会学研究』五八、一五九—一七四頁。

宋錫源、二〇一四、「韓国における『伝統』文化と政治的動学」徐興慶編『近代東アジアのアポリア』國立臺灣大學出版中心、一五三—一六八頁。

松尾知明、二〇一七、『多文化教育の国際比較——世界一〇カ国の教育政策と移民政策』明石書店。

三浦綾希子、二〇一五、『ニューカマーの子どもと移民コミュニティ——第二世代のエスニックアイデンティティ』勁草書房。

レヴィナス、エマニュエル、一九八六、『時間と他者』原田佳彦訳、法政大学出版局。

〈韓国語文献〉

イ・ジヨン（이지영）、二〇一五、「差別ない普遍的観点の移住労働者政策（차별없는 보편적 관점의 이주노동자정책）」『移住人権地域共同討論会——移住労働者の人権増進を中心に（이주인권 지역 공동 토론회: 이주노동자 인권 증진을 중심으로）』国家人権委員会、大田忠清移住人権運動連帯、牙山外国人労働者支援センター主催（국가인권위원회 대전충청이주인권운동연대 아산외국인노동자지원센터 주최）、一七—二〇頁。

イ・ジング、二〇一一、「多文化時代の韓国改新教のイスラム認識——イスラムフォビアを中心に（다문화시대 한국 개신교의 이슬람 인식: 이슬람포비아를 중심으로）」『宗教文化批評（종교문화비평）』一九、一六三—一九四頁。

イ・ビョンリョル、キム・ヒジャ（이병렬・김희자）、二〇一一、「韓国移住政策の性格と展望（한국이주정책의 성격과 전망）」『経済と社会（경제와사회）』九〇、三二〇—三六二頁。

オム・ハンジン（엄한진）、二〇〇八、「韓国移民言説の分節性（한국 이민담론의 분절성）」『亜細亜研究（아세아연구）』五一—二、

一一二―一四〇頁。

オ・ギョンソク(오경석)、二〇〇七、「多文化と民族国家――相対化なのか、再動員なのか?(다문화와 민족국가: 상대화인가、재동원인가?)」『空間と社会(공간과 사회)』二八、九八―一二一頁。

オ・ユンジャ(오윤자)、二〇一二、「多文化家族支援政策の現況と展望(다문화가족지원정책의 현황과 전망)」『韓国家庭管理学会学術発表大会資料集(한국가정관리학회 학술발표대회자료집)』六、二三七―二五三頁。

カン・ヨンシル(강영실)、二〇一〇、「韓国の多文化家庭の現況および問題点とそれに対する教会の課題および役割に関する小考(한국의 다문화가정의 현황 및 문제점과 그에 대한 교회의 과제 및 역할에 대한 소고)」『教会と社会福祉(교회와 사회복지)』一四、一三五―一六一頁。

キム・ウソン(김우선)、二〇〇九、「国際移住とカトリック教会(국제이주와 가톨릭교회)」『韓国社会学(한국사회학)』四三―二、五五―八四頁。

キム・ソンイム(김선임)、二〇一〇、「フィリピン移住労働者共同体の形成過程――惠化洞共同体とカトリックを中心に(필리핀 이주노동자 공동체의 형성과정: 惠化洞공동체와 가톨릭을 중심으로)」『宗教文化研究(종교문화연구)』一四、四五―八二頁。

キム・ソンリュル、イ・ウォンシク(김성률・이원식)、二〇一七、「外国人勤労者と関連する全権問題の改善法案に関する研究(외국인 근로자와 관련된 인권문제의 개선방안에 대한 연구)」『社会福祉法制研究(사회복지법제연구)』八巻一号、二三一―二五二頁。

キム・テス(김태수)、二〇〇九、「外来人に対する排除的側面の考察――外国人と北韓離脱住民および帰国僑胞を中心に(외래인에 대한 배제적 측면의 고찰: 외국인과 북한이탈주민 및 귀국교포를 중심으로)」『韓国政策研究(한국정책연구)』九―二、三〇五―三二六頁。

キム・ヒョンミ(김현미)、二〇一四、「留保された人生――モンゴル結婚移住女性の『帰還』以後の人生(유보된 삶: 몽골 결혼이주여성의 『귀환』이후의 삶)」『梨花ジェンダー法学(이화젠더법학)』六―一、二五―四三。

ソル・ドンフン(설동훈)、二〇〇七、「混血人の社会学―韓国人の位階的民族性(혼혈인의 사회학: 한국인의 위계적 민족성)」『人文研究(인문연구)』五二、一二五―一六〇頁。

チェ・ビョンドゥ、キム・ヨンギョン(최병두・김영경)、二〇一一、「外国人移住者の関連政策および支援活動に関する認識(외국인 이주자의 관련 정책 및 지원활동에 관한 인식)」『韓国地域地理学会誌(한국지역지리학회지)』一七―四、三五七―三

八〇頁。

チョン・ウィリョン(전의령)、二〇一五、「善良な移住民、不良な移住民――韓国の主流移住、多文化言説と反多文化言説(선량한 이주민 불량한 이주민: 한국의 주류 이주 다문화 담론과 반다문화 담론)」『経済と社会(경제와 사회)』一〇六、二三八―二七〇頁。

チョン・ミョンス(전명수)、二〇一一、「宗教社会福祉に対する批判的考察(종교사회복지에 대한 비판적 고찰)」『宗教研究(종교연구)』六四、二二一―二四六頁。

チョン・ミョンス(전명수)、二〇一三、「宗教社会福祉言説の再考察――批判的省察と展望(종교사회복지담론의 재고찰-비판적 성찰과 전망)」『宗教文化研究(종교문화연)』二〇、二七九―三一一頁。

チュ・ソンフン(주성훈)、二〇一〇、『多文化家族支援事業の問題点と改善課題(다문화가족지원사업 문제점과 개선과제)』国会予算政策署(국회예산정책처)、(予算懸案分析第三八号)

パク・ムンス(박문수)、二〇一一、「多文化社会の挑戦に直面した韓国カトリック教会の進路(다문화사회의 도전에 직면한 한국 가톨릭교회의 진로)」『宗教文化批評(종교문화비평)』一九、一三三―一六二頁。

パク・ジョンデ、パク・クジヘ(박종대・박지해)、二〇一四、「韓国多文化政策の分析と発展法案研究(한국다문화정책의 분석과 발전방안연구)」『文化政策論叢(문화정책논총)』二八―一、三五―六三頁。

パク・ジョンス(박종수)、二〇一六、「多文化時代の宗教気象図は?(다문화 시대의 종교 기상도는?)」イ・ジング編著(이진구 편저)『私たちに宗教とは何か(우리에게 종교란 무엇인가)』、ドゥルニョク(들녘)、四〇九―四二三頁。

ファン・ジョンミ(황정미)、二〇一四、「ジェンダーと韓国多文化主義の再考察(젠더와 한국 다문화주의의 재고찰)」ユン・インジン、ファン・ジョンミ編(윤인진・황정미편)『韓国多文化主義の省察と展望(한국 다문화주의의 성찰과 전망)』(亜研東北亜叢書아연동북아총서)二〇、一四六―一九七頁。

ユン・インジン、ソン・ヨンホ(윤인진・송영호)、二〇一一、「韓国人の国民正体性に対する認識と多文化受容性(한국인의 국민정체성에 대한 인식과 다문화 수용성)」『統一問題研究(통일문제연구)』五五、一四三―一九二頁。

出入国・外国人政策本部、二〇一七、『二〇一七出入国・外国人政策統計年報』。

女性家族部多文化家族政策課編、二〇一七、『二〇一七年度施行計画――第二次多文化家族政策基本計画(二〇一三~二〇一七)中央行政機関』Jinhan M&B.

文化体育観光部、二〇一二、『望ましい多文化共同体形成のための宗教の役割に関する研究(바람직한 다문화 공동체 형성을 위한 종교의 역할 연구)』。

おわりに

本書は、研究グループ（日本学術振興会科学研究費　基盤研究Ｂ「人口減少社会日本における宗教とウェルビーイングの地域研究」（櫻井義秀代表　課題番号15H03160）二〇一五―一七年）による書籍である。既にこの科研の研究分担者・協力者を中心に原稿を集め、二〇一八年に櫻井義秀編『しあわせの宗教学――ウェルビーイング研究の視座から』（法藏館）を刊行しているので、本書は研究成果の刊行第二弾となる。

書名『宗教とウェルビーイング――しあわせの宗教社会学』は、前著のタイトルとサブタイトルを入れ替えただけのように思われるが、そうではない。前著では、神話、尊厳死、ジェンダー、災害支援や地域おこし、寺院や新宗教の次世代育成、傾聴ボランティアといったさまざまなトピックとの関連で「しあわせ」を宗教研究の立場から考察したものであり、事例研究の手法を用いていた。本書でも事例研究を掲載しているが、主観的幸福感に寄与する個人的・社会的要因の統計的分析や地域間比較にかなりの紙幅を割いており、社会学的視点と社会学的研究法に力点を置いている。

二年続けてしあわせに関わる本を出版したわけだが、さらにその一年前、二〇一七年に櫻井義秀『人口減少時代の宗教文化論――宗教は人を幸せにするのか』（北海道大学出版会）を刊行している。しあわせ研究事始めには、不思議な縁がいくつもあった。

二〇一四年の『宗教研究』特集号「しあわせと宗教」に論文執筆の依頼を受け、本書の第一章「しあわせとソーシャル・キャピタル」を掲載したことが最初である。論文では宗教とソーシャル・キャピタル研究の延長線上に、宗教とウェルビーイング研究を置いてみたまでで、編者はこのテーマがＯＥＣＤの Better Life Index や Better Life Initiative に合わせて多くの研究者から関心が寄せられていたことをまだ十分認識していなかった。同じ頃、二〇一三年から一四年にかけて半年間滞在した香港中文大学の中野リン教授から Happiness Studies を再び示唆された。さらに、北海道大学に新しい同僚としてカローラ・ホメリヒ准教授が赴任し、ウェルビーイング研究を講義するのを目の当たりにして、これは重要なテーマであると認識した次第である。その意味で、編者は周回遅れくらいでウェルビーイング研究に参加したものである。

二〇一六年には、本書の五章・六章で執筆している清水香基君が博士課程に進学し、清水君の青山学院大学時代の恩師である真鍋一史先生を通じてウォルフガング・ヤゴチンスキー先生を紹介された。二〇一六年七月二八日に北海道大学において、第五章の原型をなす講演 Does Religion Make People Happier?: Empirical Findings from International Survey Program and Open Questions. をいただいた。ヤゴチンスキー先生はホメリヒ准教授の博士論文を指導された先生でもあり、これを機会に北海道大学とケルン大学で学術交流をしようということになって二年後に大学間交流協定が締結された。清水君が日本学術振興会の海外特別研究員となってケルン大学に二〇一八年から一九年にかけて留学し、ヤゴチンスキー先生から第五章のオリジナルな英語論文を書いてもらい、同時に、真鍋先生にも第四章を新たに執筆いただいた。第六章の日本調査は、ホメリヒ准教授、清水君、編者で企画したものであり、編者がまがりなりにも計量分析のデータを用いて論文を書いたのも、この数年間でできた不思議な縁のたまものである。

二〇一七年に数理社会学会の機関誌『理論と方法』から依頼を受けて第二章「宗教とウェルビーイング」を掲載したが、特集号担当のホメリヒ准教授をはじめ、数理社会学会の諸先生から的確なる改稿指示を得て論考を何度も練り直したこともいい経験となった。これで本書の理論的基礎ができた。その後、二年間で上梓までこぎつけることができたのは、この数年間の機縁によって醸成されたソーシャル・キャピタルに連なる諸先生方のご協力のおかげである。ふりかえってみれば、ありがたいとしか言い様がない。まさに、仕合わせである。

なお、本書の編集・制作は北海道大学出版会の佐藤貴博氏に担当してもらった。ラスト二ヶ月の突貫工事状態の執筆・編集作業に付き合っていただき感謝している。当初予定の頁数から大幅に増加してしまったが、印刷部数をなるべく売り切って北海道出版会の負担にならないようにしたいと考えている。また、北海道大学大学院文学研究科からは出版助成を得ている。編者が出版活動を継続できているのは助成金あってのことであり、国立大学法人予算削減の時代にあっても最後まで削ってほしくはない学術研究・出版活動の種銭である。

最後になるが、本書がウェルビーイングに関心を持つ多くの人に読んでいただけることを期待しつつ、擱筆したい。

二〇一九年三月一日

櫻井義秀

執筆者紹介(執筆順)

櫻井義秀(さくらい よしひで) はじめに，第一章，第二章，第五章，第六章，おわりに
＊編著者(別　記)

寺戸淳子(てらど じゅんこ) 第三章
生　年　1962年
現　在　専修大学 非常勤講師
主　著　「〈ラルシュ〉で生きる『人間の条件』 ヴァニエ，アレント，クリステヴァ——異邦人は招く」磯前順一・川村覚文編『他者論的転回 宗教と公共空間』ナカニシヤ出版，2016年(分担執筆)。「「彼らが幸せでいられるなら」——声・権利・責任——」鈴木岩弓・磯前順一・佐藤弘夫編『〈死者／生者〉論——傾聴・鎮魂・翻訳——』ぺりかん社，2018年(分担執筆)。

真鍋一史(まなべ かずふみ) 第四章
生　年　1942年
現　在　青山学院大学地球社会共生学部 教授
主　著　『国際比較調査の方法と解析』慶應義塾大学出版会，2003年(単著)。*Facet Theory and Studies of Japanese Society*, Bier'sche Verlagsanstalt, Bonn, Germany, 2001.(単著)

Jagodzinski, Wolfgang(ヤゴチンスキー，ウォルフガング) 第五章
生　年　1943年
現　在　ドイツ・ケルン大学教授，及びケルン大学日本大使
主　著　“Religious and Ethical Pluralism” and “Secularization and Church Religiosity” (with Karel Dobbelaere) in Jan W. van Deth ed. *The Impact of Values*, Oxford University Press, 1995.

清水香基(しみず こうき) 第五章，第六章
生　年　1990年
現　在　北海道大学大学院文学研究科博士課程
主　著　「付録　幸福感に関する調査とデータ」櫻井義秀編『しあわせの宗教学——ウェルビーイング研究の視座から』法藏館，2018年(分担執筆)。「日本人の宗教意識に関する計量的研究——NHK『日本人の意識調査』データを用いたコウホート分析」『次世代人文社会研究』第13巻，2017年(単著)。

猪瀬優理(いのせ ゆり) 第七章
生　年　1974年
現　在　龍谷大学社会学部 准教授
主　著　『信仰はどのように継承されるか——創価学会にみる次世代育成』北海道大学出版会，2011(単著)。「仏婦がつくる地域——ビハーラの可能性」櫻井義秀，川又俊則編『人口減少社会と寺院』法藏館，2016年(分担執筆)。

片桐資津子(かたぎり　しずこ)　第八章
現　在　鹿児島大学法文学部 教授
主　著　「尊厳死は幸せな最期につながるか」『しあわせの宗教学――ウェルビーイング研究の視座から』櫻井義秀編，法藏館，2018 年(分担執筆)。「活動的高齢女性の生きがい獲得とその変遷――内省と創発の概念に注目して」ソシオロゴス編集委員会編『ソシオロゴス』40，2016 年(単著)。

冬月　律(ふゆつき　りつ)　第九章
生　年　1979 年
現　在　公益財団法人モラロジー研究所研究センター 主任研究員
主　著　「過疎と宗教――30 年をふりかえる」櫻井義秀・川又俊則編『人口減少社会と寺院』法藏館，2016 年(分担執筆)。「過疎地神社の現況と氏子意識――高知県旧窪川町の神社と氏子の調査」『國學院大學研究開発推進センター研究紀要』第 13 号，2019 年(単著)。

川又俊則(かわまた　としのり)　第十章
生　年　1966 年
現　在　鈴鹿大学こども教育学部 教授
主　著　『人口減少社会と寺院――ソーシャル・キャピタルの視座から』法藏館，2016 年(編著)。『近現代日本の宗教変動――実証的宗教社会学の視座から』ハーベスト社，2016 年(編著)。

李　賢　京(い　ひょんぎょん)　第十一章
生　年　1979 年
現　在　東海大学文学部 講師
主　著　「韓国人ニューカマーとキリスト教会の変容――多文化共生の拠点へ」堀江宗正責任編集『現代日本の宗教事情〈国内編Ⅰ〉(いま宗教に向きあう　第 1 巻)』岩波書店，2018 年(分担執筆)。「宗教は韓国人を幸せにするのか――セウォル号沈没事故を手がかりに」櫻井義秀編『しあわせの宗教学』法藏館，2018 年(分担執筆)。

索　引

サ　行

タ　行

ナ　行

ハ　行

マ　行

ヤ　行

ラ　行

ワ　行

「宗教と主観的ウェルビーイング」に関する調査　単純集計表

問 1.　現在，あなたはどの程度幸せですか。「とても幸せ」を 10 点，「とても不幸」を 0 点とすると，何点くらいになると思いますか。いずれかの数字を 1 つだけお答えください。

(とても不幸)　　　　　　　　　　　　　　　　　　　　(とても幸せ)

1	2	3	4	5	6	7	8	9	10	無回答
(0.9)	(0.3)	(3.3)	(4.6)	(15.9)	(14.6)	(18.1)	(24.1)	(10.2)	(7.8)	(0.4)

平均＝ 6.87
標準偏差＝1.863

※　N＝1200，平均と標準偏差は「無回答」を除く有効回答(N＝1196)から算出

(　)の数値はパーセントを示す(以下も同じ)

問 2.　あなたが 11 歳から 12 歳(小学 6 年)の頃，あなたはどの程度幸せでしたか。「とても幸せ」を 10 点，「とても不幸」を 0 点とすると，何点くらいになると思いますか。いずれかの数字を 1 つだけお答えください。

(とても不幸)　　　　　　　　　　　　　　　　　　　　(とても幸せ)

1	2	3	4	5	6	7	8	9	10	無回答
(1.0)	(2.2)	(4.7)	(5.9)	(14.8)	(12.0)	(14.2)	(21.8)	(11.7)	(11.1)	(0.7)

平均＝ 6.83
標準偏差＝2.141

※　N＝1200，平均と標準偏差は「無回答」を除く有効回答(N＝1192)から算出

問 3.　全体的にいって，あなたの現在の健康状態はいかがですか。

1. 非常によい　(12.7)
2. まあよい　(66.6)
3. あまりよくない　(17.8)
4. よくない　(2.1)
5. 無回答　(1.8)

平均＝ 2.09
標準偏差＝0.619

※　N＝1200，平均と標準偏差は「無回答」を除く有効回答(N＝1189)から算出

問4. あなたは，他人と接するときには，相手の人を信頼してよいと思いますか。それとも，用心したほうがよいと思いますか。あなたのお考えに一番近いものを1つだけお答えください。

1. いつでも信頼してよい (2.2)
2. たいていは信頼してよい (50.7)
3. たいていは用心したほうがよい (40.0)
4. いつでも用心したほうがよい (5.4)
5. 無回答 (0.4)

平均＝ 2.50
標準偏差＝0.636

※　N＝1200，平均と標準偏差は「無回答」を除く有効回答(N＝1179)から算出

問5. あなたは，次にあげるような人について，信頼してよいと思いますか。次のA～Fまでのそれぞれについて，あなたのお考えに一番近いものを1つだけお答えください。

	1. いつでも信頼してよい	2. たいていは信頼してよい	3. たいていは用心したほうがよい	4. いつでも用心したほうがよい	5. 無回答	(有効回答数)	平均	標準偏差
A．家族	69.8	27.9	1.3	0.5	0.4	(1195)	1.32	0.525
B．友人	21.9	69.4	6.7	1.4	0.6	(1193)	1.88	0.574
C．知人	5.6	58.5	30.8	4.5	0.7	(1192)	2.34	0.655
D．近所の人	3.0	48.6	38.5	9.0	0.9	(1189)	2.54	0.701
E．自分とは異なる宗教の人	0.8	12.9	40.0	45.1	1.3	(1185)	3.31	0.722
F．自分とは同じ宗教の人	2.5	29.8	40.4	24.9	2.3	(1172)	2.90	0.808

表の数値はパーセントを示す(以下も同じ)
※　N＝1200，平均と標準偏差は「無回答」を除いた有効回答から算出

問6. 住居を賃貸する場合，貸主や不動産会社から連帯保証人を求められます。仮に，今，あなたが賃貸マンションを賃貸するとしたら，連帯保証人を頼める人はいますか？　次の中から該当するものを1つだけお答えください。

1. 連帯保証人を頼めるような人は誰もいない (16.5)
2. 友人や知人に頼むことは難しいが，家族や親族であれば頼める人がいる (62.3)
3. 家族や親族に頼むことは難しいが，友人や知人であれば頼める人がいる (1.3)
4. 家族や親族にも，友人や知人にも頼める人がいる (18.0)
5. 無回答 (1.9)

平均＝ 2.21
標準偏差＝0.933

N＝1200，平均と標準偏差は「無回答」を除く有効回答(N＝1177)から算出

問7. あなたは，高齢や病気，障がい等で助けが必要なご家族・ご親族(同別居を問わず)のために，次のようなことをしていますか。あてはまるものを1つだけ選びお答えください。

	1. 現在している	2. 以前であればしていた	3. したことはない	4. 該当する家族、親族はいない	5. 無回答	(有効回答数)	平均	標準偏差
A. 介護や看病をしていますか	11.9	16.3	29.0	42.2	0.6	(1193)	3.02	1.034
B. 経済的な援助をしていますか	7.8	7.9	41.5	41.8	1.0	(1188)	3.18	0.886

※　N＝1200，平均と標準偏差は「無回答」を除いた有効回答から算出

問8. 全体的にいって，あなたは現在の生活にどの程度満足していますか，「とても満足」を10点，「とても不満」を0点とすると，何点くらいになると思いますか。いずれかの数字を1つだけお答えください。

(とても不満)　(とても満足)

1	2	3	4	5	6	7	8	9	10	無回答
(1.2)	(0.9)	(3.5)	(6.2)	(15.8)	(14.0)	(18.4)	(23.7)	(6.5)	(5.3)	(1.6)

平均＝ 6.68
標準偏差＝1.894

※　N＝1200，平均と標準偏差は「無回答」を除いた有効回答(N＝1181)から算出

問9. あなたは，次にあげるような事柄に満足していますか，それとも不満ですか。「とても満足」を10点，「とても不満」を0点とすると，何点くらいになると思いますか。次のA〜Jまでのそれぞれについて，いずれかの数字を1つだけお答えください。

	とても不満 1	2	3	4	5	6	7	8	9	とても満足 10	無回答	(有効回答数)	平均	標準偏差
A. あなたの家庭生活	1.2	1.8	3.0	4.5	14.9	12.2	15.7	23.3	12.8	9.8	0.8	(1190)	6.95	2.035
B. あなたの家計状態	3.2	3.3	7.0	9.7	20.1	15.8	15.0	15.0	7.0	3.1	0.6	(1193)	5.90	2.119
C. あなたの健康状態	2.4	2.5	4.9	6.0	17.0	13.6	17.4	20.0	9.3	6.2	0.7	(1192)	6.45	2.122
D. いまのお仕事	3.3	2.1	3.8	6.5	20.6	12.1	15.7	15.2	6.3	5.1	9.5	(1086)	6.17	2.017
E. いまの生活水準	2.3	2.8	4.7	8.1	22.1	15.2	16.8	16.5	6.8	3.8	1.0	(1188)	6.11	2.113
F. いま住んでいる住宅	1.7	2.7	3.4	6.9	16.3	13.7	16.6	19.0	10.8	8.1	0.9	(1189)	6.61	1.940
G. あなたの人間関係	1.0	0.8	2.7	3.9	18.7	13.8	19.6	22.4	10.3	6.0	0.8	(1190)	6.77	2.050
H. ご自分の学歴	2.5	2.2	5.0	5.4	26.6	14.9	14.1	16.3	6.4	5.7	0.9	(1189)	6.15	1.963
I. ご自分の受けてきた教育の内容	1.8	1.4	4.0	5.8	25.5	15.3	15.8	16.7	6.4	6.1	1.3	(1185)	6.30	2.053
J. ご自分の余暇の過ごし方	1.9	1.7	4.9	6.3	19.3	14.9	16.0	19.6	8.0	6.7	0.8	(1191)	6.43	1.189

※ N=1200，平均と標準偏差は「無回答」を除いた有効回答から算出

問10. あなたはつぎのような意見についてそう思いますか，それともそうは思いませんか。次のA〜Lまでについて，あてはまるものを1つだけ選び，お答えください。

	1. そう思わない	2. あまりそう思わない	3. どちらともいえない	4. ややそう思う	5. そう思う	6. 無回答	（有効回答数）	平均	標準偏差
A.「宗教的な心」というものは大切だと思う	19.8	15.3	38.6	17.6	8.2	0.5	(1194)	2.79	1.189
B. 困っているとき，近所の人は手助けしてくれる	6.8	15.8	33.8	35.0	7.9	0.7	(1192)	3.22	1.029
C. おかげさまで，という感謝の仕方が大事である	1.3	2.2	16.8	42.2	36.3	1.0	(1188)	4.11	0.856
D. どのような人生を生きるかということは，自分で自由に決めることができる。	1.8	5.7	27.6	43.4	20.8	0.8	(1191)	3.76	0.906
E. 神社で参拝したり，絵馬を収めたりすると願い事が叶いそうな気がする。	10.3	14.7	37.3	30.7	6.4	0.7	(1192)	3.08	1.061
F. 神でも仏でも，心のよりどころになるものが欲しい	11.6	17.6	38.8	24.2	7.2	0.8	(1191)	2.98	1.085
G. 日本では貧富の差が拡大していると思う	1.7	6.3	26.0	39.0	26.3	0.7	(1192)	3.83	0.950
H. 格差社会は是正されるべきだと思う	1.8	5.0	32.8	35.5	23.4	1.4	(1183)	3.75	0.937
I. 人には知られなくても，悪いことをすれば，いつか必ず報いがあるものだ	1.4	2.8	17.4	43.1	34.6	0.7	(1192)	4.07	0.872
J. 人間には，自分の力ではどうすることもできない運命というものがある	2.4	2.3	21.8	43.7	29.3	0.5	(1194)	3.95	0.908
K. 現在の私があるのは先祖のおかげである	3.3	5.5	36.3	37.2	27.3	0.5	(1194)	3.80	1.010
L. 道徳や倫理を教育するには宗教的情操が必要だ	17.3	19.3	46.0	12.1	4.4	0.9	(1189)	2.67	1.041

※　N＝1200，平均と標準偏差は「無回答」を除いた有効回答から算出

問 11. あなたは現在，次にあげるような宗教関連する組織や団体に所属していますか。次の中から，あてはまるものをすべて選んでください。（あてはまるものすべてに○）

各回答カテゴリの選択割合
A．宗教団体に所属していない (70.8)
B．特定の神社の氏子である (6.1)
C．特定の寺院の檀家である (15.9)
D．特定の新宗教団体（仏教系）の信者である (3.9)
E．特定の新宗教団体（神道系）の信者である (0.5)
F．特定のキリスト教会に所属する信者である (0.7)
G．その他の宗教関連団体に所属している (3.1)
H．無回答 (4.3)

回答カテゴリの選択数
0. 0 個 (70.8)
1. 1 個 (20.6)
2. 2 個 (4.3)
3. 3 個 (0.2)
4. 無回答 (4.3)

平均＝ 0.31
標準偏差＝0.559

※ N＝1200，平均と標準偏差は「無回答」を除いた有効回答（N＝1149）から算出

問 12. 特定の宗教団体に所属している人にお聞きします。宗教施設にはどのくらいの頻度で通われますか。あてはまるものを1つだけ選びお答えください。（それ以外の方は，問 13 にお進みください。）

1. 週に 2，3 回程度 (0.9)
2. 週に 1 回程度 (1.3)
3. 月に 1 回程度 (2.3)
4. 年に 1，2 度程度 (6.7)
5. 所属はしているが，通っていない (5.8)
6. 無回答 (8.1)

平均＝ 3.89
標準偏差＝1.127

※ N＝300，平均と標準偏差は「無回答」を除いた有効回答（N＝203）から算出

問 13.　11 歳から 12 歳(小学 6 年)の頃，あなたは神社，お寺，教会などの参拝や礼拝にどの程度行きましたか。

1. 週に 2，3 回程度　(0.8)
2. 週に 1 回程度　(0.8)
3. 月に 1 回程度　(6.1)
4. 年に 1，2 度程度　(50.4)
5. まったく行かない　(12.5)
6. わからない，覚えていない (26.0)
7. 無回答　(3.3)

平均＝ 4.03
標準偏差＝0.645

※　N＝1200，平均と標準偏差は「わからない，覚えていない」「無回答」を除いた有効回答(N＝848)から算出

問 14.　11 歳から 12 歳(小学 6 年)の頃，あなたの家の近所や通学路には地蔵菩薩(お地蔵さん)はありましたか。

1. あった　(36.0)
2. なかった　(32.3)
3. 覚えていない (26.7)
4. 無回答　(5.0)

平均＝ 1.47
標準偏差＝0.500

※　N＝1200，平均と標準偏差は「覚えていない」「無回答」を除いた有効回答(N＝820)から算出

問15. あなたは，次にあげるようなことをすることがありますか。次のA～Nまでのそれぞれについて，あてはまるものを1つだけ選び，お答えください。

	1．よくする	2．たまにする	3．しない	4．無回答	（有効回答数）	平均	標準偏差
A．初もうでに行く	55.6	30.3	13.3	0.8	(1190)	1.57	0.716
B．お盆やお彼岸に墓参りをする	58.0	30.4	10.6	0.9	(1189)	1.52	0.681
C．地域のお祭りに参加する	25.9	40.7	32.5	0.9	(1189)	2.07	0.765
D．神社で参拝をする	25.5	51.1	22.7	0.8	(1200)	1.99	0.715
E．宗教団体の集まりに参加する	3.8	6.2	89.1	0.9	(1189)	2.86	0.445
F．聖書や経典を読む	3.6	8.8	86.6	1.1	(1187)	2.84	0.456
G．お守りやおふだをもらう	17.1	50.1	31.9	0.9	(1189)	2.15	0.687
H．おみくじをひく	18.2	48.3	32.8	0.8	(1191)	2.15	0.701
I．占いをしてもらう	2.9	14.3	82.0	0.8	(1191)	2.80	0.470
J．神や仏にお祈りをする	21.0	42.6	35.6	0.8	(1190)	2.15	0.741
K．パワースポットに行く	2.4	22.3	74.4	0.9	(1189)	2.73	0.498
L．セラピーや癒やしのカウンセリングを受ける	0.8	3.3	95.0	0.9	(1189)	2.95	0.247
M．宗教団体で積極的に活動している	1.9	3.2	94.1	0.8	(1190)	2.93	0.323
N．慈善団体，NPOなどに寄附をする	0.8	10.6	87.8	0.8	(1190)	2.88	0.354

※　N＝1200，平均と標準偏差は「無回答」を除いた有効回答から算出

問 16. 次にあげるようなことがらを信じていますか，それとも信じていませんか。次の A～Q までのそれぞれについて，あなたのお気持ちに一番近い答えを 1 つだけ選び，お答えください。

	1. 信じている	2. どちらかといえば信じている	3. どちらかといえば信じていない	4. 信じていない	5. 無回答	(有効回答数)	平均	標準偏差
A．神	12.9	46.9	24.0	15.3	0.9	(1189)	2.42	0.902
B．仏	13.9	44.7	22.1	15.4	0.9	(1189)	2.39	0.912
C．聖書や経典などの教え	4.2	24.1	35.4	35.0	1.4	(1184)	30.3	0.876
D．あの世，来世	12.3	38.8	28.7	18.8	1.4	(1183)	2.55	0.938
E．宗教的奇跡	4.2	13.3	40.7	40.5	1.3	(1184)	3.19	0.824
F．お守りやおふだなどの力	4.8	42.4	30.3	21.3	1.3	(1185)	2.69	0.862
G．易	1.8	14.8	45.9	35.8	1.8	(1178)	3.18	0.745
H．占い	2.2	21.6	42.7	31.9	1.7	(1180)	3.06	0.793
I．輪廻転性(生まれ変わり)	6.8	26.8	36.2	28.0	2.3	(1173)	2.87	0.908
J．祖先の霊的な力	8.1	31.8	34.0	24.5	1.6	(1181)	2.76	0.919
K．神や仏のご利益(ごりやく)	6.1	38.9	32.5	21.0	1.5	(1182)	2.69	0.873
L．水子や祟りや地縛霊の祟り	4.1	24.3	41.3	28.4	1.8	(1178)	2.96	0.838
M．天国，極楽，地獄の存在	6.0	29.2	38.3	24.8	1.8	(1178)	2.83	0.875
N．姓名判断	5.1	30.2	35.9	27.1	1.8	(1179)	2.87	0.879
O．家相や墓相，印鑑の吉相	3.8	25.1	40.3	29.3	1.6	(1181)	2.96	0.841
P．リーディング(未来の予言)	1.8	11.2	46.3	38.5	2.2	(1174)	3.24	0.724
Q．スピリチュアルなヒーリング	1.7	14.2	43.5	38.8	1.8	(1178)	3.22	0.749

※　N＝1200，平均と標準偏差は「無回答」を除いた有効回答から算出

問 17. 次にあげるいろいろな自発的な団体や組織それぞれについて，あなたがそうした団体に加わっているか，加わっていないかをお答えください。また活動しているか，していないかもお答えください。

	1. 加わっており実際に活動している	2. 加わっているがあまり活動していない	3. 加わっていない	4. 無回答	(有効回答数)	平均	標準偏差
A．スポーツ・レクリエーション団体	11.9	4.3	82.3	1.4	(1183)	2.71	0.668
B．芸術，音楽，教育団体	4.5	2.4	91.5	1.6	(1181)	2.88	0.441
C．労働組合	2.6	6.4	89.4	1.6	(1181)	2.88	0.396
D．政党	1.5	2.3	94.6	1.6	(1181)	2.95	0.286
E．環境保護団体	0.5	1.5	96.3	1.8	(1179)	2.97	0.187
F．同業者団体・職業団体	2.7	4.3	91.6	1.5	(1182)	2.90	0.377
G．慈善団体	0.5	0.7	97.3	1.5	(1182)	2.98	0.164
H．消費者団体	0.3	0.8	97.3	1.5	(1182)	2.98	0.148
I．自助グループ・相互援助グループ	0.8	2.1	95.1	2.1	(1175)	2.96	0.225
J．お稽古事・習い事の集まり	10.1	5.2	82.9	1.8	(1178)	2.74	0.630
K．自治会・町内会	19.8	31.8	46.9	1.5	(1182)	2.28	0.775
L．学校やクラブなどの同窓会	9.3	18.8	70.3	1.6	(1181)	2.62	0.651
M．その他の団体	3.5	2.8	90.3	3.3	(1160)	2.90	0.405

※　N＝1200，平均と標準偏差は「無回答」を除いた有効回答から算出

問 18. あなたが学校を卒業し，最初に仕事に就いてから，転職や退職でお仕事を離れられたことはありますか。ただし，同じ企業体や自治体の中での出向，異動，転属と休職は除いてお答えください。

1. 現在まで同じ勤め先（22.4）
2. 1度だけやめた（26.0）
3. 2度やめた（17.9）
4. 3度以上やめた（24.6）
5. 無回答（9.1）

平均＝ 2.49
標準偏差＝1.134

※　N＝1200，平均と標準偏差は「無回答」を除いた有効回答（N＝1091）から算出

問 19. あなたの世帯では，月々で家計のやりくりをすることは容易ですか，あるいは困難ですか。あてはまるものを1つだけお答えください。

1. 非常に容易である（2.3）
2. 容易である（6.1）
3. まあまあ容易である（46.6）
4. やや困難である（31.0）
5. 困難である（6.9）
6. 非常に困難である（4.2）
7. 無回答（3.0）

平均＝ 3.48
標準偏差＝0.957

※　N＝1200，平均と標準偏差は「無回答」を除いた有効回答（N＝1164）から算出

問 20. あなたの家計状況は，5年前と比べて，良くなったと思いますか，悪くなったと思いますか，あるいは以前と同じままだと思いますか。あてはまるものを一つだけお答えください。

1. 良くなった（15.8）
2. 以前と同じ（46.0）
3. 悪くなった（36.3）
4. 無回答（1.8）

平均＝ 2.21
標準偏差＝0.699

※　N＝1200，平均と標準偏差は「無回答」を除いた有効回答（N＝1178）から算出

問 21. あなたの5年後の家計状況について考えた場合，現在よりも良くなると思いますか，悪くなると思いますか，あるいは以前と同じままだと思いますか。あてはまるものを一つだけお答えください。

1. 良くなる　(12.4)
2. 現在と同じ (47.2)
3. 悪くなる　(28.4)
4. 無回答　　(2.0)

平均＝2.217
標準偏差＝0.670

※　N＝1200，平均と標準偏差は「無回答」を除いた有効回答 (N＝1176) から算出

問 22. 次にあげるA～Gまでの事柄について，ご自身の状況にどの程度当てはまるかをお答えください。

	1. まったくあてはまらない	2. あまりあてはまらない	3. どちらともいえない	4. ややあてはまる	5. よくあてはまる	6. 無回答	(有効回答数)	平均	標準偏差
A. 社会とのつながりを失うのが心配だ	12.8	26.3	37.6	18.8	2.8	1.8	(1179)	2.72	1.007
B. 社会から取り残されているという不安がある	16.6	33.5	35.3	11.1	1.9	1.9	(1180)	2.47	0.964
C. 社会に属していると感じられない	15.9	34.2	37.5	8.8	1.8	1.9	(1177)	2.45	0.927
D. 私は人から必要とされていないと感じる	17.1	38.3	33.6	7.3	1.8	1.8	(1178)	2.37	0.919

※　N＝1200，平均と標準偏差は「無回答」を除いた有効回答から算出

問 23. あなたは，これまでの人生の中で，次にあげるようなことを経験したことがありますか。次のA～Dの事柄について，あてはまるものを全て選んでお答えください。（あてはまるものすべてに○）

各回答カテゴリの選択割合
A．ミッションスクールなど，宗教系の幼稚園や学校に通っていたことがある (8.2)
B．熱心な宗教の信者の人と話したことがある (21.5)
C．お坊さんや神父・牧師など，聖職者の人と話したことがある (34.6)
D．自分で宗教についての本を読んだことがある (16.2)

回答カテゴリの選択数
0．0個 (47.6)
1．1個 (33.6)　平均＝ 0.80
2．2個 (11.3)　標準偏差＝0.966
3．3個 (6.0)
4．4個 (1.6)　※　N＝1200（欠損値なし）

問 24. かりに現在の日本社会全体を，5つの層に分けるとすれば，あなた自身は次のどれに入ると思いますか。

1．上　(0.8)
2．中の上 (20.2)
3．中の下 (52.7)
4．下の上 (19.1)
5．下の下 (5.3)　平均＝ 3.08
6．無回答 (2.0)　標準偏差＝0.802

※　N＝1200，平均と標準偏差は「無回答」を除いた有効回答（N＝1176）から算出

問 25. あなたが 15 歳（中学 3 年）のころの日本社会を，5 つの層に分けるとすれば，あなたの育ったご家庭はどこに入ると思いますか。

1. 上　　(1.7)
2. 中の上 (29.8)
3. 中の下 (43.3)
4. 下の上 (16.8)
5. 下の下 (6.4)　　平均＝ 2.96
6. 無回答 (2.1)　　標準偏差＝0.897

※　N＝1200，平均と標準偏差は「無回答」を除いた有効回答 (N＝1175) から算出

問 26. あなたは，あなたのご自宅など，時価どのくらいの不動産をお持ちですか？　次の中からあてはまるものを 1 つだけお答えください。

1.	借家（賃貸）に住んでいる	(19.0)	
2.	200 万円未満	(1.9)	
3.	200～399 万円	(1.8)	
4.	400～599 万円	(4.6)	
5.	600～799 万円	(2.5)	
6.	800～999 万円	(3.7)	
7.	1000～1999 万円	(12.6)	
8.	2000～3999 万円	(13.1)	
9.	4000～5999 万円	(3.4)	
10.	6000～7999 万円	(1.3)	
11.	8000 万円以上	(0.8)	
12.	見当がつかない	(31.5)	平均＝ 5.05
13.	無回答	(3.9)	標準偏差＝3.101

※　N＝1200，平均と標準偏差は「見当がつかない」「無回答」を除いた有効回答 (N＝775) から算出

問 27. 現在，ご自宅のローンはどのくらい残っていらっしゃいますか？　次の中からあてはまるものを１つだけお答えください。

1. 借家(賃貸)に住んでいる (19.1)
2. すでに完済している (37.2)
3. 200 万円未満 (1.5)
4. 200～399 万円 (0.8)
5. 400～599 万円 (1.5)
6. 600～799 万円 (1.6)
7. 800～999 万円 (2.3)
8. 1000～1999 万円 (8.2)
9. 2000～3999 万円 (7.3)
10. 4000～5999 万円 (0.5)
11. 6000～7999 万円 (0.1)
12. 8000 万円以上 (0.0)
13. 見当がつかない (14.8)

平均＝ 3.38
標準偏差＝2.863

※ N＝1200，平均と標準偏差は「見当がつかない」「無回答」を除いた有効回答(N＝958)から算出

櫻井義秀（さくらい よしひで）

1961年　山形県生まれ

1987年　北海道大学大学院文学研究科博士課程中退

現　在　北海道大学大学院文学研究科教授

単・共著　『東北タイの開発と文化再編』北海道大学図書刊行会，2005，『「カルト」を問い直す』中央公論新社，2006，『東北タイの開発僧』梓出版社，2008，『霊と金』新潮社，2009，『統一教会』〈共著〉，北海道大学出版会，2010，『死者の結婚』北海道大学出版会，2010，『カルト問題と公共性』北海道大学出版会，2014，『人口減少時代の宗教文化論』北海道大学出版会，2017

編　著　『カルトとスピリチュアリティ』ミネルヴァ書房，2009，『社会貢献する宗教』〈共編〉世界思想社，2009，『現代タイの社会的排除』〈共編〉梓出版社，2010，『越境する日韓宗教文化』〈共編〉北海道大学出版会，2011，『日本に生きる移民たちの宗教生活』〈共編〉ミネルヴァ書房，2012，『大学のカルト対策』北海道大学出版会〈共編〉，2012，『アジアの宗教とソーシャル・キャピタル』〈共編〉明石書店，2012，『タイ上座仏教と社会的包摂』明石書店，2013，『アジアの社会参加仏教』〈共編〉北海道大学出版会，2015，『カルトからの回復』北海道大学出版会，2015，『人口減少社会と寺院』〈共編〉法藏館，2016，『現代中国の宗教変動とアジアのキリスト教』北海道大学出版会，2017，『しあわせの宗教学』法藏館，2018など

現代宗教文化研究叢書8

宗教とウェルビーイング——しあわせの宗教社会学

2019年3月29日　第1刷発行

編著者　櫻井義秀

発行者　櫻井義秀

発行所　北海道大学出版会

札幌市北区北9条西8丁目　北海道大学構内（〒060-0809）

Tel. 011(747)2308・Fax. 011(736)8605・http://www.hup.gr.jp

㈱アイワード／石田製本㈱

ISBN978-4-8329-6850-9